莊萬壽 注譯

新譯列子讀本

三民書局 印行

國家圖書館出版品預行編目資料

新譯列子讀本／莊萬壽注譯. −−三版四刷. −−臺北市：三民，2019
面； 公分. −−(古籍今注新譯叢書)
參考書目：面
ISBN 978-957-14-5122-0 (平裝)
1. 列子 2. 注釋

121.321 97022043

© 新譯列子讀本

注譯者	莊萬壽
發行人	劉振強
著作財產權人	三民書局股份有限公司
發行所	三民書局股份有限公司 地址 臺北市復興北路386號 電話 (02)25006600 郵撥帳號 0009998-5
門市部	(復北店) 臺北市復興北路386號 (重南店) 臺北市重慶南路一段61號
出版日期	初版一刷 1979年1月 重印二版一刷 2002年7月 三版一刷 2009年3月 三版四刷 2019年9月
編號	S 030240

行政院新聞局登記證局版臺業字第〇二〇〇號

ISBN 978-957-14-5122-0 (平裝)

http://www.sanmin.com.tw 三民網路書店

刊印古籍今注新譯叢書緣起

劉振強

人類歷史發展，每至偏執一端，往而不返的關頭，總有一股新興的反本運動繼起，要求回顧過往的源頭，從中汲取新生的創造力量。孔子所謂的述而不作，溫故知新，以及西方文藝復興所強調的再生精神，都體現了創造源頭這股日新不竭的力量。古典之所以重要，古籍之所以不可不讀，正在這層尋本與啟示的意義上。處於現代世界而倡言讀古書，並不是迷信傳統，更不是故步自封；而是當我們愈懂得聆聽來自根源的聲音，我們就愈懂得如何向歷史追問，也就愈能夠清醒正對當世的苦厄。要擴大心量，冥契古今心靈，會通宇宙精神，不能不由學會讀古書這一層根本的工夫做起。

基於這樣的想法，本局自草創以來，即懷著注譯傳統重要典籍的理想，由第一部的四書做起，希望藉由文字障礙的掃除，幫助有心的讀者，打開禁錮於古老話語中的豐沛寶藏。我們工作的原則是「兼取諸家，直注明解」。一方面熔鑄眾說，擇善而從；一方面也力求明白可喻，達到學術普及化的要求。叢書自陸續出刊以來，頗受各界的喜愛，使我們得到很大的鼓勵，也有信心繼續推廣這項工作。隨著海峽兩岸的交流，我們注譯的成員，也由臺灣各大學的教授，擴及大陸各有專長的學者。陣容的充實，使我們有更多的資源，整理更多樣化的古籍。兼採經、史、子、集四部的要典，重拾對通才器識的重視，將是我們進一步工作的目標。

古籍的注譯，固然是一件繁難的工作，但其實也只是整個工作的開端而已，最後的完成與意義的賦予，全賴讀者的閱讀與自得自證。我們期望這項工作能有助於為世界文化的未來匯流，注入一股源頭活水；也希望各界博雅君子不吝指正，讓我們的步伐能夠更堅穩地走下去。

自序

今本《列子》是魏晉人蒐集古代文獻而編成的一本不太精純的道家談叢，由於傳世較晚，內容複雜，論者或以為偽書，使得歷代研究《列子》的學者，遠比《老》、《莊》為少。時至今天，我們視任何古書都是史料，應該沒有主觀的成見，況且《列子》書保存了許多哲理、神話和傳說，是研究中古、上古文化不可欠缺的史料。

《列子》舊注，除張湛的《注》、盧重玄的《解》、殷敬順的《釋文》以及林希逸的《口義》尚可取外，其餘皆不足觀。近人如王重民的《校釋》、陶光的《校釋》、王叔岷的《補正》，固然都有相當的成績，但由於是校勘之作，對單字的校訂，往往無助於對文義的了解。至於唐敬杲的選注，似便初學，實則草率摘錄張《注》和《口義》，於讀者一無所用。較晚出的楊伯峻《集釋》，既詳引眾說，也偶有自注，但常引證沒下斷語，該注的又不注。因此，到現在可說尚沒有一部對《列子》章句、內容全盤整理而又足以指導讀者看懂原文的著述。

基於這個理由，我一開始寫本書時，就有了全盤整理的意願，除去人、書、思想的論述和章句詞字的注釋、注音、語譯，還包括以下的項目：一是所有相關資料的彙集，二是神話、傳說的泝源，三是前人校釋的補正，四是章句的分析和章義的批評，五是名物掌故的今解。我個人才能有限，只求以嚴肅的態度、精細的方法，為方便後人研究《列子》而竭盡綿薄之力。同時為兼顧本書的通俗性，不便列舉比較詳細的資料，唯凡引錄他書，必據原著，絕沒有輾轉相抄；凡摘取他說，必附出處，絕不敢奪襲掠美。注文務求淺白明確，望能把古代文化介紹給社會大眾，並嘗試以現代的新知來疏解訓詁家所不能解的章句，如「種有幾」、「孔子東游」等章所以能改正舊說，都要歸功於科學之賜。在逐字逐句的翻譯過程中，發見了校勘家所未見的許多羨語的字句，深感校勘工作，不僅要小學的工夫，更要從義理入手，這算是寫本書的另一點心得。

本書寫了三年，雖是課餘之作，但為查考群書，經常忘餐廢寢，幾不知東方之既白，今年四月將完稿時，不堪疲憊，脊椎發炎，有一星期癱瘓在床。如今身子好了，稿子也好了，才鬆了一口氣，所憂慮的，是本書難免有所遺誤，懇切的希望讀者們來信指正。

莊萬壽

一九七七年八月十一日於臺灣師範大學

新譯列子讀本　目次

導讀

壹、列子其人

一、非虛構人物

列子與老子其人其書，問題都是比較複雜的。列子給人的印象，似是個比老子更具神仙化的人物，司馬遷《史記》還有〈老子韓非列傳〉，卻沒有列子傳，難怪宋代高似孫懷疑沒有列子其人。他說：

觀太史公殊不傳列子，如莊周所載許由、務光之事。漢去古未遠也，許由、務光往往可稽，遷猶疑之，所謂（列）禦寇之說，獨見於寓言耳，遷於此詎得不致疑耶？周之末篇《莊子・天下》敘墨翟、禽滑釐、慎到、田駢、關尹之徒以及於周，而禦寇獨不在其列，豈禦寇者，其亦所謂鴻蒙、列缺者歟？（《子略》

卷二）

其實關於列禦寇其人的事蹟、思想散見於先秦簡策上，這個人物的存在，是不容置疑的。《莊子》書引列子或列禦寇其人事蹟者計有：「夫列子御風而行」（〈逍遙遊篇〉）、「鄭有神巫曰季咸」（〈應帝王篇〉）、「列子行食於道從（徒）」（〈至樂篇〉）、「子列子問關尹」（〈達生篇〉）、「列禦寇為伯昏无人射」（〈田子方篇〉）、「子列子窮」（〈讓王篇〉）、「列禦寇之齊」（〈列禦寇篇〉）凡七章，其人形象之所以十分模糊，是因為把列子作為《莊子》書中的陪襯，所以沒有獨特的思想，〈天下篇〉雖沒有列子，但不能因此而否定列子在《莊子》內外雜諸篇的具體存在。

此外，又見於《戰國策》、《呂氏春秋》、《尸子》、《韓非子》。《戰國策．韓策二》說：「史疾為韓使楚，楚王問曰：『客何方所循？』曰：『治列子圉（通「禦」）寇之言。』曰：『何貴？』曰：『貴正。』王曰：『王亦可為國乎？』曰：『可。』王曰：『楚國多盜。正，可以圉盜乎？』曰：『可。』……」這裏明說戰國時韓國使者史疾在研究列子學說，則列子應不是子虛烏有了。不過史疾所說的「貴正」，大概是指能抵禦盜寇而歸之於正的意思，也許列子其人最初真的是能抵禦盜寇的人，而名之曰禦寇。或許其名曰「禦寇」，猶如《周易．蒙卦》說：「上九，擊蒙，不利為寇，利禦寇。〈象〉曰：利用禦寇，上下順也」，而為後人附會禦寇之事。二者孰是，已不可考。《史記．田敬仲完世家》稱：「（陳）宣公十一年，殺其太子禦寇。」可知春秋初年已有人以禦寇為名的，列子名曰禦寇，也不足為奇了。

《呂氏春秋・不二篇》說：「老聃貴柔，孔子貴仁，墨翟貴廉（兼），關尹貴清，子列子貴虛，陳駢貴齊，陽生貴己，孫臏貴勢，王廖貴先，兒（倪）良貴後，此十人者，皆天下之豪士也。」列子且不論外，餘九人都是真有其人其術的，何獨列子不然，貴虛是列子的主張，除又見於《尸子・廣澤篇》外，今本《列子・天瑞篇》也說列子貴虛。由此看來，列子這個人，是不容從歷史上一筆勾銷的。

二、春秋鄭國人

列子雖有其人，其生存的年代卻不能確定。道家人物大抵是當權貴族或沒落公族的覺悟者，他們深知政治的黑暗，人民的疾苦，反對用來壓迫人民的政治組織和政治行為，於是離開了他們的生活圈，走向田野、市井，自食其力，勞動生活，有的隱姓埋名，像《論語》中的晨門者、荷蕢者、荷蓧丈人；有的偶而一露其名而已，如長沮、桀溺。因此有立言傳世的道家學者，其人其書都比其他學派的學者來得撲朔迷離。尤其傳說中近乎神人，而能御風而行的列子（《莊子・逍遙遊篇》），要考證他的年代是極為困難的。

歷代學者對這個問題的看法是：

劉向：「列子者，鄭人也，與鄭繆（穆）公同時，蓋有道者也。」（〈列子新書敘錄〉）

柳宗元：「劉向古稱博極群書，然其錄列子獨曰鄭繆公時人，繆公在孔子前幾百歲，《列子》書言鄭國皆云子產、鄧析。不知向何以言之如此？……不知向言魯繆公時，遂誤為鄭耶？……」（〈辯列子〉）

殷敬順：「與魯哀公同時。」（《列子釋文》）

葉大慶：「繆公立于魯僖三十二年，薨于魯宣三年，……《列子》書〈楊朱篇〉：『孔子伐木於宋，圍於陳蔡。』夫孔子生於魯襄二十二年，繆公之薨五十五年矣，陳蔡之厄，孔子六十三歲，統而言之，已一百十八年，列子繆公時人，必不及知陳蔡之事，明矣。……第二篇載宋康王之事。第四篇載公孫龍之言，是皆戰國之事，上距鄭繆公三百年矣。……因觀《莊子・讓王篇》：『子列子窮，貌有飢色，客有言於鄭子陽……』（按又見《列子・說符篇》），觀此則列子與鄭子陽同時。及考《史記・鄭世家》，子陽乃繻公時二十五年殺其相子陽。……然則列子與子陽乃繻公時人，劉向以為繆公，意者誤以『繻』為『繆』歟？而公孫龍、宋康王之事，為後人所增益。」（《考古質疑》）

姚際恆：「案柳之駁向誠是，晉張湛註已疑之，若其謂因魯而誤為鄭，則非也。向明云『鄭人』，故因言鄭繆公，豈魯繆公乎？」（《古今偽書考》）

吳德旋：「疑列子實鄭穆公時人，向所見《列子》八篇中當有與鄭穆公問答語耶？抑出處時事有可考而知耶？不然，向何至疏謬若此？」（〈辨列子〉）

馬敘倫：「韓非所謂子陽，即鄭康公，康公與繻公相承，劉言列子與鄭繆公同時，豈指其始居鄭時邪？……《呂氏春秋・下賢篇》曰：『子產相鄭，往見壺丘子林。』……而本書〈應帝王篇〉曰：『列子見之而心醉，歸以告壺子。』……是列子與子產同時。」（《莊子義證》）

蔣伯潛：「今按《莊子・讓王篇》，蘇軾已疑其偽，此篇如不可信，則列子辭鄭子陽粟一事亦不可信。列子與鄭繆公、魯繆公，或鄭康公同時諸說，皆以此事為論據，亦均落空矣。至於伯昏瞀人、壺丘子林……皆庚桑楚之類，為寓言中虛構的人物，欲據以考列子之時代，亦屬無稽也。」（《諸子通考》）

嚴靈峰：「可知列子與子產、鄧析為同時人。……彼上及見關尹、下與子陽同時，假定列子生於鄭聲公元年，卒於鄭繻公十年，他的壽命有九十八歲。」（按此處年代有誤。聲公元年為西元前五〇〇年，繻公十年為西元前三八三年，不止九十八歲。）〈列子章句新編解惑〉

按今本《列子》一書，包括了從先秦到魏晉的材料，裏頭出現的人物和情節，大半都是虛構的寓言，如果據以來考據列子年代，豈只是謬之千里而已。劉向說列子與鄭繆公同時，繆公（西元前六二七至前六〇六年在位——據《左傳》、《史記・鄭世家》考）年代較早，柳完元以為列子與孔子、子產同時，上距繆公幾百年，鄭繆公應為魯繆公，實則孔子生於西元前五五一年，去繆公之死才五十五年，若是子產，還更接近，姚際恆已指出其誤。葉大慶則以為繆公下與列子同時的鄭子陽相距甚久，子陽是鄭繻公的相，所以葉氏以繆公為繻公之誤，但誠如蔣伯潛所說：列子辭子陽粟一事如不可信，則繻公之說也全無憑信了。

大抵近代學者都相信列子與子產同時，子產出現於《左傳》：最早見於襄公八年（西元前五六五年）鄭侵蔡，子產不順。十九年（西元前五五四年）為卿，昭公二十年（西元前五二二年）卒。如此，列子若稍早一些，便可與鄭繆公同時了。可是我們對材料的取捨是嚴謹的，絕不會因為配合繆公，而毫無證據的就把列子往上挪五、六十年。

此外，與列子直接或間接有關的人、事，其年代尚有：西元前五七一年，鄭相子駟朝鄭釐公。西元前五六三年，子孔使尉止殺相子駟。西元前四〇一年（?）鄭繻公殺其相子陽。至於馬氏以子陽為鄭康公，康公為鄭國最末的國君，在他就位的第二十一年，為韓哀侯所滅，時為西元前三七六年。

綜合以上的材料，從鄭繆公到鄭康公約二百五十年間，似乎都可以證明列子的生命活躍在這漫長的歷史年代中。縱使從子產算起，到鄭繻公為止，也有一百五十年左右，既然晏平仲可以與管夷吾談晤（見《列子·楊朱篇》七章），為什麼列子就不能在這漫長的年代中出現？總之，有關列子的材料多為寓言，編寫時代漫長，作者非一，自然不能視為有效的史實，若以此要推算列子的年代，何啻緣木而求魚。

那麼列子是怎樣的一個人呢？他名叫禦寇，隱居在鄭國，或許就是鄭國人。是什麼時代的人呢？大概是春秋時代的道家學者吧！戰國時代的文獻對他的記載已經很模糊了。

貳、《列子》其書

一、歷代學者對《列子》的考證

先秦時代，應該沒有《列子》其書，當時只是散存著一些其人其事的材料而已。後來這些材料輾轉流入漢廷。或即為劉向〈列子新書敘錄〉所說的內外書二十篇的原始素材。這並不是說《列子》原本就有二十篇，而是由於古代簡策繁重，多單篇流傳，許多重複或類似的材料，同入大內，這二十篇大概是由管理圖書的官吏所選出有關列禦寇事蹟的所有材料。然後劉向去其重贅，定為《列子》八篇，也就是班固《漢書・藝文志》所著錄的八篇。劉向在漢成帝永始三年（西元前一四年）上書時，對這已經精選過的八篇，仍有微辭。他說：「〈穆王〉、〈湯問〉二篇，迂誕恢詭，非君子之言也。至於〈力命篇〉，一推分命；楊子之篇，唯貴放逸，二義乖背，不似一家之書。」

《漢志》著錄的八篇《列子》，是劉向編定的，包括了不同時空的材料。這八篇本，不久，可能又散失了，到了司馬家南渡之後，中書郎張湛的祖父張嶷又多方蒐集，參校有無，而恢復八篇之數。這一次的成書，其中的材料更亂更雜，時空也更綿延、廣袤。然後由張湛加以注解。

張湛的注本在唐初才開始流行。隨後柳宗元最早提出問題，懷疑列子其人年代不符。宋代，高似孫以為書中部分是後人會萃而成的。葉大慶也以為是後人增益。黃震則對其書是否為《列子》真本，更表疑問（《黃氏日鈔》）。到了明清，學者的懷疑逐漸深入，提出的問題也比較具體，但大半都是讀書筆記，信手拈來的一得之見而已。其中也有少數主張不是偽書，像《四庫提要》便認為是列子弟子所作。一九一八年九月陳三立在《東方雜誌》一四卷九號發表〈讀列子〉一文，主張是季漢魏晉之士所依託增益的。次年，馬敘倫在北京大學的刊物《國故》一號至三號，陸續發表《列子偽書考》專文，舉二十事以證明《列子》是「魏晉以來，好事之徒，聚斂《管子》、《晏子》、《論語》、《山海經》、《墨子》、《莊子》……之言，附益晚說，成此八篇」，並疑是王弼之徒所偽作，一九二〇年日本武內義雄在《中國學》一卷四號，發表〈列子冤詞〉（江俠菴有譯文，收入《先秦經籍考》）反對馬氏之說，但他也承認此書是經後人刪改的，唯大體上，尚能保存劉向校定時的面目。至此，學術界已公認《列子》不是先秦的古籍了。

一九二二年顧實在《漢書藝文志講疏》中，以為不是王弼偽作，而是「張湛所綴拾而成」。

一九二四年，陳旦在《國學叢刊》二卷一期，發表〈列子楊朱篇偽書新證〉，以〈楊朱篇〉篇文有直譯佛經《寂志果經》者，並指出張湛是《列子》偽造者。同年陳文波在《清華學報》一卷一期，刊出〈偽造列子者之一證〉，以為《列子》中有抄自《穆天子傳》、《史記・管晏列傳》、《靈樞經》等晚出的著作。

一九二七年二月到六月，梁啟超在燕京大學講學，題目為「古書真偽及其年代」，更一口咬定《列子》是張湛偽造的。

一九四八年岑仲勉在《東方雜誌》四四卷一號，發表〈列子非晉人偽作〉一文，在學術界，起了一個波浪，他比武內義雄更強力的逐條反駁馬敘倫的說法，主張是戰國末年的作品。

一九五九年楊伯峻出版《列子集釋》，附錄有〈列子著述年代考〉，就漢語史的角度來探討《列子》用語的時代性，其結論仍是晉人的贋品。同年，嚴靈峰在《大陸雜誌》一八卷一一、一二期，發表〈辯列子書不後於莊子書〉一文，以為《列子》早於《莊子》，今本乃為劉向校本的殘缺。一九六二年，臺灣師範大學出版《國文研究所集刊》六號，有朱守亮的論文〈列子辨偽〉，他以各種角度來辨認《列子》的內容，反對嚴氏，重申馬氏之說，確認是郭象以後的偽作。一九六六年嚴氏又在《國魂雜誌》二四八期發表〈列子章句新編解惑〉提出申辯，以駁朱說。大抵嚴氏的貢獻在於能從張《注》著手，找出不少的證據，以還張湛清白之身。至於說《莊子》抄自《列子》，恐怕理有未足了。

以上是《列子》辨偽的史略，事實加入這個主題討論，或在外圍批評的學者，不可勝舉。按前面已講過：今本《列子》包括了各時代的材料，因此我們若研究其真偽時沒有比較客觀的立場，則論戰永無休止，只是抓住書中的幾個字句、詞彙，就以自己先入為主的偏見加以推斷，結果不是「你抄我」，就是「我抄你」，各持一端，永難了結，岑仲勉對馬敘倫的反駁，便是用這樣的方法。大抵先秦史料不多，尤其有關古史人物的傳說、事蹟更為有限，學者往往要取這些有限的史料來印證己說，使得古書雷同的材料很多，以子書言：《莊子》、《列子》、《呂氏春秋》、《淮南子》、《說苑》、《新序》、《孔子家語》……有許多互見的篇章字句，固然其中有某書抄某書的現象，但除非有明顯的證據，否則要澈底探究真象，恐怕是相當困難。

古書的真和偽沒有明確的界線，是否原作者一人所作的才是真書呢？那麼可斷言：先秦，甚至秦漢之交流傳至今的古書沒有一本是一人一時之作，像《莊子》便是先後經劉安門客、劉向父子所蒐集編校而成的，其中材料有先秦的，也有漢初的；作者有莊派、老派的學者，並且也有受儒家、陰陽家影響的作品：如此是否要視《莊子》為偽書呢？《列子》與《莊子》也是一樣，只是集結的材料延長到魏晉而已，它是一部包含先秦材料，又反映魏晉人觀點的古書，我們為什麼要強調它是偽書以致削弱它的價值呢？總之，對古書材料的分析斷代是需要的，若要勉強論定某書是真是偽，就大可不必了。

以下列舉歷代學者對《列子》詞彙、字詞的考證三十六條，由於材料很多，考證叢雜，只能摘要綜合各家說法，其中對各條反正之意見，或加有筆者的看法，其考證過程，以篇幅關係從略。（拙作〈歷代學者考證列子的總檢討〉——《列子研究》之一篇）

①「太易」、「太初」、「太始」、「太素」（〈天瑞篇〉）

△《列子》抄襲《周易乾鑿度》：張湛（《列子注》）、何治運（〈書列子後〉）、孫詒讓（《列子札迻》）、馬敘倫（《列子偽書考》）、王重民（《列子校釋》）、朱守亮（〈列子辨偽〉）。

△《周易乾鑿度》抄襲《列子》：胡應麟（《四部正譌》）、嚴靈峰（〈辯列子書不後於莊子書〉）。

按這四宇宙進化的過程，為先秦所無，只能出現於陰陽五行盛行的西漢，漢後六朝唐宋人著述所引有這四名的都與《周易》緯書有關，《列子》所引的大概也來自《乾鑿度》。

②「死之與生，一往一反。」（〈天瑞篇〉）

△本佛教輪迴之說：錢大昕（《十駕齋養新錄》）、陳三立（〈讀列子〉）、朱守亮。

△《列子》的循環論，與輪迴不同：嚴靈峰（〈列子章句新編解惑〉）、徐復觀（《中國人性論史》）。

按道家有一套自然循環的理論，嚴氏所說為是。此外，亦有從張湛《列子・序》所說「往往與佛經相參」者，甚或有主佛出於《列子》書者，如朱熹《語類》、宋濂《諸子辨》、陳澧《東塾讀書記》等，唯舉例不限於本條，引從略。

③「今頓識既往，數十年來」（〈周穆王篇〉）

△「數十年來」說法，與先秦、兩漢說法不合，而與《世說新語》相合：楊伯峻（〈列子著述年代考〉）。

④「舞仁義者」（〈天瑞篇〉）、「為若舞」（〈仲尼篇〉）

△「舞」字用法，非先秦所有：楊伯峻。

⑤「言其不壞者，亦為未是」（〈天瑞篇〉）

△「未是」是漢魏以後詞：周光午（《列子集釋》引）。

⑥「列姑射山在海河州中，山中有神人焉」一章（〈黃帝篇〉）

△抄襲《山海經・海內北經》及《莊子・逍遙遊篇》而成：馬敘倫、陶光（《列子校釋》）。從此說。

△存疑：武內義雄（〈列子冤詞〉）、岑仲勉（〈列子非晉人偽作〉）。

⑦「一朝都除」(〈黃帝篇〉)

△「都」字作為副詞，只是魏晉六朝的常用詞：楊伯峻。

⑧「九淵」(〈黃帝篇〉)

△取《莊子・應帝王篇》三水，再取《爾雅》的六水：郝懿行(《爾雅義疏》)、馬敘倫、梁啟超(〈古書真偽及其年代〉)、陶光、王叔岷(《莊子校釋》)、朱守亮。從此說。

△《莊子》抄《列子》：岑仲勉、嚴靈峰。

⑨「西極化人」(〈周穆王篇〉)

△指佛：葉大慶(《考古質疑》)。

△非指佛：黃震(《黃氏日鈔》)、嚴靈峰、徐復觀。從此說。

⑩「周穆王八駿見西王母」(〈周穆王篇〉)

△抄襲《穆天子傳》：馬敘倫、顧實(《漢書藝文志講疏》)、陳文波(〈偽造列子者之一證〉)、朱守亮。從此說。

⑪「夢有六候」(〈周穆王篇〉)

△剿竊《周禮・春官・占夢篇》：馬敘倫、朱守亮。

△安知非《周禮・春官・占夢篇》抄《列子》：岑仲勉。

按此章可能拼湊各處的素材而成，或即魏晉《莊子》五十二篇本。六候以下二十四字確是取自《周禮・春官・占夢篇》。

⑫「陰氣」一段（〈周穆王篇〉）

△抄襲《靈樞經》：陳文波。

按誰抄誰，不可考。

⑬「儒生」（〈周穆王篇〉）

△儒生為漢世之名：馬敘倫、劉汝霖（《周秦諸子考》）、朱守亮。

△儒生即儒先，為戰國之名：岑仲勉。

按儒生雖可通儒先，戰國已通行。但對於「宋陽里華子」一章是否為戰國作品並沒有決定性。

⑭稱黃帝孔子為聖人（〈周穆王篇〉）

△非戰國之書：何治運。

△《孔子家語》尊孔子為子，《列子》因之：陶光。

⑮「西方聖者」（〈仲尼篇〉）

△指西方佛氏：高似孫（《子略》）、吳曾（《能改齋漫錄》——《雲麓漫鈔》引）、姚際恆（《古今偽書考》）、鈕樹玉（〈列子跋〉）、龔自珍（《定盦文集補篇》）、何治運、馬敘倫、梁啟超、朱守亮。

△非指佛：趙彥衛（《雲麓漫鈔》：西王母之類）、黃震、武內義雄（〈列子冤詞〉：道家理想人物）、湯用彤（《漢魏西晉南北朝佛教史》：或指西出關之老子）、嚴靈峰、徐復

觀。從此說。

⑯「四海」、「四荒」、「四極」（〈湯問篇〉）

△出《爾雅》：何治運、郝懿行。

⑰「渤海之東……實惟無底之谷。」（〈湯問篇〉）

△竊《山海經》及《注》而成：馬敘倫、朱守亮。

⑱「方壺」、「瀛洲」、「蓬萊」（〈湯問篇〉）

△三神山事出於秦代：馬敘倫、劉汝霖。

△神山、仙人之說，戰國齊威王時已有之：岑仲勉、嚴靈峰。從此說。

⑲「菌芝朝生晦死」（〈湯問篇〉）

△引用《莊子》崔譔《注》：馬敘倫、朱守亮。

△物朝生暮死似是古人常識：岑仲勉。

⑳小兒辯日（〈湯問篇〉）

△竊自桓譚《新論》，《博物志》所引亦出《新論》，末云：「亦出《列子》」四字為讀者注語：馬敘倫、朱守亮。此說可從。

△《博物志》未必採自《新論》：岑仲勉。

㉑「鍾子期」（〈湯問篇〉）

△列子不及知鍾子期事：馬敘倫。

△列子與韓非同時，何獨不能記鍾子期事：岑仲勉。

㉒「偃師之巧」(〈湯問篇〉)

△抄襲佛典——西晉竺法護所譯的《生經》：季羨林（〈列子與佛典〉——《列子集釋》引)。

㉓「火浣之布」、「皇子」(〈湯問篇〉)

△本之於魏文帝曹丕的《典論》：俞正燮（《癸巳存稿》)、何治運、光聰諧（《有不為齋隨筆》)、馬敘倫、劉汝霖、朱守亮。後四人以皇子為曹丕。

△反對者：武內義雄、岑仲勉（皇子是姓)、嚴靈峰（周穆王時豈無此物)。

按本章原始素材大概取自《逸周書》而再加補綴的。「皇子」以下二十四字確是魏晉人的注語，詳見〈湯問篇〉一七章注釋。

㉔「管仲嘗歎曰……知我者鮑叔也！」(〈力命篇〉)

△與《史記・管晏列傳》相同：陳文波。

△《史記》採自《列子》：岑仲勉。

按司馬遷寫《史記》所參考的材料，沒有《列子》，同時全書也毫無有關列子的蹤跡。

㉕彭祖壽（〈力命篇〉)

△因襲宋忠、王逸、高誘壽七百、八百之說：馬敘倫。

△《列子》資料為本真：岑仲勉。

按《列子》所引用之材料無可考。

㉖顏淵壽（〈力命篇〉）

△顏淵壽十八是採《淮南子》高誘《注》及《後漢書》：馬敘倫、朱守亮。

△高誘據《列子》：岑仲勉。

按無可考。

㉗「上忘而下（不）叛」（〈力命篇〉）

△襲《莊子》誤文：陶光。

按此說引證欠實，姑備一說。

㉘鄧析被誅於子產（〈力命篇〉）

△採用《呂氏春秋・離謂篇》鄧析難子產事加以引申：馬敘倫、朱守亮。

△舊事誤傳：岑仲勉。

按《列子》書本不是列禦寇所作，即使採《呂氏春秋》之說，也不能證明本章就是魏晉的作品。

㉙「𡰪」（〈力命篇〉）

△襲《方言》誤文，本作「杘」：陶光、朱守亮。

㉚「齊景公游於牛山……罰二臣者各二觴焉。」（〈力命篇〉）

△合《晏子春秋》、《韓詩外傳》而成：陶光、朱守亮。

㉛「實無名，名無實。名者，偽而已矣。」（〈楊朱篇〉）

△襲取佛經《長阿含經》之《沙門果經》：陳旦（〈列子楊朱篇偽書新證〉）。

㉜「萬物所異者生也……奚遑死後？」（〈楊朱篇〉）

△直譯《寂志果經》一段：陳旦。

按以上兩事，內容或與佛典有相似處，但文字並不相同，直譯之說，嫌武斷。

㉝「白公問孔子」章（〈說符篇〉）

△合《呂氏春秋》與《淮南子》而成：陶光、朱守亮。（林希逸疑出《淮南子》後）

㉞歧路亡羊（〈說符篇〉）

△此事從《荀子》、《呂氏春秋》、《淮南子》演化而成：唐鉞（〈論楊朱〉——《國故新探》及《古史辨》）。

㉟「所以反也」（〈說符篇〉）

△「所以」是後漢以後的用法：楊伯峻。

㊱「不如君言」（〈說符篇〉）

△「不如」一語的用語漢朝才有：楊伯峻。

以上三十六條只是《列子》全書一小部分的問題，解決了這些問題，並不等於解決了《列子》全書的問題，何況這些詞彙、字句上的意義，也不能代表所有篇章的整體思想，因此，其中若某條辨認為魏晉的材料，也不能就判決本章或其他文字就是魏晉的作品；反之，若辨認是魏晉以前的材料，也不能就判決不是魏晉的作品。可見只做一些片段零亂的考證，對全盤問題的探討，沒有重大的意義。（筆者的考證附在本書各篇的注釋中）

二、今本《列子》的來歷

張湛的《列子・序》很詳細的用全篇三分之二的字句來說明《列子》的來歷，但反而假人以疑竇的口實。該序說：

湛聞之先父曰：「吾先君與劉正輿、傅穎根，皆王氏之甥也，並少游外家。舅始周，始周從兄正宗、輔嗣皆好集文籍，先并得仲宣家書，幾將萬卷。傅氏亦世為學門。三君總角，競錄奇書。及長，遭永嘉之亂，與穎根同避難南行，車重各稱力，竝有所載，而寇虜彌盛，前途尚遠。張謂傅曰：『今將不能盡全所載，且共料簡世所希有者，各各保錄，令無遺棄。』穎根於是唯賫其祖玄、父咸子集。先君所錄書中有《列子》八篇，及至江南，僅有存者，《列子》唯餘〈楊朱〉、〈說符〉、〈目錄〉三卷。比亂，正輿為揚州刺史，先來過江，復在其家得四卷。尋從輔嗣女壻趙季子家得六卷。參校有無，始得全備。」

向來未有對這一段的史實作深入的探討，只是空泛的懷疑。

梁啟超：「所謂來歷曖昧不明……如張湛注《列子》，前面有一篇敘，說是當『五胡亂華』時，從他的外祖王家得來的孤本，後來南渡長江，失了五篇，後又從一個姓王的得來三篇，後來又怎樣得來二篇，真是煞有介事。若真《列子》果是真書，怎麼西晉人都不知道有這樣一部書。」（〈古書真偽及其年代〉）

馬敘倫：「張湛曰：『八篇出其外家王氏。』夫晉世玄言極暢，《老》《莊》之書家傳戶誦，《列子》貴虛，必在不遺，使其書未亡，流布必廣，雖有播失，求之未難，何以湛述八篇，既失復得，不離王氏乎。」《列子偽書考》——《古史辨》四冊引）

陳文波：「據張湛《列子・序》言：『《列子》原為八篇，及後彙集，並目錄共十三卷。』古人所謂卷，往往指為篇；然則比原來多數卷（篇）矣，或者，當時張湛輩所彙集者，甚雜且富，因而刪削，以符原文八篇之數，亦未可知也。」（〈偽造列子者之一證〉——《古史辨》四冊引）

岑仲勉：「按漢以後，歷朝尊孔，而齊、魯、古《論》，終有亡佚之時，遑論《列子》？惟其書既不廣布，故而同出王家，孤本流傳，非為巧言。……湛序……彼其意，猶謂己家存殘本三卷，劉正輿家存殘本四卷，趙季子家存殘本六卷，合而校之，去其重複，始還八篇之數，故曰：『參校有無』。陳誤解張序，以為三種本內容完全不同，更疑乎所不當疑矣。」（〈列子非晉人偽作〉——引自嚴靈峰《列子集成》）

梁、馬、陳三人提示了二個問題：

第一，是孤本來歷曖昧，為何西晉人不知此書。這個懷疑是對的，不過梁啟超說什麼失去了五篇，得了三篇，後來又得二篇云云，序根本不是這麼說的。至於岑仲勉的解釋「孤本流傳」，雖較合理，仍不能令人滿意的，齊、魯、古《論語》的亡佚，並不等於《論語》一書的亡佚；三書的亡佚，正因為張禹二十篇魯《論語》修行本的盛行，而被淘汰的，如果《列子》也是亡佚了，那麼被何書取代呢？如果沒有亡佚，那麼在西晉道家思想滋長的時代，上層的士人瘋狂的研究《老子》、《莊子》，為何在所有史傳沒有提到有人在研讀《列子》呢？從漢末到唐初約五百年的漫長年代，除張湛《列子注》外，只有二個不太可靠的資料與列禦寇或列子有關。

㈠皇甫謐（西元二一五～二八二年）《高士傳》卷中第四人為「列禦寇」，其他也引到列禦寇或列子，這都是指人，而不是指書名，資料的來源可能和「王倪」、「齧缺」……一樣是取自《莊子》，《莊子》在當時已有崔譔、向秀、司馬彪的注本了，或者是其他的古書。

㈡張華（西元二三二～三〇〇年）《博物志》：「『孔子東遊，……孰謂汝多知乎？』亦出《列子》。」按此章又見今本《列子．湯問篇》，只有幾個字不同而已。今本《博物志》已非唐宋以前的舊本，大抵是後人剽掇《大戴禮》、《春秋繁露》……《列子》諸書而成（見《四庫提要．子部》）。此章不能保證是出於張華之手，漢末圖書資料的典藏，以蔡邕為最多。而張華與蔡邕的那批藏書，似乎沒有什麼瓜葛，同時，自〈漢志〉以來，也已沒有人看過《列子》了，那麼張華何來這本書呢？馬敘倫以為「亦出《列子》」是讀者的注語，也是可能的。

所以以上二個資料，不足以證明西晉有《列子》書的存在。

此外，又為何張湛後二百餘年，到唐貞觀初年，《列子》書才流行於世？（魏徵所輯《群書治要》收有《列子》）還有張湛父親張曠在序中所說的話可靠性如何？……這一聯串的問題，都有待解決。

第二，陳氏說從各地蒐來的十三卷，是經張湛删削，以符原文八篇之數的。說得不很清楚，岑氏已加以補充說明了，在此不再贅述。

在解決第一個問題之前，須就張湛《列子・序》中的歷史，探究其真相。

首先要說：張湛的祖父張嶷和劉正輿、傅穎根三人都是山陽郡高平縣王家的外甥。

王家是一個從東漢到南朝維持二、三百年勢力的大豪族，與瑯琊臨沂王家一樣，顯示著官僚地主的根深蒂固性。王龔是王粲的曾祖，《後漢書》本傳說當時已「世為豪族」了。王龔與兒子王暢都位極人臣，一個太尉，一個司空，暢子王謙為大將軍。

王粲，字仲宣，是著名的名士、詩人。《三國志》本傳：「獻帝西遷，粲徙長安，左中郎將蔡邕見而奇之，時邕才學顯著，貴重朝廷，常車騎填巷，賓客盈座，聞粲在門，倒屣迎之，粲至，年既幼弱，容狀短小，一座盡驚，邕曰：『此王公孫也，有異才，吾不如也，吾家書籍文章，盡當與之。』」蔡邕是當時的何等人物，對少他四十五歲的王粲如此器重，除了愛才之外，也許別有用心。

王粲有二個兒子，在粲死後二年，即建安二十四年（西元二一九年），雙雙參與相國掾魏諷的政變被殺了，這樣王粲就絕了後嗣。粲死後，藏書盡歸他的嗣子王業，王業是王粲族兄王凱娶劉表的女兒所生的兒子。事見《三國志・王粲傳》裴《注》引《博物志》及《魏氏春秋》。

在史料所載的王凱、王粲二系的子孫就如上述的情形。至於張嶷、劉正輿、傅穎根的舅家是屬那一系的呢？並沒有足夠的史料來證明。《三國志》說：「王粲二子為魏諷所引誅，後絕。」後絕，應該指二子亦無後被殺的，否則不必強調。王粲生於西元一七七年，兩子死於二一九年，四十三年兩代，則二子死時也是二十左右的小伙子，未婚可能性很大。又《列子・序》中把舅始周和始周從兄正宗、輔嗣分開，則也不是王凱那一系的。

王始周，是張嶷的舅舅，但恐怕未必就是劉正輿、傅穎根的親舅，始周是字，不是名，這個關鍵人物，已不可考了。王宏（《晉書》有〈王宏傳〉）、王弼（《三國志・鍾會傳》附）兄弟是他的從兄，從兄是堂兄，可是王業沒有親兄弟和姪兒，那麼始周可能是王宏的另一個親近的族系，排行正好同輩。

再談到劉正輿，殷敬順《列子釋文》說：「晉揚州刺史，名陶。」揚州刺史是依序文「正輿為揚州刺史」而寫的，名陶，就有問題了。因為劉曄的兒子劉陶在時代和字號都不對。《三國志・劉曄傳》：「劉曄，淮南成德人……太和（魏明帝）六年（西元二三二年）以疾拜太中大夫……少子陶亦高才而薄行，官至平原太守。」裴《注》：「《王弼傳》曰：『淮南人劉陶善論縱橫，為當時所推。』傅子曰：『陶字季治，善名稱，有大辯，曹爽時為選部郎。』……干寶《晉紀》：『丘儉之起也，大將軍以問陶，陶答：「依違。」大將軍怒曰：「卿平生與吾論天下，事至於今日而更不盡乎？」乃出為平原太守，又追殺之。』」盧弼《三國志集解》：「何劭作《王弼傳》……此《弼傳》中語又云：『陶與弼語，常屈弼。』」按毋丘儉起事在曹髦正元二年（西元二五五年），那麼劉陶被曹爽所殺大概也在這個時侯了。又王弼死在二四九年，如果劉陶也和張嶷、傅敷（約西元二七三～約三一八年）「並少游外家」，那麼劉陶不可能見到王弼，算排行王弼是他的父輩，也不可能「屈弼」。此外劉正輿是揚州刺史，劉陶字季治，是平原太守，二者截然不同，因此不是另有一個不見典籍的「劉陶」，便是《釋文》錯了，因為劉正輿根本不是平原太守的劉陶。

傅穎根，《釋文》：「名敷，北地人。晉丞相從事中郎」是對的。《列子・序》說：「穎根於是唯賫其祖玄、父咸子集。」傅玄是一個了不起的政治家、思想家、文學家。傅咸也是一個品德無缺的詩人。《晉書・傅玄傳》：「傅玄，字休奕，北地泥陽人也。……尋卒於家，時年六十二，……子咸嗣。咸字長虞，……元康四年（西元二九四年）卒官，時年五十六。……子敷嗣。敷，字穎根，清靜有道，素解屬文……永嘉之亂，避地會稽，元帝引為鎮東從事中郎，素有羸疾，頻見敦喻，不獲免輿，病到職，數月卒，時年四十六。」東晉元帝司馬睿在位只四年，就算即帝位那年任從事中郎，數月即逝世，則他生於西元二七三年，卒於西元三一八年，與張嶷之年是差不多的。

了解了這龐大的血緣結構，《列子》書的來龍去脈便容易理出。蔡邕是東漢數一數二的大藏書家。《後漢書・列女傳》所載蔡邕給女兒的書就竟多達四千卷，晚年，把近萬卷的書，全送給王粲，《博物志》說：「蔡邕有書萬卷，末年載數車與粲，粲亡後……邕所與書悉入業。」王業的次子弼（西元二二六年生）有驚人的早熟，實有賴於這些家藏的文獻，在古代知識的傳播工具短缺下，藏書是壟斷知識的簡便方法。王家的充豐藏書，自然成為那些有血統或姻親關係的晚輩孩子抄錄的對象，張湛《列子・序》是十分合情理的，絕對沒有「來歷曖昧不明」之嫌。

永嘉之亂，中國書籍所遭受的破壞，在歷史上是少見的，公私圖書資料大量散失，南渡長江後，稍得偏安便可重整舊業，這是很自然的現象。所以張湛的祖父，從舊親那兒找《列子》的殘缺，再「參校有無，始得全備」。就全文的文法看，這兩句的主詞應該是「先君」，就是說《列子》書的校訂也是張湛祖父張嶷做的，不過，這二句在文氣上確有匆促突然之感，令人生疑。

總之，就王、張家傳書的過程看，張嶷已掌握了重新編纂《列子》的條件。他編纂《列子》的可能性是極大的，然後他的孫子張湛再加以注解。可是後人卻疑張湛偽作，而不疑張嶷，是因為他們沒有確實研究張湛的序文和注文，只就張湛注了《列子》，又寫了序，便加諸偽造之名。

三、《列子》取自《莊子》五十二篇本的考證

上述第一個問題使人懷疑在魏晉南北朝四百年的動亂時代，何以道家的《列子》只出現張湛注的本子。我懷疑當時張湛所注的本子，是他祖父張嶷編選的。編選的底本是《列子》的殘卷，或許就是序文所說的〈楊朱〉、〈說符〉等篇（按敦煌寫本有六朝《列子・楊朱篇》

張《注》殘卷——斯坦因S七七七號和唐〈說符篇〉張《注》殘卷——伯希和P二四九五號。現前者藏於英國倫敦大英博物院，後者藏於法國巴黎國立圖書館——嚴靈峰編《老列莊三子知見書目》）和劉向的〈目錄〉，由這些殘篇（亦不能確定沒有魏西晉作品）作為骨架，然後再大量的補湊修整。補湊的資料來源很多，最多的是當時尚未有齊一篇目、內容的《莊子》，這是由以下的許多現象歸納起來的結論：

(一)西晉，沈沒二百年的《莊子》書出現了，當時先後有五十二篇本（孟氏、司馬彪）、有二十七篇本（崔譔）、二十六篇本（向秀）、三十三篇本（郭象）和三十篇本（李頤）在世流行，如此駁雜，並非文人好事，而是零亂四散的材料，使各家編選者蒐集的詳略不一，分篇的多寡不同。這些零亂的材料，大概不外來自後漢宮廷或豪族藏書的流散，尤其很可能是從王家的那一批藏書抄出來，蔡邕藏書的流散，似乎是東漢末年豪族藏書最大一筆，到了王宏、王弼兄弟之後，史籍就沒有記載了。王弼早死，無子，王宏名位不顯，近萬卷的古籍想不會遽然亡佚，《莊子》書的重現與王家藏書極可能有關。而《列子》書，張湛已很清楚說出來是抄自王家的舊藏。

《莊子》的出現是時代的需要，在曹魏時代，《周易》、《老子》已行之在前，《周易》是兩漢儒家的重要思想典籍，《老子》基於漢初特殊的地位，終劉漢四百年間都有人不斷注解。而《莊子》受了漢代長期的冷藏，又因材料的繁多零亂，所以到玄風熾盛以後，才有人加以編纂注解，王弼注《老子》寫《周易略例》，而從不道及《莊子》，其原因即在於此。《列子》

的命運與《莊子》相同，是到魏、晉才發跡的。而《莊子》、《列子》的思想本就很接近，許多資料（當時往往是單篇或獨章流傳的），放在《列子》書也可以，放在《莊子》書也可以。到魏、晉，許多人重訂《莊子》，他們大量地把道家思想的資料蒐集進去各自的本子，其中蒐羅最多而最雜的，可能是五十二篇本，用以符〈漢志〉五十二篇之數。而編《列子》所蒐集的資料，也有不少與被蒐進《莊子》（各種本子）的資料相同，這樣便造成了後世說《列子》抄錄《莊子》的話了。

(二)《列子》與《莊子》雷同的很多。南宋高似孫說：「是書與《莊子》合者十七章。」（《子略》）這是概數，事實字句大致相同的有十九章（引從略，見拙作《列子研究》）以上。向來一般人都相信《列子》襲自《莊子》，但也有人以為是《莊子》抄自《列子》的，固然誰抄襲誰，如果有足夠的證據是可以查出的，但事實是既不太可能也無必要，因為他們極可能所根據的根本就是不同的《莊子》寫本，就是說編《列子》的人，在當時所取《莊子》的材料，並不同於今日郭注本的《莊子》，在古代手抄書的年代，輾轉相抄，就要三豕涉河了。

《莊子》和《列子》的思想、史料都是很接近的，《莊子》書所取列子的行誼故事有五則，但《列子》書並沒有莊子或莊周二字，《列子》書所包含《莊子》的思想遠多於《老子》，張湛《列子・序》說：「大歸同於《老》、《莊》。屬辭引類特與《莊子》相似。」張湛當時已經承認《莊子》、《列子》關係的密切。可是尚可見老聃之名，而不見莊周，這真叫人驚奇！

最大的理由，一般人定會說列禦寇早於莊周，《莊子》可以引列子，《列子》不及引到莊子云云，殊不知：一、《列子》引了晚於列子的魏牟、孔穿，甚至引了比莊周要晚的公孫龍。二、掛名古人著的專作，尤其是子書沒有一本全是自己作的，更沒有一本是自己編的，因此，在該某書中也絕沒有強調自己一人所作的觀點。所以對編《列子》的人，不會因此理由而避諱莊子。三、《列子》張湛《注》就公然引向秀、郭象、崔譔的《莊子》注，這無異說張湛是承認《莊子》書比《列子》書及早存在的，而且是公開於社會的（同時也間接證明《列子》書不是張湛編造的），所以編《列子》者也不必逃避莊子。基於這些原因，《列子》沒有收莊子的行誼是有意義的，光明磊落的，而不是別有用心，企圖盜取列禦寇自作之名。也就是說，編《列子》的人取自《莊子》的資料，不得不拋棄有關與莊子其人其事的章句。

(三)《莊子》五十二篇本和其他諸本（今存為三十三篇本），到唐代高宗時還存在，李善注《文選》引《莊子》，便附了不少司馬彪、李頤等人的注，後來為何便消失呢？而《列子》正好在唐代開元以後才走運的。《舊唐書・禮儀志》：「開元二十年（西元七三二年）正月己丑……，並置崇玄學，其生徒令習《道德經》及《莊子》、《列子》、《文子》等。」〈禮儀志〉又說：「天寶元年（西元七四二年）……二月丙申，詔〈古今人表〉，玄元皇帝昇入上聖莊子號南華真人，文子號通元真人，列子號沖虛真人，庚桑子號洞虛真人，改《莊子》為《南華真經》，《文子》為《通玄真經》，《列子》為《沖虛真經》，《庚桑子》為《洞虛真經》。」

唐天寶年間，《列子》的政治地位到了最高頂點，而《莊子》的許多本子卻有的已消失，有的正在消失，孟氏本和崔譔本已亡於隋（〈隋志〉不著錄），向秀本漸合於郭象本，司馬本、李頤本在唐已漸式微……（詳見拙作《莊子學述》），凡古書的消失都不是無緣無故的，兵燹、水火除外，不是政治性的銷燬，便是內容不如人或為新本取代。五十二篇本的資料最多，其中孟氏本可能較差，被司馬彪本所取代，司馬彪本的外雜篇的篇目特多於崔、向、郭、李諸本（孟氏本分篇不詳，可能外雜篇也很多），神仙方士等寓言必然很多，陸德明的《莊子音義・序錄》說：「言多詭誕，或似《山海經》、或類占夢書，故注者以意去取。」詭誕可能是指五十二篇本，而《列子》的資料正是「似《山海經》或類占夢書」（按《列子》〈湯問篇〉有似《山海經》者，〈周穆王篇〉有類占夢書者）的詭誕之言，就是說在兩晉南北朝時代，五十二篇本很多與《列子》文相同，因《莊子》是大家，名氣大，要讀《列子》，不如讀五十二篇本的《莊子》，尤其是通行的司馬本，所以張湛以後的二百年，《列子》並沒有廣泛流傳。到了唐代李隆基好「李耳」的道家，把道家的老、莊、列、文諸子分別封號封經，《列子》也跟著興了。於是五十二篇的司馬彪本的實用價值低了，終至一蹶不振，因為《莊子》還有少有「詭誕」的三十三篇本存在，因此，在《列子》書和郭象本《莊子》的夾攻下，司馬本便在唐宋之交永遠亡佚了。

(四)《莊子》佚文見於《列子》及張《注》的計有六則：

1. 「生為徭役」——〈天瑞篇〉張湛《注》。

2. 「死為休息也」——〈天瑞篇〉張湛《注》。

3.「生物者不生，化物者不化。」——〈天瑞篇〉。張《注》：「《莊子》亦有此言。」

4.「海上之人有好漚鳥者，每旦之海上，從漚鳥游，漚鳥之至者百往而不止。其父曰：『吾聞漚鳥皆從汝游，汝取來，吾玩之。』明日之海上，漚鳥舞而不下也。」——〈黃帝篇〉。

5.「龍伯國人鉤鼇」——《一切經音義》四五引，〈湯問篇〉詳引其事。

6.「夸父與日角走渴死於北地」——《一切經音義》九三引，〈湯問篇〉詳引其事。

以上六則中，字句頗多的後三則，都屬於「詭誕」的寓言，《列子注》沒有說「莊子亦有此言」等字句，但他書都明稱「莊子曰」，可見《列子》的資料又見於《莊子》，只是張湛沒有注明而已。六朝，《列子》書既晚出現於《莊子》，此三則可能取自「言多詭誕」的五十二篇《莊子》注本。

「海上之人」一則，又見《世說新語．言語篇》注、《文選》卷三一江文通〈雜體詩〉張廷尉《注》，二處並稱「莊子曰」。可見南朝唐初，劉峻、李善所見的《莊子》本尚有此則，而張湛早於二人，照理應該知道出於《莊子》，但沒有標出。張《注》：「漚，音鷗」，音鷗，即是音義皆為鷗，漚鷗通假，《文選》、《世說》注所引並作「鷗」，《列子》張湛注「音鷗」，則張湛可能知道是出於《莊子》的。不過劉峻、李善所據的本子，唐後不傳了。可能就是五十二篇本，而現在的三十三篇本在兩晉也許就沒有這一則，所以不能說：「今本《列子》有這一則是晉時抄襲《莊子》的，而《莊子》傳到現在反而亡佚這一則了。」劉盼遂《世說新語校箋》：「此當原出《莊子》，偽《列》後出，孝標時尚未顯，蓋今本《莊子》此文已遺佚，而《列子》抄襲《莊子》，後人反知為《列子》也。」楊勇：「謝靈運〈山居賦〉：『撫鷗鯈而悅豫』，注：『莊周云：「海人有機心，鷗魚舞而不下。」』亦證劉說之實。」（《世說新語校箋》）這種說法太籠統些，事實這一則故事最早恐未必就是出於《莊子》。像《呂氏春秋・精諭篇》：「海上之人有好蜻者，每居海上，從蜻游，蜻之至者，百數而不止，前後左右盡蜻也，終日玩之而不去，其父告之曰：『聞蜻皆從女居，取而來，吾將玩之。』明日之海上，而蜻無至者矣。」畢沅曰：「孫云：《選注》沈休文〈詠湖中雁詩〉作：『群蜻翔而不下。』」在寓言的流變推演中，同一類型的許多故事，往往只有「主人翁」的變換而已，是「蜻」是「鷗」都是一樣的類型，實不能武斷何者為先，何者為後。

本則在《列子・黃帝篇》中，何以能作為取自《莊子》資料的另一證據，就是在這故事說完了後，還有這麼幾句：「故曰：至言去言；至為無為。齊智之所知，則淺矣。」這又是取自《莊子》的話（今見於〈知北遊篇〉）來做這一則寓言的結論，前後一喻一論，倒也天衣無縫，這是《列子》編選者先取莊子寓言為喻，再以莊子論說立證，以發揮自己的觀點的一種高妙手法，自己只用「故曰」二字來銜接而已。

(五)《文選》卷五四劉孝標〈辯命論〉李善《注》：「莊子曰：『孔子觀於呂梁見一丈夫謂孔子曰：「吾長於水而安於水，性也；不知吾所以然，命也。」』張湛注曰：『固然之理，不可以智知，知其不可知，故謂之命也。』」

按張湛的所有資料，從未說過注過《莊子》。而這段話分別見於《莊子・達生篇》和《列子·黃帝篇》，張湛的注語正見於《列子注》，只是「自然」誤為「固然」。《列子》編者取《莊子》的資料既是公開的事實，而張湛注《列子》，正是注了《莊子》的一部分，所以後人引《列子》書容易誤作《莊子》。

㈥又〈黃帝篇〉九章張湛《注》：「棠當作塘，行當作下」，又注：「道當為蹈」。所據與《莊子·達生篇》篇文相同，但他也沒有指明《莊子》，只是把當時已存在的異文加以訂正而已。這顯示當時《莊子》、《列子》的界限是模糊的，而這一章的異文在張湛之前，已經存在。（按張《注》引《莊子》文而不稱莊子者有多處）

㈦《文選》卷二一顏延年〈五君詠·阮始平〉李善《注》：「《列子》曰：『有神巫自齊而來處於鄭，命曰季咸，列子見而心醉。』向秀曰：『迷惑其道也。』」

按《列子》這段話，又見於《莊子·應帝王篇》。《莊子》作：「鄭有神巫曰季咸」，向秀未注《列子》，李善注《文選》引《列子》而用向秀的《注》，可能在「向秀曰」上面漏了「張湛曰」，也可能在「列子曰」上漏了「莊子曰」，如果是前者，則《莊子》、《列子》材料既相同，李善引《列子》怎麼不可以直接用僅有的向秀《注》（因張湛沒有自注）；如果是後者，則向秀《莊子》注本的此文與今本《列子》文字相近。向秀本可能來自崔譔本（《世說新語·文學篇》劉《注》：「秀……聊應崔譔所注，以備遺忘。」），崔譔本也是來自五十二篇本的濃縮。

此外，《淮南子·精神》也引到類似此文的幾句，五十二篇本與《淮南子》相似的甚多

（見武內義雄《莊子考》），則《列子》的這一段與《莊子》五十二篇是有關係的。

從以上七個現象，推測魏晉南北朝那個玄學昌盛的時代，《列子》書只有張湛注本的原因，就是當時《列子》的資料可能許多都見於《莊子》五十二篇本的資料，特別是司馬彪的本子，讀了《莊子》等於包括了《列子》。到唐代，《列子》興盛，司馬彪本便衰微而亡佚了。

參、《列子》思想

今本《列子》是魏晉人據《列子》殘卷、秦漢以前的一些古書（主要為《莊子》）及魏晉資料加以編選或改寫的，綜貫全書八篇的主旨，既不能反映秦漢以前的思想，也不是代表列禦寇一人或一派的思想，而是代表某些魏晉人（或張湛的祖父張嶷）的思想，這個思想正是整個魏晉上層社會思想的一部分。

張湛《列子・序》說：「其書大略明群有以至虛為宗，萬品以終滅為驗，神惠以凝寂常全，想念以著物自喪，生覺與化夢等情，巨細不限一域，窮達無假智力，治身貴於肆任，順性則所之皆適，水火可蹈，忘懷則無幽不照，此其旨也。然所明往往與佛經相參，大歸同於《老》、《莊》，屬辭引類特與《莊子》相似。」張湛綜述《列子》的思想，結論是「與佛經相參」，「同於《老》、《莊》」。不管《列子》書中是否有佛經的材料，或是與張家有何瓜葛，至少張湛承認《列子》可以與佛、《老》相印證的，因此使我們更可以說這一部書材料中所顯現的思想觀點，是配合魏晉時代的需要。

在探討其思想的過程中，對材料處理的態度頗有困難：《列子》書有《管子》、《晏子》、《論語》、《山海經》、《穆天子傳》、《墨子》、《莊子》、《荀子》、《尸子》、《韓非子》、《呂氏春秋》、《韓詩外傳》、《周易》〈春官〉、《乾鑿度》〉、《史記》〈管晏列傳〉、《淮南子》、《說苑》、《新論》、《新序》、《爾雅》、《方言》……等書的材料，如果要找非屬於以上諸書的材料才去談思想，則所剩下的並不很多，就是不見於他書的，也不能保證就不是古書的佚文。所以要避免談這些古書是不可能的。但我們儘可能以不見於他書的材料作為討論的中心，這樣或許稍能接近古本《列子》的原貌，如果不可避免，則仍將借取見於他書的材料，來羽翼我們的解說。畢竟書中材料的觀點，是編《列子》者所同意的觀點。由此，以下所述的思想，絕不是列子一人或一派的創作，而是魏晉某些貴族所認同所強調的思想。

一、宇宙論

㈠宇宙的本體

《列子・仲尼篇》一五章舉出了「道」字，並且也賦予形上學的意義。

「關尹喜曰：『在己無居，形物其箸。其動若水，其靜若鏡，其應若響，故其道若物者也。物自違道，道不違物。善若道者，亦不用耳，亦不用目，亦不用力，亦不用心。欲若道而用視聽形智以求之，弗當矣。瞻之在前，忽焉在後；用之，彌滿六虛；廢之，莫知其所。亦非有心者所能得遠，亦非無心者所能得近。唯默而得之，而性成之者得之。知而亡情，能而不為，真知真能也。發無知，何能情？發不能，何能為？聚塊也，積塵也，雖無為而非理也。』」

道家素以「道」為本體，道是超乎現象的東西，《老子》說：「道之為物，惟恍惟惚。」（二一章）又說：「視之不見名曰夷；聽之不聞名曰希；搏之不得名曰微；此三者不可致詰，故混而為一。其上不皦，其下不昧；繩繩不可名，復歸於無物。是謂無狀之狀，無物之象。是謂恍惚。」（一四章）恍惚的境界是感官所不能察覺的，所以「瞻之在前，忽焉在後……莫知其所」了。

道在《列子》書並不是最重要的，也沒有構成完整的思想體系。下面是把有關本體論的材料貫串起來討論的。

〈天瑞篇〉二章：「子列子曰：『昔者聖人因陰陽以統天地。夫有形者生於無形，則天地安從生？故曰：有太易，有太初，有太始，有太素。太易者，未見氣也；太初者，氣之始也；太始者，形之始也；太素者，質之始也。氣形質具而未相離，故曰渾淪。渾淪者，言萬物相渾淪而未相離也。視之不見，聽之不聞，循之不得，故曰易也。易無形埒，易變而為一，一變而為七，七變而為九。九變者，究也；乃復變而為一。一者，形變之始也。清輕者上為天，濁重者下為地，冲和氣者為人，故天地含精，萬物化生。』」

這一段宇宙進化的過程，是道家和《周易》緯書的融合。在「濁重者下為地」下，張《注》：「此一章全是《周易乾鑿度》也。」

「太易者，未見氣也。」是本體的道，用現代知識的解釋，或許就是宇宙形成以前一種沒有時間的狀態，這種狀態是人尚不知的「非現象」，這種狀態的存在，不是耳目等感官所能感覺的，所以叫「易」。

「太初者，氣之始也。」是突破太易的狀態，從似「無」的「非現象」露出「有」的「現象」之曙光，這是由中子、質子、電子分別存在的「遜原子質點」，可能是一種強烈輻射的質量。

「太始者，形之始也。」由「遜原子質點」的構成，其總質量等於今日宇宙的質量，而聚集在一個直徑只幾百萬哩的「原始原子」中，密度高，質量不穩定，發展到某一種程度便爆炸。整個「原始原子」向外四射，宇宙誕生了，這時才有時間、空間的存在。在冷卻過程中，中子、質子、電子彼此的尋找，結合成各種的元素，最早最易的是電子與質子組成氫原子，後又由一個質子與一個中子組成重氫（氘），一個質子和兩個中子組成氚，兩質子與兩中子組成氦。氫、氦佔了宇宙百分之九十九的質量。而由氫、氦等元素組成的塵埃狀的星雲，便是所謂形、形象了。這是肉體所能覺察的東西，似乎猶〈仲尼篇〉所謂的「聚塊也，積塵也。」〈天瑞篇〉說：「天積氣耳，亡處亡氣。若屈伸呼吸，終日在天中行止，奈何憂崩墜乎？」是很好的見解。不過又說：「虹蜺也，雲霧也，風雨也，四時也，此積氣之成乎天者也。」可見積氣的氣是大氣層內的現象。「太素者，質之始也。」是宇宙進化到今日的一個狀態（以地球人類作主觀的論斷），是一個實際的物質世界。就我們星球的形成而論：以上所說的某一星雲，因自身重力作用而形成星球，其中萬百億之一就是太陽，地球便是太陽的太陽焰和太陽風放射出的物質所凝結的小星之一，〈天瑞篇〉：「日月星宿，亦積氣中之有光耀者，只使墜，亦不能有所中傷。」這是古人比較深入的說明。

以上的詮釋是以現代科學理論作基礎的，用以來幫助了解「太易」、「太初」、「太始」、「太素」等四個階段的宇宙進化，事實這四個階段與《老子》：「道生一，一生二，二生三，三生萬物。」（四二章）一樣，純是一種想像的推理，在當時並無天文學物理學的根據。這也就是中西古典哲學對宇宙的解釋很含糊的原因。不過《列子》書對這四個階段所下的定義，其推理力是相當的豐富與縝密。

〈湯問篇〉一章：「殷湯問於夏革曰：『古初有物乎？』夏革曰：『古初無物，今惡得物？後之人將謂今之無物，可乎？』殷湯曰：『然則物無先後乎？』夏革曰：『物之終始，初無極已。始或為終；終或為始，惡知其紀？然自物之外，自事之先，朕所不知也。』」

這仍是以《老子》、《莊子》的角度，來解釋宇宙的來源，道是恍惚的狀態，是「非現象」的實體，不受時空的限制，在《老子》也叫無，《莊子》叫「无有」。由道的「非現象」演進到天地萬物的「現象」是宇宙進化必有的法則，《老子》：「天下萬物生於有，有生於無。」

〈四〇章〉《莊子》：「天門者，无有也。萬物出乎无有。」（〈庚桑楚篇〉）雖「有」是由「無」而來，但沒有「有」，天地萬物便無由而生的，可見「無」存在「實體」的因素。因此夏革說：「古初無物，今惡得物？」基本上是正確的。

萬物的生長演化是不分終始的，張《注》：「今之所謂終者，或為物始，所謂始者，或是物終。終始相循，竟不可分也。」又〈天瑞篇〉：「道終乎本無始，進（盡）乎本不久（有）。」亦即《莊子》所謂：「道无終始」（〈秋水篇〉）之意。乃屬於道家的自然循環說，在下面「生化的原理」還會談到。

所謂「自物之外，自事之先，朕所不知也。」是說現象與非現象以外的是不可追究的，《莊子》：「六合之外，聖人存而不論。」（〈齊物論篇〉）是同一不可知論者。

本體中有強烈的機械論存在。

〈湯問篇〉四章：「夏革曰：『然則亦有不待神靈而生，不待陰陽而形，不待日月而明，不待殺戮而夭，不待將迎而壽，不待五穀而食，不待繒纊而衣，不待舟車而行，其道自然，非聖人之所通也。』」

宇宙中客觀事物的存在，都有其規律性，然而人類並不要盲目的屈服於他們所認為的自然界的必然性。像〈力命篇〉所說的不得不然的人類行為，這是極消極的哲學思想。

㈡宇宙的空間

〈湯問篇〉一章：「殷湯曰：『然則上下八方有極盡乎？』革曰：『不知也。』湯固問。革曰：『無則無極，有則有盡；朕何以知之？然無極之外復無無極，無盡之中復無無盡。無極復無無極，無盡復無無盡。朕以是知其無極無盡也，而不知其有極有盡也。』」

就是說宇宙無極無盡，無極無盡猶未足，還有無限的無極無盡，甚至連「無極無盡」的概念，都不存在。今天科學家也大致認為宇宙是無窮的，以雙曲線的模式在永無止境的膨脹，是一個負性彎曲的開放空間。

〈湯問篇〉一章又說：「湯又問曰：『四海之外奚有？』革曰：『猶齊州也。』湯曰：『汝奚以實之？』革曰：『朕東行至營，人民猶是也。問營之東，復猶營也。西行至豳，人民猶是也。問豳之西，復猶豳也。朕以是知四海、四荒、四極之（外）不異是也。故大小相含，無窮極也。含萬物者，亦如含天地。含萬物也故不窮，含天地也故無極。朕亦焉知天地之表不有大天地者乎？亦吾所不知也。』」

天地之外，還可能有天地，這是一種浪漫的想像，今天地球的「天地」之外，還有太陽系的「天地」，太陽系之外，還有銀河星系的「天地」；銀河星系之外，還有本星系的「天地」……以至於無垠的宇宙，真是天外有天。

列子和先秦人一樣把天地區分為二，以為天地是兩個平行相對的物體，這是他們對天體的知識沒有突破「天覆地載」的觀念。〈天瑞篇〉說：「清輕者上為天，濁重者下為地。」又說：「精神者，天之分；骨骸者，地之分。屬天清而散，屬地濁而聚。」他們誤以地球外表覆蓋厚數百公里的大氣層，就是天。大氣透過太陽光照射的現象，以為就是清輕，與地的濁重，正好相對。由此推演，天是陽，是精神的；地是陰，是物質（骨骸）的，殊不知宇宙時空內的一切，都是物質現象。假使「天」是指大氣，則「天」是地球的一部分；假使天地是地球以外空間的無限伸長，那麼地球是「天」的一點，意義必須重估。〈天瑞篇〉張湛《注》：「自地而上，則皆天矣。」便是指後者的意義。

㈢生化的原理

〈天瑞篇〉一章：「子列子笑曰：『壺子何言哉？雖然，夫子嘗語伯昏瞀人，吾側聞之，試以告女。其言曰：有生不生，有化不化。不生者能生生，不化者能化化。生者不能不生，化者不能不化。故常生常化。常生常化者，無時不生，無時不化。陰陽爾，四時爾，不生者疑獨，不化者往復。往復，其際不可終；疑獨，其道不可窮。黃帝書曰：「谷神不死，是謂玄牝。玄牝之門，是謂天地之根。綿綿若存，用之不勤。」故生物者不生，化物者不化。自生自化，自形自色，自智自力，自消自息。謂之生化形色智力消息者，非也。』」

這一段受《老子》、《莊子》影響很大，《莊子．大宗師篇》：「朝徹而後能見獨，見獨而後能无古今，无古今，而後能入於不死不生，殺生者不死，生生者不生。」「生」與「不生」，「化」與「不化」是相對，《老子》所謂「有無相生，難易相成，長短相較，高下相傾。」（二章）生的現象雖是生生不息，但是窮溯其原是不生的，猶如從「無」到「有」，一到了

「有」便有「生」和「化」的循環，「生」為「化」之始，「化」亦為「生」之始；「化」為「生」之終，「生」亦為「化」之終。「化」如果是指死亡，則個體有死亡，群體卻沒有死亡，「化」如果是指變化，像昆蟲一樣的變形，那麼生化很明顯的是永遠在交替。全變形蟲在卵孵化成幼蟲後，經數次蛻變，進入休止狀態，是為蛹；在休止中又蛻變成一截然不同的形體，最後以嶄新的姿態破蛹羽化騰空而去，這時才算是成蟲，幼蟲與成蟲生態迥異，簡直不可能想像是一個生命的演化，當短促的生命年華即將消逝，雌雄交尾，而後生卵，在未見子嗣的「惆悵」中，便墜落黃泉，化為青草了。下一代又很快的活躍在大地了……這是一種機械的循環，是「生者不能不生，化者不能不化」，結果是「無時不生，無時不化」了。若要沒有生化的現象，只有跳脫時間的羈絆（无古今），回到「非現象」的狀態，否則，就是沒有生命的原始物質世界，仍將會醞釀原生質的生機，把生命灑播世界。

在生態世界中，「生」、「形」是不分終始的，有生命就會再歸於沒有生命，有形體就會再歸於沒有形體，而這種始終生化的現象，是不得不然的，所以「終者不得不終，亦如生者之不得不生」（〈天瑞篇〉）是一種自然的規律。不管這個終始生化的階段中，變化多大，在整個宇宙中質量是不變的。

道家有一種自然循環的理論：

《老子》：「夫物芸芸，各復歸其根，歸根曰靜，是謂復命。」（一六章）又說：「有物混成，先天地生，寂兮寥兮，獨立而不改，周行而不殆，可以為天下母。吾不知其名，字之曰道。」（二五章）《莊子》：「道通為一，其分也，成也；其成也，毀也。凡物无成與毀，復通為一。」（〈齊物論篇〉）又說：「生也死之徒，死也生之始；孰知其紀？人之生，氣之聚也；聚則為生，散則為死；若死生為徒，吾又何患？故萬物一也。是其所美者為神奇，其所惡者為臭腐；臭腐復化為神奇，神奇復化為臭腐。故曰：通天地一氣耳。」（〈知北遊篇〉）又說：「萬物皆種也，以不同形相禪；始卒若環，莫得其倫。」（〈寓言篇〉）

以上的思想，以今天生態學的觀點看，是很容易理解的，唯古人的分析，是毫無科學的根據。

地球上的重要元素是碳、氧、氫、氮。

綠色植物光合作用時，吸取大氣中二氧化碳的碳，動物吃了植物，又把二氧化碳吐出，送回大氣層。

氧氣被動植物吸取，又放出了二氧化碳，這是最簡單的還原。

氮是生命的要素，在空氣中為固氮菌變成硝酸鹽，再被植物吸收，植物被動物所食，動植物死亡或排泄，又被細菌分解成氮返回大氣。

上面三種元素的循環是極簡單的形式，其實尚有複雜交叉的循環。至於水和各種礦物質莫不如此的循環。因此，所有各種的有機物，包括人類主觀所認為的高貴低賤之有機物都是一樣，一個所謂「聖人」的遺體與一堆鼠糞，在生態的價值，只有重量多寡之別而已。所謂臭腐與神奇，實為一體之兩面，而所以有「臭腐」與「神奇」之名，乃是一種人為的主觀命名。

〈天瑞篇〉一二章：「粥熊曰：『運轉亡已，天地密移，疇覺之哉？故物損於彼者盈於此，成於此者虧於彼。損盈成虧。隨世隨死。往來相接，間不可省，疇覺之哉？凡一氣不頓進，一形不頓虧；亦不覺其成，亦不覺其虧。亦如人自世至老，貌色智態，亡日不異；皮膚爪髮，隨世隨落，非嬰孩時有停而不易也。間不可覺，俟至後知。』」

了解生態的循環，不難了解此損盈之道，一切有機物形態的改變，其質量絕不改變。張湛注：「夫心識潛運，陰陽鼓作，故形體改換，天地密移，損益盈虛，誰能覺悟？所以貴夫道者，知本而不憂亡也。」可知這種思想影響人生觀很大。

二、知識論

《列子》知識論與《莊子》相近。

〈天瑞篇〉一三章：「子列子聞而笑曰：『言天地壞者亦謬，言天地不壞者亦謬。壞與不壞，吾所不能知也。雖然，彼一也，此一也。故生不知死，死不知生；來不知去，去不知來。壞與不壞，吾何容心哉？』」

在現象中的事物，是本體的推演，天地也是本體的現象，因此作一絕對的概念詮釋，並無意義。其他生、死、來、去，莫不如此。《莊子》：「物无非彼，物无非是。自彼則不見，自知則知之，故曰彼出於是，是亦因彼。彼是方生之說也，雖然，方生方死，方死方生，方可方不可，因是因非，因非因是。是以聖人不由，而照之於天，亦因是也。是亦彼也，彼亦是也。彼亦一是也，此亦一是非。」（〈齊物論篇〉）

〈仲尼篇〉五章：「子列子曰：『南郭子貌充心虛，耳無聞，目無見，口無言，心無知，形無惕，往將奚為？雖然，試與汝偕往。』閱弟子四十人同行，見南郭子，果若欺魄焉，而不可與接。顧視子列子，形神不相偶，而不可與群。南郭子俄而指子列子之弟子末行者與言，衎衎然若專直而在雄者。子列子之徒駭之。反舍，咸有疑色。子列子曰：『得意者無言，進（盡）知者亦無言。用無言為言亦言，無知為知亦知。無言與不言，無知與不知，亦言亦知。亦無所不言，亦無所不知；亦無所言，亦無所知。如斯而已。汝奚妄駭哉？』」

耳、目、口、心、形等感官，本是對外界知覺的媒介。但道家以為這些知覺，並不是絕對的，所以不能發揮官能的效果。言語和知識也是主觀的反映和判斷，而且只能反映某些思想意識的東西，則言語和知識並不能解決或表達所有的知識，所以說：「無言與不言，無知與不知，亦言亦知。」

又〈仲尼篇〉八章：「龍叔謂文摯曰：『子之術微矣。吾有疾，子能已乎？』文摯曰：『唯命所聽。然先言子所病之證。』龍叔曰：『吾鄉譽不以為榮，國毀不以為辱；得而不喜，失而弗憂；視生如死；視富如貧；視人如豕；視吾如人。處吾之家，如逆旅之舍；觀吾之鄉，如戎蠻之國；凡此眾疾，爵賞不能勸，刑罰不能威，盛衰利害不能易，哀樂不能移。固不可事國君，交親友，御妻子，制僕隸。此奚疾哉？奚方能已之乎？』文摯乃命龍叔背明而立，文摯自後向明而望之。既而曰：『嘻！吾見子之心矣，方寸之地虛矣。幾聖人也！子心六孔流通，一孔不達。今以聖智為疾者，或由此乎！非吾淺術所能已也。』」龍叔的「毛病」正是他超越知覺的能力，像榮辱、喜憂、生死、富貴、人豕……等對立概念，實是毫無存在的歧異。尤其能擺脫名利、道德的觀念。難怪文摯說他：「幾聖人也。」又〈黃帝篇〉七章：「梁鴦曰：『……今吾心無逆順者也，則鳥獸之視吾，猶其儕也。故游吾園者，不思高林曠澤；寢吾庭者，不願深山幽谷，理使然也。』」盧《解》：「夫形質各有殊，神氣則不異也。故《莊子》云：視其異也，則肝膽楚越；視其同也，則萬物一體矣。」

知識的現象，本沒有分辨的作用，那麼個體及空間（四海、四荒、四極之〔外〕不異是也）的別囿是不存在。因此，知識的齊一性是莊列共同的思想。從知識論的演繹，齊一平等在社會思想中應有其特殊意義，〈湯問篇〉八章：「均，天下之至理也，連於形物亦然。均髮均縣，輕重而髮絕，髮不均也。均也，其絕也，莫絕。」現象中形體不同，是出於感官的主觀，而其本體的原理是始終不變的。〈湯問篇〉一章說得好：「雖然，形氣異也，性鈞已，無相易已。生皆全已，分皆足已。吾何以識其巨細？何以識其修短？何以識其同異哉？」張湛注：「萬品、萬形、萬性、萬情，各安所適，任無不執，則鈞於全足，不願相易也，豈智所能辯哉？」

打破別囿，猶《莊子》：「萬物一齊，孰短孰長？道无終始，物有死生，不恃其成，一

虛一滿，不位乎其形。」(〈秋水篇〉)

本體為一實體，而若以現象界為假相虛體，那麼是否抹煞了現象中的事物，閉著眼睛，而以萬物唯心造呢？列子並未取消現象中的事物，因為人也是現象之物，足以影響人的是那些客觀事物的現象。因此他對天地、聖人、萬物都賦予同等的功用，而各有所司：

〈天瑞篇〉三章：「子列子曰：『天地無全功，聖人無全能，萬物無全用。故天職生覆，地職形載，聖職教化，物職所宜。然則天有所短，地有所長，聖有所否，物有所通。何則？生覆者不能形載，形載者不能教化，教化者不能違所宜，宜定者不出所位。故天地之道，非陰則陽；聖人之教，非仁則義；萬物之宜，非柔則剛，此皆隨所宜而不能出所位者也。故有生者，有生生者；有形者，有形形者；有聲者，有聲聲者；有色者，有色色者；有味者，有味味者。生之所生者死矣，而生生者未嘗終；形之所形者實矣，而形形者未嘗有；聲之所聲者聞矣，而聲聲者未嘗發；色之所色者彰矣，而色色者未嘗顯；味之所味者嘗矣，而味味者未嘗呈，皆無為之職也。能陰能陽，能柔能剛，能短能長，能員能方，能生能死，能暑能涼，能浮能沈，能宮能商，能出能沒，能玄能黃，能甘能苦，能羶能香。無知也，無能也，而無不知也，而無不能也。』」

自然界的現象必有其規律性，物理原則也必有其條理性，《列子》書在此可說充分顯示其相當進步的科學精神。

三、政治觀

道家與諸子百家本都是以自己的需要來處理先秦政治、社會等問題，由於道家採取了消弭社會問題與反對政治制度的態度，使得道家沒有建立一套單獨可行的治國方案，尤其《列子》書是糅雜編成的，更乏體系可言，資料來源不同，各種觀點難免不能統一，甚至互相鑿枘。以下所談的各項彼此並沒有緊密的關聯性。

(一)傳統政治思想的破產

當傳統而閉鎖的社會走向崩潰時，則用以來凝固社會鞏固秩序的傳統政治思想必然瓦解。〈說符篇〉八章載：施氏孟氏各有兩子，所學相同，但施氏子得富貴，孟氏子卻受肉刑。秦王向孟氏子說：「當今諸侯力爭，所務兵食而已。若用仁義治吾國，是滅亡之道。」這種論調正反映舊傳統價值的破產。雖未必就是魏晉人所作，確實也符合了魏晉人的觀點。劉徹以後的兩漢，以儒學為其意識形態的統治工具。隨著劉漢的覆亡，人們對仁義的價值也動搖起來了。在劉徹之前老莊及韓非都有反對仁義之說，但前者是基於仁義束縛了自我的人性。後者是基於「世異則事異」(〈五蠹篇〉)的現實主義，二者與本章基於「理無常是，事無常非」「用與不用，無定是非」的宿命觀不同。因此，本章似非先秦之說。

一切向來所謂的真理被否定，在動亂的時代裏，行為就沒有常規可循。像宋蘭子以技干宋元君，得到金帛。不久又有一個能燕戲的蘭子，也以技干宋元君，結果卻險遭殺身之禍。（〈說符篇〉一五章）隨著舊的政治思想的瓦解，新時代的政治思想便應運而生了。

我們再看一個例子。〈說符篇〉二二章：「東方有人焉，曰爰旌目，將有適也，而餓於道。狐父之盜曰丘，見而下壺餐以餔之。爰旌目三餔而後能視，曰：『子何為者也？』曰：『我狐父之人丘也。』爰旌目曰：『譆！汝非盜邪？胡為而食我？吾義不食子之食也。』兩手據地而歐之，不出，喀喀然，遂伏而死。」

這一則故事，又見於《呂氏春秋·介立篇》，故事的結尾是很合符傳統的思想，但《列子·說符篇》卻加了一段評語：「狐父之人則盜矣，而食非盜也。以人之盜因謂食為盜而不敢食，是失名實者也。」完全站在一種對立的態度，是《列子》編者取《呂氏春秋》的材料，再加上評語的，是以「天下理無常是，事無常非」的理由來攻擊迂腐的名教。

(二)知賢舉賢

〈說符篇〉五章：「列子曰：『色盛者驕，力盛者奮，未可以語道也。故不班白語道，失，而況行之乎？故自奮則人莫之告。人莫之告，則孤而無輔矣。賢者任人，故年老而不衰，智盡而不亂。故治國之難在於知賢而不在自賢。』」

在《莊子》內篇思想中並沒有治「國」的觀念，主要在取消複雜黑暗的政治設施，揚棄違反自然斲傷天性的所謂「聖人」和「禮教」。這裏卻滿口「治國」、「知賢」，分明與道家不是一貫的思想。

又〈說符篇〉一〇章：「晉國苦盜」章是以道家的思想投入了俗世的現實之中，郄雍是一個聖者智者，而為聖智所害，這是符合道家無為而治的一貫主張。而下面所說的：「君若欲無盜，若莫舉賢而任之，使教明於上，化行於下。民有恥心，則何盜之為？」是受到現實政治所左右的，盜賊的制止，不是僅「絕聖棄知」、「擿玉毀珠」所能奏功的，所以利用政治組織的力量，以推動防盜的方法，實為本章編者所看清楚的。

(三)為政者須治身

〈說符篇〉三章：「嚴恢曰：『所為問道者為富，今得珠亦富矣，安用道？』子列子曰：『桀紂唯重利而輕道，是以亡。幸哉余未汝語也。人而無義，唯食而已，是雞狗也。彊食靡角，勝者為制，是禽獸也。為雞狗禽獸矣，而欲人之尊己，不可得也。人不尊己，則危辱及之矣。』」

在此子列子並沒有反對為富，重利，只是強調統治者必須尊己。

〈說符篇〉一七章：「楚莊王問詹何曰：『治國柰何？』詹何對曰：『臣明於治身而不明於治國也。』楚莊王曰：『寡人得奉宗廟社稷，願學所以守之。』詹何對曰：『臣未嘗聞身治而國亂者也，又未嘗聞身亂而國治者也。故本在身，不敢對以末。』楚王曰：『善。』」

這幾乎是儒家的觀點，第一，詹何不僅沒有反對「國治」，而且默認國治的必要性。第二，「身治」也不是以道家的觀點來說，而是作為「國治」的基礎。這不是《大學》的修齊治平之道嗎？不是《論語》所說的「君子務本，本立而道生」的思想嗎？

(四)理想的社會

〈黃帝篇〉一章：「黃帝即位……二百餘年不輟」，很完整的說明了一段的政治理論。黃帝即位起初十五年盡量來填充自己的欲壑，結果是「昏然五情爽惑」。又十五年則殫精竭力統治百姓，結果仍是「昏然五情爽惑」，最後不得不說：「養一己其患如此，治萬物其患如此。」於是放棄個人的享受，除去文物制度，天天睡覺，夢遊了華胥氏之國。從華胥氏之國，得到了政治的理想和標準。這一則近乎神話的故事，結構處理得很奇妙，華胥氏之國離中國有幾千萬里，不是舟車可及的。所以黃帝要做夢才可到達，這就是說是一個「幻境」，一個「无何有之鄉」，一個人世不可及的「烏托邦」。可是後來黃帝使天下大治，便是像華胥氏之國一樣的理想。

再看這理想國度的什麼呢？從「其國無師長，自然而已；其民無嗜慾，自然而已。不知樂生，不知惡死，故無夭殤；不知親己，不知疏物，故無愛憎；不知背逆，不知向順，故無利害；都無所愛惜，都無所畏忌。」看，他們痛恨黑暗政治的枷鎖，簡直就是一群非社會性的動物。從「入水不溺，入火不熱。斫撻無傷痛，指擿無痟癢。乘空如履實，寢虛若處床。雲霧不硋其視，雷霆不亂其聽，美惡不滑其心，山谷不躓其步，神行而已。」看，簡直就是一群神仙。《莊子・山木篇》：「南越有邑焉，名為建德之國，其民愚而朴，少私而寡欲，知作而不知藏，與而不求其報，不知義之所適，不知禮之所將，猖狂妄行，乃蹈乎大方，其生可樂，其死可葬。」南越之國，實似於華胥氏之國，都是亂世中對原始集產社會的嚮往，只是後者帶有浪漫的文學色彩而已。

〈湯問篇〉的終北之國，與華胥之國一樣，是一個虛幻的世界，說：「人性婉而從物，不競不爭；柔心而弱骨……亡衰老哀苦」云云，乃是對俗世的一種消極反抗。周穆王住了三年回國，就不進食酒肉，不玩弄女性好幾個月，說明了編《列子》書的時代，貴族社會的浮華淫靡，多麼需要淨化。

四、人生觀

道家思想中比較具體的，就是他們在亂世中所持的人生態度，《列子》諸篇中雖充滿虛弱的思想，但卻浮現著夢幻及神仙的浪漫精神，並且也提出了許多先秦社會從未討論過的問題。

(一)虛 靜

「虛」似乎為《列子》的專有思想，《尸子・廣澤篇》：「列子貴虛」，在〈天瑞篇〉一章也說：「或謂子列子曰：『子奚貴虛？』列子曰：『虛者無貴也。』子列子曰：『非其名也，莫如靜，莫如虛。靜也虛也，得其居矣；取也與也，失其所矣。事之破碼（毀），而後有舞仁義者，弗能復也。』」

這裏強調虛就是靜，虛靜就能夠得到自然而真實的空間環境，如果違反虛靜，就要失去自然的空間。自然是虛靜而質樸無華的，若破壞自然，而要舞弄仁義道德加以粉飾其偽裝的本性，這是無補於自然的。

據楊伯峻的歸納，《列子》這一章並不是先秦的資料。他說：「《列子》的『舞仁義』可能即是《莊子》的『蹩躠為仁，踶跂為義』。……『舞』字這種意義都是先秦所不曾有過的。」（〈列子著述年代考〉）果然，則這一章與先秦的《列子》是沒有牽連的，可能是漢後道家學者，根據《列子》「貴虛」之說和《莊子》撰寫的。

㈡柔弱

柔弱是老學的特徵，〈黃帝篇〉一七章：「天下有常勝之道，有不常勝之道。常勝之道曰柔，常不勝之道曰彊。二者亦(易)知，而人未之知。故上古之言：彊，先不己若者；柔，先出於己者。先不己若者，至於若己，則殆矣；先出於己者，亡所殆矣。以此勝一身若徒，以此任天下若徒。謂不勝而自勝；不任而自任也。粥子曰：『欲剛，必以柔守之；欲彊，必以弱保之。積於柔必剛，積於弱必彊。觀其所積，以知禍福之鄉。彊勝不若己，至於若己者剛；柔勝出於己者，其力不可量。』老聃曰：『兵彊則滅，木彊則折。柔弱者生之徒；堅彊者死之徒。』」

這一章很顯然地在闡明《老子》的思想。《老子》說：「柔弱勝剛強」（三六章），又說：「天下之至柔馳騁天下之至堅。」（四三章）又說：「守柔曰強。」（五二章）都是一貫的思想。柔弱是弱者對壓迫的逃避，也是另一種形式的反抗。影響中國社會非常鉅大。

〈湯問篇〉八章：「詹何曰：『臣聞先大夫之言，蒲且子之弋也，弱弓纖繳，乘風振之，連雙鶬於青雲之際，用心專，動手均也。臣因其事，放而學釣，五年始盡其道。當臣之臨河持竿，心無雜慮，唯魚之念，投綸沈鉤，手無輕重，物莫能亂。魚見臣之鉤餌，猶沈埃聚沫，吞之不疑。所以能以弱制彊，以輕致重也。大王治國誠能若此，則天下可運於一握，將亦奚事哉？』楚王曰：『善。』」

《列子》貴虛，虛則靜，虛靜則能「心無雜慮，唯魚之念」，然後進一步以弱制彊。在亂世的修持上，柔弱算得是明哲保身的不二法門。

㈢天　命

《列子》全書都表現著唯天命是賴的人生觀。〈力命篇〉：「生生死死，非物非我，皆命也。」生死皆命，遑論其他。在八篇中，以〈力命篇〉所表現的天命論最強烈，首章就提出人力與天命爭辯的寓言，結論是天命壓倒了人力，天命說：「既謂之命，柰何有制之者邪？朕直而推之，曲而任之。自壽自夭，自窮自達，自貴自賤，自富自貧，朕豈能識之哉？朕豈能識之哉？」壽夭、窮達、貴賤、富貧……都是冥冥中自個兒決定的。所謂「朕豈能識之哉？」是指天命不能認識自己的底細，怎麼樣就是怎麼樣。像東郭先生說：「北宮子厚於德，薄於命；汝（西門子）厚於命，薄於德。汝之達，非智得也；北宮子之窮，非愚失也。皆天也，非人也。」（〈力命篇〉二章）這對人生的因果都不能用任何方法分析的。

《列子．力命篇》有宇宙定命論的思想，就是對一切的發展，諸如政治活動、人際關係等認為都是無可奈何，不得不然的宇宙規律，這是《莊子》天命思想的進一步。

〈力命篇〉三章：「然則管夷吾非薄鮑叔也，不得不薄；非厚隰朋也，不得不厚。厚之於始，或薄之於終；薄之於終，或厚之於始。厚薄之去來，弗由我也。」

〈力命篇〉四章又說：「鄧析操兩可之說，設無窮之辭。當子產執政，作竹刑，鄭國用之。數難子產之治，子產屈之。子產執而戮之，俄而誅之。然則子產非能用竹刑，不得不用；鄧析非能屈子產，不得不屈；子產非能誅鄧析，不得不誅也。」

這顯示作者對任何既成的事物，都承認其必然性。這種必然性雖不是神祇定命，卻是神祕的，不可解釋的。反歷史的，反科學的。可見編作者們對任何不合理的社會制度，都完全妥協，這是何等的退縮、盲目。或許在黑暗的政治勢力高壓下，所「不得不然」的人生觀吧！

(四)生死

在動亂無常，朝不保夕的日子，能苟全性命是不易的。「人所憂者莫急乎死，己所重者莫過乎生。」（〈說符篇〉）所以榮啟期的三樂（〈天瑞篇〉），一言以蔽之，一個九十歲老人苟延殘喘的目的，只是求做個長命的男人而已。

生命固然重要，然居亂世中，但知貪生怕死，惶惶不可終日，實也是件極痛苦的事。因此道家有一套對生死的人生觀：生死是一種空幻的現象，有生所以有死，有死所以有生，生既不足畏，死又何懼焉？《莊子・齊物論篇》：「方生方死，方死方生。」《列子・天瑞篇》：「故生不知死，死不知生；來不知去，去不知來」，便是否定生的現實性。

因此，生命雖要珍惜，對死亡也不逃避。生死的比較，生是短暫的，而死卻是永恆的，所以「死人為歸人，則生人為行人矣」（〈天瑞篇〉一〇章），死才是永恆的歸宿。林類是被古統治者所塑造出來的「安貧樂命」的典型人物，他既樂於貧苦的生，也樂於迎接死。

林類說：「死之與生，一往一反。故死於是者，安知不生於彼？故吾知其不相若矣？吾又安知營營而求生非惑乎？亦又安知吾今之死不愈昔之生乎？」（〈天瑞篇〉九章）

由於《列子》書普遍受到天命論的籠罩，所以生死的觀念除受傳統的道家思想影響外，仍不免要與強烈的天命論相結合。〈力命篇〉五章：「可以生而生，天福也；可以死而死，天福也。可以生而不生，天罰也；可以死而不死，天罰也。」是福是罰，是天命決定的，而不是指沒有行為意志的自然。

(五)至　樂

這是〈楊朱篇〉獨有的思想。楊朱是先秦一個很重要學派的主人翁，《列子》有〈楊朱篇〉如同《莊子》有〈列禦寇篇〉一樣，只是取篇首字為名的，原不足為奇，但〈楊朱篇〉十七章中有十四章都談到楊朱，似乎成了楊朱的專集，其中也提到楊朱的「為我」，而張湛《列子・序》又暗示〈楊朱篇〉是張嶷從江北帶來的，似比較可靠。然而就全篇的內容分析，大半主張至樂、恣慾的人生觀，與楊朱「全性保真，不以物累形」的原來面貌迥異，大概是魏晉人曲解楊朱為我之說而編寫的，作為當時豪族巨室荒淫、頹廢生活的理論依據。

〈楊朱篇〉的至樂就是追求官能的最高快樂，《莊子》的至樂是追求心靈的恬靜而反對官能的快樂，二者正好相反。〈楊朱篇〉認為人生短暫，如又除去幼年、老邁、夜眠、病痛，則快樂的時刻更短了。

〈楊朱篇〉二章：「楊朱曰：『百年，壽之大齊，得百年者千無一焉。設有一者，孩抱以逮昏老，幾居其半矣。夜眠之所弭，晝覺之所遺，又幾居其半矣。痛疾哀苦，亡失憂懼，又幾居其半矣。量十數年之中，逌然而自得亡介焉之慮者，亦亡一時之中爾。則人之生也奚為哉？奚樂哉？為美厚爾，為聲色爾。而美厚復不可常厭足，聲色不可常翫聞。乃復為刑賞之所禁勸，名法之所進退；遑遑爾競一時之虛譽，規死後之餘榮；偊偊爾順耳目之觀聽，惜身意之是非；徒失當年之至樂，不能自肆於一時。重囚纍梏，何以异哉？太古之人知生之暫來，知死之暫往；故從心而動，不違自然所好，當身（俞樾作「當生」）之娛非所去也。』」

在有限的生命中，務須及時行樂，但求歡樂之實，不求死後之名，在生時雖有賢愚好醜，成敗是非之別，最後總是要消滅，不管生有堯舜、有桀紂，死後同樣為腐骨。若只矜持生時片刻的毀譽，勞苦自己的形骸精神，以求漫長而不可知的虛名，是划不來的。

追求快樂就是要澈底舒暢所有感覺器官的功能，凡是對器官的壅塞，就是摧殘生命的禍首，隨時都要排斥，這也是養生的方法，養生在於等待死亡，而不是節制情慾以求永生。〈楊朱篇〉七章：「晏平仲問養生於管夷吾。管夷吾曰：『肆之而已，勿壅勿閼。』晏平仲曰：『其目柰何？』夷吾曰：『恣耳之所欲聽，恣目之所欲視，恣鼻之所欲向，恣口之所欲言，恣體之所欲安，恣意之所欲行。夫耳之所欲聞者音聲，而不得聽，謂之閼聰；目之所欲見者美色，而不得視，謂之閼明；鼻之所欲向者椒蘭，而不得嗅，謂之閼顫；口之所欲道者是非，而不得言，謂之閼智；體之所欲安者美厚，而不得從，謂之閼適；意之所欲為者放逸，而不得行，謂之閼性。凡此諸閼，廢虐之主。去廢虐之主，熙熙然以俟死，一日、一月、一年、十年，吾所謂養。拘此廢虐之主，錄而不舍，戚戚然以至久生，百年、千年、萬年，非吾所謂養。』」

一切足以妨礙縱欲感官之事物都要排斥，這些感官所追求的是「豐屋、美服、厚味、姣色」。子產有兄弟公孫朝、公孫穆。「朝好酒……聚酒千鍾，積麴成封，望門百步，糟漿之氣逆於人鼻。」「穆好色……後庭比房數十，皆擇稚齒婑媠者以盈之。方其耽於色也……三月一出，意猶未愜。鄉有處子之娥姣者，必賄而招之，媒而挑之，弗獲而後已。」統治者利用他的特殊地位瘋狂地揮霍，這就是他們的養生嗎？我們看了嵇康的〈養生論〉，便會了解魏晉有思想的知識分子，定然不會同意〈楊朱篇〉的看法；與這種思想合流的，倒是那些腰纏萬貫的巨室公卿，他們踏在百姓的頭上，窮奢極欲的消耗，〈楊朱篇〉所塑造的另一個典型是端木叔，書上說：「子貢之世也。」事實先秦是沒有這樣的極端的人物；只有魏晉才存在，王愷、石崇、何曾、賈謐、賈模和龐大的皇族都是公孫朝、公孫穆、端木叔，他們的縱欲生活，但知有今天，而不知有明天。儘管他們的行為是黑暗時代的反響，衝破「禮教」的枷鎖，把端木叔說成是：「達人也，德過其祖矣。」然就社會的意義言，價值仍是否定的。

這些行屍走肉的貴族老爺們，既不能恬淡隱逸為生，更不敢侃然自殺而死，戀棧既得的地位，捨不得淫樂的日子；他們曉得自己的末日是悲慘的，所以也顧不得如何的埋葬了。燒掉、投水、埋掉、露屍都不在乎。張湛在此注：「晏嬰，墨者也，自以儉省治身，動遵法度，非達生死之分。」其實這只是假託管仲、晏嬰（二人不同時）相答的寓言，與墨家薄葬是風馬牛不相及的，這只是表現對生命意義的否定而已。張《注》未得正解。

第一篇　天瑞❶篇

（一）子列子❷居鄭圃❸，四十年人無識者。國君卿大夫眎❹之猶眾庶也。國不足❺，將嫁❻於衛。弟子曰：「先生往無期，弟子敢有所謁❼，先生將何以教？先生不聞壺丘子林❽之言乎？」子列子笑曰：「壺子何言哉？雖然，夫子嘗語伯昏瞀人❾，吾側聞之，試以告女。其言曰：有生不生，有化不化。不生者能生生，不化者能化化。生者不能不生，化者不能不化。故常生常化。常生常化者，無時不生，無時不化。陰陽爾，四時爾，❿不生者疑獨⓫，不化者往復。往復，其際不可終；疑獨，其道不可窮。黃帝書⓬曰：『谷神⓭不死，是謂玄牝⓮。玄牝之門，是謂天地之根。綿綿若存⓯，用之不勤⓰。』故生物者不生，化物者不化。⓱自生自化，自形自色，自智自力，自消自息。謂⓲之生化形色智力消息者，非也。」

【注釋】❶天瑞　南宋林希逸《沖虛至德真經鬳齋口義》：「此篇專言天理，以其可貴，故曰瑞。」按「天瑞」的原義是天降祥瑞，「瑞」與本書末篇〈說符篇〉的「符」相應。《列子》篇名大概是讖緯盛行的西漢所取定的。全篇多說天地生化的道理，所以被命為「天瑞」。❷子列子　即列子。列子名禦寇，春秋時代的道家學者。「子」字冠於姓氏之上，是弟子對老師的尊稱。但本書凡有「子列子」的各章文字，未必就是列子門弟子所記。❸鄭圃　鄭國的圃田，又作「甫田」，地多沼澤，在今河南中牟西南。❹眎　古文「視」字。《說文》：「視，瞻也。眎（眡），古文視。」皆從示得聲。❺不足　比喻年饑。《禮記・王制篇》：「國無九年之蓄（糧），曰不足。」❻嫁　「家」的假借字，作居住解。于省吾《列子新證》：「按古籍無言某人往某地為嫁者，……其實嫁乃借字，本應作家，《說文》：『家，居也。』家居二字古聲義並相近。」❼謁　請。《左傳・昭公十六年》：「宣子謁諸鄭伯。」杜預《注》：「謁，請也。」❽壺丘子林　列子師，隱者。壺丘是複姓，或住壺丘（陳邑）而得氏，《呂氏春秋・下賢篇》作「壺丘子」，《高士傳》中則說他為鄭人，或許因列子居鄭，而以其師亦為鄭人。❾伯昏瞀人　一作「伯昏無人」，張湛《列子注》：「伯昏，列子之友，同學於壺子。」但據《莊子・列禦寇篇》成玄英的《疏》：「伯昏又是列子之師。」成玄英又在《莊子・德充符篇》說：「德居物長，韜光若闇，洞忘物我，故曰：伯昏无（無）人。」則可能是一虛構的人物。❿陰陽爾二句　陰陽是指天地的陰陽二氣，四時是四季。爾是如此，指上文「常生常化」。⓫疑獨　疑，通「擬」。《集韻》：「疑或作擬」。擬解為比。《漢書・文三王傳》：「擬於天子。」注：「師古曰：擬，比也。」此處作並比、並容解釋，並比而獨一與下句往而復正好對偶。又按「其道不可窮」以上全段，與《莊子・天運篇》：「然後調理四時，太和萬物。四時迭起，萬物循生……一死一生，一僨一起，所常無窮，而一不可待。」意義相似。⓬黃帝書　凡託名於黃帝的書，都是戰國以後的作品。《漢書．藝文志》道家有《黃帝四經》、《黃帝銘》、《黃帝君臣》、《雜黃帝》，本皆已亡佚，其中《黃帝四經》近年在長沙馬王堆漢墓出土。此處「書曰」以下六句，見今《老子》六章，班固自注「黃帝君臣」曰：「與《老子》相似。」或許此處乃引自《黃帝君臣》一書，而文又與《老子》書相同。⑬谷神　為道體空虛靈妙之名。谷，是中空虛無而又永恆的。神，是無形無相而又能因應無窮的。⑭玄牝　深邃的生殖之門。牝之初文為匕（亦妣之初文），象雌性之陰，中空如谷，為生命之根，以比喻道之中虛玄妙，為天地之根，這是遠古生殖崇拜的流變。牝亦得引申為谿谷的意思。《大戴禮．易本命篇》：「谿谷為牝。」所以說「谷神」「玄牝」都是道的異名。⑮綿綿若存　綿綿，連緜不絕的樣子。《老子》書作「緜緜」，「綿」為「緜」的通假字。道體虛無而常在，所以說「若存」。⑯勤　通「盡」。《淮南子．原道》：「旋綿而不可究，纖微而不可勤。」高誘《注》：「勤猶盡也。」⑰故生物者不生二句　張湛說：「《莊子》亦有此言。」今不見於《莊子》。《淮南子．精神》：「生生者未嘗死也，其所生則死矣；化物者未嘗化也，其所化則化矣。」與此同義。⑱謂　作「為」解，指非自然的作為。清俞樾《列子平議》：「按謂當作『為』，古書謂為通用，說詳王氏引之《經傳釋詞》，上文云：『自生自化，自形自色，自智自力，自消自息。』故此云：『為之生化形色智力消息者，非也。』」張《注》上文云：『皆自爾耳，豈有尸而為之者哉。』正得其義。」

【語譯】列子居住在鄭國的圃田，四十年間沒有人認識他（是列子）。鄭國的國君和卿大夫們看待他如平民一樣。鄭國饑荒了，列子便要移居衛國去。他的學生說：「先生這一去，就沒有回來的時候了，弟子要（及時）請教先生，不知先生要教些什麼呢？先生不是聽過壺丘子林的一番話嗎？」列子笑著說：「壺子有什麼話可說呢？（因不可言傳）雖是如此，夫子（壺子）的確曾經向伯昏瞀人講過話，我也在旁聽著，我把他所說的話試著向你說說。他的話是：生育生命的本體是沒有生命的，決定生物變化的規律是沒有變化的。沒有生命的能產生生命，沒有變化的能創造變化。生命的現象就是不能夠不去生育，變化的現象就是不能夠不去變化。所以常在生育常在變化。常在生育常在變化，就是不時不在生育，也不時不在變化。陰陽二氣交流是如此，春夏秋冬四時循環也如此（常生常化），沒有生命的本體既能並容萬物而又卓然獨立，沒有變化的規律就能因應往來。能因應往來，則就沒有會終止的空間；能並容而獨立，就沒有會窮盡的本體。黃帝書說：『空虛靈妙的道是永不窮盡的，這乃是深邃的生殖之門。深邃的生殖之門，也是創造天地的根源。這種規律是連緜不絕，用之不盡的。』由此生育生命的本體是沒有生命的，變化生物的規律是沒有變化的。在本體之中，包括所有不同的現象，都自然的在生育，自然的在變化，也自然的有形狀，自然的有顏色，自然的有智慧，自然的有力量，以及自然的衰滅，自然的成長。如果非自然的強使之生育、變化、有形狀、顏色、智慧、力量和衰滅、成長，那就錯誤了。」（按列子引述壺子的話，到此為止。）

（二）子列子曰❶：「昔者聖人❷因陰陽以統天地。夫有形者生於無形，則天地安從生？故曰：有太易❸，有太初，有太始，有太素。太易者，未見氣❹也；太初者，氣之始也；太始者，形之始也；太素❺者，質之始也。氣形質具而未相離，故曰渾淪❻。渾淪者，言萬物相渾淪而未相離也。視之不見，聽之不聞，循❼之不得，故曰易也。易無形埒❽，易變而為一，一變而為七，七變而為九。❾九變者，究也❿；乃復變而為一。一者，形變之始也。清輕者上為天，濁重者下為地，沖和氣者為人⓫，故天地含精⓬，萬物化生。」

【注　釋】❶子列子曰　「曰」字以下「昔者聖人……」到「濁重者下為地」係《周易乾鑿度》文。❷聖人　先秦時代代表各方面不同利益的學者，都依照自己學說的需要，把傳說中的上古部落首領，塑造為理想的統治者，這就是所謂聖人。道家的聖人是屬於無為而治一型的，在《莊子》書中舉有「容成氏、大庭氏……伏戲氏、神農氏」（〈胠篋篇〉）等人。《列子》書舉有庖犧氏（即伏戲）、女媧氏、神農氏、夏后氏（〈黃帝篇〉）等人。❸太易　太，甚；極。易，轉易，是產生物質的一種形而上的動能。《周易．繫辭上》：「生生之謂易。」所以張湛《列子注》：「易者，不窮滯之稱。」❹氣　構成宇宙最原始的元氣，是最早而渺小的物質。❺素　素樸，引申有本始的意思。❻渾淪　渺茫不分明的樣子。渾淪為疊韻聯緜字，又作「渾沌」等詞。也就是《老子》的「惚恍」。❼循　王重民《列子校釋》：「循當讀如揗。《說文》：『揗，摩也。』《漢書．高帝紀》：『因拊其背。』顏《注》：『拊謂摩揗之也。』後拊揗字皆作循。《史記．晉世家》：『子反收餘兵，拊循欲復戰。』《漢書．趙充國傳》：『拊循和輯。』是也。揗，正字；循，叚字。」❽形埒　形跡。按從「渾淪者」到「形埒」七句，與《老子》一四章：「視之不見名曰夷，聽之不聞名曰希，搏之不得名曰微。此三者不可致詰，故混而為一。」和《淮南子．繆稱》：「道之有篇章形埒者，非至者也，嘗之而無味，視之而無形，不可傳於人。」意思相近。❾易變而為一三句　張《注》：「一變而為七九，不以次數者，生舉陽數，領其都會。」胡懷琛《列子張湛注補正》：「張《注》不甚明瞭。……然一變七，七變九，其理終不可解。」又北宋范致虛《列子解》：「七，少陽之數；九，老陽之數，數終必窮……故九復而為一。」（南宋高守元《沖虛至德真經四解》引）林希逸《口義》反對此說，以為：「陰陽二與五行共為七也……謂九者即乾數之極也。」二說都不太通，今暫從林氏的說法。⑩九變者究也　孫詒讓《列子札迻》：「案此章與《易緯乾鑿度》文同。『九變者，究也。』緯作『九者，氣變之究也。』與下『一者，形變之始也。』文正相對，此書當亦與彼同。今本『變』字誤移箸『者』字上，又挩『氣之』二字耳。」⑪沖和氣者為人　沖和氣是指「沖和之氣」（《文選・西征賦》注引），就是虛無不可見的陰陽二氣調和所凝成的氣構成了人類。與《老子》四二章：「萬物負陰而抱陽，沖氣以為和」義同。陶鴻慶以為沖讀為中，以與「上為天，下為地」相對成義。（《讀列子札記》）其實道家書中的沖（沖）字都是作虛解，唐代以列子為沖虛真人，《列子》書為《沖虛真經》，「沖虛」為一聯合式的合義複詞。如果要與上文「天、地」相對，則應作「和氣者中為人」，中字移於和字之上，又涉《老子》「沖氣以為和」而誤為沖，雖有可能，而缺證據。⑫天地含精　天地間陰陽交合而生精氣。含，合。陰陽相交之氣叫精。《淮南子・天文》：「天地之襲精為陰陽。」高誘《注》：「襲，合也。精，氣也。」

【語　譯】列子說：「古時候的聖人能因應陰陽的法則來統理天地間的事物。有形的既然生自於無形的，那麼有形的天地是從那樣產生的？所以說：有太易、太初、太始、太素四個形成天地的過程。太易，是沒有出現元氣前的『非現象』；太初，是剛剛顯現元氣的瞬息現象；太始，是決定物質外表形象的開始；太素，是固定物質內部性質成分的開始。在元氣、形象、性質三者生成之初，萬物沒有相離各自成形，這叫渾淪。渾淪，就是說萬物相混渺茫不明而又不相分離。它不是感官所能覺察的，看它看不見，聽它聽不到，摸它摸不著，所以叫做易。易是無形無跡的，由易而變化，生成了整體的原始物質，也就是太極，太極就是一。一然後變化，產生陰陽，陰變陽合，而又生水火木金土五行，合陰陽五行就是七，七又變化，到了終極的九。九，就是原始物質的元氣的發展終極；最後隕滅又歸於太極——一的狀況。一，就是物質形象變化的開始。清而輕的物質就浮在上面成為天，濁而重的物質就沉在下面成為地，虛無的陰（屬於地）陽（屬於天）二氣調和所凝成的氣造成了人，因此天地間陰陽交合而生精氣，使得萬物不斷地生育、變化。」

（三）子列子曰：「天地無全功，聖人無全能，萬物無全用。故天職生覆，地職形載，聖職教化，物職所宜。然則天有所短，地有所長，聖有所否，物有所通。何則？生覆者不能形載，形載者不能教化，教化者不能違❶所宜，宜定者不出所位❷。故天地之道，非陰則陽；聖人之教，非仁則義；萬物之宜，非柔則剛❸，此皆隨所宜而不能出所位者也。故有生者，有生生❹者；有形者，有形形者；有聲者，有聲聲者；有色者，有色色者；有味者，有味味者。生之所生者死矣，而生生者未嘗終；形之所形者實矣，而形形者未嘗有；聲之所聲者聞矣，而聲聲者未嘗發；色之所色者彰矣，而色色者未嘗顯；味之所味者嘗❺矣，而味味者未嘗呈❻，皆無為之職❼也。能陰能陽，能柔能剛，能短能長，能員❽能方，能生能死，能暑能涼，能浮能沈，能宮能商❾，能出能沒，能玄❿能黃，能甘能苦，能羶⓫能香。無知也，無能也，而無不知也，而無不能也。⓬」

【注釋】❶違　依上文例，疑是衍文。❷宜定者不出所位　依上文，「宜定」似本作「所宜」。楊伯峻《列子集釋》：「『不出所位』不下疑脫『能』字。」甚是。❸非柔則剛　液、氣態是柔，固態是剛。❹生生　「生生」以下疊字複詞，都是上字是動詞，有主宰、生產的意思。❺嘗　本是以口試味，引申與下句「呈」字同義。❻呈　唐殷敬順《列子釋文》(清顧廣圻以為乃宋道士碧虛子陳景元所依託，不可信)：「呈，示見也。」❼皆無為之職　張湛《注》：「至無者，故能為萬變之宗主也。」❽員　通「圓」。❾能宮能商　宮、商，五音中之二名。❿玄　黑中帶紅的顏色。⓫羶　羊臭味，此處但作臭味。⓬無知也四句　張湛《注》：「知盡則無知，能極則無能，故無所不知，無所不能。」

【語譯】列子說：「天地沒有完全的功能，聖人沒有完全的能力，萬物也沒有完全的用途。因此天有生育萬物、覆蓋萬物的職責，地有塑造地形、負載萬物的職責，聖人有教化民眾的職責，萬物中不同性質的東西有各自適宜用途的職責。這麼說來，天是不免有短缺的，地也不是沒有長處的，聖人是有困塞不通的，而萬物也有所適用通達。為什麼呢？因為生育萬物覆蓋萬物不能代替塑造地形負載萬物的工作，塑造地形負載萬物不能代替教化民眾的工作，教化民眾也不能違背對各種事物的適宜性，確定事物的適宜性也不能超出自個兒的職位。所以天地的法則，不是陰就是陽；聖人的教化，不是仁就是義；萬物的適宜，不是柔就是剛，這些職責都是隨其性質的適宜而定，不能超出職位的範圍。由此，有生命，有產生生命的；有形象，有產生形象的；有聲音，有產生聲音的；有色彩，有產生色彩的；有氣味，有產生氣味的。生命在生物中死亡了，而產生生命的卻從來沒有終止；形象在形象物上充實的表現了，而產生形象的什麼也沒有；聲音讓發音者發出來了，而產生聲音的卻從來沒有發過聲音；色彩讓色物鮮明的表現出來，而產生色彩的卻不顯著；氣味在有味者上顯示出來，而產生氣味的卻從來沒有顯示過，以上所以如此，是因為超乎現象的至無者是以無為為職責的。由此，也就能陰能陽，能柔能剛，能短能長，能圓能方，能生能死，能熱能冷，能浮能沈，能宮能商，能出能入，能玄能黃，能甘能苦，能臭能香。又因知識所不能分辨，所以是不知，不能，也是無不知，無不能的。」

（四）❶子列子適衛，食於道，從者❷見百歲髑髏❸，攓蓬❹而指，顧謂弟子百豐❺曰：「唯予與彼知而未嘗生未嘗死也。此過❻養❼乎？此過歡乎？」

【注釋】❶本章與下一章文字俱見於《莊子・至樂篇》，有合為一章者，茲以文義不相接而分為兩章。❷食於道從者　應作「食於道徒」。殷敬順《釋文》作「食於道徒」，並引司馬彪說：「徒，道旁也。」「徒」與「塗」

（途）古今音都相同，是道路的意思（楊伯峻說）。「者」字是衍文，是後人以「從」代「徒」之後，補加上去的。❸髑髏　頭骨，包括顱骨和面骨。❹攓蓬　拔掉頭骨上的雜草。攓，拔。蓬，叢雜草。《釋文》以為蒿。❺百豐　列子弟子，未詳。《莊子・至樂篇》無此人。❻過　洪頤煊《讀書叢錄》：「過即果假借字。」下「過」字同，《莊子・至樂篇》兩字都作「果」，果是果然、真是的意思。❼養　憂傷。俞樾《莊子平議》：「養當讀為恙。《爾雅・釋詁篇》：『恙，憂也。』恙與歡對，猶憂與樂對也。恙與養古字通。」

【語譯】列子要到衛國，在道路上飲食時，看到了一個已死百年的頭骨，他拔掉頭骨上的蓬草，然後用手指著頭骨，向弟子百豐說：「只有我與它（髑髏）知道什麼是沒有生、沒有死。這樣真的是要憂傷嗎？這樣真的是要快樂嗎？」

（五）種有幾❶：若鼃為鶉❷，得水為㡭❸；得水土之際，則為鼃蠙之衣❹；生於陵屯❺，則為陵舄❻。陵舄得鬱棲❼，則為烏足❽。烏足之根為蠐螬❾，其葉為胡蝶❿。胡蝶胥⓫也化而為蟲，生竈下，其狀若脫⓬，其名曰鴝掇⓭。鴝掇千日，化而為鳥，其名曰乾餘骨⓮。乾餘骨之沫為斯彌⓯。斯彌為食醯頤輅⓰，食醯頤輅生乎食醯黃軦⓱，食醯黃軦生乎九猷⓲。九猷生乎瞀芮⓳，瞀芮生乎腐蠸⓴。羊肝化為地皋㉑，馬血之為轉鄰㉒也，人血之為野火㉓也。鷂㉔之為鸇㉕，鸇之為布穀㉖，布穀久復為鷂也。鷰之為蛤㉗也。田鼠之為鶉㉘也。朽瓜之為魚㉙也。老韭之為莧㉚也。老羭之為猨㉛也。魚卵之為蟲㉜。亶爰之獸自孕而生曰類㉝，河澤之鳥視而生曰鶂㉞。純雌其名大膂㉟，純雄其名稺蜂㊱。思士不妻而感，思女不夫而孕。㊲后稷生乎巨跡㊳，伊尹生乎空桑㊴。厥昭㊵生乎濕，醯雞㊶生乎酒。㊷羊奚比乎不筍，久竹生青寧，㊸青寧生程㊹，程生馬，馬生人，㊺人久入於機。萬物皆出於機，皆入於機。

【注　釋】❶種有幾　種為物種，就本章內容看，實指生物的傳播。幾，通「機」。即章末的「皆出於機，皆入於機」的機。就全章文意、文法看：「幾」應一物的名詞，是「種有機」這有無句的止詞，又是「得水……」的起詞。（「若䵷為鶉」為衍文）馬敘倫《莊子義證》：「幾者，《說文》曰：『微也。从𢆶。』『𢆶，小也。』……是幾者，謂種之極微而萬物所由生者也。」是幾為極微小的物質。種有幾，是古人了不起的推理。不過是指原生的單細胞生物，還是指元素、還是指原子，古人沒有這種知識。❷若䵷為鶉　四字出《墨子・經說篇上》，疑是別處注文的錯簡。劉文典《莊子補正》：「此文以幾、𢇍、衣為韻，不當有此四字。」陶光《列子校釋》：「《莊子》無此一句。按文『種有幾，得水為𢇍。』義正相唧，不當言它物以隔斷之。」❸𢇍　指水舄（又作瀉、潟），即《經傳》及《說文》的蕢，《爾雅》：「蕢，牛脣。」郝懿行《義疏》：「今驗馬舄（亦車前科）生水中者，葉如車前而大，拔之節節復生。」水舄是車前科(Plantaginaceae)的一種，葉自根而叢生，再生力強，拔去葉子只要連一些根就能再生長，所以叫𢇍，𢇍是繼的初文，與蕢、舄古音相通。❹鼃蠙之衣　蝦蟆衣，車前的俗名。《爾雅》：「芣苢，馬舄；馬舄，車前。」郭璞《注》：「今車前草大葉長穗，好生道邊，江東呼為蝦蟆衣。」《莊子釋文》引司馬彪《注》：「楚人謂之鼃蠙之衣。」鼃，同「蛙」。鼃蠙，或為蛙的複詞。❺陵屯　丘陵地。❻陵舄　生於丘陵地的車前。按車前科有二百種，以上的𢇍、鼃蠙之衣、陵舄都是屬於車前科。❼鬱棲　糞土。❽烏足　殷敬順《釋文》：「草名。」按不知是草是木。❾蠐螬　蠐螬是金龜子的幼蟲(Larva of Cockchafer Beetle)，色白蜷曲似蠶而大，生活在泥土中，專吃植物的根（臺灣鄉下叫雞母蟲，因為雞最喜歡吃）。古人沒有觀察到金龜子產卵在植物根部，成長為蠐螬，而誤以為根化為蠐螬。❿葉為胡蝶　有兩種可能，使古人誤以為葉子化為蝴蝶：一是木（或枯）葉蝶停在枝上的擬態(mimicry)，一是蝴蝶的蛹，宛若褐色葉子，吊在枝上（或裹著枯葉），一旦羽化高飛，便是蝴蝶了。⓫胥　快。俞樾《莊子平議》：「『胥也』當屬下句讀之，本云『胡蝶胥也化而為蟲』，與下文『鴝掇千日化而為鳥』兩文相對。『千日化而為鳥』言其久也；『胥也化而為蟲』言其速也。」⓬脫　通「蛻」。⓭鴝掇　馬敘倫《莊子義證》：「鴝掇疑即竈馬。《酉陽雜俎》：竈馬狀如促織，稍大，腳長，好穴竈旁。」竈馬(Diestrammena apicalis)，是屬於蟋蟀一類的直翅目昆蟲，無翅，身體裸出，所以狀若脫，夜間常集農家竈旁，當然不是蝴蝶所化。⓮乾餘骨　本文說是鳥，但就上下文意看，也可能是一種蛾，《大戴禮．夏小正篇》：「有翼者為鳥。」下句「沫」可能是作繭的絲。⓯斯彌　或為乾餘骨的蛹。高亨《莊子今箋》：「斯彌疑即強蛘，《爾雅》……郭《注》：『今米穀中蠹小黑蟲。』」待考。⓰食醯頤輅　由此到「……生乎九猷」與《莊子》文不同，俞樾以為應依《莊子》，王叔岷以為當據《列子》以補《莊子》。茲據王說，則食醯是詞結，不是《釋文》所說的蠛蠓之名。醯，即醋，頤輅才是蠛蠓，就是果蠅(Fruitflies)。⓱黃軦　也是果蠅的一種。按這一節文字脫誤很多，斯彌化為頤輅，而頤輅又是黃軦所生，於義欠妥。⓲九猷　高亨：「九猷疑即雔由。」雔由是一種蛾的繭。⓳瞀芮　朱駿聲《說文通訓定聲》：「瞀芮即蟁蚋，瞀蟁一聲之轉。」蟲，為蚊的本字。蟲蚋，為蚊的複詞。⑳腐蠸　疑是腐草所化的螢火蟲。《古今注》：「螢火……腐草為之，食蚊蚋。」〈夏小正篇〉：「丹鳥羞白鳥。丹鳥者，謂丹良也；白鳥者，蚊蚋也。其謂之鳥何也？重其養者也，有翼者為鳥。」黃叔琳：「丹鳥，螢也。」螢火蟲的幼蟲生活於腐草叢中，古人誤以腐草化螢，成蟲也捕食蚊蚋，古人或因螢與蚊雜生，而誤以為蚊為螢所化。㉑地皋　或為霉菌，寄生在羊肝上。㉒為轉鄰　胡懷琛《列子張注補正》：「鄰即今燐字，俗謂鬼火也。張湛於轉字無注，按轉字疑在為字上，『轉為燐』與上文『化為地皋』對文。」㉓野火　亦燐火。按動物身體（不只是血）含有磷，死後腐爛，磷接觸到空氣產生磷化氫（磷化三氫PH_3），磷化氫在空氣中可以自燃，在晚上容易看到。㉔鷂　猛禽，似鷹而小，背灰色腹白赤。㉕鸇　鷂的一種，色黃。㉖布穀　鷙禽。即鳲鳩，聲呼如布穀。《本草綱目》：「張華《禽經注》云：『仲春鷹化為鳩，仲秋鳩復化為鷹，故鳩之目，猶如鷹之目，《列子》「鷂之為鸇……」是矣。』」按不同種目的動物不相交配，更不會相互變化，或許因食物所限，相互出現，以致誤為如此。㉗鷰之為蛤　鷰，通「燕」。鳴禽。《孔子家語》：「冬則燕雀入海化為蛤。」燕為候鳥，秋冬南飛入海，此時淺海中的蛤蜊正好出現，可能因此而誤以燕化為蛤。神話中雖多充滿「形變」，但這絕非先民虛無的幻想，而是對自然界事物的聯想。㉘田鼠之為鶉　田鼠，鼹鼠，與鶉鳥同寄生在田野。或是田鼠與鶉鳥也是互為食物生態的平衡，春天鶉鳥多了，田鼠無以為生就離開；秋天，田鼠多，鶉鳥就他遷，以致誤以鼠鶉互變。〈夏小正篇〉：「三月田鼠化為鴽，……八月，鴽為鼠。」鴽，即鵪，是鶉的一種。㉙朽瓜之為魚　不知何解。《本草》：「鶉……萬畢術曰：『蝦蟇得瓜化為鶉。』《交州記》云：『南海有黃魚，九月變為鶉。』」據此，瓜與魚是兩回事。㉚老韭之為莧　韭和莧（莞）都是單子葉植物，但韭是百合科，莧通「莞」（《釋文》即作「莞」），是莎草科，韭菜老了抽出花軸（韭花），與莞草的莖頂開花很相似，古人分類學不到家。㉛老羭之為猨　羭，母羊。猨，通「猿」。李時珍以為即王濟《日詢記》所說的：「猨初生毛黑而雄，老則變黃，潰去勢囊，轉雄為雌，與黑者交而孕，數百歲黃又變白也。」按李氏相信生物可生異種之說（《本草綱目》中隨時可見此說），是極大的錯誤。㉜魚卵之為蟲　或是魚卵為水蟲所食。㉝亶爰之獸自孕

而生曰類　《山海經・南山經》：「亶爰之山多水無草木，不可以上，有獸焉其狀如貍而有髦，其名曰類，自為牝牡，食者不妒。」類，又叫貆豬，即是豪豬。按脊椎動物沒有兩性同體，或單性生殖的。㉞鶂　游禽，似雁。《莊子・天運篇》：「白鶂之相視，眸子不運而風化。」《白孔六帖》：「鶂鳥高飛，似雁，自相擊而孕，吐而生子，其色蒼白。」㉟大胃　張湛說是龜鼈之類，但就上下兩句看，兩「其」字應該都是蜂。大胃，疑是大黃蜂(Giant Hornet)。㊱穉蜂　蜾蠃、細腰蜂(Crabronidae)。穉，稚；細。指細腰，與上句大胃對文。按雄蜂在秋天與母蜂飛行交配後即死去，母蜂便獵取鱗翅目（即蝶、蛾）的幼蟲，麻痺後放在蜂巢中，再產卵在上面，以供卵破為幼蟲時食用。古人或許沒有看到雌雄蜂交配，或許以為粗腰的黃蜂是雌的，細腰蜂是雄的，兩者既各自成群，互不交往，以致有「純雌」、「純雄」的錯誤結論。㊲思士二句　語又見《山海經・大荒東經》，郭璞《注》：「言其人直思感而氣通無配合而生子。」這是妄謬的想像，或是母系社會的傳說。㊳后稷生乎巨跡　相傳有邰氏的女兒姜嫄（一作原）到了原野，踩了巨人的腳跡就懷孕而生了周民族的創業者棄，棄後來做堯的農官，所以叫后稷。事見《詩經》及《史記・周本紀》。㊴伊尹生乎空桑　相傳伊尹的母親居住在伊水邊上，懷孕時，夢見神女告訴她：如見到地臼出水，就要東走不要回頭看。第二天，臼出水，她東走卻回了頭，使她住的鄉邑被水淹沒，自己也變成一棵中空的枯桑。後來有莘氏女子採桑，從空桑中揀到一個嬰兒，便是後來輔助商湯的伊尹。事見《呂氏春秋・本味篇》。按本章引到后稷與伊尹是用以說明他們二人是無父而生的，目的在與「亶爰之獸自孕而生，河澤之鳥視而生」相比擬，這種神話是史前母系社會傳說和統治者所塑造「聖人」神格的思想交織而成的，希望好事者勿以這是「無性生殖」的歷史源頭。㊵厥昭　《釋文》以為蜻蛉，待考。㊶醯雞　蠛蠓，即果蠅。㊷羊肝化為地皋二十二句　為今本《莊子・至樂篇》所無。㊸羊奚比乎不筍二句　「羊奚」以下至「入於機」又見於《莊子》，但文句略有不同，王叔岷據《御覽》改為：「羊奚比乎不筍久竹，不筍久竹生青寧」，甚是。但「比乎」於義欠妥，依上文例似作「生乎」，《莊子》、《列子》書都沒有「比乎」的句子。羊奚，司馬彪以為草名，高亨說是蠰谿，即是壤雞、土雞，屬於螽斯類的蟲，待考。不筍久竹，老竹開花就不生筍。青寧，司馬彪說是蟲名，果是蟲，或就是蜻蛉，但如羊奚和程都是植物，則青寧也可能是草。㊹程《釋文》引《尸子》佚文：「程，中國謂之豹。」北宋大科學家沈括《夢溪筆談》也主此說。但青寧是蟲，則蟲生豹之說太離譜，何況以下的馬、人若都是植物，則豹之說，就毫無依據。成玄英《莊子疏》和林希逸都說是蟲名，按程字從禾，若羊奚、青寧是草，則程也可能是禾本科的植物。㊺程生馬二句 程不論是蟲是草，生馬之說也距離太遠，馬生人的觀念，斷不為人接受。林希逸：「馬，草名也，如今所謂馬齒菜、馬欄草；人，亦草名也，如今所謂人參也。」清吳其濬《植物名實圖考》卷三：「馬者，馬莧之類（即馬齒菜，臺灣叫豬母菜）；人者，人莧之類（莧之一種，不是人參）。」二人說法較通，但未必就合原意。

【語譯】生物的傳播有賴極微小的物質：它長在水中便是水舄；長在水土相交的濕地，便是蝦蟆衣；而生在丘陵上的，便是陵舄。陵舄在糞土中，則長出了烏足草。烏足草的根化為蠐螬，烏足草的葉化為蝴蝶。蝴蝶很快的又化為一種蟲，生在竈下，身體裸出像蛻了皮一般，牠的名叫鴝掇。鴝掇活了一千日，又化為鳥，牠的名叫乾餘骨。乾餘骨的口沫化為斯彌蟲。斯彌蟲又化為吃醋的頤輅蟲，吃醋的頤輅蟲又是從吃醋的黃軦蟲生出來的，吃醋的黃軦蟲是從九猷蟲生出來的。九猷蟲是從蚊蚋生出來的，蚊蚋是從腐草的螢火蟲生出來的。羊肝化為地皋，馬血變為燐火，人血化為野火。鷂變為鸇，鸇又變為布穀，布穀活久了又變為鷂。燕子變為蛤蜊。田鼠變為鶉鳥。腐瓜變為魚。老韭菜變為莧草。老牝羊變為長臂猿。魚卵變為蟲。亶爰山的野獸沒有交配自身懷孕生育的叫類，河澤上的鳥相對看就會生育的叫鶂。純雌無雄而能生育的牝的名叫大膂，純雄無雌而能生育的牝的名叫稚蜂。男子不娶妻而與女子相思感應，使女子無夫而感應生子。所以后稷是在他的母親受到巨人足跡的感應後生出來的，伊尹是化為枯桑的母親所生出來的。蜻蛉從濕地中出生，蠛蠓從酸酒中出生。羊奚蟲是從不生筍的老竹中所生的，不生筍的老竹又生青寧蟲，青寧蟲再生程，程生馬，馬生人，人腐化了又化為微小的物質。萬物都從這個最微小的物質產生出來的，最後也都要歸化成為這種微小的物質。

（六）黃帝書曰❶：「形動不生形而生影；聲動不生聲而生響；無動不生無而生有。形必終者也，天地終乎？與我偕終。終進❷乎？不知❸也。道終乎本無始，進乎本不久❹。有生則復於不生，有形則復於無形。不生者，非本不生者也；無形者，非本無形者也。生者，理之必終者也，終者不得不終，亦如生者之不得不生。而欲恆其生，畫❺其終，惑於數也。精神❻者，天之分；骨骸者，地之分❼。屬天清而散，屬地濁而聚。精神離形，各歸其真，❽故謂之鬼。鬼，歸也❾，歸其真宅。黃帝曰❿：『精神入其門，骨骸反其根，我尚何存？』」

【注釋】❶黃帝書曰　本章黃帝所言未見於今存古籍。❷進　張《注》：「進當為盡，此書盡字例多作進也。」按本書多此例。❸知　陶鴻慶疑「知」為「始」字之誤，不可信。因為以下二句「道終乎……，進（盡）乎……」

明明是在分述「終」、「進（盡）」二字，斷不可能以「終進乎不始也」單獨成句，如此則與「道終乎本無始」意義重疊，而「也」字明是覆句的語尾。另外《莊子》、《列子》書未有作「不始」一詞的，只有「未始」「無始」，《莊子．則陽篇》：「未嘗不始……」，「不」是連上讀的。❹久　張《注》：「久當為有。」按「有」（本字為又）篆文似「久」而誤。上句「始」是指時間，此句「有」是指空間。❺畫　俞樾：「止也。」❻精神　指形體之外的思想意識。❼分　「天之分」「地之分」的「分」，《釋文》作「久」，讀「有」。則「分」應作「有」。❽精神離形二句　形體精神本不可分，這是錯誤的二元論。❾鬼歸也　古人以為人死為鬼，人死精神離體升天，骨肉歸土而化，所以叫歸。王重民以為「鬼」下有「者」字。❿黃帝曰　按三字是否屬於黃帝書之中，或為衍文，不可知。

【語譯】黃帝書說：「形體活動了不會產生形體而產生影子；聲音播動了不會產生原音而產生回響；『無』化動了不生『無』而生了『有』。形體必會終結，但天地會終結嗎？當然天地也會與我們共同終結的。但終結是絕盡的嗎？卻又不知道了。自然之道的終結是本原於沒有開始的時間，絕盡是本原於沒有存在的空間。有生命就會再歸於沒有生命，有形體就會再歸於沒有形體。沒有生命，不是本原於『沒有生命』；沒有形體，不是本原於『沒有形體』。生命，在常理是必定要終結的，這種終結是不得不終結的，就像生是不得不生一樣。如果要使生命永恆存在，限止終亡，是受到追求年數長久的迷惑。精神，是天所擁有的；骨骸，是地所擁有的。屬於天的是清輕而分散，屬於地的是濁重而合聚。精神離開了形骸，二者各自歸回原本的狀況，這就叫鬼。鬼，就是歸，要歸回原本的住所。黃帝說：『精神歸入它原本所出的門徑，骨骸返回它原本所出的根柢，那麼自我還能夠存在嗎？』」

（七）人自生至終，大化有四：嬰孩也，少壯也，老耄❶也，死亡也。其在嬰孩，氣專志一，和之至也，物不傷焉，德莫加焉。❷其在少壯，則血氣飄溢，欲慮充起，物所攻焉，德故衰焉。其在老耄，則欲慮柔焉，體將休焉，物莫先焉。❸雖未及嬰孩之全，方於少壯，間矣❹。其在死亡也，則之於息焉，反其極矣。

【注釋】❶老耄　高齡老人。❷嬰孩也九句　《老子》五五章：「含德之厚，比於赤子，毒蟲不螫，猛獸不據，攫鳥不搏。骨弱筋柔而握固，未知牝牡之合而朘作，精之至也。終日號而不嗄，和之至也。」《莊子・庚桑楚篇》：「兒子終日嗥而嗌不嗄，和之至也；終日握而手不掜，共其德也。」《老子》、《莊子》文義為本文所取。❸體將休焉二句　張《注》：「休，息也。己無競心，則物不與爭。」❹方於少壯間矣　楊伯峻：「間，息也，安也。……言人在老耄，比於少壯之血氣飄溢欲慮充起為安靜也。」間為「閒」俗字。

【語譯】人自出生到死亡，大的變化有四次：是嬰兒、少壯、年老，和死亡。當在嬰兒時，氣志專一，心無雜思，這是溫和的極至，萬物不傷害他，他的德性的淳重不能再增加了。當他在少壯時，血氣方剛，飄蕩不定，欲望思慮充塞四起，萬物要攻擊他，德性要衰微了。當在年老時，欲望思慮就要柔弱多了，身體就要休息，不能與萬物相鬥爭了。雖然不及嬰兒的安全，但要與少壯來比，也安閒多了。當死亡來到，則在永遠的休息中，返回他最原始的所在。

（八）❶孔子遊於太山，見榮啟期行乎郕❷之野，鹿裘帶索❸，鼓琴而歌。孔子問曰：「先生所以樂，何也？」對曰：「吾樂甚多：天生萬物，唯人為貴。而吾得為人，是一樂也。男女之別，男尊女卑，故以男為貴。吾既得為男矣，是二樂也。人生有不見日月不免襁褓❹者，吾既已行年九十❺矣，是三樂也。貧者士之常也，死者人之終也。處常得❻終，當❼何憂哉？」孔子曰：「善乎！能自寬者也。」

【注　釋】❶本章又見於《說苑・雜言篇》、《孔子家語・六本篇》、《高士傳・榮啟期》。❷郕　魯國的都邑。❸鹿裘帶索　穿粗布衣束草繩為帶。《集釋》引沈濤說：「鹿裘乃裘之麤者，非以鹿為裘也。……麤從三鹿，故鹿有麤（粗）義。」保暖的衣服叫裘。❹不免襁褓　喻長不大，即夭折。不免，脫不掉。襁褓，背嬰兒的包袱巾，或作繈緥、襁保。❺九十　王重民據各書補為「九十五」。❻得　盧文弨《張注補正》：「《說苑・雜言篇》作待。」於義為是。❼當　楊伯峻：「當讀為尚。」當、尚同音通用。

【語　譯】孔子遊泰山，看見榮啟期在郕邑郊野行走，身穿粗布衣束草繩腰帶，彈琴唱歌。孔子問他說：「先生所以能這麼快樂，是為什麼呢？」他回答說：「我的快樂很多：天生萬物，以人最珍貴。而我得以作為人，是第一種快樂。男尊女卑，所以男人為貴。而我也已是男人了，這是第二種快樂。有的生下連日月都沒看見就夭折，而我已經活了九十（五）歲了，這是第三種快樂。

貧窮是人的平常事，死亡是人的終結。過著平常的日子以等待終結，還有什麼憂愁呢？」孔子說：「好極了！這是能自我寬慰的人呀！」

（九）❶林類❷年且百歲，底❸春被裘❹，拾遺穗於故畦❺，並歌並進。孔子適衛，望之於野，顧謂弟子曰：「彼叟可與言者，試往訊之！」子貢❻請行，逆❼之壠端❽，面之而歎曰：「先生曾不悔乎，而行歌拾穗？」林類行不留，歌不輟。子貢叩之不已，乃仰而應曰：「吾何悔邪？」子貢曰：「先生少不勤行❾，長不競時❿，老無妻子，死期將至：亦有何樂而拾穗行歌乎？」林類笑曰：「吾之所以為樂，人皆有之，而反以為憂。少不勤行，長不競時，故能壽若此。老無妻子，死期將至，故能樂若此。」子貢曰：「壽者人之情⓫，死者人之惡。子以死為樂，何也？」林類曰：「死之與生，一往一反。故死於是者，安知不生於彼？故吾⓬知其不相若矣？吾又安知營營⓭而求生非惑乎？亦又安知吾今之死不愈⑭昔之生乎？」子貢聞之，不喻其意，還以告夫子。夫子曰：「吾知其可與言，果然。然彼得之而盡者也。」

【注　釋】❶林類其事又見於《淮南子．齊俗》、《高士傳．林類》。❷林類　與榮啟期一樣都是傳說中的隱者。❸底　張《注》：「當也。」❹被裘　穿保暖的厚衣服。《呂氏春秋．孟冬篇》：「天子始裘。」高誘《注》：「裘，溫服。」❺故畦　已收割的田地。❻子貢　衛人，姓端木名賜，孔子學生，是春秋時代的大資本家、外交家。❼逆　迎。❽壠端　壟頭。❾勤行　勤於學行。❿競時　競於時，是說爭名爭利於當世。⓫人之情　指人所喜愛的，《呂氏春秋．論威篇》：「人情欲生而惡死。」⓬故吾　俞樾說：「吾下脫安字。」⓭營營　來往不息，很匆忙的樣子。⓮愈　勝。

【語　譯】林類年紀將要一百歲了，當春天的時候他還穿著厚衣，在已收割的田裏揀拾穀穗，一邊唱歌，一邊前進。孔子到衛國，看到他在田野中，便回頭向學生們說：「那個老人是可以跟他講話的，你們試著去問他吧！」子貢請求前去，到壟頭去迎著他，面向他而歎息說：「先生不懊悔嗎？怎麼還一邊走著唱歌一邊揀拾穀穗呢？」林類繼續走著揀穗，歌也不停。子貢問了好幾次，他才抬頭回話：「我為什麼要懊悔呢？」子貢說：「先生年輕時不努力修習德行，長大了也不爭名爭利於當世，到老了沒有妻沒有子，死期就要到了；還有什麼快樂好讓你一邊揀穗一邊走著唱歌呢？」林類笑著說：「我所快樂的事，別人一樣會有，只是他們反以為是憂慮罷了。正因為年輕不修德行，長大不爭名利，才使我有如此的長壽。也正因為老而無妻子，死期將到，才使我如此的快樂。」子貢說：「長壽是人所喜愛的，死亡是人所厭惡的。你竟然以死亡為快樂，是為什麼呢？」林類說：「死亡和生存，就是一去一來。因此死在這兒，怎麼知道就不是生在這兒？所以我怎麼知道死生是不相同呢？我又那裏知道急忙的求生不是迷惑呢？又那裏知道我現在的死不勝過以前的生呢？」子貢聽了，不了解他的意思，回去把話告訴孔子。孔子說：「我本知道他是值得講話的，果然是如此。然而他對他自己個人的獲得，我以為是不盡善的。」

（一〇）❶子貢倦於學，告仲尼❷曰：「願有所息。」仲尼曰：「生無所息。」子貢曰：「然則賜❸息無所❹乎？」仲尼曰：「有焉耳。望其壙❺，睪❻如也，宰❼如也，墳❽如也，鬲❾如也，則知所息矣。」子貢曰：「大哉死乎！君子息焉，小人伏焉。」仲尼曰：「賜！汝知之矣。人胥❿知生之樂，未知生之苦；知老之憊，未知老之佚；知死之惡，未知死之息也。⓫晏子曰：『善哉，古之有死也！仁者息焉，不仁者伏焉。』⓬死也者，德之徼也⓭。古者謂死人為歸人。夫言死人為歸人，則生人為行人矣。行而不知歸，失家者也。一人失家，一世非之；天下失家，莫知非焉。有人去鄉土，離六親⑭，廢家業，遊於四方而不歸者，何人哉？世必謂之為狂蕩之人矣。又有人鍾賢世⑮，矜巧能，修名譽，誇張於世而不知己者，亦何人哉？世必以為智謀之士。此二者，胥失者也，而世與一不與一，唯聖人知所與，知所去。」

【注釋】❶本章到「小人伏焉」與《荀子・大略篇》、《韓詩外傳》卷八、《孔子家語・困誓篇》內之文字大致相同。❷仲尼　孔子的字。❸賜　子貢名賜。❹息無所　王叔岷校作「無所息」。❺壙　墓穴，這裏指墓。❻睪　通「皋」。古同音通用，是澤邊高地，《荀子・大略篇》正作「皋」。❼宰　假借為冢，宰冢雙聲。《爾雅・釋山篇》：「山頂，冢。」陶光以「宰如也」為衍文，備考。❽墳　高大土隄。《爾雅・釋丘篇》：「墳，大防。」《方言》：「青幽之間凡土而高且大者謂之墳。」❾鬲　腳中空而彎曲的鼎。❿胥　皆。⓫人胥知生之樂六句　與《莊子・大宗師篇》：「夫大塊載我以形，勞我以生，佚我以老，息我以死，故善吾生者，乃所以善吾死也。」義同。⓬晏子曰五句　又見《晏子春秋・諫篇上》一八章。⓭德之徼也　張《注》：「德者，得也；徼者，歸也。言得其所歸。」⓮六親　父、子、兄、弟、夫、婦。(用《老子》王弼注)⓯鍾賢世　張《注》：「鍾賢世宜言「重形生」，即以自身生命為重。劉向《列子新書敘錄》：「或字誤……以「賢」為「形」。」是《列子》書本作「重形生」。

【語譯】子貢厭倦求學，向仲尼說：「希望能夠休息。」仲尼說：「活人是不能休息的。」子貢說：「這麼說我就不能休息了？」仲尼說：「會有的。當看到了墓，那就像是澤邊高地的樣子，像是山巔的樣子，也像高大土隕的樣子，和鬲形的樣子，這樣就要休息了。」子貢說：「偉大的死呀！君子休息在那兒，小人也躺在那兒。」仲尼說：「賜呀！你了解這個道理了。人都知道人生的快樂，卻不知人生的痛苦；知道老年的疲憊，卻不知老年的安逸；知道死是可怕的，卻不知道死是休息的。晏子說：『多美呀！古人的死呀！仁者休息在那兒，不仁者也躺在那兒。』死，是每個人必須的歸宿。古人說死人便是歸去的人。既然說死人是歸去的人，那麼活人便是旅行的人。旅行而不知歸，便是失掉家的人。一個沒有家的人，世人都認為是錯誤；而天下人都沒有家，就不知道錯誤了。有一種人離開鄉土，別去親人，廢掉家產，旅行四方而不回家，這是怎樣的人呢？世人必定叫他是放蕩的人了。又有一種人很貴重自身，矜誇技能，修飾名譽，誇耀於當世而不了解自己的，這又是怎樣的人呢？世人必定以為是有智謀的人了。其實這兩種人都是有過失的，可是世人卻讚許後者而不讚許前者，只有聖人才知道什麼是該讚許的，什麼是該拋棄的。」

（一二）或謂子列子曰：「子奚貴虛❶？」列子曰：「虛者無貴也❷。」

子列子曰：「非其名也，莫如靜，莫如虛。靜也虛也，得其居矣；取也與也，失其所矣。事之破䃣❸，而後有舞❹仁義者，弗能復也。」

【注釋】❶貴虛　以虛無為貴。《呂氏春秋．不二篇》：「子列子貴虛。」《尸子．廣澤篇》：「列子貴虛。」

❷無貴也　「無貴也」以下疑有脫文，據上下文義和張《注》，可能是「曰：『虛為名乎？』」或類似的文字，

若以「子列子曰」為衍文，則「非其名也」與上文「虛者無貴也」不相銜接。❸碻　同「毀」。❹舞　舞弄。林希逸：「舞仁義如今人所謂舞文弄法。」

【語　譯】有人向列子說：「您為什麼以虛無為貴呢？」列子說：「虛無並不可貴呀！」（疑有脫文）列子說：「虛並不是只代表一個概念的定名，這不如叫它為靜，或不如叫它為虛。靜也好，虛也好，都能得到適應的空間；如果違反靜虛去奪取或給與，就要失去了所能適應的空間了。自然質樸的事物加以破壞後，而要舞弄仁義加以粉飾，是不能恢復自然的舊觀。」

（一二）粥熊❶曰：「運轉亡❷已，天地密❸移，疇❹覺之哉？故物損於彼者盈於此，成於此者虧於彼。損盈成虧，隨世❺隨死。❻往來相接，間不可省，疇覺之哉？凡一氣不頓❼進，一形不頓虧；亦不覺其成，亦不覺其虧。亦如人自世至老，貌色智態，亡日不異；皮膚爪髮，隨世❽隨落，非嬰孩時有停而不易也。間不可覺，俟至後知。」

【注　釋】❶粥熊　即鬻熊，相傳為周文王老師，並為楚國的始祖。《漢書・藝文志》道家有《鬻子》二十二篇，小說家有《鬻子說》十九篇，二者和黃帝書一樣都是後世託名之作。而今存《鬻子》一卷又非〈漢志〉舊本。本章所言或可能與〈漢志・鬻子〉有關。❷亡　無。❸密　祕密；暗地。❹疇　《爾雅・釋詁篇》：「疇，誰也。」❺世　張《注》：「此『世』亦宜言『生』。」❻運轉亡已七句　《莊子・大宗師篇》：「无不毀也，无不成也。」與此處義同。❼不頓　不驟然；漸漸。❽世　生。

【語　譯】鬻熊說：「自然的運轉是沒有停止的，像天地暗地的轉移，有誰能夠覺察到呢？所以萬物在那邊有所損失，就在這邊有所盈餘；成全在這邊，就虧缺在那邊。損失到盈餘，成全到虧缺，隨生就隨死。這樣一來一往的相連接著，是沒有間隙可看到的，那麼又有誰能覺察到呢？生物所擁有的氣漸漸的成長，而所擁有的形漸漸的虧損；可是卻不覺得有成長，也不覺得有虧損。就如同人從出生到年老，面貌、顏色、智慧、形態，無一日不在改變；而且皮膚、指甲、頭髮，也隨生隨落，不像嬰兒暫時保留而不改變。從小到大變化過程的間隔是不能察覺的，一定要等到最後階段才能知道。」

（一三）杞國❶有人憂天地崩墜，身亡所寄，廢寢食者。又有憂彼之所憂者，因往曉之，曰：「天積氣耳，亡處亡氣。若屈伸❷呼吸，終日在天中❸行止，奈何憂崩墜乎？」其人曰：「天果積氣，日月星宿❹不當墜耶？」曉之者曰：「日月星宿，亦積氣中之有光耀者，❺只使墜，亦不能有所中傷。」其人曰：「奈地壞何？」曉者曰：「地積塊耳，充塞四虛❻，亡處亡塊。若躇步❼跐蹈❽，終日在地上行止，奈何憂其壞？」其人舍然❾大喜，曉之者亦舍然大喜。長廬子❿聞而笑之曰：「虹蜺⓫也，雲霧也，風雨也，四時也，此積氣之成乎天者也。山岳也，河海也，金石也，火木也，此積形⓬之成乎地者也。知積氣也，知積塊也，奚謂不壞？夫天地，空中之一細物，⓭有中之最巨者，難終難窮，此固然矣；難測難識，此固然矣。憂其壞者，誠為大遠；言其不壞者，亦為未是。天地不得不壞，則會歸於壞。遇其壞時，奚為不憂哉？」子列子聞而笑曰：「言天地壞者亦謬，言天地不壞者亦謬。壞與不壞，吾所不能知也。雖然，彼一也，此一也。故生不知死，死不知生；來不知去，去不知來。壞與不壞，吾何容心哉？⓮」

【注釋】❶杞國　商湯滅夏，封夏後於杞，周武王再封，後為楚國所滅。原封地在今河南杞縣。嚴靈峰以為杞人即《莊子．天下篇》的「南方倚人」、〈大宗師篇〉的「奇人」，別為一說。❷屈伸　身體的屈曲伸舒，以喻活動。❸天中　張《注》：「自地而上則皆天矣。故俯仰喘息，未始離天也。」❹星宿　星與星宿。星宿是一定範圍內的列星。❺日月星宿二句　這種解釋，較符合現代天文學的說法。❻四虛　四方。虛是空間。❼躇步　躊躇；徘徊。❽蹈　踐踏。❾舍然　釋然。❿長廬子　楚人。《史記》、《漢書》作長盧子。〈漢志〉道家有《長盧子》九篇，已佚。⓫虹蜺　就是天空水珠受日光折射而呈弧形的彩虹，內環叫虹，外環叫蜺（或作霓）。古人叫內環為雄虹，外環為雌虹。⓬積形　各種形體的積聚。就全章看，「形」宜作「塊」。⓭夫天地二句　這是早期比較正確的宇宙概念。⓮言天地壞者亦謬十三句　與《莊子．大宗師篇》：「殺生者不死，生生者不生，為物，无不將也，无不迎也，无不毀也，无不成也。」義同。

【語　譯】杞國有個人憂慮天地會崩墜，身體無所依託，以致失眠廢食。又有個人憂慮（反對）那個人所憂慮的，於是前往向他說明：「天是氣的積聚而已，是沒有地方沒有氣的。像人需要活動呼吸，整天就得在天裏走動，怎麼要憂慮天崩墜呢？」那個人說：「天果然是積氣的話，日月星宿不會墜下嗎？」說明者說：「日月星宿，也是有光亮的積氣，即使墜下，也不會有所打傷。」那個人說：「那地毀壞呢？」說明者說：「地是土塊的積聚而已，充塞在四方，沒有一處沒有土塊。像人需要徘徊踐踏，整天就得在地上走動，怎麼要憂慮地毀壞呢？」那個人聽後消釋憂慮喜歡極了，說明者也因消釋憂慮對方的憂慮而喜歡極了。長廬子聽了笑著說：「彩虹、雲霧、風雨、四季，這都是屬於天的積氣。山岳、河海、金石、火木，這都是屬於地的積形。知道積氣和積塊的道理，怎麼會說地不毀壞呢？天地是空中的一小物質，就人所見而言，又是空中的最大物質，是難以終了難以窮究的，這本來就是呀；也難以推測難以認識的，這本來就是呀！所以憂慮會毀壞的，的確太迂遠；說它不會毀壞的，也是不對。天地不得不毀壞時，則就會歸於毀壞。遇到了毀壞時，怎麼不憂慮呢？」列子聽了笑著說：「說天地會毀壞的荒謬，說天地不會毀壞的也荒謬。

天地會不會毀壞，是我所不能知道的，雖然如此，其實不會與會都是一樣的呀！所以生不知道死，死也不知道生；來不知道去，去也不知道來。那麼毀壞與不毀壞，我怎麼會放在心上呢？」

（一四）❶舜❷問乎烝❸曰：「道可得而有乎？」曰：「汝身非汝有也，汝何得有夫道？」舜曰：「吾身非吾有，孰有之哉？」曰：「是天地之委❹形也。生非汝有，是天地之委和❺也。性命非汝有，是天地之委順❻也。孫子非汝有，是天地之委蛻❼也。故行不知所往，處不知所持，食不知所以。天地強陽❽，氣也，又胡可得而有邪？」

【注釋】❶本章又見於《莊子・知北遊篇》。❷舜　古帝王。❸烝　《莊子》作「丞」，烝丞同音通假。《莊子釋文》：「李云：『舜師也。』一云：『古有四輔，前疑後丞，蓋官名。』」傳說中的人物不知其詳。❹委　付。❺和　陰陽二氣交和。❻順　《說文》：「順，理也。」指自然的規律。❼蛻　昆蟲幼蟲成長時所脫掉的皮，用以比喻蛻化生長。❽強陽　王重民《校釋》：「案《莊子・知北遊篇》『天地』下有『之』字，此不可省，疑《列子》本有「之」字而今本脫之也。……強陽有運動義，蓋與徜徉、襄羊等字同為疊韻連緜字。」

【語譯】舜問丞：「道可得到嗎？」答：「你的身體都不是你自己的，你怎樣能得到道呢？」舜說：「我的身體不是自己的，那是誰的呢？」答：「那是天地所託付的形體呀！生命也不是你自己生的，而是天地所託付的陰陽交和。性命也不是你所有的，而是天地所託付的自然規律呀！子孫也不是你自己的，而是天地所託付的蛻化呀！所以在沒有自我的前提下，走路不知要到那裏？居住不知道要住那裏？飲食不知要吃什麼？天地的旋轉乃是氣的運動，那麼你又能得到些什麼呢？」

（一五）齊之國氏❶大富，宋之向氏❷大貧。自宋之齊，請其術。國氏告之曰：「吾善為盜，始吾為盜也，一年而給，二年而足，三年大穰❸。自此以往，施及州閭。」向氏大喜，喻其為盜之言，而不喻其為盜之道，遂踰垣鑿室，手目所及，亡不探也。未及時，以贓獲罪，沒其先居之財。向氏以國氏之謬己也，往而怨之。國氏曰：「若❹為盜若何？」向氏言其狀。國氏曰：「嘻！若失為盜之道至此乎？今將告若矣。吾聞天有時，地有利❺。吾盜天地之時利，雲雨之滂潤，山澤之產育，以生吾禾❻，殖吾稼❼，築吾垣，建吾舍。陸盜禽獸，水盜魚鼈，亡非盜也。夫禾稼、土木、禽獸、魚鼈，皆天之所生，豈吾之所有？然吾盜天而亡殃。夫金玉珍寶，穀帛財貨，人之所聚，豈天之所與？若盜之而獲罪，孰怨哉？」向氏大惑，以為國氏之重罔己也，過東郭先生問焉。東郭先生曰：「若非一身庸❽非盜乎？盜陰陽之和以成若生，載❾若形，況外物而非盜哉？誠然，天地萬物不相離也，仞❿而有之，皆惑也。國氏之盜，公道也，故亡殃；若之盜，私心也，故得罪。有公私者，亦盜也；亡公私者，亦盜也。公公私私，天地之德⓫。知天地之德者，孰為盜邪？孰為不盜邪？」

【注釋】❶國氏　以國為氏。春秋齊國有國氏，係姜姓所分出的公族。二百年間世代為齊國執政，直至田氏專政為止。❷向氏　春秋宋桓公之後，公子肸，字向父，後裔以他的字為氏。❸穰　本作「壤」，王重民校為「穰」。穰，禾實豐熟，引申為豐盛。❹若　你。漢語的第二人稱：汝、爾、若、乃、你等字都是一聲之轉。❺天有時地有利　天有可讓春播秋收的四時，地有土壤可使作物生長的利益。❻禾　粱的實。❼稼　穀物，即莊稼，也可叫禾稼。❽庸　豈。❾載　俞樾：「載亦成也。」❿仞　通「認」。同音通假，一本正作「認」。⓫天地之德　張《注》：「天地之德何耶？自然而已。」

【語譯】齊國的國氏很富有，宋國的向氏很貧窮。向氏便從宋國到齊國，向國氏請教致富的方法。

國氏告訴他說：「我善於做盜賊，開始為盜時，第一年夠用，第二年充足，第三年大豐盛。從此以後，德澤到達鄉里。」向氏很高興，了解國氏說做盜賊的話，而不了解他做盜賊的方法，便跳人家的圍牆，鑿人家的房屋，凡是手眼可到達的地方，無不去採取。不多時，就被查獲贓物得罪，連以前所有的財產都被沒收。向氏以為國氏欺騙自己，到齊國對國氏抱怨。國氏說：「你做了盜賊，怎麼樣呀？」向氏把情形都告訴他。國氏說：「唉！你怎麼誤會做盜賊的方法到了這樣的地步呢？現在就告訴你吧！我聽說：天有四時，地有土利。我盜取天地的時利，雲雨的沾潤，山澤的化育，用以來生長我的禾穀，種植我的莊稼，建築我的圍牆，建造我的房屋。從陸地盜取禽獸，從水中盜取魚鼈，無一不是盜取。禾穀、莊稼，建築用的土、木，禽、獸、魚、鼈，都是自然生成的東西，那裏是我所擁有的呢？可是我是向天地自然盜取的而沒有災禍。現在金玉珍寶、穀帛財貨已是別人儲積的東西，那裏是天所給與呢？而你去盜取這些東西得罪，要怨誰呢？」向氏聽了很疑惑，以為國氏又在騙他自己，就去訪問東郭先生。東郭先生說：「你的身體不也是盜來的嗎？盜取陰陽交和以生成你的生命、你的形體，況且身外之物那一樣不是盜來的呢？確實萬物中無一物是可離天地而獨存的，但認為都可以擁有它，則都是疑惑的事。國氏的盜取，是基於公的道理，所以無災禍；你的盜取，是由於私心，所以得罪。然而不管是由於公道或私心都是盜取，即是沒有公道和私心，對自身的存在也是盜取。人的自我和萬物都生於天地之中，我身的私，和身外的公，是沒有區分的，都是天地的自然德性。了解天地自然的德性，就能分辨什麼是盜，什麼是不盜了。」

第二篇 黃帝❶篇

（一）黃帝❷即位十有五年，喜天下戴己，養正命❸，娛耳目，供鼻口，焦然肌色皯黣❹，昏然五情爽惑❺。又十有五年，憂天下之不治，竭聰明，進智力，營百姓，焦然肌色皯黣，昏然五情爽惑。黃帝乃喟然讚曰❻：「朕❼之過淫❽矣。養一己其患如此，治萬物其患如此。」於是放萬機❾，舍宮寢❿，去直侍⓫，徹鐘懸⓬，減廚膳，退而閒居大庭⓭之館，齋心服形⓮，三月不親政事。晝寢而夢，遊於華胥氏⓯之國。華胥氏之國在弇州之西，台州之北，⓰不知斯齊⓱國幾千萬里，蓋非舟車足力之所及，神游而已。其國無師長，自然而已；其民無嗜慾，自然而已。不知樂生，不知惡死，⓲故無夭殤⓳；不知親己，不知疏物，故無愛憎；不知背逆，不知向順，故無利害；都無所愛惜⓴，都無所畏忌。入水不溺，入火不熱。㉑斫撻無傷痛，指擿無痟㉒癢。乘空如履實，寢虛若處床。雲霧不硋㉓其視，雷霆不亂其聽，美惡不滑㉔其心，山谷不躓其步，神行而已。㉕黃帝既寤，怡然自得，召天老、力牧、太山稽㉖，告之，曰：「朕閒居三月，齋心服形，思有以養身治物之道，弗獲其術。疲而睡，所夢若此。今知至道不可以情求矣。朕知之矣！朕得之矣！而不能以告若矣㉗。」又二十有八年，天下大治，幾若華胥氏之國，而帝登假㉘。百姓號之，二百餘年不輟。

【注釋】❶黃帝　以篇首兩字為篇名，《列子》書除〈天瑞〉和〈說符〉兩篇外，都是以篇首兩字為篇名。❷黃帝　戰國時代所傳聞的漢族古帝王。本章疑是漢魏晉人取古代傳說加以虛構的。❸天下戴己養正命　戴己，王叔岷補「之」字。正，俞樾以為是「生」之誤，生即是性。❹焦然肌色皯黣　焦然是用以修飾皯黣的。皯黣又作「皯黴」，是膚色漆黑。❺昏然五情爽惑　昏然是用以修飾爽惑的。五情，疑是魏晉才有的複詞。《文選》曹植〈上責躬應詔詩表〉劉良《注》：「五情，喜怒哀樂怨。」爽惑，差錯昏惑。❻喟然讚曰　喟然，歎息的樣子。讚，張《注》：「讚當作歎。」❼朕　帝王自稱，秦始皇二十六年始定天子自稱為朕。以前所有的人都可以自稱為朕。❽淫　張《注》：「淫當作深。」❾萬機　帝王政務。本作「萬幾」，指萬事的幾微。❿宮寢　宮殿。帝王所居之宮叫寢。⓫直侍　當值的侍人。直，通「值」。⓬鐘懸　懸掛的鐘，喻音樂。⓭大庭　外朝之廷。庭，通「廷」。⑭齋心服形　心志靜虛專一有如齋戒，形體服從心志無所存在。齋心如《莊子》「心齋」。⑮華胥氏　相傳是庖犧氏的母親。據《拾遺記》說神母遊華胥之洲，遇到青虹繞身而有娠，經十二年而生庖犧。⑯弇州之西二句　指中國古九州之外。《淮南子．墬形》：「天地之間，九州八極，……何謂九州？……正西弇州曰并土……西北台州曰肥土。」⑰斯齊　張《注》：「斯，離也。齊，中也。」⑱不知樂生二句　《莊子．大宗師篇》：「古之真人，不知說生，不知惡死。」⑲夭殤　夭折。但據上下文看，二字應為一正一反，張《注》正作「樂惡」。⑳惜　王重民改為「憎」，不確。因為「愛惜」是與下文的「畏忌」對文，不是承上文的，況且上文除「愛憎」之外，還有「夭殤」、「利害」。㉑入水不溺二句　《莊子．大宗師篇》：「入水不濡，入火不熱。」㉒痟　疼痛。㉓硋　礙。㉔滑　汩；亂。動詞。㉕華胥氏之國三十一句　與《莊子．齊物論篇》：「至人神矣！大澤焚而不能熱，河漢沍而不能寒，疾雷破山（而不能傷，飄）風振海而不能驚。若然者，乘雲氣，騎日月，而遊乎四海之外。死生無變於己，而況利害之端乎！」意義相同。㉖天老力牧太山稽　張《注》：「三人黃帝相也。」注與《史記．五帝本紀》集解引班固之說相同，但《史記》所引四人，只有力牧一人相同。崔述以為是後人偽託。力牧，馬王堆《黃帝四經》帛書作「力黑」。牧、黑二字古音相同，為「之部」字，段玉裁一部。《漢志》有《力牧》二十二篇。已佚。㉗不能以告若矣　張《注》：「不可以情求，則不能以情告矣。」㉘登假　張《注》：「假當為遐。」登遐，帝王逝世。登，上。遐，已。說帝王已經上升去了。《史記．五帝本紀》集解引皇甫謐曰：「（黃帝）在位百年而崩，年百一十一歲。」當然是無稽之談。

【語　譯】黃帝即位十五年，喜悅天下人擁戴自己，於是頤養自己的生命，滿足耳目的快樂，供養鼻口的欲望，使得肌膚漆黑，五情迷惑。又經過十五年，憂慮天下不能治好，竭盡了聰明才智，統治百姓，但也使得肌膚漆黑，五情迷惑。黃帝乃長歎息說：「我的過失很深。供養自身的後患是如此的迷惑，而治理萬物的後患也是如此的迷惑。」於是放開政務，捨棄宮殿，辭去侍人，撤除音樂，減少膳食，然後離開到外朝的房子閒居，心志專一，形體無存，三月不親自料理政事。白天睡覺做夢，夢遊華胥氏之國。華胥氏之國在西方弇州以西，北方台州以北，不知離中國有幾千萬里，大概不是車船腳力所能夠到達的，只能夠精神的漫遊而已；這個國家沒有教師、君長，沒有政府，只有自然而已；國家的人民沒有嗜好、慾望，只有自然的存在而已。他們不知喜悅生存，也不知厭惡死亡，所以沒有（長命）夭折的觀念；不知親近自己，也不知疏遠外物，所以沒有愛與恨的觀念；不知違逆，也不知順從，所以沒有利與害的觀念；一切沒有愛惜，也一切沒有畏忌。進入水中不怕溺，進入火中不怕燒。用刀擊不傷痛，用指搔不痛癢。騰駕空中就如踏在實地，睡在空虛就如躺在床上。雲霧不妨礙他們的目視，雷霆不擾亂他們的耳聽，美惡不攪亂他們的心志，山谷不絆倒他們的腳步，他們用的是無形的精神的行走而已。黃帝醒後，怡然自得，召臣子天老、力牧、太山稽來，告訴他們說：「我閒居三個月，心志專一，形體無存，要想養身治國的辦法，而沒有得到。疲倦睡著了，所夢到的就像這樣。現在知道最高的道術是不可以用喜憂的感情去求得的。我知道了，也得到了，但就是不能夠告訴你們。」又過了二十八年，天下治理得很好，幾乎就像華胥氏之國，而黃帝就告逝世，百姓痛哭，經二百多年還不停止。

（二）列姑射山❶在海河洲中，山中有神人❷焉，吸風飲露，不食五穀❸；心如淵❹泉，形如處女；不偎❺不愛，仙聖❻為之臣；不畏不怒，愿慤❼為之使；不施不惠，而物自足；不聚不斂，而己無愆❽。陰陽常調，日月常明，四時常若❾，風雨常均，字❿育常時，年穀⓫常豐；而土無札⓬傷，人無夭惡，物無疵厲，鬼無靈響⓭焉。

【注釋】❶列姑射山　見於《莊子．逍遙遊篇》、《山海經》〈東山經〉及〈海內北經〉。「列」是眾列或是涉列子的名而誤，或是與姑射山連名，已不可知。綜合郝懿行《山海經疏》及秦恩復《列子校說》的意見：《列子》、《山海經．海內北經》的列姑射山及《莊子》有神人居焉的藐姑射山是在海河洲中。〈東山經〉的姑射山及《莊子》汾水之陽的藐姑射山是在山西平陽以西的九孔山。其實《莊子》、《列子》、《山海經》多神話，且相抄襲，所以考據未必可信。海河洲，河水出海口中的陸地，即是山島。❷神人　張《注》：「凝寂故稱神人。」❸五穀　普遍是指麻、黍、稷、麥、豆。引申為穀物。❹淵　深。❺偎　親愛。❻仙聖　張《注》：「仙，壽考之跡；聖，治世之名。」❼愿慤　慤本字為「愨」，愿愨二字《說文》都解「謹」，互訓。神人沒有君臣役使，所以仙聖愿愨都是形容神人的。❽愆　匱乏。❾若　順。❿字　《說文》：「乳也。」動物生子叫乳。⓫年穀　每年收成的穀子。⓬札　通「疒札」。瘟疫。⓭靈響　妖異的現象。

【語譯】列姑射山在海河相交的陸地中，山上有神人，吸風飲露，不吃五穀；心志像深邃的泉水，形體像柔靜的閨女；不親愛人，以長壽聖明做他的臣子；不發怒人，以謹慎誠實作為他的侍者；不向人施恩，而外物能夠充足；不向人聚斂，而自己能夠不匱乏。陰陽永遠調和，日月永遠明照，四時永遠順行，風雨永遠均衡，生育永遠適時，年穀永遠豐收；而土地就沒有瘟疫傷亡，人民就沒有夭折惡疾，外物也就沒有疾疫，鬼魂也就沒有妖異。

（三）

列子師老商氏，友伯高子❶，進❷二子之道，乘風而歸。尹生聞之，從列子居，數月不省舍❸。因間❹請蘄❺其術者，十反❻而十不告。尹生懟❼而請辭，列子又不命。尹生退，數月，意❽不已，又往從之。列子曰：「汝何去來之頻？」尹生曰：「曩❾章戴❿有請於子，子不我告，固有憾於子。今復脫然，是以又來。」列子曰：「曩吾以汝為達，今汝之鄙至此乎？姬⓫！將⓬告汝所學於夫子者矣。自吾之事夫子友若人⓭也，三年之後，心不敢念是非，口不敢言利害，始得夫子一眄而已⓮。五年之後，心庚⓯念是非，口庚言利害，夫子始一解顏而笑。七年之後，從⓰心之所念，庚無是非；從口之所言，庚無利害，夫子始一引吾並席而坐。九年之後，橫心之所念，橫口之所言，亦不知我之是非利害歟⓱，亦不知彼之是非利害歟；亦不知夫子之為我師，若人之為我友：內外進⑱矣。而後眼如耳，耳如鼻，鼻如口，無不同也。心凝⑲形釋，骨肉都融；不覺形之所倚，足之所履，⑳隨風東西，猶木葉幹殼㉑。竟不知風乘我邪，我乘風乎？今女居先生之門，曾未浹時㉒，而懟憾者再三。女之片體將氣所不受，汝之一節將地所不載。履虛乘風，其㉓可幾㉔乎？」尹生甚怍，屏息良久，不敢復言。㉕

【注釋】❶老商氏伯高子　二人是古代傳說人物。老商氏未見他書，未詳。伯高子據說是黃帝臣之善醫者，見《管子．地數篇》。列子能駕風，見《莊子．逍遙遊篇》：「夫列子御風而行，泠然善也，旬有五日而後反。」❷進　「盡」的假借字。❸不省舍　林希逸：「不省舍，言不歸宿也。」❹間　通「閒」。❺蘄　通「祈」。❻十反　十次反覆。❼懟　怨。❽意　思念。❾曩　從前。❿章戴　尹生的名。⓫姬　通「居」。語辭。⓬將　且。⓭事夫子友若人　夫子指老商氏。若人，此人，指伯高子。⓮一眄而已　張《注》：「實懷利害而不敢言，此匿怨藏情者也，故眄之而已。」⓯庚　張《注》：「庚當作更。」以下庚字都作「更」。⓰從　縱。⓱歟　通「邪」。決定詞。⓲進　盡。⓳心凝　張《注》與盧《解》都作「神凝」。《莊子》、《列子》都作「神凝」「凝於神」，沒有作「心凝」。疑唐以前《列子》舊本作「神凝」。⓴三年之後三十句　與〈仲尼篇〉六章重出。㉑幹殼　乾的蟲（蟬）殼，《集釋》引沈濤說：「幹，古幹濕正字，通假作乾。」㉒浹時　滿一季。浹，通「帀」。即周、滿。時，四時之一。㉓其　豈。㉔幾　通「冀」。希望。㉕盧重玄《列子解》：「列子所以乘風者，為能忘其身也。老子曰：『吾所以有大患者，為吾有身，及吾無身，吾有何患也？』若其形骸之不忘，則一節之重，將地所不能載，何暇乘風而淩虛哉？」

【語　譯】列子師事老商氏，交友伯高子，學盡他們二人的道術，駕風回來。尹生聽到了這事，便跟列子居住、學習，幾個月不回家住。趁著空閒時，向列子請求學駕風的技術，十次來回在列子的前面請求，十次列子都不講。尹生怨恨的請求回去，列子也不答覆，任他回去。尹生回去幾個月，仍不停的思念駕風術，就又去跟列子學。列子說：「你為什麼來去這樣頻繁呢？」尹生說：「從前我請教您，您又不告訴我，固然我對您有怨恨。但現在我已不介意了，所以再來。」列子說：「從前我以為你通達才回去了，想不到你竟然如此的卑鄙！唉！就告訴你關於我跟夫子所學的吧！我師事夫子並和這個人交朋友，三年以後，我的心不敢存是非，口不敢說利害，這樣才得到夫子瞧一眼而已。五年以後，我表裏一致，心更敢存是非，口也更敢說利害，這樣夫子才開顏一笑。七年以後，放縱心去思想，更沒有是非；放縱口去言論，更沒有利害，這樣夫子才指引我和他同席坐著。九年以後，更縱橫地去思想，更縱橫地去言論，也不知道我的是、非、利、害呀！也不知道他的是、非、利、害呀！也不知道夫子是我的老師，這個人是我的朋友：這樣內外的觀念就完全化解了。然後眼可以像耳來聽，耳可以像鼻來聞，鼻可以像口來吃，一切器官都無不相同。心志凝一，形體消釋，骨肉融合；不知形體依賴在什麼空間，腳踏在什麼地方，只是像木葉子乾蟲殼隨風飄東飄西。竟不知風是駕著我呢？還是我駕著風呢？現在你居住在先生的門牆內，還沒滿三個月，而再三的怨恨。你的一片肉就連空氣也不能承受，一根骨就連土地也不能負載。那麼全身要踏空駕風，怎麼能有希望呢？」尹生聽了很慚愧，久久憋住氣，不敢再說。

（四）❶列子問關尹❷曰：「至人潛行不空❸，蹈火不熱，行乎萬物之上而不慄。請問何以至於此？」關尹曰：「是純氣之守也，非智巧果敢之列。姬❹！魚❺語女。凡有貌像聲色者，皆物也。物以物何以相遠也❻？夫奚足以至乎先？是色❼而已。則物之造乎不形，而止乎無所化。夫得是而窮之者，焉得而正❽焉？彼將處乎不深❾之度，而藏乎無端之紀，游乎萬物之所終始❿。壹其性，養其氣，合其德，以通乎物之所造⓫。夫若是者，其天守全，其神無郤⓬，物奚自入焉？夫醉者之墜於車也，雖疾不死。骨節與人同，而犯害與人異，其神全也。乘亦弗知也，墜亦弗知也。死生驚懼不入乎其胷，是故遻⓭物而不慴。彼得全於酒而猶若是⓮，而況得全於天乎⓯？聖人藏於天，故物莫之能傷也。」

【注釋】❶本章又見於《莊子·達生篇》。❷關尹　相傳是春秋時代周王朝的關令尹喜，關令是守關的官吏，姓尹，名喜（一說尹字連上，作官名解）。〈漢志〉道家有《關尹子》九篇，已佚。今本《關尹子》一卷，係唐末五代間方士（或杜光庭）所偽作。❸空　應作「窒」，《莊子》和《列子》其他版本都作「窒」，是窒息的意思。

❹姬　語辭。❺魚　假借為「吾」。❻何以相遠也　張《注》引向秀曰：「唯無心者獨遠耳。」❼色　奚侗《莊子補正》：「色上脫『形』字。」❽而正　俞樾：「為正當作『而止』，字之誤也。」《莊子》正作「而止」。❾深　張《注》：「深當作淫。」淫，過。❿終始　《莊子》郭象《注》：「終始者，物之極。」⓫物之所造　《莊子》成玄英《疏》：「物之所造，自然也。」⓬郤　通「隙」。損缺。⓭遻　為「遌」的異體。《說文》：「遌，相遇驚也。」此處用本意。又音「誤」。⓮全於酒而猶若是　張《注》引向秀曰：「醉故失其所知耳，非自然無心也。」⓯得全於天乎　張《注》引向秀曰：「得全於天者，自然無心，委順至理也。」

【語　譯】列子問關尹說：「至德的人潛水不窒息，踏火不怕燒，行走在萬物的上空中而不害怕。請問為什麼能達到這樣的境界？」關尹說：「這是能保持純真的元氣使然，不是屬於智慧、技巧、果斷、勇敢的那一類的行為。唔！我告訴你。凡是有相貌、影像、聲音、顏色的，都是物。物與物之間為什麼存有形色的差距呢？什麼才算是物的原先呢？這都是超乎『形色』之外的自然而已。那麼物就是創作於沒有形體之中，終結於無所變化之內。能夠得到這個境界而窮盡當中的道理，則怎會受到外物的限制呢？他將處在不逾越自然的界限，而藏在無終無始的法則，逍遙在萬物的極致。純一他的本性，涵養他的元氣，包含他的德行，以與自然相通。像這樣的至人，他保全自然，精神不損，外物怎麼能侵入呢？像喝醉酒的人從車上摔下，雖會摔出病卻不會死。他的骨節和常人相同，但受傷卻和常人不同，乃是他精神能保全自然的緣故。乘車既沒有知覺，摔下也沒有知覺。死生驚懼的觀念不能侵入他的心胸，所以遭遇外物刺激也不會恐懼。這個人竟然可以這樣的從喝酒中保全精神，何況是能保全自然、忘卻自我的人呢？聖人能藏身在自然中，所以外物不能傷害他。」

（五）❶列禦寇為伯昏無人❷射，引之盈貫❸，措❹杯水其肘上，發之，鏑矢復沓，方矢復寓。❺當是時也，猶象人也。伯昏無人曰：「是射之射，非不射之射也。❻當❼與汝登高山，履危石，臨百仞❽之淵，若❾能射乎？」於是無人遂登高山，履危石，臨百仞之淵，背逡巡❿，足二分⓫垂在外，揖禦寇而進之。禦寇伏地，汗流至踵。伯昏無人曰：「夫至人者，上闚青天，下潛⓬黃泉⓭，揮斥⓮八極⓯，神氣不變。今汝怵然有恂目之志，爾於中也殆矣夫！」⓰

【注釋】❶本章與《莊子．田子方篇》九章相同。❷伯昏無人　即〈天瑞篇〉一章的伯昏瞀人。無，通「瞀」。❸盈貫　是開滿弓的意思。盈，滿。馬敘倫《莊子義證》：「朱駿聲曰：『貫借為彎。』……按貫彎喉音。」❹措　置。❺鏑矢復沓二句　鏑，箭鏃，即箭頭。《莊子》作「適」。王叔岷：「適即鏑之借。」沓，假借為合，《小爾雅．廣言篇》：「沓，合也。」方，王叔岷：「《御覽》……作『放』，寓下有『也』字，方與放通。」寓，寄附。這二句是說：在滿弓上的箭發出後，第二支箭的箭鏃又射進第一支箭的箭尾，而第三支附在弦的箭也放出去了。這與〈仲尼篇〉一三章的「善射者能令後鏃中前括，發發相及，矢矢相屬。前矢造準而無絕落，後矢之括猶銜弦，視之若一焉」同義。❻是射之射二句　《莊子》成玄英《疏》：「言汝雖巧，仍是有心之射，非忘懷無心，不射之射也。」❼當　楊伯峻：「即儻，若也，如也。」❽仞　通稱七尺或八尺為仞。❾若　你。

⑩逡巡　雙聲聯緜詞，是退卻的意思，此作後仰解，背是人的背，與下文的足相對。⑪二分　于鬯《列子校書》：「古人之數，多略不過三，此言二分者，當謂三分之二垂在外也。」⑫潛　測。郭慶藩《莊子集釋》：「潛，測也，與闚之意相近。古訓潛為測，見《爾雅》。」⑬黃泉　古人吸取地下濁水為泉，所以叫地下為黃泉。⑭揮斥　《莊子》郭象《注》：「猶縱放也。」⑮八極　八方之極。⑯林希逸：「以此為射而欲求中的之精義亦難矣。」

【語譯】列禦寇射箭給伯昏無人看，用右手開滿了弓，左手肘上還放著一杯水，靜止地，第一箭射出後，第二箭又射進它的箭尾，而附在弦上的第三箭又放出了。當時，他就像木偶一樣不動。伯昏無人說：「這是有心射的射箭，不是無心射的射箭呀！如果我與你登上高山，踏著危險的石頭，靠著百十丈高的深淵，你能夠射箭嗎？」於是無人便登上高山，踏著危險的石頭，靠著百十丈的深淵，背後仰，腳掌有三分之二懸空在外，然後請禦寇上去。列禦寇嚇得趴在地上，冷汗流到腳跟。伯昏無人說：「至人，就是要上探青天，下測黃泉，縱橫八方，神氣不變。現在一上山竟然心驚目眩，你要射中不是很危殆嗎！」

（六）范氏❶有子曰子華❷，善養私名❸，舉國服之；有寵於晉君，不仕而居三卿❹之右。目所偏視，晉國爵之；口所偏肥❺，晉國黜之。游其庭者侔❻於朝。子華使其俠客以智鄙相攻，彊弱相凌，雖傷破於前，不用介意。終日夜以此為戲樂，國殆[7]成俗。禾生、子伯，范氏之上客，出行，經坰[8]外，宿於田更[9]商丘開之舍。中夜禾生、子伯二人相與言子華之名勢，能使存者亡，亡者存；富者貧，貧者富。商丘開先窘於飢寒，潛於牖[10]北聽之，因假糧荷畚[11]之[12]子華之門。子華之門徒皆世族也，縞衣乘軒[13]，緩步闊視，顧見商丘開年老力弱，面目黎黑[14]，衣冠不檢，莫不眲[15]之。既而狎侮欺詒[16]，攩㧙挨抌[17]，亡所不為。商丘開常無慍容，而諸客之技單[18]，憊於戲笑，遂與商丘開俱乘高臺，於眾中漫言[19]曰：「有能自投下者賞百金。」眾皆競應[20]，商丘開以為信然，遂先投下，形若飛鳥，揚於地，肌[21]骨無碼[22]。范氏之黨[23]以為偶然，未詎[24]怪也。因復指河曲之淫隈[25]曰：「彼中有寶珠，泳可得也。」商丘開復從而泳之，既出，果得珠焉。眾昉[26]同疑，子華昉令豫[27]肉食衣帛之次。俄而范氏之藏大火，子華曰：「若能入火取錦[28]者，從所得多少賞若。」商丘開往無難色，入火往還，埃[29]不漫，身不焦。范氏之黨以為有道，乃共謝之曰：「吾不知子之有道而誕㉚子，吾不知子之神人而辱子。子其㉛愚我也，子其聾我也，子其盲我也。敢問其道？」商丘開曰：「吾亡道。雖吾之心，亦不知所以。雖然，有一於此，試與子言之。曩㉜子二客之宿吾舍也，聞譽范氏之勢，能使存者亡，亡者存；富者貧，貧者富。吾誠㉝之無二心，故不遠而來。及來，以子黨之言皆實也，唯恐誠之之不至㉞，行之之不及，不知形體之所措，利害之所存也。心一而已㉟。物亡迕㊱者，如斯而已。今昉知子黨之誕我，我內藏猜慮，外矜觀聽，追幸昔日之不焦溺也，怛然內熱，惕然震悸矣。水火豈復可近哉？」自此之後，范氏門徒路遇乞兒馬醫㊲，弗敢辱也，必下車而揖之。宰我聞之，以告仲尼。仲尼曰：「汝弗知乎？夫至信之人，可以感物也。動天地，感鬼神，橫六合㊳，而無逆㊴者，豈但履危險，入水火而已哉？商丘開信偽物㊵猶不逆，況彼我皆誠哉？小子識之！」㊶

【注釋】❶范氏　春秋晉國的豪族，為六卿之一，在悼公以後為晉執政，以范匄最為專橫，本章是虛構，不是史實。❷子華　史無此人。❸名　《集釋》引許維遹說：「『名』疑為『客』之壞字。」古代不在位的貴族，常養一大批有專長的食客，一方面供其驅使差用，一方面作為鎮壓人民、擴張勢力的工具。❹三卿　大國設三卿：司徒、司馬、司空。❺肥　毀的意思。俞樾說是「𡾞」之省，《說文》：「𡾞，崩也。」崩與毀義近。❻侔　齊比。❼殆　將。❽坰　張《注》：「郊野之外也。」❾更　張《注》：「更當作叟。」更、叟兩字形近而誤。❿牖　有木櫺的窗子。《說文》：「穿壁以木為交窗也。」⓫畚　草編的籃子。《說文》：「蒲器，所以盛糧。」⓬之　往。⓭軒　大夫以上的車子。⓮黎黑　黑中帶黃。以形容枯槁憔悴的樣子。黎是黧的假借字。⓯眲　輕視。⓰詒　《說文》：「相欺語也。」⓱攩㧙挨抌　攩㧙與挨抌都是聯緜詞。攩㧙，搥打。挨抌，擊背。二詞都有推、打的意思。⓲單　通「殫」。盡的意思。⓳漫言　漫語；空語。⓴眾皆競應　盧《解》：「以愚侮之，眾故偽爭應命耳。」㉑凱　「肌」的錯寫。㉒䃣　通「毀」。㉓黨　朋黨，即以上所說的門徒、食客。㉔詎　通「巨」。大。㉕淫隈　水道彎曲的深處。淫，深。隈，水曲。㉖昉　作「放」，通「方」。《釋文》：「或作『放』。」俞樾：「古字放與方通。」方就是開始。以下昉字作同樣解釋。㉗豫　通「與」。㉘錦　雜色織文的絲布。㉙埃　《釋文》：「一本作焥。」焥，盛火。㉚誕　欺騙。㉛其　或者；大概。㉜曩　昔；以前。㉝誠　信。㉞不至　《釋文》「不至」以下有「至之之不行」一句，於義為是。㉟已　王重民稱吉府本沒有「已」字。㊱迕　違逆、抗拒的意思，指外界的事物。㊲馬醫　醫馬的獸醫。古代被視為下賤的工作，見《史記・貨殖列傳》，又見〈說符篇〉三一章。㊳六合　天地和四方。㊴逆　與下「逆」字，與上文「迕」同義，迕逆相通。㊵偽物　假的事物，指食客的假話。㊶本章雖在強調「心一而物無迕者」的作用，但商丘開所以能專一忘我，卻是在統治者利誘下為貪財而任受擺布的結果，主旨是極不正確的。

【語譯】范氏有個兒子叫子華，以善於豢養食客出名，全國人都怕他；他受晉國國君的寵愛，雖沒有做官，但地位在三卿的上面。他眼睛所看得上的人，晉國就升他爵位；嘴裏所批評的人，晉國就把他罷黜。在子華內庭走動的和在（晉）朝廷的人一樣多。子華令這些俠客以他們中的智者愚者相攻打，強者弱者相擊鬥，雖然在他的面前打得受傷皮破，他不會耿耿於懷。整天整夜就以這樣為遊樂，且將成為晉國的風俗。禾生、子伯二人是范氏的上等的食客，外出，經過郊外，借宿老農夫商丘開的房子。半夜，禾生、子伯二人相互談到子華的名聲勢力，能使活人死，死人活；富人窮，窮人富。先前，商丘開受飢寒所困，他暗地在窗子北面聽到他們的講話，便為著借糧而挑著籃子到子華的門口。子華的門徒都是世代相傳的豪族，穿白衣，坐軒車，闊步高視，趾高氣傲，看到商丘開年老力衰，面目黑黃，衣冠不整，都瞧不起他，然後欺侮他謾罵他，以至摣打擊背無所不為。商丘開始終顏色不怒，而這些食客欺侮人的技倆也用盡了，玩笑也開倦了，就和商丘開一起爬上高臺，（一人）在眾人中說空話：「有能從上面跳下的賞百金。」眾人多爭著答應，商丘開以為真的，便先跳下，身像飛鳥，飄在地上，肌骨不傷。范氏的黨徒以為是偶然的，不覺得很奇怪。於是又指河流彎曲外側最深處說：「那裏頭有寶珠，游泳可以得到。」商丘開聽了又下水游泳，出水後，果然得到寶珠。眾人才一齊開始懷疑他，子華也才給他比其他食客次一等的肉食衣帛。不久范氏的藏物房子大火，子華向他說：「你能入火中取出錦布，就可以從所取出的多少按比例賞你。」商丘開一點也沒有困難的顏色去了，進入火中又回來，熱火不迷漫，身體不燒焦。范氏的黨徒以為他是有道術的人了，於是一齊向他道謝：「我們不知道您有道術而欺騙您，我們不知道您是神人而侮辱您。您大概是以我們為愚笨吧！您大概是以我們為耳聾吧！您大概是以我們為目盲吧！請問您的道術是什麼？」商丘開說：「我沒有道術。即使是我的心，也不知道原因。雖然如此，我對這事有一些話，試試與你說著：從前有二個食客就宿我的房子，我聽他們在稱讚范氏的勢力，能使活人死，死人活；富人窮，窮人富。我相信他們所說而沒有疑心，所以不辭路遠而前來。來到後，也以您黨徒的話都是實話，但恐怕我對相信您們這事沒有到極點，相信到極點又恐怕行不通，行通了又恐怕有達不到的，這樣，使我不知道自己的形體是放置在那裏，也不知利害的心是存在那裏。心志專一而外物就不能抗拒，就是這樣而已呀！現在我才知道您的黨徒在欺騙我，我內心已包藏著猜忌疑慮，外形已憐惜我視聽的官能，回想前些時徼幸地不被燒焦淹死，不覺驚慌得內心火熱，恐懼得心頭跳動，水火怎麼可以接近的呢？」從此以後，范氏的門徒在路上遇到乞丐馬醫等低階級的人就不敢侮辱了，必定下車行禮。宰我聽到以上這件事，便告訴仲尼。仲尼說：「你不知道嗎？那至信的人，是可以感化萬物的。感動天地、鬼神，橫縱在六合間而無所抗拒，那裏只是能踏險地入水火而已呢？商丘開相信不誠的假話，而不受抗拒能夠真誠，何況是外物與自我都是真誠的呢？孩子！要記住呀！」

（七）周宣王❶之牧正❷有役人梁鴦者，能養野禽獸，委食❸於園庭❹之內，雖虎狼鵰鶚❺之類，無不柔馴者。雄雌在前，孳尾❻成群，異類雜居，不相搏噬也。王慮其術終於其身，令毛丘園傳之。梁鴦曰：「鴦，賤役也，何術以告爾？懼王之謂隱於爾也，且一言我養虎之法：凡順之則喜，逆之則怒，此有血氣者之性也。然喜怒豈妄發哉？皆逆之所犯也。夫食❼虎者，不敢以生物與之，為其殺之之怒也；不敢以全物與之，為其碎之❽之怒也。時其饑飽，達其怒心。虎之與人異類，而媚養己者，順也；故其殺之❾，逆也。❿然則吾豈敢逆之使怒哉？亦不順之使喜也。夫喜之復⓫也必怒，怒之復也常喜，皆不中也⓬。今吾心無逆順者也，則鳥獸之視吾，猶其儕也。故游吾園者，不思高林曠⓭澤；寢吾庭者，不願⓮深山幽谷，理⓯使然也。」

【注　釋】❶周宣王　厲王的兒子，相傳是西周有為的帝王，號稱中興，但本章是虛構的。❷牧正　牧官的首長。❸委食　以食物丟給禽獸吃。委，棄置。食，通「飼」。❹園庭　指宣王的園囿。古代帝王諸侯都擁有大面積的庭園，以供遊樂或狩獵。❺鵰鶚　像老鷹樣子的食肉猛禽，鵰大鶚小。❻孳尾　生育。孳，孳乳繁衍。尾，交尾。❼食　通「飼」。❽碎之　《莊子．人間世篇》作「決之」。❾殺之　王重民：「《莊子．人間世篇》『殺之』作『殺者』，當從之。『故』猶『則』也。」❿夫食虎者十二句　又見於《莊子．人間世篇》。⓫復　返回，引申有反、反面的意思。⓬皆不中也　張《注》：「不處中和，勢極則反，必然之數。」⓭曠　通「廣」。廣大。⓮願　思念。《廣韻》：「願，念也，思也。」⓯理　指中和本性的自然之理。

【語　譯】周宣王的牧正所屬的役者梁鴦，能養野生禽獸，飼養在園庭裏頭，即使是虎狼鵰鶚之類的猛獸猛禽，也無不使牠們柔和馴服。先養雄雌，以生育成群，各不同種類的動物雜居，不會相互搏殺吞噬。宣王憂慮他的技巧在他死後失傳，便叫毛丘園向他學習。梁鴦說：「我是一個低賤的役者，有什麼技巧可以告訴你的呢？為著怕王說我對你隱瞞，姑且我就說些養虎的方法：凡是順從牠就高興，違逆牠就生氣，這是一切有血氣的動物的本性。但高興與生氣怎麼會妄亂的發作呢？都是人違逆牠本性而犯的過錯。飼養老虎，不敢用活的小動物給牠，為了是不使牠在咬殺小動物時激起牠的怒氣；不敢用整隻的動物給牠，為了是不使牠在撕碎時激起牠的怒氣。按時控制牠的饑飽，順導牠的怒心。虎和人本來是不同類，卻能取媚於養牠的人，就是人能順從牠的本性；而虎所以會咬人，是人違逆牠的本性所造成的。那麼我那敢違逆牠使牠生氣呢？也不順從牠使牠高興。高興的反面必會生氣，生氣的反面必會高興，這都不是中和的本性。現在我沒有偏倚的成心，也沒有順從和違逆動物的觀念，那麼鳥獸看我，就如同牠們的同類一樣。所以在我的園庭遊玩的動物，不會思念高林大澤；在我園庭睡的動物，不會思念深山幽谷，是中和牠們本性才這樣的呀！」

（八）❶顏回問乎仲尼曰：「吾嘗濟乎觴深之淵❷矣，津人操舟若神。吾問焉，曰：『操舟可學邪❸？』曰：『可！能游者可教也，善游者數❹能，乃若夫沒人，則未嘗見舟而謖❺操之者也。』吾問焉，而不告。敢問何謂也？」仲尼曰：「譆❻！吾與若玩其文也久矣，而未達其實，而固且道與？能游者可教也，輕水也；善游者之數能也，忘水也；乃若夫沒人之未嘗見舟也而謖操之也，彼視淵若陵，視舟之覆猶其車卻也。覆卻萬物方❼陳乎前而不得入其舍❽，惡往而不暇？以瓦摳❾者巧，以鉤❿摳者憚，以黃金摳者惛。巧一也，而有所矜，則重外也，凡重外者拙內。」

【注　釋】❶本章又見於《莊子・達生篇》、《呂氏春秋・去尤篇》。❷觴深之淵　像酒杯形的深淵，成玄英《莊子疏》說在宋國，不知何據。❸邪　通「耶」。語辭。❹數　假借為速，《爾雅・釋詁篇》：「數，疾也。」❺謖　站立。《爾雅・釋言篇》：「謖，興也、起也。」《說文》：「起，立也。」❻譆　通「噫」。感歎語辭。從「譆」到「固且道與」一段，為《莊子・達生篇》所無。❼方　並。❽舍　張《注》：「神明所居故謂之舍。」指心靈、內心而言。❾摳　投。《說文通訓定聲》：「摳假借為投。」指投瓊，就是投骰子，是古代博戲中的一個動作。詳見〈說符篇〉二一章注釋。❿鉤　帶鉤，是古貴族腰帶上的金屬（銅為主）鉤子。

【語　譯】顏回問仲尼說：「我曾經過渡酒杯一樣陡的深淵，渡口船夫駕船的技巧有如神人。我問他說：『駕船可以學會嗎？』他說：『可以，會游泳的人就可以教會，善於游泳的很快就可以學會，至於會潛水的，即是沒看過船也可以站著駕船。』我再問他原因，他不告訴我。請問這是什麼意思？」仲尼說：「噫！我教你玩索事物表面的虛文已很久了，你還不能通達其中的內容，你就以為得道嗎？會游泳的人所以能教會，是他看輕了水；善於游泳的所以能很快學會，是他忘了有水；至於會潛水的所以能沒有看過船也可以站著駕船，是他看深淵像丘陵一樣的平坦，看翻船像倒車一樣的安全。因此萬物同時翻倒在前面也不能影響他的內心，這樣做任何事怎麼不悠閒呢？同樣一個人用低賤的瓦器來賭就能很巧妙，用較貴的帶鉤來賭就會畏忌，用最貴的黃金來賭就會昏拙。其實他原來賭的技巧仍是不變的，只是心一有了珍惜貴重之物的傾向，便會重視外物，凡重視外物的內心就要昏拙了。」

（九）

❶孔子觀於呂梁❷，懸水三十仞❸，流沫三十里，黿鼉❹魚鼈之所不能游也，見一丈夫游之，以為有苦而欲死者也，使弟子並❺流而承❻之。數百步而出，被髮行❼歌，而游於棠行❽。孔子從而問之，曰：「呂梁懸水三十仞，流沫三十里，黿鼉魚鼈所不能游，向吾見子道❾之，以為有苦而欲死者，使弟子並流將承子。子出而被髮行歌，吾以子為鬼也，察子，則人也。請問蹈水有道乎？」曰：「亡，吾無道。吾始乎故，長乎性，成乎命，與齎❿俱入，與汩⓫偕出。從水之道而不為私焉，此

吾所以道之也。」孔子曰：「何謂始乎故，長乎性，成乎命也？」曰：「吾生於陵⓬而安於陵，故也；長於水而安於水，性也；不知吾所以然而然，命也⓭。」

【注釋】❶本章又見於《莊子・達生篇》、《說苑・雜言篇》、《孔子家語・致思篇》，並與本書〈說符篇〉一章略同。❷呂梁　呂梁古代相傳有三地：是今山西黃河河曲以上的離石縣西處和龍門，以及江蘇銅山東北。孔子一生沒有到過晉國，更沒有到過河曲以上的黃河。所以後者為是，雖然這一章也是寓言，但確與〈說符篇〉說：「孔子自衛反魯，息駕乎河梁而觀焉。有懸水三十仞……」相符合。河梁即是呂梁，是泗水上的一處堰壩，是春秋時代的一座人工水庫。其地在魯宋交界，因呂縣（宋邑）在附近而得名，泗水由魯國向東南流，經呂縣東入淮水入海，水也可叫河。梁本義是木橋，一般引申為防洪或灌溉或養魚的隄堰。《爾雅》說：「石絕水曰梁」，是說以積石隔水為隄防的意思，《莊子・秋水篇》：「莊子與惠子遊於濠梁之上」，是指養魚的堰上，即是魚梁。❸懸水三十仞　堰甚高，河水從堰上或堰門流出，形成人工瀑布。三十仞是喻其高，是誇大之辭。❹黿鼉　黿，大鼈。鼉，即鱷魚。《說文》：「鼉，水蟲，似蜥易，長丈所。」《說文》無鱷、鰐字，《說文》的蛢即鼉。❺並　假借為「傍」。《集韻》：「傍，近也，或作並。」❻承　通「拯」。今本《莊子》作「拯」。《方言》：「出溺為承。」❼行　且。❽棠行　張《注》：「棠當作塘，行當作下。」棠塘、行下，古音通。今本《莊子》作「塘下」，塘下是岸下。❾道　張《注》：「道當為蹈。」今本《莊子》作「蹈」。❿齎　乃齎之誤字，齎乃齊的假借字，《莊子》正作「齊」。齊（齎、臍），肚臍，身的中央，引申有「中」義，這裏是指漩渦中下沈的水。⓫汩　淈的假借字。《說文》：「淈，……一曰水出貌。」指湧出的水。⓬陵　丘陵，這裏指陸地而言。⓭命也　張《注》：

「自然之理不可以智知，知其不可知，謂之命也。」

【語　譯】孔子在呂梁觀看從堰壩上流下的河水，高三十仞，濺起的水沫流了三十里，這即使是黿鼉魚鼈等水族也不能游的，卻看到一個男子在游，以為是受苦要自殺的，便叫弟子靠近流水邊來拯救他。他仍游數百步遠才出現（上身）於水中，只見他披著長髮唱著歌，而游到岸下。孔子跟著去問他：「呂梁流下的水高三十仞，水沫遠三十里，黿鼉魚鼈所不能游，而剛才我看你在游，以為受苦而要自殺，弟子靠近水邊救你。你出水而披髮唱歌，我以為你是鬼呢，察看你原來是人。請問游水有方法嗎？」答：「沒有！我沒有方法。我開始是受原本環境的影響，長大游水成性，最後構成了自然存在的天命，而可以與漩渦一起下沈，與湧出的水一起上升。這樣順從水性而不放縱私意，就是我會游水的方法呀！」孔子又問：「什麼是開始是本原，長大游水成性，最後成了天命呢？」答：「我生在陸地，行走就安於陸地，這是本原；在水邊長大，就安於游水，這是習性；不知為什麼這樣卻能這樣，這是天命。」

（一〇）❶仲尼適楚，出於林中，見痀僂❷者承蜩❸，猶掇❹之也。

仲尼曰：「子巧乎！有道邪？」曰：「我有道也。五六月，纍垸❺二而不墜，則失者錙銖❻；纍三而不墜，則失者十一；纍五而不墜，猶掇之也。吾處❼也，若厥株駒❽；吾執臂若槁木之枝。雖天地之大，萬物之多，而唯蜩翼之知。吾不反不側⑨，不以萬物易蜩之翼，何為不得？」孔子顧謂弟子曰：「用志不分，乃疑於神⑩，其痀僂丈人之謂乎！」丈人曰：「汝逢衣⑪徒也，亦何知問是乎？脩⑫汝所以，而後載言⑬其上。」

【注　釋】❶本章「其痀僂丈人之謂乎」以上，見《莊子．達生篇》。❷痀僂　駝背彎腰，痀僂是疊韻聯緜詞。❸承蜩　承，拯；引取。指用竿黏取。蜩，蟬。❹掇　用手拾取。❺纍垸　纍，假借為「累」。是重疊的意思。垸，假借為「丸」，可能是漆和灰混成的球形玩具。❻錙銖　都是極輕的衡名，以喻微小。有多說，一說是六銖為錙。❼處　許維遹：「處下挩一身字。」❽厥株駒　三字都是樹根。崔譔《注》：「斷樹也。」即是存根無枝。引申有根深牢固的意思。厥的本字是「氒」，《說文》：「氒，木本也。讀若厥。」段玉裁《注》：「氒與氏部厥音同義相近，《莊》《列》『厥株駒』。」株，《說文》：「木根也。」駒，通「枸」、或「拘」。郭璞注《山海經》：「枸，根盤錯也。」❾不反不側　絕無浮動不安。❿用志不分乃疑於神　張《注》：「分猶散，意專則與神相似者也。」疑是比擬、相似的意思，今本《莊子》作「凝」，俞樾、陶鴻慶、王叔岷以為仍作「疑」。⓫逢衣　即逢掖之衣，大袖子的深衣。逢，通「豐」。是大的意思。《禮記．儒行篇》：「丘少居魯，衣逢掖之衣；長居宋，冠章甫之冠。」⓬脩　俞樾：「脩，除也。」⓭載言　更言；再說。

【語　譯】仲尼要到楚國，通過一樹林，看到一個駝背的人用竿黏捕蟬，就像用手揀拾一樣的容易。仲尼說：「你很巧妙呀！是有方法嗎？」答：「我是有方法的。在夏天五六月時，我能在竿頭疊二個彈丸再來黏蟬而不掉下來，那麼捕蟬就很少失手了；疊三個而不掉下來，那麼捕蟬就只有十分之一會失手了；到了能疊高五個而不掉下來，那麼捕蟬就能像用手揀拾一樣的容易了。我捕蟬時，身子就像樹根一樣牢固；我握竿的手臂，像枯硬的樹枝一樣不動。即使是天地那麼廣大，萬物那麼眾多，而精神只知道灌注著蟬翼。我絕不浮動不安，不受眾多萬物的引誘來代替對蟬翼的注意，這樣怎麼會捕不到呢？」孔子回頭向弟子說：「用心不分散，才能比擬神明，這就是說這駝背的老人呀！」老人說：「你是穿大袖衣的貴族之徒，那裏知道問這個呢？拋除你所有的觀點，然後可以再說上一級的道理。」

（一一）❶海上之人有好漚❷鳥者，每日之海上，從漚鳥游❸，漚鳥之至者百住❹而不止。其父曰：「吾聞漚鳥皆從汝游，汝取來，吾玩之。」明日之海上，漚鳥舞而不下也。故曰：至言去言；至為無為。齊智之所知，則淺矣。

【注釋】❶本章「漚鳥舞而不下也」以上，見於《世說新語・言語篇》注和《文選》江文通〈雜體詩〉注二處所引的「莊子曰」，又略同於《呂氏春秋・精諭篇》。「故曰」以下四句，見於《莊子・知北遊篇》，並重出於《說符篇》。疑本章是《莊子・知北遊篇》的佚文；不然，就是編《列子》的人取二段資料湊成的。❷漚　即鷗。漚假借為鷗。海鷗，游禽類。❸游　通「遊」。❹住　張《注》：「住當作數。」王重民據《呂氏春秋》也以為當作「數」。

【語譯】有在海上（謀生）而喜愛鷗鳥的人，每天一早就到海上，跟鷗鳥一起遊戲，鷗鳥飛來的還不止以百數。他的父親說：「我聽說鷗鳥都跟你遊戲，你抓回來，讓我玩玩吧！」明天他又到海上，鷗鳥只在天空飛舞而不下來了。所以說：最高的語言，是拋棄語言；最高的作為，是沒有作為。要齊備對智慧的了解，那就太淺陋了。

（一二）❶趙襄子❷率徒十萬狩❸於中山❹，藉芿燔林❺，扇赫❻百里。有一人從石壁中出，隨煙燼❼上下，眾謂鬼物。火過，徐行而出，若無所經涉者。襄子怪而留之，徐而察之：形色七竅❽，人也；氣息音聲，人也。問：「奚道而處石？奚道而入火？」其人曰：「奚物而謂石？奚物而謂火？」襄子曰：「而嚮之所出者，石也；而嚮之所涉者，火也。」其人曰：「不知也。」魏文侯❾聞之，問子夏❿曰：「彼何人哉？」子夏曰：「以商所聞夫子之言：和者大同於物，物無得傷閡⓫者，游金石，蹈水火，皆可也。」文侯曰：「吾子奚不為之？」子夏曰：「刳心⓬去智，商未之能。雖然，誠語之有暇矣。」文侯曰：「夫子奚不為之？」

子夏曰：「夫子能之而能不為者也。」文侯大說。

【注 釋】❶本章又見於張華《博物志》卷五。❷趙襄子 春秋末的晉卿，名無恤（《史記》作毋卹），趙鞅（簡子）的兒子，在位三十三年。❸狩 放火燒草木行獵。《爾雅・釋天篇》：「火田為狩。」這兒帶十萬兵卒去打獵，不免太離譜，應是以狩獵來練兵。《公羊傳・莊公四年》注：「狩者……所以教習兵行義。」❹中山 春秋鮮虞的屬國，在今河北平山（舊說定縣），趙鞅曾伐鮮虞，是否佔取中山不可知，後魏文侯滅中山，不久又復國，最後為趙武靈王所滅。中山，《御覽》、《類聚》作「山中」。❺藉芿燔林 藉，借，或以草鋪地也通。芿，是艿的假借字，是舊草不剪割又長得很密的樣子。《說文》：「艿，草密（丁福保據慧琳音義補「密」字）也。」燔，燒。❻扇赫 扇，通「煽」。火熾熱。赫，火紅。❼燼 還沒有熄火的木炭草灰。❽七竅 頭上的七個孔竅：眼二、耳二、口一、鼻二。❾魏文侯 原為晉卿，名斯（《史記》作「都」），後與韓、趙分晉立為諸侯，魏文侯即位（西元前四四五年），襄子仍然在位。❿子夏 卜商的字，孔子弟子，孔子死後到魏國，為文侯師。⓫傷閡 傷害阻礙。閡，通「礙」。⓬刳心 剖胸挖掉心。指拋棄心智才能遊金石蹈水火。

【語 譯】趙襄子帶兵卒十萬人到中山去打獵，藉著地面的密草來燒樹林，熾熱的紅火蔓延了方百里的地方。（忽見）有一人從石壁中出來，隨著濃煙灰燼上下走動，眾人以為鬼東西。火燒過去，他慢慢地從火中走出，像是沒有走過一樣。襄子覺得奇怪而把他留下來，慢慢地察看他：形體、顏色、七竅，是人；氣息、聲音也是人。問：「你用什麼方法能把身子放在石內？什麼方法進入火中？」這個人說：「什麼東西叫石呢？什麼東西叫火呢？」襄子說：「你剛才所出來的，就是石；你剛才所走過的，就是火。」這個人說：「不知道呀！」魏文侯聽到此事，問子夏說：「那是怎樣的一個人呢？」子夏說：「我聽到孔夫子的話：心志與萬物無不相同，則萬物就不能傷害阻礙，漫遊在金、石裏頭，踏行在水、火中，都是可以的。」文侯說：「你怎麼不做呢？」子夏說：「挖掉心臟，拋棄智慧，我是不能的。雖然不能做，但還有餘力去說它。」文侯說：「孔子為什麼不做呢？」子夏說：「夫子能做這個，但可以不想去做呀！」文侯聽了很高興。

（一三）❶有神巫❷自齊來處於鄭❸，命曰季咸❹，知人死生、存亡、禍福、壽夭，期❺以歲、月、旬、日，如神。鄭人見之，皆避而走❻。列子見之而心醉，而歸以告壺丘子❼，曰：「始吾以夫子❽之道為至矣，則又有至焉者矣。」壺子曰：「吾與汝無其文，未既其實，❾而固得道與？眾雌而無雄，而又奚卵焉？❿而以道與世抗，必信⓫矣，夫故使人得而相汝。嘗試與來，以予示⓬之。」

明日，列子與之見壺子。出而謂列子曰：「譆⓭！子之先生⓮死矣，弗活矣，不可以旬數矣。吾見怪焉，見濕灰⓯焉。」列子入，涕泣沾衿⓰，以告壺子。壺子曰：「向吾示之以地文⓱，罪⓲乎不誫不止⓳，是殆見吾杜德幾⑳也。嘗又與來！」

明日，又與之見壺子。出而謂列子曰：「幸矣，子之先生遇我也，有瘳㉑矣。灰然㉒有生矣，吾見杜權㉓矣。」列子入告壺子。壺子曰：「向吾示之以天壤㉔，名實不入㉕，而機發於踵㉖，此為杜權㉗，是殆見吾善㉘者幾也。嘗又與來！」

明日，又與之見壺子。出而謂列子曰：「子之先生坐㉙不齋㉚，吾無得而相焉。試齋，將且復相之。」列子入告壺子。壺子曰：「向吾示之以太沖莫眹㉛，是殆見吾衡㉜氣幾也。鯢旋㉝之潘㉞為淵，止水之潘為淵，流水之潘為淵，濫水㉟之潘為淵，沃水㊱之潘為淵，氿水㊲之潘為淵，雍水㊳之潘為淵，汧水㊴之潘為淵，肥水㊵之潘為淵，是為九淵㊶焉。嘗又與來！」

明日，又與之見壺子。立未定，自失而走。壺子曰：「追之！」列子追之而不及，反以報壺子，曰：「已滅矣，已失矣，吾不及也。」壺子曰：「向吾示之以未始出吾宗㊷。吾與之虛而猗移㊸，不知其誰何，因以為茅靡㊹，因以為波流㊺，故逃也。」

然後列子自以為未始學而歸，三年不出，為其妻爨，食豨如食人㊻，於事無親，雕琢復朴，塊然㊼獨以其形立，紛然㊽而封戎㊾，壹以是終。

【注釋】❶本章又見於《莊子．應帝王篇》。❷神巫　在上古迷信時代，以舞求神，來從事治病祈福等事的神權代理人，後來分男叫覡女叫巫。❸有神巫自齊來處於鄭　《莊子．應帝王篇》作「鄭有神巫」、《淮南子．精神》作「鄭之神巫」。❹季咸　神巫名，我國古書記載在黃帝、堯、殷等不同的時代都有「巫咸」，季咸可能即為巫咸，季為排行，將職位加名字，簡稱為巫咸，巫咸或是巫者的泛稱。❺期　預算時期。❻皆避而走　張《注》引向秀曰：「不喜自聞死日也。」❼壺丘子　列子師。❽夫子　指壺丘子。❾吾與汝無其文二句　盧文弨《張注校正》：「『無』藏本作『既』，……《莊子》亦作既。」俞樾《平議》：「『無』當作『毋』，毋讀為貫……《爾雅．釋詁》：『貫，習也。』貫其文，言習其文也。」王叔岷《校釋》：「作『既』作『无』(無)，義皆不明。上文顏回問津人操舟章作『吾與若玩其文也久矣，而未達其實。』玩字義長。疑『既』即『玩』之誤，下『既』字亦當作『玩』。其作『无』，『玩』壞為『元』，傳寫因易為『无』耳。」又于省吾《列子新證》：「俞樾……王叔岷……均係臆改成文，無字契文作[illegible]……金文舞字亦从辵作𨓜，从舛之舞乃後起字。無字應讀為《漢書．汲黯傳》：『舞文法』之舞，如淳《注》：『舞猶弄也。』……上文仲尼答曰：『吾與若玩其文也久矣。』玩與弄同義。《說文》：『弄，玩也。』此文本謂吾與汝舞弄其文而未盡其實也。」以上四說，從于氏說。❿眾雌而無雄二句　陶光《校釋》：「疑當作『眾雄而無雌而又奚化焉。』」卵字古文作卝。與化字篆書形近，故致誤也。道家貴雌，《老子道經．反朴篇》言知其雄守其雌是也。……《淮南子．覽冥》：「眾雄而無雌又何化之所能造乎？」」別為一說。⑪信　通「伸」。⑫示　通「視」。以下「示」字同。⑬譆　歎詞。⑭先生　楊伯峻《集釋》引光聰諧曰：「古書傳專以先生稱師者，殆始見於此。」⑮濕灰　潮濕的斑灰。⑯衿　即襟字。⑰地文　山川的文理。桓譚《新論》：「日月者，天之文也；山川者，地之文也。」⑱罪　張《注》：「罪或作萌。」《莊子》正作「萌」。萌，生。⑲不誫不止　張《注》引向秀曰：「萌然不動，亦不自止，與枯木同其不華，死灰均其寂魄，此至人無感之時也。」誫，動。⑳杜德幾　杜，塞。德幾，生機。㉑瘳　疾癒。㉒灰然　張《注》：「灰或作全。」《莊子》作「全」。㉓杜權　宣穎《南華經解》：「杜閉中覺有權變。」㉔天壤　成玄英《莊子疏》：「壤，地也。示之以天壤，謂示以應動之容也。」㉕名實不入　張《注》引向秀曰：任自然而覆載，則名利之飾皆為棄物。《莊子．人間世篇》：「且昔者桀殺關龍逢，紂殺王子比干，是皆修其身以下傴拊人之民，以下拂其上者也，故其君因其修以擠之，是好名者也。昔者堯攻叢枝、胥敖，禹攻有扈，國為虛厲，身為刑戮，其用兵不止，其求實无已，是皆求名實者也。」可相發揮。㉖踵　腳跟。以喻根柢。㉗此為杜權　《莊子》無此四字。㉘善　宣穎曰：「善即生意，動之初也。」㉙坐　張《注》：「或無『坐』字。」㉚齋　明潔，為心齋之齋。㉛朕　跡；兆。《莊子．齊物論篇》：「若有真宰，而特不得其朕」同義。㉜衡　張《注》：「平也。」㉝鯢旋　磨旋。鯢一般解釋為魚，但就下文八淵的首字看，都不作名詞解，更不是魚。馬敘倫《義證》：「按鯢借為研，與計倪作計研，天倪作天研同例。《說文》：『研，䃺也。』……研旋，猶䃺（磨）旋。」㉞潘　張《注》：「音藩。」楊伯峻引奚侗曰：「潘當為瀋，沈之叚字。沈正作湛。《說文》：『湛，沒也。』引伸之則有深意。」是指積得深厚的意思。㉟濫水　《爾雅．釋水篇》：「濫水，泉正出。正出，涌出也。」郭璞《注》：「直猶正也。」㊱沃水　《爾雅》：「沃泉，縣（懸）出。縣出，下出也。」郭《注》：「從上溜下。」㊲氿水　《爾雅》：「氿泉，穴出。穴出，仄出也。」郭《注》：「從旁出也。」㊳雍水　《爾雅》：「瀸，反入。」郭《注》：「即河水決出又還入者。」㊴汧水　《爾雅》：「汧出不流。」郭《注》：「水泉潛出，便自停成汙池。」❹⓪肥水　《爾雅》：「歸異出同流肥。」郭《注》引《毛詩傳》曰：「所出同、所歸異為肥」。又《水經注》引《爾雅舍人注》：「水異出流行合同曰肥。」二說不同，從後說。❹①九淵　張《注》：「此九水名義見《爾雅》。」按此處是早於張湛的，《列子》編者就《莊子》原有的三淵，再取《爾雅》六個水文名詞湊成的，與上文意義不銜接，《莊子》舉三淵之後作：「淵有九名，此處三焉。」❹②未始出吾宗　《淮南子・覽冥》：「夫全性保真，不虧其身，遭急迫難，精通于天，若乃未始出其宗者，何為而不成。」可相發揮。❹③猗移　至順的樣子，是疊韻聯緜詞。《莊子》作「委蛇」，都是衍聲同義的詞。張《注》引向秀曰：「無心以隨變也。」❹④茅靡　張《注》：「茅靡當為頹靡。」是無窮的樣子。❹⑤波流　應從《莊子》作「波隨」。以上移、何、靡、隨四字都同是歌部韻。❹⑥食豨如食人　豨，《釋文》：「楚人呼豬作豨。」同「豨」。張《注》引向秀曰：「忘貴賤也。」❹⑦塊然　獨立的樣子。❹⑧份然　《莊子釋文》引崔譔云：「亂貌。」❹⑨封戎　《莊子》作「封哉」。《莊子釋文》：「崔本作戎，云『封戎，散亂也。』」按戎，終為一韻。

【語　譯】有個神巫從齊國來到鄭國居住，名叫季咸，他能預知人的死生、存亡、禍福、壽夭，是發生在那一年、月、旬、日，推算時間準確得如神明。鄭國人看到他，都閃避躲開。列子看到他這樣的靈驗而衷心折服，回來就告訴壺丘子說：「原先我以為夫子的道術最高了，現在卻又有更高的呢！」壺子說：「我教你只是玩索事物外面的虛文，還沒有玩索其中的內在實質，你就以為真學得了道術嗎？未得內容，就像即使有許多雌的，而獨缺了一隻雄的，又怎能生蛋呢？你憑所學的一點道術的虛文要與世人抗衡，硬要伸張己見，所以使人得以看破你。你且找他來，給我看看相吧！」

第二天，列子和他來見壺子。季咸看完壺子後走出室外向列子說：「唉！你的先生快要死了，不能活了！活不了十天了！我看到他的怪相，看到他臉如濕灰。」列子進入，哭得眼淚沾濕了衣襟，把季咸的話告訴壺子。壺子說：「剛才我給他看的相貌是像寧靜的山川，顯現不動又顯現著流動，他大概是看到我閉塞的生機吧！你又約同他來吧！」

次日，列子又與季咸來見壺子。出去又向列子說：「幸運呀！你的先生遇著我，已經痊癒了。全然有生氣了，我看到閉塞的生機有變化了。」列子進入又告訴了壺子。壺子說：「剛才我給他看的相貌是像天地間活動而無形的生機，外物的名實都無從侵入，這生機是發之於根柢的，就是閉塞的生機有變化的現象，他大概是看到我生長的生機吧！你且又約同他來吧！」

次日，列子又和季咸來見壺子。出去又向列子說：「你的先生的相不明潔，我無法看相。等明潔了，我再來看相！」列子進去告訴了壺子。壺子說：「剛才我給他看的相貌是像沖和之氣，沒有痕跡朕兆，他大概是看到平和的生機吧！磨旋的水積得深厚成為淵，凝止的水積得深厚成為淵，流動的水積得深厚成為淵，往上湧的水積得深厚成為淵，向下溜的水積得深厚成為淵，從旁出的水積得深厚成為淵，河道壅塞流不出的水積得深厚成為淵，泉潛出汙積得深厚成為淵，異出而同歸的水積得深厚成為淵，這就是九淵。你又約同他來吧！」

次日，列子又同季咸來見壺子。還沒有站穩，就驚慌失措的跑了。壺子說：「追他！」列子追不上，回來報告壺子說：「已經沒有影子了！已經跑失了！我追不上了！」壺子說：「剛才我給他看的相貌是從未把我所宗主的道術表現出來。我對他是無心以委曲順從，恍惚虛無，無從知道什麼是道術的真相，而無所專屬，於是隨著事物無窮的發展，我也如隨波一樣的無窮的變化，這樣他無從認識我的宗主的道術，所以只好逃跑了。」

此後，列子自己以為沒有學到道術，就回家去了，三年不出門，替妻子煮飯，飼養豬就如侍奉人一樣的勤勞，疏遠世事，由雕琢文飾返於樸素真純，超然獨立於濁世之中，世事雖然散亂，但他終身真純如一，永恆不變。

（一四）❶子列子之齊，中道而反，遇伯昏瞀人❷。伯昏瞀人曰：「奚方❸而反？」曰：「吾驚焉。」「惡乎驚？」「吾食於十漿❹，而五漿先饋。」伯昏瞀人曰：「若是，則汝何為驚己❺？」曰：「夫內誠不解❻，形諜成光❼，以外鎮人心，使人輕乎貴老，而韲❽其所患。夫漿人特為食羹❾之貨，多餘之贏❿，其為利也薄，其為權也輕，而猶若是，而況萬乘之主？身勞於國，而智盡於事，彼將任我以事，而效我以功，吾是以驚。」伯昏瞀人曰：「善哉觀乎！汝處己，人將保汝矣。⓫」

無幾何而往，則戶外之屨滿矣⓬。伯昏瞀人北面而立，敦杖蹙之乎頤⓭。立有間，不言而出。賓者⓮以告列子，列子提履徒跣⓯而走，暨⓰

乎門，問曰：「先生既來，曾不廢藥⑰乎？」曰：「已矣。吾固告汝曰，人將保汝，果保汝矣。非汝能使人保汝，而汝不能使人無汝保也。而⑱焉用之感也？感豫⑲出異，且必有感也，搖而本身⑳，又無謂也。與汝遊者㉑，莫汝告也。彼所小言，盡人毒也。莫覺莫悟，何相孰㉒也。」

【注釋】❶本章又見於《莊子．列禦寇篇》一章。❷伯昏瞀人　列子老師，見〈天瑞篇〉一章注。❸奚方何為，即為什麼，《廣雅．釋詁篇》：「方，為也。」❹漿　本是一種酒醋一類的飲料，這裏指賣漿家，古代賣漿家也賣菜飯，就是飯館。❺驚己　自己受驚。己，《莊子》作「已」。❻解　通「懈」。❼形諜成光　形體表現出器度。諜，通「泄」。即宣洩、表現的意思。光，光儀，即器度。❽整　即《說文》的「韲」，指擣和辛菜。這裏作和成、構成解。❾食羹　食，飯。羹，濃湯。都是名詞。❿贏　通「贏」。是利的意思。《莊子》正作「贏」。⓫汝處己二句　你留下住在你自己的家，人們就會來歸附你，向你學習。《釋文》：「保，附也。」⓬戶外之屨滿矣　張《注》：「歸之果眾。」⓭敦杖蹙之乎頤　敦，張《注》：「豎也。」蹙，迫近，《廣雅．釋詁篇》：「蹙，迫也。」頤，面頰。⓮賓者　即儐者，引導賓客的人。《說文》：「儐，導也。」⓯跣　赤腳踩地叫跣。⓰暨　到。⓱廢藥　《盧解》：「廢當作發。先生既來，何不發藥石之言少垂訓耳。」《莊子》正作發。藥石之言，指鍼砭過失的話。⓲而　你。⓳豫　悅。⓴本身　即本性。㉑與汝遊者　疑是指與列子學習的那些人。《莊子》成《疏》：「共汝同遊。」暫依此舊說。㉒孰　精審。《荀子．議兵篇》：「凡慮事欲孰。」楊倞《注》：「孰，謂精審。」

【語　譯】列子到齊國，中途就折回，遇到伯昏瞀人。伯昏瞀人說：「為什麼中途折回來呢？」答：「我是受驚回來的。」「為什麼受驚呢？」答：「我到有十家賣漿店的地方吃飯，而其中五家即爭先贈送食物給我。」伯昏瞀人說：「這樣，那麼你為什麼會受驚呢？」答：「我內心真誠而不懈怠，然後由形體表現出器度，用以來鎮服人心，使一般人因尊重我而輕視老人，而構成自己的禍害。賣漿家只是做湯飯的生意，賺些贏餘，他所得的利潤很少，所有的權勢也很輕，居然還這樣的尊敬我，況且是萬乘的大國君主呢？他的身體為他的國家勞苦，智慧為他的政事用盡，那麼他將會任用我來管理政事，考核我的功績，我因此而受驚了。」伯昏瞀人說：「好極了！你的觀察！你自己就好好的安居在家吧！人們就會歸附你了！」

不久，伯昏瞀人到列子家去，看到門外地上已擺滿鞋子了。伯昏瞀人面向北站著，把臉頰托在豎立的手杖上。站一會兒，不說話就走。引導賓客的人告訴了列子，列子即時提著鞋光著腳走出來，到了門口，問著：「先生既然來了，不是有藥石的話要指正我嗎？」答：「算了！我本來就告訴過你，人們要歸附你了，果然就有這麼多人歸附你。不是你能使人們歸附你，而是你不能使人不得不歸附你。你用什麼方法來感動吸引別人呢？別人對你有好感是由於你表現突出，與眾不同，而且有感人的地方，以致搖動你的本性，這是特別無謂的事呀！與你交遊的人，不能告訴你的錯誤。他們所說都是小巧不正的話，都只能毒害別人。彼此都不能覺悟，如何能相互精審的指正呢？」

（一五）❶楊朱❷南之沛❸，老聃❹西遊於秦，邀❺於郊，至梁❻而遇老子。❼老子中道仰天而歎曰：「始以汝為可教，今不可教也。」楊朱不答。至舍，進❽涫漱巾櫛❾，脫履戶外，膝行❿而前，曰：「向者夫子仰天而歎曰：『始以汝為可教，今不可教。』弟子欲請夫子辭，行不間，是以不敢。今夫子間矣，請問其過。」老子曰：「而⓫睢睢而盱盱⓬，而誰與居？大白若辱，盛德若不足。⓭」楊朱蹵⓮然變容曰：「敬聞命矣。」其往也，舍⓯者迎將⓰家公⓱執席，妻執巾櫛。舍者避席，煬者避竈⓲。其反也，舍者與之爭席矣。

【注釋】❶本章又見於《莊子．寓言篇》。❷楊朱　先秦時代的道家學者，《莊子．寓言篇》作「楊子居」，在此章楊朱是老聃的弟子。張《注》：「《莊子》云楊子居，子居或楊朱之字。又不與老子同時，此皆寓言也。」❸沛　沛澤，即《左傳．昭公二十年》「齊侯田於沛」的沛，戰國時歸宋國，西漢為沛郡，其地與老子的家鄉相接近，相傳許由在此隱居，或許老子也客居在沛，《莊子．天運篇》也說：「孔子南之沛見老聃。」沛，在今江蘇沛縣東。❹老聃　春秋時代早期重要的道家學者，其事蹟多恍惚迷離。❺邀　遮留；攔路。❻梁　從沛西遊秦所經的梁，在今河南開封西北。❼楊朱南之沛四句　成玄英《莊子疏》：「邀，遇也。楊朱南邁，老子西遊，邂逅逢於梁宋之地，適於郊野而與之言。」按從沛之北到沛，秦之東到秦，絕不會遇於梁。況且邀作遇，也解不通。馬敘倫移「邀於郊」在「遇老子」之下，也不太通。又或以邀為約，邀並無約的意思，即使約了又為何到梁才遇到，而古代二處千里迢迢又如何相約。❽進　進奉；侍奉。❾涫漱巾櫛　涫，同「盥」。洗手。漱，漱口。巾，以巾洗臉。櫛，以梳梳髮。❿膝行　古代室內鋪地板，因席坐的影響，常以膝蓋在地板上走動，尤以對尊者為然，戰前日本人猶有此習。⓫而　你。⓬睢睢而盱盱　而，虛字。《莊子》無「而」字。郭象《注》：「跋扈之貌。」睢，仰視。盱，張目。都是表示高視自傲的樣子。⓭大白若辱二句　見《老子》四一章。⓮蹵　通「蹙」。成《疏》：「慚悚也。」⓯舍　舍下《列子》道藏本及《莊子》有「者」字。⓰迎將　迎，接。將，送，此只有迎意。⓱家公　旅舍主人。⓲煬者避竈　煬，《說文》：「炙燥也。」就是烤火。這是說冬天烤火（或夜間取光）的人不自烤而離開竈，讓楊朱來烤火。《韓非子‧內儲說篇上》：「夫日兼燭天下，一物不能當也。……夫竈一人煬焉，則後人無從見矣。」可證。

【語　譯】楊朱向南到沛去見老聃，老聃卻已向西到秦國遊歷，楊朱趕到沛的郊外攔路，最後到梁才遇上老子。老子在路上向天歎息著：「我起先以為你可以教導，現在才知道你是不可教導的了。」楊朱不回答。到了旅舍，他侍奉老聃梳洗，再把鞋子脫在門外，膝行到老聃的前面說：「剛才夫子向天歎息說：『我起先以為你可以教導，現在才知道你是不可教導的了。』弟子（不懂）本要請夫子說明，但以走路沒有空，所以不敢問。現在夫子有空，請問我有什麼過失呢？」老子說：「你高視自傲，飛揚跋扈，有誰願意與你相處呢？內心光明純潔的人，外表似乎反而顯得有欠缺汙垢，有盛大德行的人，態度謙虛，好像品德有所不足。」楊朱驚慚地改變顏色說：「我恭敬地聽從你的教訓！」當楊朱初來到旅舍時，旅舍客人便出來迎接，旅舍主人親為他拿席子（坐），主人妻子親為他拿毛巾梳子。客人不敢與他同坐而離開席位，烤火的人怕遮住他的火光而避開竈口。當他快離開旅舍時，態度改變得能隨俗，旅舍的客人便敢和他爭席位了。

（一六）❶楊朱過宋東之於逆旅❷。逆旅人❸有妾二人，其一人美，其一人惡；惡者貴而美者賤。楊子問其故。逆旅小子❹對曰：「其美者自美，吾不知其美也；其惡者自惡，吾不知其惡也。」楊子曰：「弟子記之！行賢而去自賢之行❺，安往而不愛哉？」❻

【注釋】❶本章又見於《莊子．山木篇》、《韓非子．說林篇上》。❷楊朱過宋東之於逆旅　之，往。此句《莊子》作「陽子之宋宿於逆旅」。❸逆旅人　王叔岷以為「人」當作「之父」。從之。逆旅之父指旅舍的男主人。❹逆旅小子　《韓非子．說林篇上》作「逆旅之父」。從之。❺行　王叔岷以《韓非子》作「心」當從「心」字。按《莊子》成《疏》亦作「心」。❻張《注》：「夫驕盈矜伐，鬼神人道之所不與；虛己以循理，天下之所樂推，以此而往，孰能距之。」

【語　譯】楊朱經過宋國，到（國都）東邊的旅舍住。旅舍主人有兩個妾，一個很美，一個很醜；但醜的尊貴，而美的低賤。楊子問其中的原因。旅舍主人說：「美的自己以為美麗，而我就不以她為美了；醜的自己以為醜陋，而我就不以她為醜了。」楊子（向弟子）說：「弟子們記住！能為善，而又能拋棄自己引以為善的自得之心，無論在那裏都要被敬愛了。」

（一七）❶天下有常勝之道，有不常勝❷之道。常勝之道曰柔，常不勝之道曰彊。二者亦❸知，而人未之知。故上古之言：彊，先不己若者；柔，先出於己者。先不己若者，至於若己，則殆矣；先出於己者，亡所殆矣。以此勝一身若徒❹，以此任天下若徒。謂❺不勝而自勝；不任而自任也。

粥子❻曰：「欲剛，必以柔守之；欲彊，必以弱保之。積於柔必剛，積於弱必彊。觀其所積，以知禍福之鄉。彊勝不若己，至於若己者剛；柔勝出於己者，其力不可量。❼」

老聃曰：「兵彊則滅，木彊則折。柔弱者生之徒，堅彊者死之徒。」❽

【注釋】❶本章「粥子曰」以下，又見於《淮南子・原道》、《文子・道原篇》。但都沒有屬名粥子。❷不常勝　陶鴻慶《札記》：「當作『常不勝』」。❸亦　張《注》：「亦當作易。」❹若徒　這樣的人，倒裝句，是

「以此勝一身」的起詞，是指能柔的人，下同例。❺謂　若徒說。❻粥子　即〈天瑞篇〉一二章的粥熊，粥通「鬻」。❼欲剛十二句　楊伯峻：「剛彊鄉量為韻，古音同是陽唐部字。」❽老聃曰五句　老聃所言與今本《老子》七六章部分文句相近。

【語　譯】天下有經常致勝的道理，也有經常不致勝的道理。經常致勝的道理就叫柔，經常不致勝的道理就叫強。柔和強二者的得失很容易知道，但世人卻不知道。所以上古的人說：強，就是凡事都要對那些不如自己的人搶先；柔，就是讓世人都超出在自己的先前。對不如自己的搶先，必會遇到自己所不如的，那麼就要危險了；如讓世人都超出自己，那麼永遠就不會有危險了。這樣的人以如此守柔使一身常勝，這樣的人以如此守柔來擔天下。他們說：不以強來致勝世人，自己就能經常致勝；不以強來擔當天下，自己就能勝任天下。

粥子說：「要剛，必須用柔來守有它；要強，必須用弱來保有它。蓄積柔必定能剛，蓄積弱必定能強。觀看蓄積的是否有柔弱，便足以辨知禍、福的所在。我以強而勝不如自己的人，必有自己不如的人以剛來勝我；我以柔而能常勝，是由於讓世人超出我自己，柔的力量是不可限量的。」

老聃說：「武力強大反而會招引滅亡，樹木壯大反而會招引砍斷。柔弱的，是屬於活的一類；堅強的，是屬於死的一類。」

（一八）狀不必童❶而智童；智不必童而狀童。聖人取童智而遺童狀，眾人近童狀而疏童智。狀與我童者，近而愛之；狀與我異者，疏而畏之。有七尺❷之骸，手足之異❸，戴髮含齒，倚而趣❹者，謂之人；而人未必無獸心。雖有獸心，以狀而見親矣。傅翼戴角，分牙❺布爪，仰飛伏走，謂之禽獸；而禽獸未必無人心。雖有人心，以狀而見疏矣。

庖犧氏、女媧氏、神農氏、夏后氏，蛇身人面，牛首虎鼻❻；此有非人之狀，而有大聖之德。夏桀❼、殷紂❽、魯桓❾、楚穆❿，狀貌七竅⓫，皆同於人，而有禽獸之心。而眾人守一狀以求至智，未可幾也。

黃帝與炎帝⓬戰於阪泉⓭之野，帥熊、羆⓮、狼、豹、貙⓯、虎為前驅，鵰⓰、鶡⓱、鷹、鳶⓲為旗幟⓳，此以力使禽獸者也。堯⓴使夔㉑典樂，擊石㉒拊㉓石，百獸率㉔舞；簫韶㉕九成㉖，鳳皇來儀㉗，此以聲致禽獸者也。然則禽獸之心，奚為異人？形音與人異，而不知接之之道焉。聖人無所不知，無所不通，故得引而使之焉。㉘禽獸之智有自然與人童者，其齊欲攝生，亦不假智於人也；牝牡相偶，母子相親；避平依險㉙，違寒就溫；居則有群，行則有列；小者居內，壯者居外；飲則相攜，食則鳴群。㉚太古之時，則與人同處，與人並行。㉛帝王㉜之時，始驚駭散亂矣。逮於末世，隱伏逃竄，以避患害。今東方介氏之國㉝，其國人數數㉞解六畜之語者㉟，蓋偏知之所得。太古神聖之人，備知萬物情態，悉解異類音聲。會而聚之，訓而受之，同於人民。㊱故先民會鬼神魑魅㊲，次達八方人民，末聚禽獸蟲蛾㊳。言血氣之類，心智不殊遠也。神聖知其如此，故其所教訓者，無所遺逸焉。

【注釋】❶童　假借為同，以下同例。張《注》：「童當作同。」❷七尺　喻成年男子，古尺較短，男子高約七尺。❸手足之異　人的手、腳不同形，但獸類的前肢和後肢卻相似。❹倚而趣　倚，站立。趣，同「趨」。快走。❺分牙　牙齒分立，不似人牙並列。❻庖犧氏女媧氏神農氏夏后氏三句　以上四人都是傳說中的古帝王，也是神話中的形象。前三人為三皇，伏羲與女媧，一稱為夫妻，一稱為兄妹，這是血族輩婚的歷史階段。據《繹史》所引皇甫謐《帝王世紀》：伏羲、女媧都是蛇身人首，炎帝神農是人身牛首。至於虎鼻，無可考。夏后氏，或指禹。《繹史》引《隨巢子》：「禹娶塗山……化為熊。」又《左傳・昭公二十九年》：「共工有子曰句龍。」共工為鯀，則禹為句（虯）龍，禹並沒有虎鼻的記載。大抵神農是牛圖騰的部族，其他三人是龍蛇圖騰的部族。❼夏桀　舊傳為夏代最後一個帝王，《史記》說他「不務德而武傷百姓」，後來被商湯放逐而死。❽殷紂　商代最後的帝王，名辛。《史記》說他「好酒淫樂，嬖於婦人……厚賦稅……百姓怨望」，後來為周武王所推翻。❾魯

桓　春秋時魯國國君。名允（一作軌），惠公子，惠公本原為庶長子息（隱公）娶妻，但卻佔了媳婦而生子允，息以庶出攝政後，權臣公子揮經允的同意，殺隱公，立允是為桓公，桓公夫人與兄齊襄公亂倫，使桓公在齊被殺。⑩楚穆　春秋時楚國國君，名商臣，成王子，成王以商臣殘忍要改立其弟職，於是商臣以兵圍成王，成王自殺，商臣自立為穆王。⑪七竅　人面上的七個孔竅，兩耳，兩眼，一口，兩鼻孔。⑫炎帝　舊稱即神農氏。但上文已引「大聖之德」的「神農氏」，則炎帝似非神農。⑬阪泉　有多說，通稱在今河北懷來。⑭羆　似熊而高大，可站立，俗稱人熊。⑮貙　《集韻》：「貙，虎之大者。」⑯鶡　「鶡」上，王叔岷據《類書》補「以」字。⑰鶡　據《山海經．中山經》郭璞《注》：「似雉而大，青色、有毛角，勇健，鬥死乃止」，則也是猛禽之類，不必依胡懷琛，改作「鶚」。⑱鳶　鴟類，俗稱鷂鷹。⑲鵰鶡鷹鳶為旗幟　指猛禽在天上作為指揮作戰的標幟。以上阪泉之戰黃帝驅使禽獸一事又見《大戴禮．五帝德篇》、《史記．五帝本紀》。楊寬《中國上古史導論》以為阪泉之戰即黃帝與蚩尤的涿鹿之戰，阪泉與涿鹿為一地，炎帝與蚩尤為一人。⑳堯　傳說中的古帝王。㉑夔　古代的樂官，《尚書．堯典篇》是說舜命夔典樂，不是堯。或以夔是如龍有角的一足獸，所以與百獸同舞，是動物的擬人化。㉒石　石磬。古代敲擊的樂器。㉓拊　輕敲。㉔率　皆。㉕簫韶　傳是舜所制的樂曲。㉖九成　成，終，每曲有一終。九成指前後奏九支曲。㉗鳳皇來儀　鳳凰（通「皇」）飛來鳴叫配樂。鳳凰是經過古人神化的似孔雀或山雉一類的飛禽，是中國史前東方部族（鳳鳥氏少皞）的綜合圖騰。鳳，雄。皇，雌。一說鳳凰是一鳥。儀，配。指配樂，一說雄雌相配。㉘聖人無所不知三句　聖人指黃帝、堯，這是聖人天賦非凡的政治神話。《莊子．馬蹄篇》：「及至聖人，屈折禮樂以匡天下之形，……爭歸於利，不可止也。此亦聖人之過。」與此相反。㉙避平依險　為躲避強敵或人類的侵害，如山羊等。㉚禽獸之智有自然與人童者十三句　指所說在社會性的哺乳類及靈長目都有此習性。㉛太古之時三句　《莊子．馬蹄篇》：「至德之世……萬物群生，連屬其鄉；禽獸成群，草木遂長。是故禽獸可係羈而遊，鳥鵲之巢可攀援而闚。」可參證。㉜帝王　就全章看，「帝王」似是指後世的帝王，不是黃帝、堯。下面「太古神聖之人」才是指黃帝、堯。那麼與《莊子．盜跖篇》說：

「神農之世……與麋鹿共處，耕而食，織而衣，無有相害之心，此至德之隆也！然而黃帝不能致德，與蚩尤戰於涿鹿之野，流血百里，堯舜作，立群臣……自是之後，以強陵弱，以眾暴寡。」不同，〈盜跖篇〉以為黃帝、堯、舜都是以暴力來滿足一己之私的。㉝介氏之國　春秋時代的東夷之國。㉞數數　兩數字，疑其上字為衍文。下數字作不少解。㉟解六畜之語者　接介氏之國的國君介葛盧懂得牛的語言。《左傳‧僖公二十九年》，介葛盧到魯國聽知牛叫聲的意思是「生了三頭小牛，都用做祭祀。」介氏問了人，果然如此。㊱會而聚之三句　據《周禮》：夏官服不氏掌養猛獸而教擾之，秋官閩隸掌役畜養鳥而阜蕃教擾之，夷隸掌役牧人養牛馬與鳥言，貉隸掌役服不氏而養獸而教擾之。㊲會鬼神魑魅　張《注》：「禹朝群神於會稽是也。」事見《國語‧魯語篇下》，禹為山川主神，所以能招致群神。魑魅，是古人以為的山林鬼怪。㊳蟲蛾　《爾雅》：「有足曰蟲，無足曰蛾。」

【語　譯】動物的形狀不一定相同，而心智卻有相同的；心智不一定相同的，而形狀卻有相同。聖人重視心智而輕視形狀，眾人重視形狀而輕視心智。眾人以形狀與我們相同的，就親近牠愛護牠；形狀與我們不同的，就疏遠牠畏懼牠。生物中有七尺高的形骸，不同的前肢和後肢，戴著髮，含著齒，站立走路的，這就叫人；而人未必就沒有獸心。雖有獸心，但因形狀與我們相同而親近他。生物中有附著翼，戴著角，分著牙，展著爪，仰頭飛，垂頭走，這就叫禽獸；而禽獸未必就沒有人心。雖有人心，但因形狀與我們不同而疏遠牠。

庖犧氏、女媧氏、神農氏、夏后氏，他們有的是蛇身人面，有的牛頭虎鼻，都不是人的形狀，但卻有大聖的德行。夏桀、殷紂、魯桓、楚穆等，他們形狀像貌七竅都和人一般，但卻有禽獸之心。而眾人只拘泥同樣的形狀就要去求最高的心智，這是不能達到的事呀！

黃帝與炎帝在阪泉的野外作戰，他以熊、羆、狼、豹、貙、虎等猛獸為先鋒，以鵰、鶡、鷹、鳶等猛禽為旗幟，這是以力量驅使禽獸的例證。堯命夔主持樂律，重敲石磬，又輕敲石磬，百獸也起舞；簫韶的樂曲演奏九支曲，使鳳凰也鳴叫合樂，這是以聲音招來禽獸的例證。那麼禽獸之心，那裏有與人不同呢？只是形狀聲音與人不同，而人不知道有與牠們溝通的辦法呀！聖人無所不知道，無所不通曉，所以能招引牠們而驅使牠們。禽獸的心智有自然與人相同的，牠們都要生活，而不必假借人的心智；雌雄相配，母子相親；躲避平地，依賴險要，離開寒冷，趨向溫暖；棲居成群，行走成列；弱小的居在群中，壯大的居在外圍；飲水時相提攜，食物時鳴叫呼群。上古時代，這些動物就與人共同居住、行走於原野上。到了有帝王的時代，才驚惶散亂，不與人同居了。到了道德低落的末世，牠們就逃跑隱藏，以躲避人類的殺害了。

現在東方的介氏之國，這個國家的人口不少能了解六畜的語言，因為他們只能以片面的知識去獲得。而上古的神人聖人，具備有完整的知識去獲得萬物的性情形態，完全了解所有異於人類的動物聲音。要動物來相會就會聚合，要教訓動物，動物也會接受，和人一樣的反應。所以先與鬼神魑魅相會，其次能轉達八方的人民，最後與禽獸蟲蛾相聚。這是說同樣有血氣的異類，心智的差距是不大的。神人聖人知道這個道理，所以他所能教訓的動物，是無所失落的。

（一九）❶宋有狙公❷者，愛狙。養之成群，能解狙之意；狙亦得公之心。損其家口，充狙之欲。俄而匱焉，將限其食，恐眾狙之不馴於己也，先誑之曰：「與若芧❸，朝三而暮四，足乎？」眾狙皆起而怒。俄而曰：「與若芧，朝四而暮三，足乎？」眾狙皆伏而喜。物之以能❹鄙相籠❺，皆猶此也。聖人以智籠群愚，亦猶狙公以智籠眾狙也。名實不虧，使其喜怒哉！❻

【注釋】❶本章又見於《莊子·齊物論篇》，但《莊子》文字簡略，借義不同。❷狙公　養猩猩的人。狙，猿，即猩猩。❸芧　芧栗，即橡樹果實。❹能　《釋文》作「智」。❺籠　籠絡；羈絆。❻本章強調「聖人以智籠群愚」，是極錯誤的觀點。

【語譯】宋國有個養猩猩的人，他很愛猩猩。養了一大群，能了解猩猩的意思；猩猩也能得到他的歡心。他便減少他家吃飯的人口，用以滿足猩猩對食物的需求。不一會兒猩猩就吃完了，他就要限制猩猩的食量，但又怕不馴服於自己，就先騙牠們說：「給你們芧栗！早上三個，晚上四個，夠嗎？」所有的猩猩聽了都起立生氣。過了一會兒他又說：「給你們芧栗！早上四個，晚上三個，夠嗎？」所有的猩猩都趴在地上高興極了。

萬物中有智慧的和沒有智慧的相互間籠絡羈絆，都是像這樣的方法。聖人以智慧來羈絆缺乏智慧的群眾，就是像養猩猩的人以智慧來羈絆許多的猩猩一樣。名稱與內容沒有虧損，就能使牠們高興和生氣！

（二〇）❶紀渻子❷為周宣王養鬥雞❸，十日而問：「雞可鬥已乎？」曰：「未也，方虛驕而恃氣❹。」十日又問。曰：「未也，猶應影響❺。」十日又問。曰：「未也，猶疾視而盛氣。」十日又問。曰：「幾矣。雞雖有鳴者，已無變矣。望之似木雞矣，其德全矣。異雞無敢應者，反走耳。」

【注釋】❶本章又見《莊子・達生篇》。❷紀渻子　殷敬順《釋文》作「紀消子」，云：「姓紀名消，或作渻。」❸養鬥雞　這是中國最早的鬥雞記錄，鬥雞是兩周貴族流行的玩意兒。「周宣王」，《莊子》作「王」，司馬彪注為齊王，俞樾以為應依《列子》。❹虛驕而恃氣　張《注》：「無實而自矜者。」❺猶應影響　林希逸《口義》：「聞響而應，見影而動，則是此心猶為外物所動也。」

【語譯】紀渻子為周宣王飼養鬥雞，養了十天，周宣王問：「雞可以打鬥了嗎？」紀渻子說：「還不可以，雞正虛弱但又自恃驕矜。」過了十天，宣王又問。紀渻子回答：「還不可以，雞看影聞聲，就有反應要衝動起來。」過了十天又問。回答說：「還不可以，雞還會怒目而視、心好強盛。」過了十天又問，回答說：「差不多可以了！雞雖然還會叫，但心性已不會變化了。看牠就像是木頭雞，牠的德性已全備了。其他的雞已不敢應戰，都回頭走了。」

（二一）❶惠盎❷見宋康王❸，康王蹀足❹謦欬❺，疾言曰：「寡人❻之所說者，勇有力也，不說為仁義者也。客❼將何以教寡人？」

惠盎對曰：「臣有道於此❽，使人雖勇，刺之不入；雖有力，擊之弗中。大王獨無意邪？」

宋王曰：「善，此寡人之所欲聞也。」

惠盎曰：「夫刺之不入，擊之不中，此猶辱也。臣有道於此，使人雖有勇，弗敢刺；雖有力，弗敢擊。夫弗敢，非無其志也，臣有道於此，使人本無其志也。夫無其志也，未有愛利之心也。臣有道於此，使天下丈夫女子莫不驩❾然皆欲愛利之，此其賢於勇有力也，四累❿之上也。大王獨無意邪？」

宋王曰：「此寡人之所欲得也。」

惠盎對曰：「孔墨⓫是已。孔丘墨翟無地而為君，無官而為長；天下丈夫女子莫不延頸舉踵而願安利之。今大王，萬乘之主也，誠有其志，則四竟之內⓬皆得其利矣。其賢於孔墨也遠矣。」

宋王無以應。惠盎趨而出。

宋王謂左右曰：「辯矣，客之以說服寡人也！」⓭

【注釋】❶本章又見於《呂氏春秋・順說篇》、《淮南子・道應》、《文子・道德篇》。❷惠盎　《呂覽》高誘《注》及張湛《注》都作「惠施之族」。《淮南子》作「惠孟」，皆待考。❸宋康王　戰國時代宋國最後的國君，名偃，謚號康。《戰國策・宋策》說：「康王射天笞地，斬社稷而焚滅之，罵國老諫臣，為無顏之冠以示勇，剖傴之背，鍥朝涉之脛。」在位五十多年，為齊湣王所殺，國亡。❹蹀足　頓足；跺腳。❺謦欬　咳聲輕叫謦，咳聲重叫欬。咳出聲，表示輕視。❻寡人　諸侯王自稱的謙辭，表示寡德的人。❼客　指惠盎。❽有道於此　喻有道術，依下文知是孔墨的仁愛思想。❾驩　通「歡」。❿四累　四層。指惠盎四個改變他人行為心意的階段：一是刺之不入，擊之不中。二是弗敢刺、弗敢擊。三是使人本無其志。四是使天下丈夫女子莫不驩然皆欲愛利之。⓫墨　墨翟。戰國初著名的社會運動思想家。《漢志》有《墨子》七十一篇，今存五十三篇，為後學墨者所編。⓬四竟之內　指國土之內。竟，通「境」。⓭章末他書尚有結語，《呂覽》說：「貧賤可以勝富貴矣，小弱可以制彊大矣。」《淮南王》及《文子》說：「勇於不敢則活。」

【語譯】惠盎去見宋康王，康王踩著腳咳了一聲，懊惱地說：「寡人所喜歡的是勇敢且又有力氣的，不喜歡講仁義的。你是憑什麼要求來教寡人呢？」

惠盎對答：「臣有個道術，能使勇敢的人，刺殺人不能進皮肉；有力氣的人，搥打人不能打中。大王就是對這個不感興趣嗎？」

宋王說：「好！這是寡人所願意聽的！」

惠盎說：「刺不進，打不中，這還算是恥辱，不算高明。臣有道術，可使雖是勇敢的人，卻不敢刺；雖有力氣的人，卻不敢打。不敢刺不敢打，不是他們沒有刺打人的心意。而是臣有道術，使他們原本就失去刺打人的心意。使他們沒有這樣的心意，但仍然沒有愛利世人的心意。臣有道術，可使天下男子女子無不高興的愛利世人，這樣的道術比勇敢有力氣的人要高明四個階段以上呀！大王就是對這個不感興趣嗎？」

宋王說：「這是寡人所要得到的！」

惠盎對答：「孔、墨就是呀！孔丘墨翟沒有封地也沒有官職，卻像國君、官長一樣的有影響力；天下男子女子無不抬起脖子舉高腳跟希望安樂地受到他們教化之利。現在大王，是大國的君主，若實有孔墨的心意，那麼國土之內的人民都會得到利了。這樣比孔墨高明多了。」

宋王沒有話回應，惠盎很快的走出。

宋王向左右屬下說：「真是善辯的呀！客人能夠說服寡人呀！」

第三篇 周穆王篇

（一）❶周穆王❷時，西極之國有化人❸來，入水火，貫金石；反山川，移城邑❹；乘虛不墜，觸實不硋❺。千變萬化，不可窮極。既已變物之形，又且易人之慮。穆王敬之若神，事之若君。推路寢❻以居之，引三牲❼以進之，選女樂以娛之。化人以為王之宮室卑陋而不可處，王之廚饌腥螻❽而不可饗，王之嬪御膻惡❾而不可親。穆王乃為之改築❿，土木之功，赭堊⓫之色，無遺巧焉。五府⓬為虛，而臺始成。其高千仞，臨終南⓭之上，號曰中天⓮之臺。簡鄭衛之處子⓯娥媌靡曼⓰者，施芳澤⓱，正娥⓲眉，設笄珥⓳，衣阿錫⓴，曳齊紈。粉白黛㉑黑，珮㉒玉環，雜芷若㉓以滿之㉔；奏承雲、六瑩、九韶、晨露㉕以樂之。月月獻玉衣，旦旦薦玉食。化人猶不舍然，不得已而臨之。㉖居亡幾何，謁王同游㉗。

王執化人之袪，騰而上者，中天迺㉘止，暨及㉙化人之宮。化人之宮構以金銀，絡以珠玉；出雲雨之上，而不知下之據，望之若屯雲焉。耳目所觀聽，鼻口所納嘗，皆非人間之有。王實以為清都、紫微、鈞天、廣樂、帝之所居㉚。王俯而視之，其宮榭若累塊積蘇㉛焉。王自以居數十年不思其國也。

化人復謁王同游，所及之處，仰不見日月，俯不見河海。光影㉜所照，王目眩不能得視；音響所來，王耳亂不能得聽。百骸㉝六藏㉞，悸而不凝，意迷精喪，請化人求還。化人移之，王若殞虛㉟焉。

既寤，所坐猶嚮㊱者之處，侍御猶嚮者之人。視其前，則酒未清㊲，肴未昲。王問所從來。左右曰：「王默存耳。」由此穆王自失者三月而復。更問化人，化人曰：「吾與王神游也，形奚動哉？且曩之所居，奚異王之宮？曩之所游，奚異王之圃？王閒恆有，疑蹔㊳亡。變化之極，徐疾之間，可盡模哉？」

王大悅，不恤國事，不樂臣妾㊴，肆意遠游。命駕八駿㊵之乘：右服驊騮㊶而左綠耳㊷，右驂㊸赤驥㊹而左白㵝㊺，主車㊻則造父㊼為御，𪊲丙㊽為右；次車之乘，右服渠黃而左踰輪㊾，左驂盜驪㊿而右山子，柏夭(51)主車，參百為御，奔戎為右。馳驅千里，至於巨蒐(52)氏之國。巨蒐氏乃獻白鵠之血以飲王，具牛馬之湩(53)以洗王之足，及二乘之人。(54)已飲而行，遂宿於崑崙(55)之阿，赤水(56)之陽。別日升於崑崙之丘，以觀黃帝之宮，而封之以詒後世。(57)遂賓於西王母(58)，觴於瑤池之上。西王母為王謠(59)，王和(60)之，其辭哀焉。西觀日之所入，(61)一日行萬里。王乃歎曰：「於乎！予一人不盈於德而諧於樂，後世其追數吾過乎！」穆王幾神人哉？能窮當身之樂，猶百年乃徂，世以為登假(62)焉。(63)

【注釋】❶本章部分文字與《穆天子傳》文略同。又梁元帝蕭繹《金樓子．志怪篇》亦略引此文。❷周穆王　西周帝王，昭王子，名滿。《史記》稱在位五十五年。❸化人　林希逸《口義》：「有幻術者也。」❹城邑　城市和郊野。❺硋　通「礙」。❻路寢　天子正寢。路，用以聽政路。寢，睡覺的房間。❼三牲　牛羊豕，喻嘉肴。❽廚饌腥螻　廚中所供飲食以為腥臭難食。螻，蛄螻的臭味，引申為惡臭味。❾嬪御膻惡　近侍宮女以為惡臭。膻，通「羶」。臭惡。胡懷琛《補正》：「螻應作僂，僂字與下膻字互訛」缺乏證據。❿築　洪邁《容齋四筆》引「築」下有「宮室」二字。⓫赭堊　赭，紅土。堊，白土。喻顏色鮮豔。⓬五府　殷敬順《釋文》：「《周禮》：太府掌九貢九職之賄，玉府掌金玉玩好，內府主良貨賄，外府主泉藏，膳府主四時食物。」⓭終南　山名，即秦嶺，在陝西南部。⓮中天　即天空中央。⓯鄭衛之處子　指鄭衛二國在室的未婚女子，春秋時鄭衛工商興盛，男女禮教比較開放，後來兩國的都市婦女被視為美麗、淫亂的象徵。處子，即處女。⓰娥媌靡曼　林希逸：「娥媌，姿媚也；靡曼，窈窕也。」⓱施芳澤　塗香膏潤髮。《釋名》：「芳澤者，人髮恆枯悴，以此濡澤之也。」⓲娥　美好。⓳設笄珥　設，置；插。笄，髮簪。珥，耳璫。⓴阿錫　阿，《漢書．禮樂志》如淳《注》：「阿，細繒；錫，細布。」按阿為羅的假借字，即細絹。錫為緆的假借字。胡懷琛說：「阿謂齊東阿縣，見〈李斯傳〉徐廣《註》。『阿錫』與『齊紈』對文。」按〈李斯傳〉作「阿縞」，不作「阿錫」。「衣阿錫」亦可與上文「設笄珥」相對。胡說存疑。㉑黛　青黑色顏料，古代用以畫眉。㉒珮　通「佩」。㉓芷若　皆香草。芷，白芷，繖形科。若，杜若，鴨跖草科。㉔之　指化人，下之字同。張湛以為是臺館，非是。㉕承雲六瑩九韶晨露　四者都是傳說中的古樂，張《注》：「承雲，黃帝樂；六瑩，帝嚳樂；九韶，舜樂；晨露，湯樂。」㉖化人猶不舍然二句　是說化人對穆王給他的「禮」遇不感興趣。㉗游　通「遊」。㉘迺　通「乃」。㉙暨及　暨，至。王重民以為「及」字為衍文。㉚清都紫微鈞天廣樂帝之所居　清都，天宮。《楚辭．遠遊》：「造旬始而觀清都。」紫微，星座，三垣的中垣，古人迷信以為天帝的王畿。鈞天，古人以中央天為鈞天，鈞天再加八方的天，是為九天。廣樂，天帝樂曲。以上四詞在句中似都是帝之所居的地方，但因「鈞天廣樂」古書相連，廣樂又是樂，所以林希逸解鈞天廣樂為天樂，而與句義不合，顯然《列子》此文的作者是綴輯不統一的典故而成的。據《史記》〈趙世家〉、〈扁鵲倉公列傳〉中的神話說：秦穆公和趙簡子都曾生病數日不醒，昏迷中見天帝，天帝「與百神遊於鈞天，廣樂九奏、萬舞，不類三代之樂。」鈞天是指上天，廣樂是樂曲（專有名詞或「廣」

為形容詞的詞組）。㉛蘇　草。《方言》：「蘇，草也。江淮南楚之間曰蘇。」㉜光影　光采；光線。影，通「景」。㉝百骸　全身軀骨，人骨為骸。㉞六藏　心、肝、脾、肺、腎（左）、命門（右腎）。藏，通「臟」。㉟殞虛　殞，墜。虛，太虛；空中。㊱嚮　先前，指神遊之前。㊲酒未清　古代酒（包括漿）甚濃，放久會沈澱、上面澄清，此喻夢時未久。㊳蹔　同「暫」。㊴臣妾　侍奉統治者的男女奴僕。㊵八駿　八匹良馬。以下所列八駿之文字與今本《穆天子傳》、《史記》〈趙世家〉及張守節《正義》、〈秦本紀〉及司馬貞《索隱》略有不同。八駿是依毛色特徵命名，字形多奇特，不可詳考。㊶蘮騮　《穆天子傳》作「蘱騮」，《史記》作「驊騮（同騮）」。張《注》：「蘮，古驊字。」㊷綠耳　〈趙世家〉、《穆天子傳》同，〈秦本紀〉作「騄耳」。㊸驂　旁馬。按一車四馬，中間兩服馬，服馬兩側為左右驂馬，右驂又叫右騑。㊹赤驥　《穆天子傳》作「亦（按為赤字形誤）蘼（郭璞《注》：古驥字）」。㊺白㵒　《穆天子傳》作「白俄」，《史記索隱》作「白義」。張湛及郭璞皆注：「古義字。」孫詒讓《札迻》以為義、俄字乃是《廣雅．釋畜篇》中騀鹿之騀的借字。㊻主車　孫詒讓以「主車」上挩一「王」字。㊼造父　傳說中的秦、趙兩國的祖先之一，善駕車，獻八駿給周穆王，與穆王西遊，後大破徐偃王，被封於趙城，為趙氏。造父也是神話人物，在紫微垣之南有造父星，是仙后座著名的變星。見《史記》〈秦本紀〉、〈趙世家〉。㊽离冏　即「泰丙」。泰又作「太」或「大」，《淮南子》〈原道〉及〈覽冥〉作「大丙之御」。《穆天子傳》作「鹵固」，孫詒讓以為應作「奈冏」。劉師培：「孫說奈冏即耿翛，奈為古泰字，冏即囧字之或體，……泰即大僕正之大，亦為大義。泰囧與伯囧義同。」（《穆天子傳補釋》）顧實以為奈冏不必為耿翛。（《穆天子傳西征講疏》）㊾踰輪　〈秦本紀〉索隱作「騟驌」。㊿盜驪　〈秦本紀〉作「溫驪」，《瀧川資言》引《後漢書．東夷傳》李賢注以為盜乃淺青色。(51)柏夭　副車的主人，據《穆天子傳》一說：柏夭是河宗氏，為王先驅，以遊西土，郭璞以柏夭為字。(52)巨蒐　殷敬順《釋文》：「音渠搜，西戎國名。」若為《尚書．禹貢篇》的渠搜國，則在今陝北內蒙一帶。(53)湩　張《注》：「湩，乳也。以己所珍貴獻之至尊。」(54)命駕八駿之乘十六句　又見《穆天子傳》卷四。(55)崑崙　古傳說的靈山，西王母所居，有醴泉瑤池，在敦煌外黃河源頭處，高二千五百里（或一萬一千里）。按依岑仲勉考證：昆侖是于闐語「南方」的意思，昆侖山（崑崙）即「南山」。其山乃于闐之南山接葱嶺，則與今日的崑崙山無異。56赤水　在崑崙山腳前的一條河。岑仲勉以為即涉多(Side)河，是塔里木河的上流。（見〈昆侖一元說〉）57別日升於崑崙之丘三句　《穆天子傳》卷二作「辛酉，天子升于昆侖之丘，以觀黃帝之宮，而封豐隆之葬，以詔後世。」豐隆是雲師，又是雷公。是說增高豐隆的墓土，然後以傳告後人。疑《列子》「封」下也脫「豐隆之葬」四字。林希逸說：「封，猶封禪也。」是勉強的解釋。58西王母　古傳說的陰性之神。《山海經．西山經》：「西王母其狀如人，豹尾虎齒而善嘯，蓬髮戴勝（戴玉為美），是司天之厲及五殘（掌管災癘和殘殺）。」59謠　張《注》：「徒歌曰謠。詩名白雲。」60和　張《注》：「和，答也。詩名東歸。」61遂賓於西王母六句　詳見於《山海經．西山經》郭璞《注》引古本《穆天子傳》：「吉日甲子，天子賓于西王母，執玄圭白璧以見西王母，獻錦組百縷，金玉百斤，西王母再拜受之。乙丑，天子觴西王母于瑤池之上，西王母為天子謠曰：『白雲在天，山陵自出，道里悠遠，山川間之，將子無死，尚復能來。』天子畣（古答字）之曰：『予還東土，和理諸夏，萬民均平，吾顧見汝，比及三年，將復而野。』西王母又為天子吟曰：『徂彼西土，爰居其所。虎豹為群，烏鵲與處，嘉命不遷，我為帝女，彼何世民，又將去子，吹笙鼓簧，中心翱翔，世民之子，惟天之望。』天子遂驅升奄山，乃紀迹于奄山之石，而樹之槐眉曰西王母之山。」（與《穆天子傳》卷三文字略異）62登假　即登遐，喻飛升上天。63穆王幾神人哉四句　疑是《列子》編者所加的結語。

【語　譯】周穆王時，從最西的國家來了一個有幻術的人，他能夠進入水火，貫穿金石；翻倒山川，移動城邑；懸掛空中不會墜落，觸擊實物不受阻礙。這樣千變萬化，沒有窮盡。既然可以變化萬物的形態，又可以改變人的思想。穆王尊敬他如神明，事奉他如君主。讓天子房間給他住，送三牲嘉肴給他吃，選歌女給他玩。這個有幻術的人卻以為穆王的宮室簡陋不能居住，穆王的飲食腥臭不能食用，穆王的侍女臭惡不能親近。穆王於是改建宮室，舉凡土木的工程，紅白的顏色，無所不用其巧。一直到五府的錢財化得空虛，高臺才建成。臺高有千仞，依在終南山的上面，名叫「中天之臺」。穆王又挑選鄭國衛國姿媚而窈窕的姑娘，以香膏潤髮，畫正美眉，插置笄珥，內穿著細緻布帛做的衣服，外拖著齊產的白絹長袍。以粉敷白臉，以黛畫黑眉，佩著玉環，綴著香草，這樣的姑娘布滿在他的身邊；並演奏著承雲、六瑩、九韶、晨露的音樂來娛樂他。月月獻上玉衣，天天奉上美食。這有幻術的人心中仍不釋然不快樂，不自在的到了中天之臺。居住沒多久，就邀請穆王與他同遊。

穆王拉著化人的衣袖，騰空而上，到中天（之臺）就停下，進了化人的宮殿。化人的宮殿以金銀構築，以珠玉綴繞；高出雲雨的上面，而不知下面的依靠（喻懸空），看起來就像積厚的雲層一般。耳目所看所聽的，鼻口所吸所吃的，都不是人間所有的。穆王真以為是天帝居處的清都、紫微的宮殿，和鈞天、廣樂的天樂。穆王低頭下看，他在地面的宮殿臺榭渺小得如堆土塊積小草一樣。穆王自己居住幾十年已不想他的王國了。

化人又邀請穆王同遊，所到之處，抬頭看不見日月，低頭看不見河海。光線照射，王目暈看不見；音響傳來，王耳亂聽不到。全身百骸六臟，驚恐而不凝聚，意志迷亂精神沮喪，請化人讓他回國。化人推他一下，王便如從空中墜下。

王醒了之後，所坐的還是先前的位置，所伺候的還是先前的人。看前面的酒還沒有澄清，菜還沒有晾乾。王問自己是從那裏來的。左右的人說：「王只是靜靜地在這兒而已。」由此知穆王自己喪失精神三個月才又回來。又問化人，化人說：「我與王的精神同遊，形體那裏有動過呢？

而且王先前所居住的，與王的宮殿有何不同？王先前所遊的，與王的園囿有何不同？王習慣於常存在的事物，而對短暫消失的事物就懷疑了。事物的變化是不可窮極的，而變化時間的慢快，那裏是可以完全形容它的形狀？」

穆王很高興，不照顧國事，不喜歡臣妾侍奉，放縱心意到處遠遊。命侍者駕著八駿馬拉的車子：右邊服馬驊騮，左邊服馬綠耳，左側驂馬赤驥，左側驂馬白濼，這四馬拉的車以王為主，造父駕車，𧶠𡨴在車右；第二部車，右邊服馬渠黃，左邊服馬踰輪，左側驂馬盜驪，右側驂馬山子，以柏夭為車主，參百駕車，奔戎在車右。奔馳千里，到了巨蒐國。

巨蒐國王巨蒐氏獻上白鵠血給穆王喝，準備牛馬乳給王洗腳，同時也給兩車的人員喝洗。喝完後又走，晚上就宿在崑崙山坡，赤水北岸。次日登崑崙山上，觀賞黃帝的宮殿，並增高（豐隆的）墓土，以傳告於後人。於是成為西王母的賓客，在瑤池上宴飲。西王母為穆王唱歌謠，王也答唱，歌辭很感傷。又向西觀看日入的地方，這樣來往，一天行了萬里路。穆王乃長歎著：「唉！我一個人沒充分的德行，卻有充分的遊樂，後世的人將會追算我的過錯呀！」穆王那裏是神人呢？能窮盡當生時的快樂，到百年才逝世，而世人卻以為他升天了。

（二）老成子❶學幻於尹文❷先生，三年不告，老成子請其過而求退。尹文先生揖而進之於室，屏左右而與之言曰：「昔老聃之徂西❸也，顧而告予曰：『有生之氣，有形之狀，盡幻也。造化❹之所始，陰陽之所變者，謂之生，謂之死。❺窮數達變，因形移易者，謂之化，謂之幻。❻造物者其巧妙，其功深，固難窮難終；❼因形者其巧顯，其功淺，故隨起隨滅。❽知幻化之不異生死也，始可與❾學幻矣。』吾與汝亦幻也，奚須學哉？」

老成子歸，用尹文先生之言，深思三月，遂能存亡自在，憣校四時❿；冬起雷，夏造水。飛者走，走者飛。⓫終身不箸其術，故世莫傳焉。

子列子曰：「善為化者，其道密庸⓬，其功同人。五帝⓭之德，三王⓮之功，未必盡智勇之力，或由化而成。孰測之哉？」

【注　釋】❶老成子　大概是虛構人物。《列子釋文》與《太平御覽》卷七五二引，老作「考」，考老轉注，字形又近，容易相淆。❷尹文　在本文是老聃弟子，也是虛構人物。戰國時有尹文子，〈漢志〉列為名家，與此不同。❸老聃之徂西　《史記・老子韓非列傳》稱：「老子居周（洛邑），見周之衰，迺遂去，至關。」據《抱朴子》說關是散關或函谷關。則二地都在洛邑之西，所以至關稱為西遊或徂（往）西。❹造化　創造化育者，以喻天地或自然。❺造化之所始四句　指天地創造有生死的生命。❻窮數達變四句　指生命受陰陽變化而產生化幻的形狀。❼造物者其巧妙三句　引申注釋❺。「固」字依《御覽》宜作「故」。❽因形者其巧顯三句　引申注釋❻。顯是表露，與微妙相對。❾與　王重民以「與」通「以」。❿憣校四時　《釋文》說：「顧野王讀作翻交四時。」翻交即顛倒交錯。⓫冬起雷四句　林希逸以陰陽加以解釋，他說：「冬起雷，變陰為陽也；夏造冰，變陽為陰也。飛，陽類；走，陰類。故飛者輕，走者重。今能變易其陰陽，所以飛者走，走者飛。」⓬庸　用。⓭五帝　上古五帝王，有多種說法：據《大戴禮・五帝德篇》及《史記・五帝本紀》是黃帝、顓頊、帝嚳、唐堯、虞舜。孔安國《尚書・序》及《帝王世紀》是少昊、顓頊、帝嚳、唐堯、虞舜。《禮記・月令篇》是大皞、炎帝、黃帝、少皞、顓頊。《呂氏春秋》是大昊、炎帝、少昊、顓頊、黃帝。《皇王大紀》是包犧、神農、黃帝、堯、舜等說。⓮三王　本是夏商周三代的帝王。亦可通「三皇」，王皇可通，三皇則在五帝之前，三皇也有多說，最早是天、地、泰（或人）三皇。漢人三皇中之二皇，諸說皆取伏羲、神農。《風俗通》引《春秋緯》配以女媧、《尚書大傳》配以隧人、《禮緯》配以祝融、劉恕《通鑑外紀》配以共工、孔安國《尚書・序》配以黃帝。《列子》書以女媧與庖（伏）羲、神農並舉（〈黃帝篇〉），其所謂三皇似指此三人。

【語　譯】老成子向尹文先生學變幻之術，經過三年，尹文先生不告訴他方法，老成子自請過錯要求退學。尹文先生拱手有禮的請他進入房室，並叫開左右親近的人才跟他說：「從前老聃要到西方去，回頭向我說：『有生命的氣質，有形狀的生物，都是虛幻的。天地所開始化育的，陰陽所變化的，就叫生，就叫死。窮盡陰陽變化之數，又能依生物之形而改變的，就叫化，就叫幻。造化生物者，工巧微妙，功能深厚，所以無窮無盡；依生物之形而改變者，工巧表露，功能淺浮，所以隨時產生，隨時消滅。能知道幻、化與生、死沒有兩樣，才可以學幻術呀！』我與你既然也是變幻之身，又何必學幻術呢？」

老成子就回去，把尹文先生的話深思了三個月，終於能自己掌握生死，能使四時顛倒錯交；冬天打雷，夏天結冰。飛禽要走，走獸要飛。但他終身不表現出來，所以世人不能流傳他的方法。

列子說：「善於變化的，雖然他默默的應用變化，其實功能與常人相同。像五帝雖有德行，三王雖有功績，未必就能完全發揮智勇的力量，五帝三王之所以成名，或許是由於變化使然。這誰又能夠探測知道呢？」

（三）覺有八徵[1]，夢有六候[2]。奚謂八徵？一曰故[3]，二曰為[4]，三曰得，四曰喪，五曰哀，六曰樂，七曰生，八曰死。此者八徵，形所接也[5]。奚謂六候？一曰正夢，二曰蘁[6]夢，三曰思夢，四曰寤夢，五曰喜夢，六曰懼夢。此六者，神所交也[7]。

不識感變之所起者，事至則惑其所由然；識感變之所起者，事至則知其所由然。知其所由然，則無所怛。一體之盈虛消息，皆通於天地，應於物類。故陰氣壯，則夢涉大水而恐懼；陽氣壯，則夢涉大火而燔焫❽；陰陽俱壯，則夢生殺。甚飽則夢與，甚饑則夢取。是以以浮虛❾為疾者，則夢揚；以沈實❿為疾者，則夢溺。藉帶⓫而寢則夢蛇，飛鳥銜髮則夢飛。將陰夢火，將疾夢食。⓬飲酒者憂，歌儛者哭。⓭

子列子曰：「神遇為夢，形接為事。故晝想⓮夜夢⓯，神形所遇。故神凝者想夢自消⓰。信覺不語，信夢不達，物化之往來者也。古之真人，其覺自忘，其寢不夢；幾虛語哉？」⓱

【注釋】❶覺有八徵　覺，夢醒，指睡覺以外的時間。徵，徵象，即現象。徵是八個夢醒時所想的事。❷夢有六候　候，占候，指占驗吉凶的現象。六夢見《周禮·春官·占夢篇》：「占夢掌……以日月星辰，占六夢之吉凶，一曰正夢，二曰噩夢，三曰思夢，四曰寤夢，五曰喜夢，六曰懼夢。季冬聘王夢獻吉夢于王，王拜而受之。」❸故　張《注》：「故，事。」沒有說清楚。故，是故舊，指舊的往事。下文的「者此八徵，形所接也」即是「形接為事」，八徵都可以叫事。❹為　作為，指新的作為。張《注》：「為，作也。」陶鴻慶以為：「故」、「為」相對為義，張《注》未晰。說的很對，但並沒有「舍其舊，圖其新」的愛憎之意。❺此者八徵形所接也　八徵是人的形體與外界事物交接後所產生的思想。俞樾、王重民以為當作「此八者形所接也」。王叔岷則以為作「此八徵者，形所接也」。❻蘁　通「噩」。❼此六者神所交也　王叔岷據宋徽宗義解作「此六候者，神所交也」。從之。❽燔焫　燃燒。焫，《集韻》：「爇，說文：『燒也』或作焫。」❾浮虛　浮腫。《素問》注：

「浮虛，薄腫。」即輕腫。❿沈實　腳濕疾病。《左傳・成公六年》：「有沈溺重膇之疾。」注：「沈溺，濕疾；重膇，足腫。」⓫帶　紳。即束衣的腰帶，形似蛇，所以《莊子・齊物論篇》：「蝍且甘帶。」崔譔司馬彪都解帶為蛇。⓬將陰夢火二句　唐馬總《意林》卷二「列子」條作「天將陰則夢火，身將疾則夢食。」⓭故陰氣壯十八句　又見於《靈樞經》。飲酒者憂二句，陶鴻慶以為應作「夢飲酒者憂，夢歌舞者哭。」按《莊子・齊物論篇》：「夢飲酒者，旦而哭泣；夢哭泣者，旦而田獵」，意思相近。儛，同「舞」。⓮晝想　即覺有八徵。⓯夜夢　即夢有六候。⓰神凝者想夢自消　即是「用志不分，乃凝於神。」⓱本章疑是編者取《周禮・春官・占夢篇》、《靈樞經》或其他今天已不知出處的有關覺徵、夢候的資料，作為真人自忘不夢所反對的素材。而且與上面「老成子學幻」章一樣是用「子列子」的話作結。本章與《莊子》「其寢不夢，其覺無憂」的「真人」（〈大宗師篇〉）或「聖人」（〈刻意篇〉）相發揮。或本章原在《莊子》五十二篇本之中。

【語　譯】夢醒的時候有八個徵象，做夢的時候有六個占候。什麼叫做八個徵象？第一是想舊的往事，第二是想新的作為，第三是想有所獲得，第四是想有所喪失，第五是悲哀，第六是快樂，第七是想到生，第八是想到死。這八種徵象，是人的形體對外界有所接觸而產生的。什麼叫做六種占候？第一是正常生活的夢，第二是受驚愕的夢，第三是因思念而做的夢，第四是白天見到而晚上做的夢，第五是因喜悅而做的夢，第六是因恐懼而做的夢。這六種占候是人的精神對外界有所交遇而產生的。

不了解人的形神受外界感應而產生的變幻，那麼這些變幻的徵象占候出現之後，就會疑惑形神所以能產生變幻的規律；能了解感應變幻的起因，那麼徵象占候出現，就可以知道它變幻的規律。知道規律，就毫不驚怕。一個人身體的強盛虛弱以及消滅生長，都是屬於天地之間的通行之理，與萬物相配合的。所以陰氣強壯時，就會夢到涉大水而害怕沈溺；陽氣強壯時，就會夢到踏大火而害怕燃燒；陰陽氣都強壯時，就會夢到有關生或死的事。吃得很飽就會夢到施捨給人，餓得很荒就會夢到向人取食。因此有浮腫疾病的人就會夢到飛揚；有腳濕疾病的人就會夢到溺水。繫著腰帶睡覺就會夢到蛇，看到飛鳥銜著髮毛築巢就會夢到飛。天將陰暗會夢到火，人將生病會夢到吃。夢到喝酒作樂的是因為醒時憂愁，夢到唱歌跳舞的是因為醒時哭泣。

列子說：「精神與外界交遇產生夢，形體與外界接觸產生事。所以白天想到事，晚上做到夢，都是精神形體對外界有所交遇接觸使然。精神凝聚不與外界相遇，夢就無從做起。真的夢醒是靜默不語的，真的做夢是不顯影出來的，夢醒和做夢是物類變化中來去相接的一事。古代的真人他夢醒時忘我而不想，睡覺時也不做夢，這那裏是假話呢？」

（四）❶西極之南隅❷有國焉，不知境界之所接，名古莽之國❸。陰陽之氣所不交，故寒暑亡❹辨；日月之光所不照，故晝夜亡辨。其民不食不衣而冬眠，五旬一覺，以夢中所為者實，覺之所見者妄。

四海之齊❺謂❻中央之國❼，跨河南北，越岱❽東西，萬有餘里。其陰陽之審度❾，故一寒一暑❿；昏明之分察，故一晝一夜。其民有智有愚。萬物滋殖，才藝多方。有君臣相臨，禮法相持。⑪其所云為，不可稱計。一覺一寐，以為覺之所為者實，夢之所見者妄。

東極之北隅有國曰阜落⑫之國。其土氣常燠，日月餘光⑬之照。其土⑭不生嘉苗，其民食草根木實，不知火食，性剛悍，彊弱相藉⑮，貴勝而不尚義；多馳步，少休息，常覺而不眠。⑯

【注釋】❶本章句法與內容都類似《山海經》文，但不見於今本《山海經》。❷隅　角落。《釋文》作「嵎」，又說是「嵎與隅同」。按《山海經》方位下頗多加「隅」字，如「六荒東南隅」等。❸古莽之國　不可考。是虛構之名，有原古莽蒼之意。❹亡　通「無」。下同。❺齊　中。❻謂　叫。陶鴻慶以「謂與為通用」。楊伯峻就上下文例，以「謂」字當與「名」、「曰」同義。其實陶說並非不通，不必泥於上下文例。現暫從楊說。❼中央之國　即指中國。❽岱　即山東的泰山。先秦以為是天下最高大的山，岱，從代得聲，代，有大意，所以「岱」又是會意字。❾審度　俞樾：「按審度二字傳寫誤倒，本作『其陰陽之度審』，下句云：『昏明之分察』……度與分對，審與察對。」❿一寒一暑　是說在中國有正常的陰陽二氣相交，使得有冷熱季節的變化。《周易．繫辭上》：「天尊地卑，乾坤定矣。……是故剛柔摩，八卦相盪……日月運行，一寒一暑。」⓫君臣相臨二句　強調古代中國封建社會的形態。《周易．序卦》說：「有天地，然後有萬物，然後有男女……然後有君臣；有君臣，然後有上下；有上下，然後禮義有所錯。」⓬阜落　亦不可考。大概有大陸屏藩的意思。阜，大陸。落，藩落，是屏藩。如南魚座的「北落師門」同義。《山海經．大荒西經》：「大荒之中，有山名曰日月山，天樞也。吳姬天門，日月所入。」或許以極西的山地是日月的歸宿，所以視為屏藩、界線。⑬餘光　指日月光照射後反射出來的回光。⑭其土　似應移於前文「萬物滋殖」之上，「其土萬物滋殖」又移在「其民有智有愚」之上，則意義才通。⑮藉　踐踏，有欺侮的意思。⑯以上三國人民對夢、覺所表現的不同態度，編者沒有加以批評，但都不合編者所持的觀點。

【語譯】極西的南方角落有個國家，遼遠得使人不知道它所接的邊界，名叫「古莽之國」。這個國家陰陽兩氣不相交會，所以沒有冷熱的分別；日光月光也不照射，所以沒有晝夜的分別。它的人民不吃不穿而多睡覺，睡五十天才醒一次，以夢中所做的事為真實，以醒後所看的事為虛假。

四海之中，有個國家名叫「中央之國」，地方跨過黃河南北，度越泰山東西，面積有一萬多方里之大。這個國家陰陽兩氣的規律很清楚，所以有一冷一熱；又黑暗與光明的分別很明察，所以有一晝一夜。它的人民有聰明的有愚笨的。土地生物滋生繁殖，人的才藝有多方表現。有君臣上下的關係，以禮教法律來維持統治人民。他們所說所為的，多得不可計算。以一醒一睡相互連接，並以為醒時所做的事是真實的，夢中所看的事為虛假。

極東的北方角落有個國家，名叫「阜落之國」。國土氣候永遠炎熱，照射著日月的餘光。泥土不生美好的禾苗，人民吃草根和樹木果實，不知用火熟吃，性情剛強凶悍，強者欺侮弱者，崇尚致勝而不尚仁義；多奔走，少休息，永遠清醒而不睡覺。

（五）周❶之尹氏大治產❷，其下趣役者❸侵晨❹昏而弗息。有老役夫筋力竭矣，而使之彌勤。晝則呻呼而即事，夜則昏憊而熟寐。精神荒散，昔昔❺夢為國君。居人民之上，總一國之事。遊燕宮觀❻，恣意所欲，其樂無比❼。覺則復役。人有慰喻❽其懃者，役夫曰：「人生百年，晝夜各分。吾晝為僕虜，苦則苦矣；夜為人君，其樂無比。何所怨哉？」❾

尹氏心營世事，慮鍾❿家業，心形俱疲，夜亦昏憊而寐。昔昔夢為人僕，趨走作役，無不為也；數罵杖撻，無不至也。眠中啽囈⓫呻呼，徹旦⓬息焉。尹氏病之，以訪其友。友曰：「若位足榮身，資財有餘，勝人遠矣。夜夢為僕，苦逸之復，數之常也。若欲覺夢兼之，豈可得邪？」尹氏聞其友言，寬其役夫之程，減己思慮之事，疾並少間⓭。

【注釋】❶周　周王城，應該是指東周的雒（洛）邑，在今河南洛陽之西。❷尹氏大治產　洛邑是春秋戰國時的國際大都會之一，活躍著新興的大資本家，尹氏雖可能無其人，卻是符合歷史背景的，《史記》說：「周人之俗，治產業，力工商，逐什二以為務。」（〈蘇秦列傳〉）❸趣役者　趨役，即奴僕、奴隸。趣，通「趨」。❹侵晨　破曉；天還未亮時。❺昔昔　夜夜。「昔」假借為「夕」。❻遊燕宮觀　在宮廷樓臺中遊樂宴飲。燕，通「宴」。觀，樓臺。❼其樂無比　生活在壓抑、煎熬和無助的痛苦中，從夢幻中得到補償，是很正常的心理現象。❽慰

喻　安慰教喻，即慰問之意。❾人生百年七句　這是代表編作者極消極的麻醉思想。❿鍾　聚。鍾假借為叢。叢有聚意。⓫唅囈　寐語；夢囈。⓬徹旦　通宵到天亮。徹，通。⓭少間　病情稍微減輕。病少瘉叫間。本章是反映在高壓的黑暗時代中不能面對現實，採取積極的行動，而只求在夢幻中求得虛無的調和。

【語譯】周王城姓尹的人家大力經營產業，他下面的奴僕從天未亮到天黑都不能休息。有個老奴才勞動得筋骨全沒有力量，而居然命令他做更勞苦的工作。白天在疾痛呻吟中做完工作，晚上就疲憊不堪的熟睡。精神渙散，夜夜都夢做國君，地位在人民的上面，總理一國的大事。在宮廷樓臺中遊玩宴飲，放肆作為，快樂無比，但一醒過來後就又要勞苦做工。有人慰問他的勤勞，老奴才說：「人生不過百年，白天晚上各一半。我白天為奴僕，苦雖然是苦；但晚上卻做國君，快樂無比。這樣還有什麼埋怨呢？」

姓尹的用心經營事業，思慮聚斂家產，精神形體都很疲倦，晚上也疲憊的睡覺。夜夜夢到做人的奴僕，奔走勞役，無事不做；還常挨罵挨打，無所不辱。睡眠中發出夢囈和呻吟，一直到天亮才停止。姓尹的對夜夢感到很痛苦，就訪問他的朋友。朋友說：「你的地位足以使你榮耀，財產有餘，超過常人太遠了。晚上夢到做人的奴僕，這樣勞苦和安逸相循環，是命數的常理呀！你要使醒時與睡時都能安逸快樂，怎能得到呢？」姓尹的聽到他朋友的話，便放寬對奴僕工作的要求限度，減少自己思慮治產聚斂的事，於是他的痛苦就少多了。

（六）鄭人有薪於野者，遇駭鹿，御❶而擊之，斃之。恐人見之也，遽而藏諸隍❷中，覆之以蕉❸，不勝其喜。俄而遺其所藏之處，遂以為夢焉，順塗而詠其事。傍人有聞者，用其言而取之。既歸，告其室人曰：「向薪者夢得鹿而不知其處；吾今得之，彼直真夢❹矣。」室人曰：「若將是夢見薪者之得鹿邪？詎有薪者邪？❺今真得鹿，是若之夢真邪？」夫曰：「吾據得鹿，何用知彼夢我夢邪？」薪者之歸，不厭❻失鹿。其夜真夢藏之之處，又夢得之之主。爽旦❼，案❽所夢而尋得之。遂訟而爭之，歸之士師❾。士師曰：「若初真得鹿，妄謂之夢；真夢得鹿，妄謂之實。❿彼真取若鹿，而與若爭鹿⓫。室人又謂夢仞人鹿，無人得鹿。⓬今據有此鹿，請二分之。」以聞鄭君。鄭君曰：「嘻！士師將復夢分人鹿乎⓭？」訪之國相。國相曰：「夢與不夢，臣所不能辨也。欲辨覺夢，唯黃帝⓮孔丘⓯。今亡黃帝孔丘，孰辨之哉？且恂⓰士師之言可也。」⓱

【注釋】❶御　迎訝。御假借為訝。《說文》：「訝，相迎也，或作御。」❷隍　無水池。❸蕉　柴木。蕉，同「樵」。《莊子・人間世篇》：「死者以國量乎澤若蕉。」盧文弨《莊子音義考證》：「蕉亦同樵。」❹夢夢下本有「者」字。俞樾以為衍文。❺若將是夢見薪者之得鹿邪二句　樵夫既然在夢中得鹿，你聽到了，自然你也是在做夢，那裏只是樵夫在做夢而已。❻厭　安。楊伯峻說：「厭、饜通。《說文》：『饜，安也。』……不厭失鹿，猶言不安失鹿。」❼爽旦　黎明。爽，明，引申也有旦意。❽案　通「按」。❾士師　周官名，掌管獄訟之事。❿真夢得鹿二句　此二句與前二句對文，但意義不明確。⓫而與若爭鹿　陶鴻慶別有一說：「『而與若爭鹿』當作『而若與爭鹿』。」⓬室人又謂夢仞人鹿二句　室人以為二人都在做夢，自然沒有人真正得鹿。⓭士師將復夢分人鹿乎　鹿既為虛妄的夢幻，則士師分鹿也是夢。⓮黃帝　傳說黃帝夢見大風吹天下的塵垢，而舉用風后；夢見力士執大弓牧羊群，而舉用力牧。《史記·五帝本紀》正義引《帝王世紀》：「黃帝夢大風吹，天下之塵垢皆去，又夢人執千鈞之弩，驅羊萬群。帝寤而歎曰：『風為號令執政者也，垢去土后在也，天下豈有姓風名后者哉？夫千鈞之弩，異力者也，驅羊數萬群，能牧民為善者也，天下豈有姓力名牧者哉？』於是依二占而求之，得風后於海隅，登以為相；得力牧於大澤，進以為將。黃帝因著《占夢經》十一卷。」⓯孔丘　孔子主張克己復禮，效法周公姬旦，時時夢見周公，到了晚年衰老就自歎：「吾不復夢見周公。」《論語·述而篇》又孔子夢到坐在兩楹（柱）之間，就以為自己快死，因為孔丘是殷的後代，殷人死了要停棺在兩楹之間，果然七天後孔子就死了。《禮記·檀弓篇上》：「孔子蚤作，……歌曰：『泰山其頹乎！梁木其壞乎！哲人其萎乎！』……子貢……遂趨而入。夫子曰：『賜！爾來何遲也？……殷人殯於兩楹之間，則與賓主夾之也。……丘也殷人也。予疇昔之夜，夢坐奠於兩楹之間。夫明王不興，而天下其孰能宗予，予殆將死也。』蓋寢疾七日而沒。」⓰恂　信。⓱在專制的恐怖時代，對活生生的生命和現實的世界，由懷疑，而加以否定，白天的作為和晚上的夢幻，已不能用真妄的常識給予判斷。

【語譯】鄭國有個在野外打柴的樵夫，遇到了一隻受驚的鹿，迎面就把牠打死了。恐怕別人看見，急忙地藏在沒有水的池子，還用柴木覆蓋著，他很是開心。不一會兒就忘記剛才藏鹿的所在，遂以為他是在做夢，順著路（回家）自言打鹿藏鹿的事。在旁邊有個人聽到，就照著他的話去取鹿。拿了回家告訴他的妻子說：「剛才樵夫夢得鹿而不知藏在何處；我現在得到鹿，他該是真的在做夢了。」妻子說：「你是不是夢見樵夫得鹿呢？難道只有樵夫做夢得鹿？現在你真的得鹿，是你真的做夢呀！」丈夫說：「我擁有鹿，又何必知道是他做夢還是我做夢呢？」樵夫回去，不安心丟掉鹿。當天晚上真的夢到他藏鹿的地方，又夢見取得鹿的那個人。第二天一早，按夢中所知的找到了那個人。於是二人爭訟起來，歸由法官來決解。法官說：「你（樵夫）最初真的得鹿，卻虛妄說是做夢；（後來）真的做夢得到鹿，也虛妄說夢中是真實的。他（取鹿的那個人）取你的鹿，而與你爭鹿。他的妻子又說二人所看的人取鹿事都是屬於夢中的認識，其實沒有人真正得到鹿。現在他擁有這隻鹿，我要求二人各分一半。」這事讓鄭國國君知道了。鄭君說：「唉！法官分給人各半的鹿，不又是他在做夢嗎？」便訪問鄭國宰相。宰相說：「做夢與不做夢，是臣子所不能辨別的。要能夠辨別清醒與做夢的，只有黃帝與孔丘。現在黃帝孔丘已經死了，誰能辨別呢？而且法官所說的話確實是不錯的呀！」

（七）宋陽里華子❶中年病忘，朝取而夕忘，夕與而朝忘；在塗則忘行，在室則忘坐；今不識先，後不識今❷。闔室毒❸之。謁史而卜之❹，弗占；謁巫而禱之，弗禁；謁醫而攻之，弗已❺。魯有儒生自媒❻能治之，華子之妻子以居產之半請其方。儒生曰：「此固非卦兆❼之所占，非祈請之所禱，非藥石❽之所攻。吾誠化其心，變其慮，庶幾其瘳❾乎！」於是試露之，而求衣；飢之，而求食；幽之，而求明。儒生欣然告其子曰：「疾可已也。然吾之方密❿，傳世⓫不以告人。試屏左右，獨與居室七日。」從之，莫知其所施為也，而積年之疾一朝都除。華子既悟，迺大怒，黜妻罰子，操戈⓬逐儒生。宋人執而問其以⓭。華子曰：「曩吾忘也，蕩蕩然不覺天地之有無。今頓識既往，數十年來存亡、得失、哀樂、好惡，擾擾萬緒起矣。吾恐將來之存亡、得失、哀樂、好惡之亂吾心如此也，須臾之忘，可復得乎？」子貢聞而怪之，以告孔子。孔子曰：「此非汝所及乎！」顧謂顏回紀之。⓮

【注釋】❶陽里華子　《晉書·范寧傳》作「陽里子」，是春秋時代的名醫，陽里可能是地名，居陽里，而稱陽里子，一如陳仲子居於陵，而叫於陵子。❷今不識先後不識今　王重民以為二句有誤，據《御覽》應作「不識先後，不識今古。」從之。❸毒　苦。❹史而卜之　古代史官也以卜筮來通鬼神明歷象，如《左傳·僖公十五年》晉獻公筮嫁伯姬于秦，史官占之曰「不吉」。〈文公十三年〉邾文公卜遷于繹，史官卜的結果是「利于民而不利于君」。❺已　病癒。《廣雅．釋詁篇》：「已，癒也。」❻媒　介；薦。❼卦兆　卦象龜兆，即是用筮草、龜版占卜。❽藥石　藥物和鍼砭兩方面的治療。❾瘳　病癒。❿然吾之方密　《釋文》：「『然吾之方密』為句。」⓫傳世　陶光《校釋》：「《呂氏春秋．圜道篇》：『今世之人主皆欲世勿失矣。』高《注》：『父死子繼曰世。』此傳世之義也。」⓬戈　古代最常用的長兵器。⓭以　「以」上嚴靈峰據文義加「所」字。《列子章句新編》⓮盧《解》：「顏回好學亞聖，……故令顏回記之者，用明道於大賢耳。」按本章主題是對齷齪社會的自我心理隔絕，編者利用孔子對華子加以揄揚，並非如盧氏的看法。

【語　譯】宋國陽里華子中年得到遺忘的毛病，早上拿人東西，晚上忘記，晚上給人東西，次日早上忘記；在路上就忘記走路，在室內就忘記坐著；不認識先後的順序，不知道今古的差異。全家人對他很憂慮。請史官來卜卦，沒有徵驗；請巫者祈禱，不能禁止（他的行為）；請醫師下藥，也沒有除病。魯國有個儒生自己推介能治好他，華子的妻子、兒子以財產的一半來請求他的方法。儒生說：「這本來就不是卦象龜兆所能顯示出來的徵驗，不是祈請所能求福的，更不是藥石所能攻除的。我嘗試變化他的心智思慮，或許就可痊癒了。」於是試圖使他裸露，他就要求穿衣；使他飢餓，他就要求吃；使他黑暗，他就要求光明。儒生欣喜地告訴華子的兒子說：「病可好了！但我的方法很祕密，可傳給我的後世而不可告訴別人。請你叫退左右的人，讓他獨自居住在室中七天。」華子的兒子聽從了他的話，而不知道儒生如何作為的，終於積多年的病，一時都除去了。華子醒悟之後，便大怒，出逐妻子，處罰兒子，拿著戈去趕儒生。宋國人就把他抓起來問原因。華子說：「過去我遺忘的時候，空蕩蕩的不知有無天地的存亡。現在突然了解已往，幾十年間的存亡、得失、哀樂、好惡的無數擾亂頭緒又發作起來了。我恐怕未來的存亡、得失、哀樂、好惡等念頭又會像現在這樣的來擾亂我心，那麼片刻遺忘的快樂，怎麼又能得到呢？」子貢聽了這事覺得很奇怪，來告訴孔子。孔子說：「華子的遺忘不是你能力所及的！」回頭叫顏回記載下來。

（八）秦人逢氏有子，少而惠，及壯而有迷罔❶之疾。聞歌以為哭；視白以為黑；饗香❷以為朽；嘗甘以為苦；行非以為是；意之所之，天地四方，水火寒暑，無不倒錯者焉。楊氏告其父曰：「魯之君子❸多術藝❹，將能已乎，汝奚不訪焉？」其父之魯，過陳，遇老聃，因告其子之證❺。老聃曰：「汝庸知汝子之迷乎❻？今天下之人皆惑於是非，昏於利害。❼同疾者多，固莫有覺者。且一身之迷不足傾一家，一家之迷不足傾一鄉❽，一鄉之迷不足傾一國，一國之迷不足傾❾天下。❿天下盡迷，孰傾之哉？向使天下之人其心盡如汝子，汝則反迷矣。哀樂、聲色、臭味、是非，孰能正之？⓫且吾之此言未必非迷，而況魯之君子迷之郵⓬

者，焉能解人之迷哉？榮⑬汝之糧，不若遄⑭歸也。」⑮

【注釋】①迷罔　迷惘。②饗香　飲食有香味的食物。饗，動詞。③君子　本是指有才德的貴族，這裏稱魯之君子，則就是儒生，甚至是孔子，《孟子．盡心篇下》：「君子之戹於陳蔡之間。」君子即孔子。④術藝　術數六藝，術數是卜筮占候，六藝是禮樂射御書數。⑤證　症候，證假借為症。⑥汝庸知汝子之迷乎　意謂並沒有迷惘。⑦今天下之人皆惑於是非二句　是主觀之是，非主觀之非；趨一己之利，避一己之害。⑧鄉　行政單位，諸說不同，周制以一萬二千五百家為一鄉（《周禮注》）。⑨傾　王重民：「傾字與上文不相應，蓋正字之誤。」⑩一身之迷不足傾一家四句　局部的迷惘，不足以影響全部的清醒。⑪哀樂二句　知識是主觀的表現，不同的社會有不同知識形態，沒有透過客觀規律之前，一切知識是沒有正確的答案，《莊子．齊物論篇》與此相發明：「民溼寢則腰疾偏死，鰌然乎哉？木處則惴慄恂懼，猨猴然乎哉？三者孰知正處？民食芻豢，麋鹿食薦，蝍且甘帶，鴟鴉耆鼠，四者孰知正味？猨猵狙以為雌，麋與鹿交，鰌與魚游。毛嬙麗姬，人之所美也；魚見之深入，鳥見之高飛，麋鹿見之決驟。四者孰知天下之正色？自我觀之，仁義之端，是非之塗，樊然殽亂，吾惡能知其辯！」⑫郵　通「尤」。王重民：「《御覽》作尤。」⑬榮　擔負。張《注》：「榮，棄也」，不能解。榮是攍或贏的假借字，都是庚韻字。《荀子．議兵篇》：「贏三日之糧。」楊倞《注》：「贏，負擔也。」《方言》卷七：「攍，儋也。齊楚陳宋之間曰攍。」《廣雅．釋詁篇》：「攍，負也。」陶光以為榮假借為籯，是以器受糧而負之，意思差不多。⑭遄　快。⑮本章與上章都是反映在專制的黑暗時代的知識分子對當時禮教、知識的消極抗拒。像魏晉時代，人人自危，不免頹廢形骸，以圖苟全性命。

【語　譯】秦國姓逢的有個兒子，年少很聰明，長大後卻得了迷惘的毛病。聽到人唱歌，以為人在哭；看到白的，以為黑的；吃到香的，以為臭的；嘗到甘的，以為苦的；做錯的，以為對的；只要他心意思想所能到之處，如天地四方、水火寒暑等觀念，無不把它顛倒。有個姓楊的告訴姓逄的父親說：「魯國的君子富有術藝的才能，將能夠治好你兒子的病！你為什麼不去拜訪呢？」他的父親就到魯國去，途經陳國，遇到老聃，於是把他兒子的症候告訴老聃。老聃說：「你那裏知道你兒子是迷惘呢？現在天下的人都受是非的惑亂，受利害的昏迷。只是同樣患這兩個迷惘毛病的多，所以本就不能察覺。而且一人的迷惘不足以傾倒一家，一家的迷惘不足以傾倒一鄉，一鄉的迷惘不足以傾倒一國，一國的迷惘不足以傾倒天下。但天下人完全迷惘，誰來糾正呢？假使天下人他們的心意完全像你兒子一樣，那麼反而是你在迷惘。哀樂、聲色、臭味、是非等本是主觀的，誰能夠來糾正呢？而我說這些話本身未必就不是迷惘，況且魯國君子是最迷惘是非利害的，（怎麼治你兒子的病呢？）背負著你的乾糧，不如快回家去吧！」

（九）燕人生於燕，長於楚，及老而還本國。過晉國，同行者誑之。指城曰：「此燕國之城。」其人愀然變容。指社❶曰：「此若里之社❷。」乃喟然而歎。指舍曰：「此若先人之廬。」乃涓然而泣。指壠❸曰：「此若先人之冢。」其人哭不自禁。同行者啞然❹大笑，曰：「予昔紿❺若，此晉國耳。」其人大慚。及至燕，真見燕國之城社，真見先人之廬冢，

悲心更微。❻

【注　釋】❶社　土地之神。這裏指築起土壇的社神。❷里之社　里社。古代從天子以下各階級都有不同的社，民里的社，叫里社。❸壠　堆高的墓土。❹啞然　發笑的樣子。❺紿　欺騙。❻張《注》：「此章明情有一至，哀樂既過，則向之所感皆無欣戚者也。」

【語　譯】有一個燕國人出生在燕國，成長在楚國，到了老年要回到自己祖國。路過晉國時，同行的人用假話騙他。指著晉國的城說：「這是燕國的城。」這個燕國人不覺感傷地變了容貌。指著社神說：「這是你鄉里的社神。」燕人乃長歎息著。指著房舍說：「這是你祖先的田廬。」燕人就細流著眼淚。指著堆高墓土說：「這是你祖先的墳墓。」這個燕國人不禁地哭起來了。同行的人發出大笑說：「我剛才騙你呀！這是晉國呀！」這個燕國人大為羞慚。等到了燕國，真的看到燕國的城、社神，真的看到祖先的田廬、墳墓，這個燕國人的悲傷之心已經微小了。

第四篇 仲尼篇❶

（一）仲尼閒居，子貢入侍，❷而有憂色。子貢不敢問，出告顏回，顏回援❸琴而歌。孔子聞之，果召回入，問曰：「若奚獨樂？」回曰❹：「夫子奚獨憂？」孔子曰：「先言爾志❺。」曰：「吾昔聞之夫子曰：『樂天知命故不憂』❻，回所以樂也。」孔子愀然有閒曰：「有是言哉？汝之意失矣。此吾昔日之言爾，請以今言為正也。汝徒知樂天知命之無憂，未知樂天知命有憂之大也。今告若其實修一身，任窮達，知去來之非我，亡變亂於心慮，爾之所謂樂天知命之無憂也。曩吾修《詩》《書》，正禮樂❼，將以治天下，遺來世；非但修一身，治魯國而已。❽而魯之君臣日失其序❾，仁義益衰，情性益薄。此道不行一國與當年，其如天下與來世矣？吾始知《詩》《書》禮樂無救於治亂，而未知所以革之之方。此樂天知命者之所憂。雖然，吾得之矣。夫樂而知者，非古人⑩之所謂樂知也。無樂無知，是真樂真知；故無所不樂，無所不知，無所不憂，無所不為。《詩》《書》禮樂，何棄之有？革之何為？」顏回北面⑪拜手⑫曰：「回亦得之矣。」出告子貢。子貢茫然自失，歸家淫思七日，不寢不食，以至骨立。顏回重往喻之，乃反丘門，弦歌誦書，終身不輟。⑬

【注釋】❶〈仲尼篇〉的前四章，疑是以儒家文獻作為骨架，再由編者以己意加以改寫的，與仲尼思想完全無涉。❷仲尼閒居二句　《禮記・仲尼閒居篇》作「仲尼閒居，子夏侍。」❸援　引，即彈的意思。❹回曰　這與《論語》中顏淵唯唯諾諾毫無思想的個性不同。❺先言爾志　《論語・公冶長篇》：「季路侍，子曰：『盍各言爾志……』。」❻樂天知命故不憂　樂天知命是快樂順應自然的現況，知曉遵守上天已定的命運。「樂天知命故不憂」一語見《周易・繫辭上》。❼曩吾修詩書正禮樂　《史記・孔子世家》：「（魯定公五年）孔子不仕，退而脩《詩》《書》禮樂。」❽非但修一身二句　表示「樂天知命之無憂」。❾君臣日失其序　孔子主張：「君君、臣臣、父父、子子。」（〈顏淵篇〉）「君使臣以禮，臣事君以忠。」（〈八佾篇〉）❿古人　實指道家學者的形象。⓫北面　臣子北面見君或弟子北面見師。⓬拜手　楊伯峻以為：拜手連文不辭，拜為拜之誤，拜古文作𠬞，即今拱字，所以「拜手」即「拱手」。按《說文》作𠬞（甲金文相同）的共（拱）字與拜手的「拜」字不同，金文及經傳（如《尚書・召誥》）時見「拜手稽（䭫）首」一句，「拜」金文多作「[illegible]」，亦有作「[illegible]」（如師嫠簋），皆像以手拔花之形（另有異說），後引申為「拜手」之拜，即下跪俯首到拱手之處（未叩地），也就是《說文》

的「𢷎，首至手也」的「捧」字，隸定為「拜」。所以「拜」為正字，不必改字。⓭本章以「無樂無知，是真樂真知。」為主旨，以否定樂天知命之無憂及有憂。

【語譯】仲尼閒居在室中，子貢進去陪伴侍候，看到孔子面有憂色。子貢不敢問，出來告訴顏回，顏回卻在彈琴唱歌。孔子聽到，遂召顏回進入，問：「你為什麼一人獨樂？」回答：「夫子為什麼一人獨憂？」孔子說：「先說你的志向。」答：「我在從前聽過夫子說：『能樂天知命所以不憂。』因此回能夠快樂呀！」孔子變了顏色有片刻說：「有說這句話嗎？你會錯意了！這是我從前說的話，讓我以現在的話為準吧！你只知道樂天知命中的無憂部分，而不知道樂天知命是以有憂為最重要的。現在我告訴你：修養一身，任其無窮通達，知曉來去的身軀並不是真正的自我，沒有變亂的事存在自己心頭的思慮中，這就是你所說的樂天知命的無憂了。以前我編修《詩》《書》，訂正禮樂，用以來治理天下，流傳後世；而不只是修養一身，治理魯國而已。但是魯國君臣日益失去上下的秩序，仁義更加衰微，情性更加刻薄。這個理想（修《詩》《書》正禮樂以治天下）不能行於一（魯）國與當（今）世，又如何能行於天下與來世呢？我才知道《詩》《書》禮樂無助於治亂世，但又不知去改革這個缺點的方法。這就是樂天知命所憂慮的。雖然，我也有所心得。能夠快樂（天）能知曉（命），而這快樂與知曉，並不是古人所說的快樂與知曉。古人的快樂與知曉，是無快樂無知曉的，這才是真正的快樂，真正的知曉；所以也就能無所不快樂，無所不知曉的，進而無所不憂慮，無所不做為的。正因為古人無所不樂、不知、不憂、不為，那麼，不能以《詩》《書》禮樂治天下的一點憂慮就算不了什麼了，這樣，也不必拋棄《詩》《書》禮樂了！也不必管什麼是改革《詩》《書》禮樂的方法了。」顏回聽了向北面下拜說：「我也有心得了。」出去告訴子貢。子貢茫然地像失去自我，回他家整整思考了七天，不睡不吃，以至於瘦得只賸下個骨骼。顏回兩次到他家說明，子貢才又回到孔丘的門下，彈琴、唱歌、讀書，終身不停。

（二）❶陳大夫聘魯❷，私見❸叔孫氏❹。叔孫氏曰：「吾國有聖人。」曰：「非孔丘邪？」曰：「是也。」「何以知其聖乎？」叔孫氏曰：「吾常聞之顏回曰，『孔丘能廢心而用形❺。』」陳大夫曰：「吾國亦有聖人，子弗知乎？」曰：「聖人孰謂？」曰：「老聃之弟子有亢倉子❻者，得聃之道，能以耳視而目聽。」魯侯❼聞之大驚，使上卿厚禮而致之❽。亢倉子應聘而至❾。魯侯卑辭請問之。亢倉子曰：「傳之者妄。我能視聽不用耳目，不能易耳目之用。」魯侯曰：「此增異矣。其道奈何？寡人終願聞之。」亢倉子曰：「我體合於心，心合於氣，氣合於神，神合於無。❿其有介然⓫之有⓬，唯然⓭之音，雖遠在八荒之外，近在眉睫之內，來干我者，我必知之。乃不知是我七孔四支之所覺，心腹六藏之所知，其自知而已矣⑭。」魯侯大悅。他日以告仲尼，仲尼笑而不答。

【注釋】❶本章又見於《亢倉子．全道篇》，內容當然是虛構的。❷陳大夫聘魯　《亢倉子》作：「陳懷君柳使其大夫禱行聘於魯。」按陳懷君，即陳懷公，名柳，在魯定公五年時即位，在位四年。聘是聘問，一如今天的外交訪問。《禮記．曲禮篇下》：「諸侯使大夫問他諸侯曰聘問。」聘，是持聘物以訪問。《左傳》記春秋時唯一的陳大夫（女叔）聘魯是魯莊公二十五年，下距孔子之生尚百年許。❸私見　大夫無私交於他國的大夫，所以叫私見。❹叔孫氏　魯桓公的兒子叔牙的子孫叫叔孫氏，後來與季孫氏間續控制魯國政權，在孔子時，可能為叔孫不敢或叔孫州仇。❺孔丘能廢心而用形　並無此事此語。❻亢倉子　道家學者，一作「庚桑子」，《莊子》有〈庚桑楚篇〉，《釋文》引司馬彪云：「楚，名，庚桑，姓也。太史公書作亢桑。」《亢倉子》最早著錄於《宋史．藝文志》，是唐代王士源所編的。❼魯侯　《亢倉子》明說是魯定公。❽使上卿厚禮而致之　王重民：「《意林》引作『以上卿禮致之』，《亢倉子．全道篇》作『使叔孫氏報聘，且致亢倉子，待以上卿之禮』，與《意林》所引義合。」從之。上卿，卿大夫的最高階級。❾應聘而至　《莊子．庚桑楚篇》說他：「北居畏壘之山。」❿我體合於心四句　《莊子．人間世篇》：「虛也者，虛而待物者也，唯道集虛。虛者，心齋也。」又〈養生主篇〉：「以神遇而不以目視，官知止而神欲行。」與此相發揮。⓫介然　微小的樣子，如〈楊朱篇〉二章的「介焉」。⓬有　孫詒讓：「此文以『有』與『音』相儷，『有』疑當作『形』。」從之。⓭唯然　微小的樣子。⓮其自知而已矣　因能神合於無。「無」是宇宙自然的本真。

【語譯】有一個陳國的大夫到魯國聘問，私下來見叔孫氏。叔孫氏說：「我國有個聖人。」陳大夫答說：「不是孔丘嗎？」說：「是的。」問：「何以知道他是聖人呢？」叔孫氏說：「我常聽到顏回說：『孔丘能拋棄心志而用形體去作為。』」陳國大夫說：「我國也有聖人，你不知道嗎？」答：「誰是聖人？」說：「老聃的弟子有個叫亢倉子的，得到老聃的道術，能夠以耳朵來看，以眼睛來聽。」魯君聽了大為震驚，便用上卿的厚禮來羅致他。亢倉子應聘請而來。魯君以卑下的話來問他。亢倉子說：「傳話的人弄錯了！我能夠看聽，連耳目都不要，就是不能交換耳目的用途。」魯君說：「這更加奇異了。方法怎麼樣呀？寡人願意聽聽！」亢倉子說：「我的身體結合心臟，心臟結合元氣，元氣結合精神，精神結合『無』。所以（我的身體能結合『無』），微小的形體，微小的聲音，即使遠在八荒以外，或近在眉睫以內，只要呈現在我耳目之前的，我必定知道。這不是靠我有七竅四肢的感覺，心腹六臟的知曉，而是我本來就知道呀！」魯君聽後很高興。幾日後他轉告仲尼，仲尼只是笑而不能回答。

（三）商太宰❶見孔子曰：「丘聖者歟？」孔子曰：「聖則丘何敢❷，然則丘博學多識者也❸。」商太宰曰：「三王聖者歟？」孔子曰：「三王善任❹智勇者，聖則丘弗知。」曰：「五帝❺聖者歟？」孔子曰：「五帝善任仁義者，聖則丘弗知。」曰：「三皇聖者歟？」孔子曰：「三皇善任因時❻者，聖則丘弗知。」商太宰大駭，曰：「然則孰者為聖？」孔子動容有間，曰：「西方之人有聖者焉❼，不治而不亂❽，不言而自信，不化而自行❾，蕩蕩乎民無能名焉❿，丘疑其為聖。弗知真為聖歟？真不聖歟？」商太宰嘿然⓫心計曰：「孔丘欺我哉！」

【注釋】❶商太宰　宋國的太宰，商亡後由宋繼承，商宋古常通用。太宰，百官之長。楊伯峻：「《韓非子・說林篇上》云：『子圉見孔子於商太宰。』〈說林篇下〉云：『宋太宰貴而主斷。』〈內儲說篇上〉云：『戴驩，宋太宰。』又云：『商太宰使少庶子之市。』顧廣圻曰：『此皆一人，商，宋也。』然則商太宰姓戴名驩，宋之貴臣也。」❷聖則丘何敢　參見《論語・述而篇》：「子曰：『若聖與仁，則吾豈敢？』」❸丘博學多識者也　參見《論語・子罕篇》：「大宰問於子貢曰：『夫子聖者與？何其多能也？』子貢曰：『固天縱之將聖，又多能也。』」又：「達巷黨人曰：『大哉孔子！博學而無所成名。』」❹三王善任　三王，注見〈周穆王篇〉二章注釋⓮。任，堪；行。本書〈楊朱篇〉：「任智而不恃力。」❺五帝　注見〈周穆王篇〉二章注釋⓭。❻善任因時　王重民：「案『善任因時』義不可通，蓋本作『三皇善因時者』，『任』字因上文『三王善任智勇』、『五帝善任仁義』諸『任』字而衍，智勇仁義可言任，因時則不必言任矣。《類聚》卷二〇、《御覽》卷四〇一引並無任字。」❼西方之人有聖者焉　從宋代林希逸、高似孫以至姚際恆、馬敘倫、梁啟超皆以為是西方的佛陀，按古書有「西方有人」（《莊子・讓王篇》）、「西王國」（《荀子・大略篇》）、「西王母」（《山海經》、《穆天子傳》等）……乃是神話中的世界，與西方之佛無關，湯用彤以為或是西出關之老子（《漢魏兩晉南北朝佛教史》），就下文看很有可能是指老子。用老子來否定傳統所謂的聖人。❽不治而不亂　俞樾：「此本作『不治而自亂』。亂，治也，謂不治而自治也。正與下文……文義一律。後人不達亂字之義，改為不亂，失之矣。」❾不化而自行　與《老子》五七章：「聖人云：『我無為而民自化，我好靜而民自正，我無為而民自富，我無欲而民自樸。』」西方聖人或就是《老子》書所引的聖人。❿蕩蕩乎民無能名焉　此句見於《論語．泰伯篇》，原是孔子歌頌帝堯的：「大哉！堯之為君也！巍巍乎，唯天為大，唯堯則之！蕩蕩乎，民無能名焉！巍巍乎，其有成功也！煥乎，其有文章。」用讚美帝堯的話，又來否定五帝（包括帝堯）是耐人尋味的。⓫嘿然　通「默然」。

【語　譯】宋國太宰接見孔子說：「孔丘是聖人嗎？」孔子說：「丘怎麼敢算是聖人呢？只是丘博學多記罷了。」宋太宰問：「三代之王是聖人嗎？」孔子答：「三代之王是善於行智勇的人，至於是否為聖人，丘不知道。」問：「五帝是聖人嗎？」孔子答：「五帝是善於行仁義的人，至於是否為聖人，丘不知道。」問：「三皇是聖人嗎？」孔子說：「三皇是善於把握時機的人，至於是否為聖人，丘不知道。」宋太宰聽了大為驚駭的說：「那麼誰是聖人呢？」孔子變動容貌片刻才說：「西方人中有個聖人，不用治理，自然就能治理人民，不發言論，自然就能取信人民；不施教化，自然就能教化人民，這個聖人偉大的呀，人民不能用言語來形容他，丘懷疑他就是聖人。不知道真是聖人呢？或者不是聖人？」宋太宰默默地心裏想著：「孔丘欺騙我呀！」

（四）❶子夏問孔子曰：「顏回之為人奚若❷？」子曰：「回之仁賢於丘也❸。」曰：「子貢之為人奚若？」子曰：「賜之辯賢於丘也❹。」

曰：「子路❺之為人奚若？」子曰：「由之勇賢於丘也❻。」曰：「子張❼之為人奚若？」子曰：「師之莊賢於丘也。」子夏避席❽而問曰：「然則四子者何為事夫子？」曰：「居！吾語汝。夫回能仁而不能反❾，賜能辯而不能訥❿，由能勇而不能怯⓫，師能莊而不能同⓬。兼四子之有以易吾，吾弗許也⓭。此其所以事吾而不貳也。」

【注釋】❶本章又見於《管子．小匡篇》、《淮南子．人間》、《說苑．雜言篇》、《孔子家語．六本篇》、《論衡．定賢篇》。其中與《說苑》最相同。❷奚若　何如；怎樣。❸回之仁賢於丘也　《論語．公冶長篇》：「子謂子貢曰：『女與回也孰愈？』對曰：『賜也何敢望回！回也聞一以知十，賜也聞一以知二。』子曰：『弗如也，吾與女弗如也。』」又〈雍也篇〉：「子曰：『回也，其心三月不違仁，其餘，則日月至焉而已矣。』」❹賜之辯賢於丘也　子貢是孔子學生中對春秋社會最有影響力的一個政客，《史記．仲尼弟子列傳》說：「子貢利口巧辭……故子貢一出，存魯亂齊，破吳彊晉而霸越；子貢一使，使勢相破，十年之中，五國各有變……家累千金。」因之〈貨殖列傳〉說：「使孔子名揚天下者，子貢先後之也。」甚至有子貢賢於仲尼之說。《論語．子張篇》：「陳子禽謂子貢曰：『子為恭也，仲尼豈賢於子乎？……』」❺子路　仲由，字子路，卞人，孔子學生，好勇力，志伉直，後被殺。❻由之勇賢於丘也　《論語．公冶長篇》：「子曰：『道不行，乘桴浮於海，從我者其由與？』子路聞之喜，子曰：『由也，好勇過我，無所取材。』」❼子張　顓孫師，字子張，陳人，孔子學生。❽避席　古人席地而跪坐，離席必須站立。❾反　忍心。俞樾：「反字無義，疑刃字之誤，俗書刃字作刄，故誤為反耳，刃與忍通……《淮南子．人間》字正作忍。」按《論衡》亦作忍，賈誼《新書》：「惻隱憐人謂之慈，反慈為忍。」忍即忍心或忍性，《莊子．列禦寇篇》：「忍性以視民而不知不信。」就是沒有慈愛真誠之心。❿賜能辯而不能訥　《史記．仲尼弟子列傳》：「子貢利口巧辭，孔子常黜其辯。」按《淮南子》、《說苑》、《家語》作「敏而不能屈（《家語》作詘）」。⓫由能勇而不能怯　《論語．述而篇》：「子路曰：『子行三軍，則誰與？』子曰：『暴虎馮河，死而無悔者，吾不與也，必也臨事而懼，好謀而成者也。』」⓬師能莊而不能同　《論語．子張篇》：「曾子曰：『堂堂乎張也！難與並為仁矣。』」曾子說子張作風孤高，很難與他同行仁道。同是和光同塵，與世人隨和。⓭弗許也　《淮南子》、《論衡》、《家語》並作「弗為也」。

【語譯】子夏問孔子說：「顏回的為人怎樣？」孔子答：「回的仁德比我好。」問：「子貢的為人怎樣？」孔子答：「賜的辯才比我好。」問：「子路的為人怎樣？」孔子答：「由的勇氣比我好。」問：「子張的為人怎樣？」孔子答：「師的矜莊比我好。」子夏離開席位站起來問著：「那麼他們四位為什麼來師事夫子呢？」答：「唔！我告訴你。因為回能有仁德但不能忍心，賜能有辯才但不能木訥，由能有勇氣但不能畏怯，師能有矜莊但不能同塵。兼有四人的能力來取代我的道術，我以為是不可以的。這就是為什麼他們專心來師事我的緣故呀！」

（五）子列子既師壺丘子林，友伯昏瞀人，乃居南郭❶。從之處❷者，日數而不及❸。雖然，子列子亦微焉，朝朝相與辯，無不聞。而與南郭子❹連牆二十年，不相謁請；相遇於道，目若不相見者。門之徒役❺

以為子列子與南郭子有敵不疑。有自楚來者，問子列子曰：「先生與南郭子奚敵？」子列子曰：「南郭子貌充心虛，耳無聞，目無見，口無言，心無知，形無惕❻，往將奚為？雖然，試與汝偕往。」閱❼弟子四十人同行，見南郭子，果若欺魄❽焉，而不可與接。❾顧視子列子，形神不相偶，而不可與群。南郭子俄而指子列子之弟子末行者與言❿，衎衎然⓫若專直而在雄⓬者。子列子之徒駭之，反舍，咸有疑色。子列子曰：「得意者無言，進⓭知⓮者亦無言。用無言為言亦言，無知為知亦知。無言與不言，無知與不知⓯，亦言亦知。亦無所不言，亦無所不知；亦無所言，亦無所知。如斯而已。汝奚妄駭哉？」⓰

【注釋】❶南郭　其地不可考，大概原是某地的南外城，或南外城之地。❷處　古時弟子從師學習要跟老師一起住。《初學記》「處」作「遊」。遊，是到別地讀書。❸日數而不及　胡懷琛：「『日』為『百』字之誤。『百數而不及』，謂從列子處者之多，莫有能及列子者。〈黃帝篇〉：『漚鳥之至者百數而不止』與此句法相同，是其證也。」按《初學記》、《御覽》「日」正作「百」，胡氏所說為是，但把「不及」解為能力不及，意思欠妥，弟子從師，何必強調不及師，尤其與下文「雖然子列子亦微焉」文意都不順，所以「不及」，似應依張《注》作

「不及盡」解，漚鳥不止，也有不盡的意思。❹南郭子　居住南郭而得名，似就是《莊子・齊物論篇》的南郭子綦，以及〈人間世篇〉和〈徐无鬼篇〉的南伯子綦。據成玄英《疏》：「楚昭王之庶弟，楚莊王之司馬，字子綦。……其人懷道抱德，虛心忘淡。」按即使有其人，形象也是虛構的。❺徒役　門徒。役亦是徒。❻愓　通變易之「易」，于省吾《列子新證》：「按愓即易之孳乳字。《尚書・盤庚篇》：『惟汝含德不愓。』蔡侯盧：『歠敬不愓』，不愓即不易。」❼閱　簡選。❽欺魄　土或陶製的人偶，人面大耳獸身，求雨或鎮墓之用。欺乃「䫏」的假借字，一作「魌」，叫魌頭，今傳世有唐三彩魌頭。《淮南子・精神》：「視至尊窮寵猶行客也，視毛嬙西施猶䫏醜（劉文典以為醜乃魄之誤）。」❾有自楚來者十一句　《莊子・齊物論篇》說：「南郭子綦隱机而坐，仰天而噓，荅焉似喪其耦。顏成子游立侍乎前，曰：『何居乎？形固可使如槁木，而心固可使如死灰乎？……』」可與此文互解。❿指子列子之弟子末行者與言　林希逸：「以列子不為足與語也。」⓫衎衎然　剛直的樣子，是「專直而在（存）雄者」的形容詞。衎衎，假借侃侃，《論語・鄉黨篇》：「朝與下大夫語，侃侃如也。」⓬在雄　《釋文》：「『在』一本作『存』。」俞樾：「當從之，《莊子・天下篇》：『施存雄而無術』，亦有『存雄』之文，可以為證。」⓭進　通「盡」。《釋文》：「進音盡。」劉向《序》：「以盡為進。」⓮知　認識、了解知識而言。⓯無言與不言無知與不知　俞樾：「按『與』猶『為』也，上云：『用無言為言亦言，無知為知亦知』，故此云：『無言為不言，無知為不知，亦言亦知』蓋承上文而更進一義也。上文用『為』字，此文用『與』字，文異而義不異，古書多有此例。」⓰得意者無言十三句　既然沒有說也是說，自然是無所不說，也是無所說了；既然無知也是知，自然是無所不知，也是無所知了。所以我與南郭子又何必做形式的說話和認識呢？此與〈天瑞篇〉三章及《莊子・齊物論篇》：「夫言非吹也，言者有言，其所言者特未定也。果有言邪？其未嘗有言邪？其以為異於鷇音，亦有辯乎？其無辯乎？……庸詎知吾所謂知之非不知邪？庸詎知吾所謂不知之非知邪？」〈知北遊篇〉：「弗知乃知乎？知乃不知乎？孰知不知之知？孰知知之為不知，不知之為知乎？（二句奚侗馬敘倫依《淮南子》補）」相證。

【語 譯】列子師事壺丘子林，交友伯昏瞀人，然後居住在南郭。來從列子學習的有好幾百人還數不盡。雖然如此，列子思想仍然精微，天天與他們相辯論，無所不聞知。而列子在南郭與南郭子比鄰居住，只一牆相隔，卻有二十年，彼此不相互訪問邀請；有時在路上相遇，彼此眼睛就像相互看不見一樣。列子門下的弟子以為他們二人有無可疑惑（確實）的敵對。又有個來自楚國的弟子問列子說：「先生與南郭子為什麼敵對？」列子說：「南郭子形貌完全，心中空虛，耳聽不到，眼看不見，口說不出，心無所知，形無所變。（這樣）去訪問他要做什麼呢？雖然如此，我且與你去看他吧！」於是挑選弟子四十人與他同行，去見南郭子，果然他就像土偶一樣，精神與形體已不能相連接了。弟子回頭看列子也是形體與精神相離不一，而不可與他們合群相處了。南郭子突然指著列子弟子中最後排的一個說話：顯示著他是剛直專一存心獨尊的。列子弟子很驚惶，回去房舍，都有疑惑的臉色。列子說：「得意者沒有話，盡知者也沒有話。以『沒有話說話』也是話，以『無知去知』也是知。沒有話就是不說話，無知就是不知，這也是話，也是知。因此也無所不說，也無所不知；而也沒有好說的，也沒有可知的。他就是如此而已，你們還驚惶什麼？」

（六）❶子列子學❷也，三年之後，心不敢念是非，口不敢言利害，始得老商❸一眄而已。五年之後，心更念是非，口更言利害，老商始一解顏而笑。七年之後，從心之所念，更無是非；從口之所言，更無利害，夫子始一引吾❹並席而坐。九年之後，橫心之所念，橫口之所言，亦不知我之是非利害歟，亦不知彼之是非利害歟，外內進矣❺。而後眼如耳，耳如鼻，鼻如口，口無不同❻。心凝形釋，骨肉都融；不覺形之所倚，足之所履，心之所念，言之所藏。如斯而已。則理無所隱矣。❼

【注釋】❶本章從「三年之後」到「足之所履」與〈黃帝篇〉三章之部分文字重出，疑係從〈黃帝篇〉中列子的答辭中脫出，然後補加首尾成敘述體。❷學　楊伯峻：「『學』上疑捝『之』。」有「之」字才合文法。❸老商　〈黃帝篇〉「老商」作「夫子」。大概前面沒有交代向誰學，所以才把夫子改為老商。❹吾　是第一人稱自白，不合全章敘事的筆調，以下「我」字亦同。❺外內進矣　此句上，〈黃帝篇〉多「亦不知夫子之為我師，若人之為我友」二句。❻口無不同　〈黃帝篇〉作「無不同也」為是。❼張《注》：「〈黃帝篇〉已有此章，釋之詳矣，所以重出者，先明得性之極，則乘變化而無窮；後明順心之理，則無幽而不照，二章雙出，各有攸趣，可不察哉？」張《注》全是郢書燕說，牽強附會，由此可知張《注》之前已一文兩出，《列子》不是張湛所偽造是很明白的。

【語譯】列子（向老商氏）學習三年以後，心不敢存是非，口不敢說利害，這樣才得到老商氏瞧一眼而已。五年以後，表裏一致，心更敢存是非，口也更敢說利害，這樣夫子才開顏一笑。七年以後，放縱心去思想，更沒有是非；放縱口去言論，更沒有利害，這樣夫子才指引我和他同席坐著。九年以後，更縱橫地去思想，更縱橫地去言論，也不知道我的是、非、利、害呀！也不知道他的是、非、利、害呀！（也不知道夫子是我的老師，這個人是我的朋友。）這樣內外的觀念就完全化解了。然後眼可以像耳來聽，耳可以像鼻來聞，鼻可以像口來吃，一切器官都無不相同。心志凝一，形體消釋，骨肉融合；不知形體依賴在什麼空間，腳踏在什麼地方，心裏所存念的，話中所包含的。就是這樣而已，那麼道理就無所隱藏了。

（七）初，子列子好游。壺丘子曰：「禦寇好游，游何所好？」列子曰：「游之樂所玩無故❶。人之游也，觀其所見；我之游也，觀其所變❷。游乎游乎！未有能辨其游者。」壺丘子曰：「禦寇之游固與人同歟❸，而曰固與人異歟？凡所見，亦恆見其變。玩彼物之無故，不知我亦無故。務外游，不知務內觀。外游者，求備於物；內觀者，取足於身。取足於身，游之至也；求備於物，游之不至也。」於是列子終身不出，自以為不知游。壺丘子曰：「游其至乎❹！至游者，不知所適；至觀者，不知所眂。❺物物皆游矣，物物皆觀矣，是我之所謂游，是我之所謂觀也。故曰：游其至矣乎！游其至矣乎！」❻

【注 釋】❶無故 即指下文的「所變」。❷觀其所變 世德堂本作「觀之所變」。俞樾：「『之』即『其』也。」❸歟 通「邪」。是決定之詞，與〈黃帝篇〉三章及本篇上章同例，《經傳釋詞》：「『歟』『邪』二字，古並讀若『餘』。」下「歟」字同義。❹游其至乎 明朱得之《列子通義》：「許列子能如此可謂善游者也。」❺至游者四句 即至遊者無所不到；至觀者無所不看。眡，「視」之古字，又作「眎」，《說文》：「眡，視皃也。」❻游其至乎十二句 朱得之：「故我許爾終身不出為游之至者，蓋以必如此而後可謂游之至也。」從朱說。

【語 譯】起初，列子愛好遊覽。壺丘子說：「禦寇愛好遊覽，是愛好那些呢？」列子說：「遊覽的樂趣是玩賞不故舊而有變化的東西。別人的遊覽，是去觀賞表面的靜態；我的遊覽，是觀賞內在的變化。遊覽呀！遊覽呀！沒有人真能夠辨別遊覽的意義。」壺丘子說：「禦寇的遊覽，本來是與別人相同的呀！而現在卻說『本然是與別人不同的』呀！而一般人所看的，也可以永遠看到內在的變化（與你看的又何差別？）。你只知玩賞不故舊而有變化的那些外物，而不知我們自己的內在也是不故舊而隨時變化的。只知對外物的遊覽，而不知對自我的觀賞。遊覽外物，就要向外物求取完備；觀賞自我，只要求取自身就可滿足。求取自身就可滿足，才可達到遊覽的最高境界；向外物求取完備，便不能達到遊覽的最高境界。」於是列子終身不再外出，自以為自己沒有真正遊覽的能力了。壺丘子說：「這是遊覽的最高境界呀！遊覽的最高境界，是不知要到那裏；觀賞的最高境界，是不知要看那裏。物物都可遊覽，物物都可觀賞，這就是我所說的遊覽，就是我所說的觀賞呀！所以說你這樣是遊覽的最高境界呀！是遊覽的最高境界呀！」

（八）龍叔❶謂文摯❷曰：「子之術微矣。吾有疾，子能已乎？」

文摯曰：「唯命所聽。然先言子所病之證。」龍叔曰：「吾鄉譽不以為榮，國毀不以為辱；❸得而不喜，失而弗憂；視生如死❹；視富如貧；視人如豕；視吾如人。處吾之家，如逆旅之舍；觀吾之鄉，如戎蠻之國；凡此眾疾，爵賞不能勸，刑罰不能威，盛衰利害不能易，哀樂不能移。固不可事國君，交親友，御妻子，制僕隸。此奚疾哉？奚方能已之乎？❺」文摯乃命龍叔背明而立，文摯自後向明而望之。❻既而曰：「嘻！吾見子之心矣❼，方寸之地虛矣，幾聖人也！子心六孔流通，一孔不達。❽今以聖智為疾者，或由此乎！非吾淺術所能已也。」

【注釋】❶龍叔　不可考。不知是否與《孟子．告子篇上》的「龍子」有關。❷文摯　《釋文》：「六國時人，嘗醫齊威王。或云：春秋時宋國良醫也，曾治齊文王，使文王怒而病愈。」按文摯史有其人，但本章是虛構的。❸鄉譽不以為榮二句　《莊子．逍遙遊篇》：「舉世而譽之而不加勸，舉世而非之而不加沮。定乎內外之分，辯乎榮辱之竟，斯已矣。」❹視生如死　《莊子．大宗師篇》：「古之真人，不知說生，不知惡死。」❺吾鄉譽不以為榮二十三句　是虛無的齊物思想。《莊子．德充符篇》：「死生存亡，窮達貧富，賢與不肖毀譽，飢渴寒暑，是事之變，命之行也；日夜相代乎前，而知不能規乎其始者也。」❻文摯乃命龍叔背明而立二句　盧《解》：「背明而立者，反歸於凡俗之慮也；向明而望者，仰側至道之心也。」❼見子之心矣　和扁鵲（秦越人）隔牆看人五臟癥結一樣是古醫學中屬於神話的部分。❽子心六孔流通二句　古傳聖人的心有七孔，《史記·殷本紀》：「紂怒曰：『吾聞聖人心有七竅。』剖比干觀其心。」

【語譯】龍叔向文摯說：「你的醫術精妙。我有病，你能治癒嗎？」文摯說：「就聽你的話吧！但要先說你所患的病症。」龍叔說：「我受到鄉人的稱譽不以為光榮，國人的毀謗不以為恥辱；有獲得而不高興，損失而不憂愁；視生一如視死；視富一如視貧；視人一如視豬；視自己一如視別人。居住在我家，一如住旅館的房屋；看我的家鄉，一如看戎蠻落後之異國；所有這些疾病，使得以升官不能勸勉我，刑罰不能威脅我，盛衰利害不能改變我，哀樂不能移動我。更不可臣事國君、交往親友、差遣妻子、管制奴隸。這是什麼病呢？怎樣才能治癒呢？」文摯於是叫龍叔背著光線站立著，文摯然後向著光線看龍叔。一會兒後說：「唉！我看到你的心了，方寸的心空虛，幾乎是聖人了！你的心六孔流通，一孔不通。現在你以聖智者得了病，或許是由於這個原因吧！不是我淺薄的醫術所能治癒的。」

（九）無所由而常生者❶，道也。由生而生，故雖終而不亡，常❷也。由生而亡，不幸也。有所由而常死者❸，亦道也。由死而死，故雖未終而自亡者，亦常也。由死而生，幸❹也。故無用❺而生❻謂之道，用道得❼終❽謂之常；有所用而死者亦謂之道，用道而得死者亦謂之常。❾

季梁❿之死，楊朱望其門而歌；隨梧之死，楊朱撫其尸而哭⓫。隸人⓬之生，隸人之死，眾人且歌，眾人且哭。⓭

【注釋】❶無所由而常生者　即〈天瑞篇〉的「無時不生」。❷常　「常」就是「道」，是萬物從無到有，再歸於無，如此周行不殆的常規，就叫常。道與常，分言之：道是自然的本源，常是自然的規律。《老子》一六章：「致虛極，守靜篤。萬物並作，吾以觀復。夫物芸芸，各復歸其根，是謂復命，復命曰常。」本章內容，完全不離道家的這個原則。❸有所由而常死者　即〈天瑞篇〉：「無時不化。」❹幸　幸上應有「不」字。殷敬順《釋文》作「不幸」，任大椿《考異》：「考生字下當有『不』字。此節詞義皆兩兩相對，謂彼由生之道而死為不幸，則此由死之道而生亦不幸也。」陶光《校釋》：「〈力命篇〉：『可以生而生，天福也；可以死而死，天福也；可以生而不生，天罰也；可以死而不死，天罰也。』即此文之義，『可以死而不死，謂之天罰。』亦謂不幸也。」三家所說皆是。❺無用　疑作「無所由」，「由」「用」隸楷都極為相近，很可能「由」誤為「用」。「所」字因與下文「有所用」對文而加。下「用」字都作「由」。❻生　生下疑脫「者」字，因與下文「而死者」對文而加。❼得　得上疑脫「而」字。❽終　「終」字，疑係「生者」之誤，因與下文「死者」對文而改。❾無所由而常生者十八句　因文字頗為雜沓，陶鴻慶有相當的增刪，他說：「此節詞繁而義隱，傳寫易致譌謬，復經淺人竄改，遂成今本之誤。」他刪「不亡者」的「者」字和「自亡者亦常也」的「亦」字。「有所由而常死者」的「有」改為「無」。把「故無用而生」改為「有所用而生者亦」，把「用道得終」改為「用道而得生者亦」。按在道家、在列子思想中，認為生命原是假象，生死本是一物兩面的循環，難有界線，〈天瑞篇〉：「死之與生，一往一反。故死於是者，安知不生於彼？」又：「生之所生者死矣，而生生者未嘗終。」這就是「復命曰常」的常。本章就是反覆申論這個主旨，像〈天瑞篇〉強調「生物者不生，化物者不化」一樣是不憚其煩的，絕不能以一廂願意加以改字，以求文字整齊，內容變化。上文分為兩組，每組兩節，第一組兩節各有三判斷句，由「道也」「常也」「不幸也」各二詞作省繫詞的謂語。前一節是說生，後一節是說死，意思相反，在各自的主語中如「無」「有」、「生」「死」、「終」「未終」……都是相對的，由生死觀的一致，謂語則應全相同。陶鴻慶以為「由生而生」是賢哲，「由死而死」是桀跖，把生死與賢哲桀跖作不同價值的判斷，是不合於道家思想的。《莊子·大宗師篇》：「與其譽堯而非桀，不如兩忘而化其道。」是其證。〈力命篇〉以為依乎自然天命而生死的是天福，不依乎自然天命而生死的是天罰，本章說能依乎自然而生死卻不依自然去生死，這當然不是福，而是不幸了。第二組，除虛字及「終」字不得對「死者」之外，文意可通，不必大量改字。❿季梁　楊朱之友，見〈力命篇〉六章。唯該文未說季梁之死。楊朱歌其「可以死而死」。⓫撫其尸而哭　事不可考。楊朱哭其「可以生而亡」。⓬隸人　原是隸役，此猶作「眾人」。⓭隸人之生四句　盧《解》：「得全生之理而歸盡者，聖賢所以不哀也；失真以喪理與至於死者，賢智所以傷也。凡眾人之生死歌哭，皆物之常，何知其所至哉？」且從此說。

【語　譯】不知生的由來，任其自然而生，是道。能依自然之生而生，所以即使命會終而實不亡，是常。知可由自然而生，卻死亡，是不幸的。知生的由來，任其自然而死，也是道。依自然之死而死，所以即使命未終而自行亡，也是常。所以既然不知生的由來而任其生叫道，那麼由這個道去取得自然之生，就叫常；既然知生的由來而任其死也叫道，那麼由這個道去取得自然之死，就叫常。季梁死了，楊朱只望著他的家門，而在門外唱歌；隨梧死了，楊朱卻撫抱著他的屍體大哭。眾人中的生，眾人中的死；眾人有的為他們而歌，眾人有的為他們而哭。

（一〇）目將眇者，先睹秋毫❶；耳將聾者，先聞蚋飛；口將爽❷者，先辨淄澠❸；鼻將窒者，先覺焦朽；體將僵者，先亟❹犇佚❺；心將迷者，先識是非；故物不至者則不反。

【注　釋】❶秋毫　鳥獸在秋天初生的細毛，以喻微末之物。❷爽　差失。《老子》一二章：「五味令人口爽。」口爽是失去味覺。❸淄澠　淄水澠水在山東，二水氣味不同。〈說符篇〉：「淄澠之合，易牙嘗而知之。」喻二水之合，不易分辨。❹亟　疾急；急切。《釋文》引《方言》卷一：「亟，受也」，「受」乃「愛」之誤。❺犇佚　同「奔逸」。

【語　譯】眼睛將要瞎，先看到細微東西；耳朵將要聾，先聽到蚊蚋飛聲；嘴巴將要失覺，先辨別淄澠二水氣味；鼻子將要窒息，先嗅到焦味腐朽；身體將要倒下，先急於奔跑；心志將要迷亂，先能識別是非；所以事物沒有到達極端，則不會產生極端的反應出來。

（一一）鄭之圃澤❶多賢❷，東里❸多才❹。圃澤之役有伯豐子❺者，行過東里，遇鄧析。鄧析❻顧其徒而笑曰：「為若舞❼，彼來者奚若？」其徒曰：「所願知也。」鄧析謂伯豐子曰：「汝知養養之義乎？受人養而不能自養者❽，犬豕之類也；養物而物為我用者，人之力❾也。使汝之徒食而飽，衣而息，執政之功也。長幼群聚而為牢藉❿庖廚之物，奚異犬豕之類乎？」伯豐子不應。伯豐子之從者越次而進曰：「大夫不聞齊魯之多機乎？有善治土木者，有善治金革者⓫，有善治聲樂者，有善治書數者，有善治軍旅者，有善治宗廟⓬者，群才備也。而無相位⓭者，無能相使者。而位之者無知，使之者無能，而知之與能為之使焉。⓮執政者，迺吾之所使，子奚矜焉？⓯」鄧析無以應，目其徒而退。

【注釋】❶圃澤　鄭國的圃田，即〈天瑞篇〉的「鄭圃」，其地多沼澤。❷賢　賢者，指有道德修養的人，〈天瑞篇〉說列子居鄭圃四十年。這批人若據以下鄧析所言似是食祿於鄭國的學者食客。❸東里　鄭國都城內的里名。❹才　才士，指有政治才幹的人，子產住在東里。❺伯豐子　疑即〈天瑞篇〉中列子弟子百豐，伯通「百」，《穀梁傳・僖公三十三年》的「百里子」釋文：「『百』字或作『伯』」。果然，則上面「圃澤之役」，隱有「列子之徒」的意思。❻鄧析　依本章他是鄭國東里的才士。鄧析是我國法學先驅者和春秋時代的哲學家，舊說他是以「操兩可之說，設無窮之辭」（《列子・力命篇》）之名被殺，死後他的「竹刑」成文法仍行於鄭國。如據今存《鄧析子・無厚篇》說：「天不能屏勃厲之氣，全夭折之人，使為善之民必壽，此於民無厚也。凡民有穿窬為盜者，有詐偽相迷者，此皆生於不足，起於貧窮，而君必執法誅之，此於民無厚也。」則如此為民喉舌，搞民權活動，自不容於當權者了。〈漢志〉名家《鄧析》二篇，今存者已非舊本。資料尚見《列子》〈力命篇〉〈楊朱篇〉、《呂覽・離謂篇》、《說苑》〈反質篇〉〈指武篇〉、《荀子・宥坐篇》、《左傳・定公九年》。❼舞張《注》：「世或謂相嘲調為舞弄。」楊伯峻以為「舞」有戲弄之義，是在《漢書・東方朔傳》之後。❽受人養而不能自養者　如《孟子・滕文公篇上》：「治於人者食人，治人者食於人。」❾人之力　如《荀子・天論篇》：「財（裁）非其類，以養其（人）類。」❿牢藉　柵欄。牢是牛馬等牲畜的圈籠。藉，本作「籍」，是柵的假借字，與牢同義。⓫善治金革者　墨翟、公輸班皆魯之巧匠。金革是金（銅）屬兵器甲冑。革，指皮做的甲冑。齊是中國先秦時代冶金工業的重要地區。⓬宗廟　貴族祭祀先祖的堂廟，此指宗廟的禮儀。⓭位　俞樾以為作「涖」。涖，臨也。按涖臨與役使意義相近，位字在文中又講得通，實不必改字。⓮而無相位者五句　講「無為而治」的意思。⓯執政者三句　編者雖故意袒護伯豐子，但理由牽強，既然以無知無能為高，又怎麼可以役使執政者；這是虛無的反智論。

【語　譯】鄭國的圃澤多賢者，東里多才士。圃澤的門徒有個叫伯豐子的，走過東里，遇到鄧析。鄧析回頭看他（鄧析）的弟子說：「戲弄他（伯豐子）吧！那個人來幹什麼？」他的弟子說：「我們願意聽聽！」鄧析向伯豐子說：「你知道養人和被養的意義嗎？被人養而不能自己養自己的，就是狗豬一類的畜生；能養其他動物來為我們所用的，只有人的力量才能做到。能使你們這些傢伙吃飽穿暖來休息，就要靠為政者的功勞了。你們這些大小群聚一起就如柵欄裏廚房中的牲畜一樣，那裏與狗豬有不同呢？」伯豐子沒有回答。伯豐子的跟從者從後面越進到前面說：「大夫沒聽過齊國魯國多巧能之士嗎？有善於研究土木的，有善於研究金革的，有善於研究音樂的，有善於研究書、數的，有善於研究軍事的，有善於研究宗廟的，各種才能都具備。而沒有能調換他們職位工作的人，也沒有能差遣役使他們工作的人。而調換他們職位的是要無知，役使他們工作的是要無能，而知之的人和能為的人卻要受無知無能的役使。鄭國的執政者，乃是受我們無知無能的思想所役使的，你為什麼那麼驕傲呢？」鄧析無話以對，用眼睛暗示他的弟子，一起離開了。

（一二）公儀伯❶以力聞諸侯，堂谿公❷言之於周宣王，王備禮以聘之。公儀伯至，觀形，懦夫也。宣王心惑而疑曰：「女之力何如？」公儀伯曰：「臣之力能折春螽之股，堪秋蟬之翼。」王作色曰：「吾之力能裂犀兕❸之革，曳九牛之尾，猶憾其弱；女折春螽之股，堪秋蟬之翼，而力聞天下，何也？」公儀伯長息退席，曰：「善哉！王之問也！臣敢以實對：臣之師有商丘子❹者，力無敵於天下，而六親❺不知，以未嘗用其力故也。臣以死事之，乃告臣曰：『人欲見其所不見，視人所不窺；欲得其所不得，修人所不為。故學眎者先見輿薪，學聽者先聞撞鐘。夫有易於內者無難於外；於外無難，故名不出其一家。❻』今臣之

名聞於諸侯，是臣違師之教，顯臣之能者也。❼然則臣之名不以負其力者也，以能用其力者也❽，不猶愈於負其力者乎？」❾

【注釋】❶公儀伯　其人不可考。《釋文》：「公儀，氏也。」❷堂谿公　《釋文》：「堂谿，氏也。」按堂谿本是楚地，春秋吳王闔閭之弟夫槩王奔楚，於是始以堂谿為氏，事見《左傳・定公五年》(西元前五〇四年)，上距西周宣王約二百年。知是虛構，一如《韓非子》中堂谿公既能見韓昭侯（〈外儲說篇右上〉），又能見晚一百年的韓非，顯然不可信。❸犀兕　犀牛。兕，《爾雅》說：「似牛。」郭《注》：「一角，青色，重千斤。」其實兕就是獨角犀。❹商丘子　或是〈黃帝篇〉六章的商丘開。商丘，原為邑名，春秋為衛大夫食邑，遂以為氏。❺六親　有多說，《老子》王弼注「父子兄弟夫婦」，此喻親戚。❻故學眎者先見輿薪五句　盧《解》：「輿薪，近物也；撞鐘，巨聲也；夫易聞易見，自近而及遠也。夫善為生者，先養其神。神全則无為之功著，則外物无不通；故曰有易於內者，无難於外也。是以得之於一心，成之於一家，故外人不知也。」❼今臣之名聞於諸侯三句　張《注》：「未能令名迹不顯也。」❽用其力者也　張《注》：「善用其力者，不用其力也。」❾本章是反映柔弱的哲學。

【語　譯】公儀伯以大力氣名聞諸侯，堂谿公把這事告訴周宣王，王備了禮物去聘請他。公儀伯來到，看他的形體，真是懦夫。宣王內心疑惑的問著：「你的力氣怎樣呀？」公儀伯說：「臣的力氣能折斷春天蠡斯的細腿，能舉起秋天蟬的翅膀。」王變了臉色說：「我的力氣能撕裂犀牛的皮，拉動九牛的尾，還嫌力氣弱小；你只能折斷春天蠡斯的細腿，舉起秋天蟬的翅膀，而竟然以力氣名聞天下，為什麼？」公儀伯深深的歎息，離開席位說：「王問得很好！臣據實對你報告：臣的老師商丘子，力氣無敵於天下，而六親不知道，是因為他從來沒有使用過力氣。臣以至死不二的心師事他，他才告訴臣說：『眾人都要看自己所看不見的，要探視別人所不能探視的；都要得到自己所得不到的，要做別人所不能做的。所以（我、你）要學看就先看車子、薪木等大的東西，要學聽就先聽打鐘的大聲音。把容易的放在近處、內心，自然在遠處、外界就沒有困難產生；對外界沒有困難（就不必見聞），所以名聲不超出自己家庭之外。（故六親不知。）』現在臣子已名聞諸侯，是臣違背老師的教導，已使臣的能力顯示出來了。然而臣的名聲並不是靠自己的力氣，而是能夠用不用力氣的力氣，這不是勝過靠自己的力氣嗎？」

（一三）中山公子牟❶者，魏國之賢公子❷也。好與賢人游，不恤國事；而悅趙人公孫龍❸，樂正子輿❹之徒笑之。公子牟曰：「子何笑牟之悅公孫龍也？」子輿曰：「公孫龍之為人也，行無師，學無友，佞給而不中❺，漫衍而無家，好怪而妄言。欲惑人之心，屈人之口，與韓檀等肆之。❻」公子牟變容曰：「何子狀公孫龍之過歟？請聞其實。」

子輿曰：「吾笑龍之詒孔穿❼，言『善射者能令後鏃❽中前括❾，發發相及，矢矢相屬。前矢造準❿而無絕落，後矢之括猶銜弦，視之若一焉⑪。』孔穿駭之。龍曰：『此未其妙者。逢蒙之弟子曰鴻超⑫怒其妻而怖之。引烏號之弓⑬，綦衛之箭⑭，射其目。矢來⑮注眸子而眶不睫⑯，矢隧⑰地而塵不揚。』是豈智者之言與？」

公子牟曰：「智者之言固非愚者之所曉。後鏃中前括，鈞⑱後於前；矢注眸子而眶不睫，盡矢之勢也。子何疑焉？」

樂正子輿曰：「子，龍之徒⑲，焉得不飾其闕？吾又言其尤者：龍誑魏王曰：『有意不心⑳。有指不至㉑。有物不盡㉒。有影不移㉓。髮引千鈞㉔。白馬非馬㉕。孤犢未嘗有母㉖。』其負類反倫，不可勝言也。」

公子牟曰：「子不諭至言而以為尤也，尤其在子矣。夫無意則心同。無指則皆至。盡物者常有。影不移者，說在改也。㉗髮引千鈞，勢至等也。㉘白馬非馬，形名離也。⑳孤犢未嘗有母，非孤犢也。㉚」

樂正子輿曰：「子以公孫龍之鳴皆條也。設令發於餘竅㉛，子亦將承之。」公子牟默然良久，告退，曰：「請待餘日，更謁子論。」

【注釋】❶中山公子牟　即魏牟，戰國哲學家，《漢書・藝文志》道家有《公子牟》四篇，今佚。張《注》：「公子牟，文侯子，……魏伐得中山，以邑子牟，因曰中山公子牟也。」按中山在今河北，遺城近在平山挖出。春秋時屬鮮虞國，戰國初獨立為中山國，後為魏所併，不久又屬趙，魏文侯時伐取中山，不久又獨立，最後為趙武靈王所滅。孫詒讓以為魏牟晚魏文侯甚遠，不是魏文侯子，文侯滅中山，以其地封長子擊，擊立太子，改封次子摯，張湛誤摯為牟，魏牟時代，中山已屬趙國，所以孫氏以為中山不是鮮虞國的中山，而另有其地（《墨子閒詁》）。錢穆以為公子牟是魏摯的後裔，摯為中山的領主，所以魏牟冠以中山（《先秦諸子繫年考辨》卷一四六）。二人解釋中山皆缺乏證據以圓其說。❷公子　諸侯的兒子或公室（族）的子孫。❸公孫龍　趙國人，戰國哲學家，西元前三世紀在世。〈漢志〉名家有《公孫龍子》十四篇，今存六篇，真偽相雜。❹樂正子輿　其人不可考，樂正，複姓，因官名為氏。子輿，疑是字。❺佞給而不中　張《注》：「雖才辯而不合理也。」給，說話便捷。❻公孫龍之為人也九句　韓檀，《莊子・天下篇》作「桓團」，同音假借。〈天下篇〉：「桓團公孫龍辯者之徒，飾人之心，易人之意，能勝人之口，不能服人之心，辯者之囿也。」肄，學習。❼孔穿　張《注》：「孔子之孫。《世記》云：『為龍弟子。』」按《史記・孔子世家》稱：孔穿，字子高，為孔子六世孫，是孔白（孔子曾孫）的曾孫。又今本《公孫龍子・跡府篇》及《孔叢子・公孫龍子篇》稱：公孫龍與孔穿相會於趙平原君家，孔穿故意要公孫龍拋棄白馬非馬的學說，然後願為弟子，結果被公孫龍駁斥一番，無語以應。所以孔穿，似不曾為公孫龍弟子。❽鏃　金屬的箭頭。❾括　矢末，即箭尾，是射箭時與弓弦相接的地方。又假借為栝，與「筈」相通。❿造準　射到靶。造，至。準，通「埻」。《說文》作「𡑞」，《廣韻》：「埻，射的，《周禮》或作準。」射的，就如今天的射靶。⓫視之若一焉　張《注》：「箭相連屬無絕落處，前箭著（中）堋（即是埻），後箭復中前箭，而後所湊者猶銜弦，視之如一物之相連也。」⓬逢蒙之弟子曰鴻超　逢蒙鴻超，或是如《莊子》中雲將、鴻蒙的虛無人物。⓭烏號之弓　良弓名。有二種說法：一是《史記・封禪書》：「黃帝采首山銅，鑄鼎於荊山下，鼎既成，有龍垂胡（下巴喉下）髯，下迎黃帝，黃帝上騎，群臣後宮從上者七十餘人，龍乃上去，餘小臣不得上，乃悉持龍髯，龍髯拔墮，墮黃帝之弓，百姓仰望，黃帝既上天，乃抱其弓與胡髯號（抱弓與龍下巴鬚哭號），故後世因名其處曰鼎湖，其弓曰烏（與胡音同）號。」一是《風俗通》：「烏號弓者，柘桑之林，枝條暢茂，烏（烏鴉）登其上，下垂著地，烏適飛去，從後撥殺，取以為弓，因名烏號耳。」烏號又作「烏嗥」。⑭綦衛之箭　良箭名。《淮南子．原道》：「射者扜烏號之弓，彎綦衛之箭。」高誘《注》：「綦，美箭所出地名也，衛，利也。」王引之以為衞（衛）與綦是一物，是箭竹之名（《淮南．內篇雜志》），王重民以為是淇園之美竹，淇為綦（或綦）之本字。⑮矢來　《釋文》作「矢末」。⑯睫　《釋文》：「睫本作䀹，目瞬也。」按睫，通「䀹」、或通「眙」。眨眼。⑰隧　通「墜」。⑱鈞　通「均」。⑲龍之徒　林希逸：「謂牟乃為龍之徒弟。」按《莊子．秋水篇》魏牟讚許莊子以折服公孫龍。則魏牟不是公孫龍的弟子。⑳有意不心　意與心本為表裏，如《墨子．經篇上》：「循所聞而得其意，心之察也。」又：「執所言而意得見，心之辯也。」《荀子．解蔽篇》：「心不可劫而使易意。」譚戒甫《墨辯發微》：「名家分心意為二，蓋認心為體而意為用，形名家不認物有本體，故謂『意不心』，其說絕異。」按以下各條文句或文意都見於《莊子．天下篇》或《墨子》（〈大取篇〉〈小取篇〉）。〈天下篇〉所指的並不是專屬於公孫龍的學說，而是包括桓團、公孫龍的天下辯者受惠施的影響而相互辯論的結論。而《墨子》立論則與此相左右。㉑有指不至　《莊子．天下篇》作「指不至」。黃錦鋐《莊子讀本》：「物的名是得不到物的實際的。」又《墨子．大取篇》：「因至優指」與此不同。㉒有物不盡　〈天下篇〉：「一尺之捶，日取其半，萬世不竭。」是說物質可以無限分割或線是點的連綴。㉓有影不移　〈天下篇〉：「飛鳥之景未嘗動也。」景為影的本字。㉔髮引千鈞　《墨子．經說篇下》：「髮。均縣。輕而髮，絕不均也。均，其絕也；莫絕。」又見本書〈湯問篇〉八章。㉕白馬非馬　《公孫龍子．跡府篇》：「公孫龍為守白之論，假物取譬，以守白辯，謂白馬為非馬也。」《墨子．小取篇》：「白馬，馬；乘白馬，乘馬也。」持論與此不同。㉖孤犢未嘗有母　《莊子．天下篇》作：「孤駒未嘗有母。」㉗影不移者二句　張《注》：「影改而更生，非向之影。」《墨子》曰：「影不移，說在改為也。」按《墨子．經說篇下》：「景徙。說在改為。」（據譚戒甫校）按影對產生影的主體構成相對關係，怎樣形狀的主體，決定怎樣形狀的影，除了受不同光源角度而造成投影的不同外，不受空間移動的限制，所以主體雖動，影子對主體關係始終不變。公孫龍就視此不變為不移，其實影不移，主體亦可視為不移。亦可說物質運動中，所經空間的某一微小單位時間內，物質是沒有運動而凝固在某一空間之內，一如電影膠片的原理。㉘髮引千鈞二句　按材料承受拉力，固然易從脆弱部拉斷，但主要的是基於材料抗拉力是否小於拉力，即使材料質地勻稱，當承受不了拉力時，仍會在中央被拉斷（指同一線上而相反方向的二力）。㉙白馬非馬二句　張《注》：「離猶分也。〈白馬論〉曰：『馬者，所以命形也；白者，所以命色也。命色者非命形也。』」〈白馬論〉，即《公孫龍子‧白馬篇》。㉚孤犢未嘗有母二句　孤犢是沒有（父）母的小牛，公孫龍的詭辯是孤犢既然沒母親，則沒有母親就能成立，沒有母親現在是如此，過去也如此，所以一概否定有生牠的母親了。俞樾：「按『有母』下當更疊『有母』二字。」㉛餘竅　頭部七竅以外的大小便穴。樂正子輿惱羞成怒，口出穢言。

【語譯】中山公子牟，是魏國公室的賢公子。愛好與賢人交遊，不管國事；喜歡趙國人公孫龍的學說，樂正子輿這一班人譏笑他。公子牟說：「你為何笑我喜歡公孫龍的學說呢？」子輿說：「公孫龍的為人，行為沒有老師的指導，學習沒有朋友的輔助，有口才而不合理，學說散漫而不成一家之言，愛好怪異而虛妄言論。要迷惑別人的心、屈服別人的口，這（完全）與韓檀等人學習（同樣的一套）。」公子牟變了臉色說：「為什麼你要陳述公孫龍的過失呢？請你說事實吧！」

子輿說：「我笑公孫龍騙孔穿說：『善射箭的人能使後一箭的頭射中前一箭的尾，不斷的發箭，箭不斷的相連。前面的箭到達目的而根根沒有中斷掉落，後面的箭尾就像發箭時銜接弓弦一樣的銜接後一根箭頭，遠看就像一根長箭一樣。』孔穿聽了很驚駭。公孫龍說：『這還不是最巧妙的。逢蒙的弟子叫鴻超，向他的妻子生氣，還嚇她。拉烏號的名弓，執綦衛的良箭，射她的眼睛。箭頭尖射到眸子前而眼皮不眨，箭又輕輕落地，沒有揚起塵土。』這那裏是智者的話呢？」

公子牟說：「智者的話本來就不是愚者所能知曉的。後箭頭能射中前箭尾，是後箭射法和前箭相同；箭射眸子而眼皮不眨，是能控制箭的力量在眸子前完盡而落地。你有什麼好懷疑的呢？」

樂正子輿說：「你是公孫龍一夥的人，怎麼不掩飾他的缺點？我又要說他錯誤的話：公孫龍騙魏王說：『有意向而不必有心。以物之名不能到達該物的實際。物品可分取不盡。影子不移動。一根髮可拉動千鈞。白馬不是馬。孤犢沒有過母親。』他如此違反常理，是說不完的。」

公子牟說：「你不明白真理而以為是錯誤，錯誤是在你呀！沒有意向則心有相同的作用。沒有限定物之名就表示對物無所不到。分盡物品，永遠常有。影子不移是說影子一動，即不是原影而是新影。髮可拉動千鈞，是髮承受拉力均衡。白馬不是馬，是馬之形與馬之白分離。孤犢沒有過母親是因為有母親就算不得是孤犢了。」

樂正子輿說：「你以為公孫龍的鳴叫都是有條理的吧！如果他所說的是餘竅發出，你也要認同他吧！」公子牟靜默了好久，才告退說：「請等有空的日子，再來與你談論吧！」

（一四）堯治天下五十年，不知天下治歟，不治歟❶？不知億兆之願戴己歟？不願戴己歟？顧問左右，左右不知。問外朝❷，外朝不知。

問在野❸，在野不知。堯乃微服❹游於康衢❺，聞兒童謠曰：「立我蒸民，莫匪爾極。不識不知，順帝之則。❻」堯喜問曰：「誰教爾為此言？」童兒❼曰：「我聞之大夫。」大夫曰：「古詩❽也。」堯還宮，召舜，因禪以天下。舜不辭而受之❾。

【注釋】❶堯治天下五十年三句　《淮南子・泰族》：「堯治天下，政教平，德潤洽，在位七十載，乃求所屬天下之統，令四岳揚側陋。」❷外朝　與內朝對言，指路門（路寢之內門）之外的朝廷（依鄭眾說）。《禮記・文王世子篇》：「公族朝於內朝，內親也。雖有貴者以齒，明父子也。外朝以官，體異姓也。」則或許上文的「左右」是指在內朝的宗親近臣，此外朝是指異姓百官。❸野　野人，即是庶人。一說外朝也是詢問眾庶的地方。《尚書・召誥疏篇》❹微服　貴族隱飾平日的服裝，改易平民的服裝到民間走動探視。《說文》：「微，隱行也。」❺康衢　大路。康，大。衢，路。《爾雅・釋宮篇》：「四達謂之衢，五達謂之康。」是引申的意義。❻立我蒸民四句　「立我蒸民，莫匪爾極」二句係取自《詩經・周頌・思文篇》，主詞原是「思文后稷」。在本謠中則是「順帝」之帝。「不識不知，順帝之則」二句是《詩・大雅・皇矣篇》中上帝向文王說的話，帝是指上帝。本〈康衢謠〉與〈擊壤歌〉都是麻醉庶民的政治作品，不是民謠和古歌謠，恐非先秦所有。❼童兒　嚴靈峰據上文改為「兒童」。❽古詩　〈思文篇〉是周人祭后稷的神曲，〈皇矣篇〉是周人追敘太王、王季、文王的史詩，與堯無關。❾不辭而受之　俞樾為曲護舜，解「辭」為「詞」，就是不說話而接受，並改〈堯典篇〉「舜讓于德弗嗣」的嗣為辭。按「不詞而受之」於義不通，本章主旨在強調「不識不知」的無為而治，而不在禪讓，禪讓只是描寫堯甩掉累贅的帝位而已。至於舜，六朝人由於對曹丕向劉協（獻帝）逼宮，而引起知識分子如嵇康等人對禪讓的懷疑，當時已流傳「舜放堯於平陽」「堯德衰，為舜所囚」的說法，如本章為六朝人所編，說舜「不辭而受之」也是很平常的事。

【語　譯】堯統治天下五十年，不知道天下已治好？還是沒治好？不知道億兆人民擁戴自己？還是不擁戴自己？轉頭問左右近臣，近臣不知道。問外朝百官，百官不知道。問庶民，庶民不知。堯於是改穿衣服隱微地走到大路上，聽到兒童唱著歌謠：「（上帝）安定眾民，無不是你（上帝）恩澤的至極。眾民沒有認識沒有知覺，只要順從上帝所定的法則。」堯高興地問著：「誰教你唱這歌？」兒童說：「我聽大夫說的。」（堯再）問大夫，大夫說：「這是古詩。」堯於是回宮，召舜前來，於是把天下禪讓給舜。舜沒有拒絕就接受了。

（一五）❶關尹喜曰：「在己無居，形物其箸。❷其動若水，其靜若鏡❸，其應若響，故其道若物者也。物自違道，道不違物。善若道者，亦不用耳，亦不用目，亦不用力，亦不用心。欲若道而用視聽形智以求之，弗當矣。瞻之在前，忽焉在後；用之，彌滿六虛❹；廢之，莫知其所。亦非有心者所能得遠，亦非無心者所能得近。❺唯默而得之，而性成之❻者得之。知而亡情❼，能而不為，真知真能也。發無知，何能情？

發不能，何能為？聚塊也，積塵也，雖無為而非理也。」

【注釋】❶本章開始到「其應若響」，見於《莊子・天下篇》。❷在己無居二句　《老子》二章：「是以聖人處無為之事，行不言之教。萬物作焉而不辭，生而不有，為而不恃，功成而不居。夫唯弗居，是以不去。」可以與此相證。箸，通「著」。❸其靜若鏡　《莊子・應帝王篇》：「至人之用心若鏡，不將不逆，應而不藏，故能勝物而不傷。」❹六虛　上下四方的空間。❺亦非有心者所能得遠二句　盧《解》：「有心而求之者，自遠於道，非道遠之也；無心而合道，自近於道，非道近之也。有心無心，人自異耳，道無遠近也。」❻而性成之　俞樾就〈湯問篇〉文以「而性成之」作「性而成之」。從之。❼情　情感，包括思想，是「知」的表現。

【語譯】關尹喜說：「自己蕩然無成見而不居萬物之功，則萬物自然顯著生長。行動則如流水的自然，靜止則如明鏡的潔朗，響應則如聲音的共鳴，所以至道順從萬物存在。萬物有違離至道，而至道不會違離萬物。善於順從至道的，不用耳去聽得，不用眼去看到，不用力去取得，不用心去想到。如果順從至道而要用視覺、聽覺、體力、心智去求得，是不適當的！至道看起來在前面，忽然又在後面；應用它，則充滿在六虛；廢置它，則又不知它的所在。既不是有心求道者得道要遠，也不是無心求道者得道要近。只有自己靜默思悟而得，或稟天生成就而得。知『無知』而沒有情感，能『不能』而不去作為，則才是『真知』、『真能』。能興發『無知』，怎麼能用情感？能興發『不能』，怎樣能去作為？但是如果自己像土塊之聚，塵埃之積一般的死寂，即使是無為，也不合理呀！」

第五篇 湯問篇

（一）❶殷湯❷問於夏革❸曰：「古初有物乎？」夏革曰：「古初無物，今惡得物？後之人將謂今之無物，可乎？」

殷湯曰：「然則物無先後乎？」夏革曰：「物之終始，初無極❹已。始或為終，終或為始，惡知其紀❺？然自物之外，自事之先，朕❻所不知也❼。」

殷湯曰：「然則上下八方有極盡乎？」革曰：「不知也。」❽湯固問。革曰：「無則無極，有則有盡❾；朕何以知之？然無極之外復無無極，無盡之中復無無盡。❿無極復無無極，無盡復無無盡。朕以是知其無極無盡也，而不知其有極有盡也。」

湯又問曰：「四海之外奚有？」革曰：「猶齊州⓫也。」湯曰：「汝奚以實之？」革曰：「朕東行至營⑫，人民猶是也。問營之東，復猶營也。西行至豳⑬，人民猶是也。問豳之西，復猶豳也。朕以是知四海⑭、四荒⑮、四極⑯之⑰不異是也。故大小相含，無窮極也。含萬物者，亦如含天地。含萬物也故不窮⑱，含天地也故無極。朕亦焉知天地之表不有大天地者乎？亦吾所不知也。然則天地亦物也，物有不足。故昔者女媧氏練五色石⑲以補其闕，斷鼇⑳之足以立四極。㉑其後共工氏㉒與顓頊㉓爭為帝，怒而觸不周之山㉔，折天柱，絕地維㉕，故天傾西北，日月辰星就焉；地不滿東南，故百川水潦歸焉。」㉖

湯又問：「物有巨細乎？有修短乎？有同異乎？」

革曰：「渤海㉗之東不知幾億萬里，有大壑焉㉘，實惟無底之谷，其下無底，名曰歸墟㉙。八紘九野㉚之水，天漢㉛之流，莫不注之，而無增無減焉。其中有五山㉜焉：一曰岱輿，二曰員嶠㉝，三曰方壺㉞，四曰瀛洲，五曰蓬萊。其山高下周旋三萬里，其頂平處九千里。山之中間相去七萬里，以為鄰居焉。其上臺觀皆金玉，其上㉟禽獸皆純縞。珠玕㊱之樹皆叢生，華實皆有滋味，食之皆不老不死㊲。所居之人皆仙聖之種，一日一夕飛相往來者，不可數焉。㊳而五山之根無所連著，常隨潮波上下往還，不得蹔峙㊴焉。仙聖毒之，訴之於帝。帝恐流於西極㊵，失群仙聖之居，乃命禺彊㊶使巨鼇十五舉首而戴之。迭㊷為三番，六萬歲一交焉，五山始峙而不動。

而龍伯之國⑬有大人，舉足不盈數步而暨五山之所，一釣而連六鼇，合負而趣歸其國，灼其骨以數焉。㊹於是岱輿員嶠二山流於北極，沈於大海㊺，仙聖之播遷者巨億計。帝憑⑯怒，侵㊼減龍伯之國使阨，侵小龍伯之民使短。至伏羲⑱神農時，其國人猶數十丈。

從中州以東四十萬里得僬僥國㊾，人長一尺五寸。㊿東北極有人名曰諍人(51)，長九寸。

荊之南有冥靈(52)者，以五百歲為春，五百歲為秋。(53)上古有大椿(54)者，以八千歲為春，八千歲為秋。[55]朽壤之上有菌芝[56]者，生於朝，死於晦。春夏之月有蠓蚋[57]者，因雨而生，見陽而死。終北[58]之北有溟海[59]者，天池也，有魚焉，其廣數千里，其長稱焉，其名為鯤[60]。有鳥焉，其名為鵬[61]，翼若垂天之雲，其體稱焉。世豈知有此物哉？大禹[62]行而見之，伯益[63]知而名之，夷堅[64]聞而志之。江浦[65]之間生麼[66]蟲，其名曰焦螟[67]，群飛而集於蚊睫，弗相觸也。棲宿[68]去來，蚊弗覺也。離朱[69]子羽[70]方晝拭眥揚眉而望之，弗見其形；䚦俞[71]師曠[72]方夜擿耳俛首[73]而聽之，弗聞其聲。[74]唯黃帝與容成子[75]居空峒[76]之上，同齋三月，心死形廢；徐以神視，塊然見之，若嵩山[77]之阿；徐以氣聽，砰然[78]聞之，若雷霆之聲。[79]

吳楚之國有大木焉，其名為櫾[80]。碧樹而冬生[81]，實丹而味酸。食其皮汁，已憤厥之疾[82]。齊州珍之，渡淮而北而化為枳焉。[83]鸜鵒不踰濟[84]，貉踰汶則死矣[85]；地氣然也。[86]雖然，形氣異也，性鈞已[87]，無相易已。生皆全已，分皆足已。吾何以識其巨細？何以識其修短？何以識其同異哉？」

【注釋】❶本章或是魏晉《莊子》五十二篇本中的殘卷，即陸德明〈序錄〉所謂的「或似《山海經》」者。《莊子．逍遙遊篇》：「湯之問棘也是已。」突來一句，語焉不詳，本章編者或以此句為線索，取《山海經》、《莊子》、《淮南子》、《爾雅》、《詩緯》、〈考工記〉及不可考的古代資料綴輯而成，而後選入五十二篇本之中。內容是以湯與革對答的形式，來反映天地無窮、小大齊一的思想。❷殷湯　即商湯，湯的始祖契封於商。湯得天下，以商為國號。後盤庚遷都於殷，所以商又叫殷，或合稱殷商，湯名履，一曰天乙。❸夏革　《釋文》說是「湯大夫」。夏是姓，革是名，「革」通《莊子》中的「棘」，聲母相同，都是見母字。❹無極　《老子》二八章：「常德不忒，復歸於無極。」(二句或以為衍文)王弼《注》：「無極，不可窮也。」指天地的本源。❺紀　《老子》一四章：「執古之道，御今之有，能知古始，是謂道紀。」紀乃是古今演變的規律。❻朕　我。上古不論任何階級都可以自稱「朕」，秦以後，才成為天子的專用的自稱。❼朕所不知也　《莊子．齊物論篇》：「六合之外，聖人存而不論。」❽殷湯曰四句　馬敘倫《義證》引：「按唐僧《神清北山錄》曰：『湯問革曰：「上下四方有極乎？」革曰：「無極之外，復無極也。」』僧慧寶《注》曰：『語在《莊子》，與《列子》小異。』」唐時《莊子》五十二篇本尚存，而晉時《列子》又大量取自《莊子》五十二篇中的資料，所以本章在唐時互見於《莊子》、《列子》書，只是文字稍有不同而已。王叔岷疑「盡」字是「畫」字之誤，非是。按問的是「有極有盡」，答的也是「有極有盡」，是「盡」字，不是「畫」字。❾有則有盡　陶鴻慶：「『有則有盡』下『有』字，亦當作『無』。『有則無盡』者，即公孫龍所謂『有物不盡』……。下文『無極之外……無盡之中……』即承此言。」按陶氏沒有搞清文意而妄自改字。湯問：「上下八方有極有盡嗎？」革答：「上下八方本是虛無的，所以無極無盡，如果是實有，則就有極有盡，（有極有盡）我怎麼能知道呢？」（《莊子・則陽篇》：「君以意在四方上下有窮乎？君曰無窮。」與此意同。）以下雖然強調「無極無盡」，但卻是可知的，而「有極有盡」是不可知的。可見仍作「有盡」，不可改為「無盡」。❿無極之外復無無極二句　《莊子・齊物論篇》：「有無也者，有未始有無也者，有未始有夫未始有無也者。」與此同義。⓫齊州　中國。〈周穆王篇〉：「四海之齊謂中央之國。」⓬營　古州名。故城在柳城，今遼寧朝陽內，地近遼東灣。⓭豳　古國名。周先祖公劉所建立，今陝西栒邑西。⓮四海　《爾雅・釋地篇》：「九夷、八狄、七戎、六蠻，謂之四海。」郭璞《注》：「九夷在東，八狄在北，七戎在西，六蠻在南，次（遠於）四荒者。」⓯四荒　《爾雅・釋地篇》：「觚竹、北戶、西王母、日下，謂之四荒。」郭《注》：「觚竹在北，北戶在南，西王母在西，日下在東，皆四方昏荒之國，次四極者。」按觚竹為商時方國，古屬營州，在今河北盧龍。北戶，即日南，在今越南順化一帶，古代漢人誤以為該地在太陽軌道（赤道）之南，須開北戶以向陽，因與中國向南戶不同，又叫反戶。西王母在西域崑崙山。日下，鄭樵以為是日本。⓰四極　《爾雅・釋地篇》：「東至於泰遠、西至於邠國、南至於濮鉛、北至於祝栗，謂之四極。」郝懿行《義疏》：「《大戴禮・千乘篇》：『四辟之民，皆云至於大遠。』此之泰遠則東極地名也。邠者，《釋文》云：『本或作豳。』……《逸周書・王會篇》：『伊尹四方令曰：正南百濮。』……祝薊俱近燕，皆北極地名。……邵（晉涵）《正義》以祝栗即涿鹿之轉聲。」按以上「四海、四荒、四極」，《爾雅》作「四極、四荒、四海」。⓱之　王重民：「『之』下疑本有『外』字。」從之。⓲不窮　依上下文例，疑作「無窮」。⓳五色石　不詳其義。張湛說：「練五常（行）以調和陰陽，使晷度（日影度數）順序，不必以器質相補。」待考。⓴鼇　大海龜，神話中以鼇力大可以負山，《楚辭・天問》：「鼇戴山抃，何以安之。」所以斷取龜的四腳，以撐立天的四方。㉑女媧氏練五色石以補其闕二句　女媧補天，詳見《淮南子・覽冥》：「往古之時，四極廢（塌下），九州裂，天不兼覆，地不周載，火爁炎而不滅，水浩洋而不息（火山洪水時代）。猛獸食顓（良）民，鷙鳥攫老弱，於是女媧鍊五色石以補蒼天，斷鼇足以立四極，殺黑龍（洪水之怪）以濟冀州（中原），積蘆灰以止淫水（平地水），蒼天補，四極正，淫水涸，冀州平，狡蟲死，顓民生。」女媧補天是代表母系社會中女性英雄的形象。㉒共工氏　凶惡的水神，共工本是治水之官，但卻時時作亂，後來被堯（一說禹）誅於幽州。大概共工與蚩尤同為苗族，在漢族神話中成為反面人物。又楊寬以為共工就是鯀。㉓顓頊　名高陽，黃帝之孫，昌意之子。《史記·五帝本紀》是說黃帝崩，高陽繼立。㉔怒而觸不周之山　共工氏觸不周山有三說：一是唐司馬貞補《史記·三皇本紀》說共工氏與祝融戰。二是《淮南子·原道》說共工與高辛爭為帝。三是《淮南子·天文》共工與顓頊爭為帝。本章從後說，文字幾乎全部相同。〈離騷〉王逸《注》：「不周，山名。在崑崙西北。」又《山海經·大荒西經》：「西北海之外，大荒之隅，有山而不合，名曰不周。」郭注引《淮南子》共工觸不周山的神話而說：「故今此山缺壞不周帀也。」這是倒因為果的話，是先有缺口的山，然後才編共工觸山的神話。㉕地維　又叫地紘，與天綱相對，指地的四角。㉖故天傾西北四句　中原地形本東南低西北高。神話是依據這個事實而編成的。按女媧補天與共工觸山本是無關的兩事，到了王充就把兩事結為一事，以為共工觸山，天柱折，然後女媧補天（見《論衡·談天篇》）。司馬貞也繼承此說。這是反映部落戰爭與征服自然的既寫實又浪漫的思想。㉗渤海　今渤海。㉘有大壑焉　《山海經·大荒東經》：「東海之外（有）大壑。」又《莊子·天地篇》：「諄芒將東之大壑。」㉙歸墟　水的歸宿。張《注》：「《莊子》云：『尾閭』。」按《莊子·秋水篇》：「天下之水，莫大於海，萬川歸之，不知何時止而不盈；尾閭泄之，不知何時已而不虛。」尾閭是宣洩海水的地方，和歸墟不盡相同。歸墟一作「歸塘」。㉚八紘九野　八紘是地的八維（角）。九野是天的八方和中央。兩詞相連，見於《淮南子·原道》。八紘是：東北方叫和丘、叫荒土。東方叫棘林、叫桑野。東南方叫大窮、叫眾女。南方叫都廣、叫反戶。西南方叫焦僥、叫炎土。西方叫金丘、叫沃野。西北方叫一目、叫沙所。北方叫積冰、叫委羽（見《淮南子·墬形》）。九野是：中央叫鈞天，東方叫蒼天，東北叫變天，北方叫玄天，西北叫幽天，西方叫顥天，西南叫朱天，南方叫炎天，東南叫陽天（見《呂氏春秋·有始篇》）。㉛天漢　銀河，古人以為是大上的河流。㉜五山　《列子》五山未見於他書，其中蓬萊、方丈、瀛州乃是《史記》〈秦始皇本紀〉及〈封禪書〉

中的渤海三神山。㉝員嶠　《釋文》：「嶠，山銳而高也。」㉞方壺　《釋文》：「一曰方丈。」㉟其上　陶鴻慶：「下『其上』字誤複。」㊱珠玕　珠玉。玕，即琅玕，次於玉之美石。㊲不老不死　劉熙《釋名》：「老而不死曰仙。」㊳一日一夕飛相往來者二句　《莊子．天地篇》：「去而上僊（仙），乘彼白雲，至於帝鄉。」㊴暫峙　暫止。㊵西極　俞樾：「『西極』似當作『四極』。」袁珂《中國古代神話》：「西極隔著大陸，不可能流去。後文有『流於北極』之語，此處亦當是北極。」從後說。㊶禺彊　北方的海神。《山海經．海外北經》：「北方禺彊，人面鳥身，珥兩青蛇（蛇穿耳為珥），踐兩青蛇。」〈大荒東經〉說：「禺京（通彊）處北海，……是惟海神。」《莊子．大宗師篇》說：「禺強得之（指『道』），立乎北極。」㊷迭　更代。㊸龍伯之國　《山海經．大荒東經》稱東海之外有「大人之國」。郭注引《河圖玉版》說：「從昆侖以北九萬里得龍伯國，人長三十丈，生萬八千歲而死。……」㊹一釣而連六鼇三句　骨指龜甲，龜卜的方法是取腹甲刮平鑽孔，然後灼燒以顯示裂痕兆象。數，本是指以蓍策筮占，即《史記．龜策列傳》說：「揲策定數，灼龜觀兆。」在本章也是指龜卜。㊺沈於大海　戰國末年有三神山之說，所以五山沈二山，以合三神山之數。㊻憑　大。《釋文》作「馮」。馮有大意。㊼侵　通「浸」。漸漸。㊽伏羲　即〈黃帝篇〉的庖犧氏。袁珂以時間略有矛盾，刪去伏羲氏。㊾僬僥國　僬僥是古代西南的少數民族。《國語．魯語篇下》：「仲尼曰：僬僥氏三尺，短之至也。」（又見《史記．孔子世家》）《山海經．海外南經》：「周饒國，在其東，其為人短小冠帶，一曰焦僥國在三首東。」郝懿行：「案周饒亦僬僥聲之轉，又聲轉為朱儒。」這些都是疊韻的聯緜詞。林惠祥以為是黑人尼革華利羅(Negrillo)，即是《梁書》的黝、歙短人。（《中國民族史》）又《史記．大宛列傳》正義引《括地志》云：「小人國，在大秦（羅馬帝國）南，人纔三尺，其耕稼之時，懼鶴所食，大秦衛助之。即焦僥國，其人穴居也。」則可能是非洲的黑人。王重民據《淮南子》及《御覽》，疑本句應作「從中國以西三十萬里得僬僥國」。㊿從中州以東四十萬里得僬僥國二句　僬僥國又見於《詩含神霧》（古緯書），人不論一尺五寸或三尺長，都是傳言或想像的。51諍人　《山海經．大荒東經》：「有小人國，名靖人。」又見於《淮南子．墬形》、《詩含神霧》。諍本字作「靖」，

《說文》：「靖，細皃。」又通「竫」。(52)冥靈　江南的神木，大概是落葉喬木。一說是靈龜。(53)以五百歲為春二句　葉生時為春，葉落時為秋。即一年有二千年。(54)椿　本是落葉喬木，高二三丈。但《莊子釋文》引司馬說：「一名橓，木槿也。」按木槿是落葉灌木，多種作藩籬。李時珍說：「此花朝開暮落，故名『日及』，曰槿曰蕣（橓），猶僅榮一瞬之義也。」則不是椿非木槿，就是莊子假木槿之一瞬，反訓其長久，如鯤是小魚，假為大魚一樣。見於《莊子．逍遙遊篇》。(55)荊之南有冥靈者六句　又見於《莊子．逍遙遊篇》。(56)菌芝　靈芝，一種真菌。《莊子．逍遙遊篇》：「朝菌不知晦朔。」(57)蠓蚋　蠛蠓，即是果蠅。一說是蠛蠓和蚊子。(58)終北　極北之國，《莊子．逍遙遊篇》作「窮髮」，詳見〈湯問篇〉五章注釋❶。(59)溟海　廣漠無邊的海。以下至「垂天之雲」，文句與《莊子．逍遙遊篇》相近。(60)鯤　《爾雅．釋魚篇》：「鯤，魚子。」魚之子，則是小魚（魚卵）。與文意不合，所以崔譔、簡文帝解為鯨。郭慶藩《莊子集釋》：「方以智曰：『鯤本小魚之名，莊子用為大魚之名。』其說是也。……崔譔簡文……皆失之。」(61)鵬　《莊子．逍遙遊篇》說鵬是鯤所化的。鯤鵬是喻天下之極大。(62)大禹　夏王朝的第一個君主，神話中是水中爬蟲之神，所以能見鯤魚。本篇五章說禹迷途到終北國。(63)伯益　與禹皆為舜的臣子，伯益佐舜調馴鳥獸，神話中是一隻燕子，所能知大鵬。(64)夷堅　不可考，或許也是兼人兼神的。(65)江浦　專有地名，不只是江邊而已。《晏子春秋．外篇》八章作：「東海有蟲」，則江浦就如《呂覽．本味篇》：「江浦之橘，雲夢之柚。」是地名，其地或在長江出海之地。(66)麼　細小。麼字從么，么有細意。(67)焦螟　蟲名，又作焦冥、蟭螟、鷦螟。《駢雅．釋蟲魚篇》：「焦冥，蠛也。」焦螟，喻天下之極小。(68)栖宿　住宿。栖，同「棲」。(69)離朱　相傳是黃帝時眼力明快的人。《慎子．逸文》：「離朱之明，察毫末於百步之外。」(70)子羽　眼明的人，古書未見。(71)觥俞　耳聰的人，古書未見。(72)師曠　晉國樂師，耳能辨吉凶，事見《左傳．襄公十八年》。張《注》：「師曠，晉平公時人，夏革無緣得稱之，此後著書記者潤益其辭耳。」(73)擿耳俛首　擿耳，掏耳。擿，通「剔」。即挑剔。俛首，低頭。俛，同「俯」。(74)離朱子羽方晝拭眥揚眉而望之四句　《莊子．駢拇篇》：「屬其性乎五聲，雖通如師曠，非吾所謂聰也；屬其性乎五色，雖通如離朱，非吾所謂明也。」75容成子　傳說中的道家仙人。《莊子・在宥篇》稱黃帝往空同山見廣成子問至道。容成子，或就是廣成子，容、廣都有寬大的意思。據說容成子又是黃帝史官，造律曆，傳房中術，〈漢志・數術略〉有託名的《容成陰道》二十六卷，今佚。大概是為帝王服務的方士。《莊子釋文》或以為是老子，非是。《淮南子・詮言》先引廣成子曰，後又引老子曰，則不是一人甚明。76空峒　山名，在今甘肅平涼西北。顧祖禹《讀史方輿紀要》：「相傳即廣成子所居，黃帝嘗學道於此。」按《史記・五帝本紀》稱黃帝「西至于空桐」，於是古人便把此事與在空峒山的廣成子結合成一事。77嵩山　在今河南登封北。《史記・封禪書》：「昔三代之君，皆在河洛之間，故嵩高為中岳。」此喻高山之大。78砰然　形容大聲。79終北之北有溟海者三十三句　從「終北之北」到此，是述說大物只有大禹伯益等才能見聞，小物只有黃帝容成得道之人才能見聞。大小之別，又見於《晏子春秋・外篇》一四章：「景公問晏子曰：『天下有極大乎？』晏子對曰：『有。（鵬）足游浮雲，背凌蒼天，尾偃天間，躍啄北海……』公曰：『天下有極細乎？』晏子對曰：『有。東海有蟲，巢于蟁睫，再乳再飛，而蟁不為驚。臣嬰不知其名，而東海漁者命曰焦冥。』」（《莊子・則陽篇》有國於蝸角的觸氏、蠻氏，亦喻其小。）80櫾　同「柚」。《山海經・中山經》：「荊山多橘櫾」，《呂覽・本味篇》：「雲夢之柚。」荊山、雲夢為楚地。郭璞《爾雅注》：「柚似橙，實酢，生江南。」81生　王重民：「當作『青』。」甚是。82憤厥之疾　氣喘病。王叔岷以「厥」乃「瘚」之借字。《說文》：「瘚，屰（逆）氣也。」83吳楚之國有大木焉八句　《周禮》作「橘踰淮而北為枳」，《淮南子》作「橘樹之江北則化而為橙（王念孫改枳為橙）」。本章編者則取櫾以代橘，枳似橘而小，與橘為不同品種，自然橘不會變化為枳，而是因土地氣候的不良，使橘長得像枳那麼小。84鸜鵒不踰濟　鸜鵒是鳴禽類，俗名八哥，毛純黑，頭、背有綠色光澤，善鳴，可以學語。濟水是魯國北方的大河，東北流入海。據說鸜鵒在濟水之北，不南飛渡濟水，所以難得飛一次到魯國，《春秋》便記載：「有鸜鵒來巢。」（〈昭公二十五年〉）85貉踰汶則死矣　貉是狐類，似貍，銳頭尖鼻，皮毛可作裘。汶水在濟水南，西流會於濟水。《釋文》說：「（貉）生長丘陵旱地，今江邊人云：狐不渡江。」86齊州珍之五句　又見於《周禮・冬官・考工記篇・

序》，並略同於《淮南子．原道》。雖「渡淮……」一句與上文相承，但「鸜鵒……」以下，又與此句不貫，勉強湊合之跡顯見。87 性鈞已　鈞，同「均」。已，語尾辭。下同。《釋文》：「一本云『情性鈞已』，如此，則上下文句皆四字句。

【語　譯】殷湯向夏革問：「太古之初有物質嗎？」夏革說：「太古之初沒有物質，今天怎麼會有物質呢？後代的人說今天沒有物質，可以嗎？」

殷湯說：「那麼物質沒有先後之別嗎？」夏革答：「物質的終始先後是相循環的，太古之初是不可窮盡的。物質的開始，又是物質的終了；物質的終了，又是物質的開始，這樣，怎麼能知道古今演變的規律呢？然而，物質之外，以及物質循環之前的現象，我就不知道了。」

殷湯說：「那麼上下八方有極有盡嗎？」革答：「不知道。」湯堅持問，革答：「上下八方本是虛無的，所以是無極無盡，如果是實有，則就有極有盡了；（有極有盡）我怎麼能知道呢？須知無極之外更沒有『無極』（連『無極』都沒有），無盡之中（『之外』亦通）更沒有『無盡』（連『無盡』都沒有），由無極到無無極，由無盡到無無盡。我因此知道上下八方是無極無盡的，而若有極有盡，我就不知道了。」

湯又問：「四海之外有什麼？」革說：「和中國一樣呀！」湯問：「你以什麼來證實？」革答：「我東行到營州，人民是這樣的。問營州以東，人民也和營州一樣。西行到豳，人民也是這樣。問豳以西，人民也和豳一樣。我因此知道四海、四荒、四極以外的地方和中國沒有二樣。所以大小的空間相互包含（小空間被大空間所包含，大空間又被更大的空間包含），以至於無窮無極。包含萬物的天地，就如包含天地的太虛一樣。能包含萬物所以無窮，能包含天地所以無極。我那裏知道『天地表面之外』沒有『大天地』呢？這是我所不知道的。那麼天地也是物質，物質必有所不足（因為無窮大）。所以從前女媧氏鍊五色石來填補天的缺口，砍斷大龜的腳，以撐立天的四方。後來共工氏與顓頊爭做帝王，共工憤怒而撞不周山，使撐天的柱子斷了，地的角落碎了，所以天塌下西北方，使日月辰星掛在那兒；地缺了東南方，使百川積水流到那兒。」

湯又問：「物質有大小嗎？有長短嗎？有同異嗎？」

革答：「渤海的東方不知有幾億萬里遠的地方，有個大洞，實是無底的山谷，它的下面沒有底，名叫『歸墟』。天地的流水，和天河的流水，無不注進去，但沒有增加也沒有減少。渤海上有五座山：一叫岱輿、二叫員嶠、三叫方壺、四叫瀛洲、五叫蓬萊。每座山的高和底面周圍都是三萬里，山頂平坦的地方周圍長九千里。山與山的間隔相離七萬里，彼此作為鄰山。山上的亭臺樓觀都是金玉所做，禽獸都是純素白的顏色。珠玉所做的樹木到處叢生，花朵果實（即珠玉）都有滋味，吃了可以不老不死。所居住的都是神仙一類的人，他們在一天或一晚從這山飛到那山的，多得數不完。但五山的根部沒有附著在海床上，常隨著海潮上下來回飄動，不能片刻的停住。神仙憂慮它，告訴上帝。上帝恐怕五山飄流到北方，使神仙失去居地，就命令禺彊，帶大龜十五隻舉著頭用背來負載五山。三隻為一組，輪流負載，六萬年交換一次，五山才停下不動。

龍伯之國有巨人，舉起腳，沒走幾步就到了五山的地方，一次就釣起六隻龜，全給背回國去，然後灼燒龜甲來占卜。於是岱輿、員嶠二山飄流到北方，沈入大海，神仙遷居的有好多億。上帝大怒，逐漸地減小龍伯的國土，逐漸地縮小龍伯的人種。到伏羲神農時，他們的國人還數十丈高。從中國以東四十萬里有個僬僥國，人長一尺五寸。東北方有一種人，名叫諍人，長九寸。

楚國南方有冥靈樹，以五百年為春，以五百年為秋。上古有大椿，以八千年為春，以八千年為秋。腐朽土壤上有菌芝，早上生，晚上就死。春夏月裏有蠛蠓，依下雨而出生，一見太陽就死。終北國以北有溟海，就是天池，有魚，寬度有幾千里，長度也一樣，名叫鯤。又有鳥，名叫鵬，翅膀像遮天的雲，身體也與翅膀一樣的大。世人那裏知道有這些東西呢？只有大禹在行走時能看到，伯益知悉了而說出來，夷堅聽到了而記載下來。

江浦一帶生一種小蟲，它的名字叫焦螟，成群的飛集在蚊子的睫毛上，而彼此不相接觸到。住宿在蚊子睫毛上，來來去去，蚊子不能察覺。即使是離朱、子羽在白天擦著眼眶、睜大眼睛去看，也不能看到牠的形體；䚦俞、師曠在靜夜掏著耳、低著頭去聽，也不能聽到牠的飛聲。只有黃帝與容成子居住空峒山上，共同齋戒三個月，心如死灰，形同枯木；然後徐徐地用精神去看，焦螟龐然地被看到了，就像嵩山的山背一樣大；徐徐地用精神去聽，砰然地被聽到了，就像打雷的聲音。

吳楚二國有大的樹木，它的名字叫柚。碧綠的樹，冬天還青青的，果實紅色，味道很酸。吃皮中的汁，可治癒氣喘病。北方的中國（華夏中原）很珍惜它，可是把它移植到淮水以北就化為枳。鸜鵒不南飛過濟水，貉越過汶水就會死；這乃是土地氣候不同使然。雖然形體因土地氣候影響而變異，但本性仍然相同，不會改變。生命是完整的，而都能充足本分。這樣我怎麼能認識它的大小？怎麼能認識它的長短？怎麼能認識它的同異呢？」

（二）太形王屋❶二山，方❷七百里，高萬仞；本在冀州❸之南，河陽❹之北。北山愚公❺者，年且九十，面山而居。懲❻山北之塞，出入之迂也，聚室而謀，曰：「吾與汝畢力平險，指通豫❼南，達于漢陰❽，可乎？」雜然相許。其妻獻疑曰：「以君之力，曾不能損魁父之丘❾。如太形王屋何？且焉置土石？」雜曰：「投諸渤海之尾，隱土❿之北。」遂率子孫荷擔者三夫，叩⓫石墾壤，箕畚⓬運於渤海之尾⓭。鄰人京城氏⓮之孀妻有遺男，始齔⓯，跳⓰往助之。寒暑易節，始一反焉。

河曲智叟⓱笑而止之，曰：「甚矣！汝之不惠！以殘年餘力，曾不能毀山之一毛，其如土石何？」北山愚公長息曰：「汝心之固⓲，固不可徹，曾不若孀妻弱子。雖我之死，有子存焉。子又生孫，孫又生子；子又有子，子又有孫；子子孫孫，無窮匱也；而山不加增，何苦而不平！」河曲智叟亡以應。

操蛇之神⓳聞之，懼其不已也，告之於帝。帝感其誠，命夸蛾氏⓴

二子負二山，一厝㉑朔東㉒，一厝雍南㉓。自此，冀之南漢之陰無隴斷㉔焉。㉕

【注釋】❶太形王屋　為《淮南子．墬形》九山之二，太形，即太行，縱貫山西東部。王屋是中條山上的山峰，在垣曲東，有三重，形如房屋。❷方　見方，一邊之長，對山而言，就是直徑。❸冀州　河北、山西及河南的黃河以北、遼寧的遼河以西的地方。❹河陽　黃河以北，河的北岸為陽。按本章是寓言，太形王屋二山的原本位置之說，不可信。❺北山愚公　北山是指二山之北。稱愚公是作者有意反說的，張《注》：「俗謂之愚者，未必非智也。」❻懲　苦。❼豫　豫州，河南一帶。❽漢陰　漢水南岸。❾魁父之丘　張《注》：「魁父，小山也，在陳留界。」陳留，在河南。《淮南子》作「魁阜」。❿隱土　屬《淮南子．墬形》的九州之一的薄州，在遼寧、河北一帶，《淮南子》說：「東北薄州曰隱土。」高誘《注》：「薄猶平也，氣所隱藏，故曰隱土也。」⓫叩　敲打。⓬箕畚　盛土石的竹器。⓭尾　積水的遠處，猶《莊子》的尾閭。解為水底亦通。⓮京城氏　複姓，據《元和姓譜》，京城是鄭國京城太叔之後。⓯齔　掉乳齒。引申為七、八歲的孩子。⓰跳　跳躍而引申有疾速的意思。《史記．荊燕世家》：「跳驅至長安。」《索隱》：「跳謂疾去。」⓱河曲智叟　也是虛構人物。河曲在今山西永濟內，是黃河從晉陝間南下再東折的地方。⓲固　固陋；不明理。⓳操蛇之神　手握蛇的神。博父國的大人，右手操青蛇，左手操黃蛇（《山海經．海外北經》）。又大荒中的北極天櫃山，有神人銜蛇操蛇。又成都載天山有神人夸父珥兩黃蛇，把兩黃蛇。（以上見〈大荒北經〉）⓴夸蛾氏　張《注》：「傳記所未聞，蓋有神力者也。」夸蛾氏或與夸父有關。㉑厝　通「措」。放置。㉒朔東　朔方以東，朔方在長城以北。㉓雍南　雍州以南。雍州，在今陝西、甘肅一帶。㉔隴斷　高地平石。隴，通「壟」。是高土。斷，朱駿聲以為：「假借為碬，孟子有私龍斷焉，按岡壠平石也。」按碬，堅石。㉕本章反映中華民族先人有理想、有志氣而敢不怕艱苦地向大自然挑戰的樂觀精神，但編者在後面又強調神的力量，而染上了消極的神祕色彩。

【語譯】太行、王屋兩山，方七百里，高萬仞；本來坐落在冀州以南，河陽以北的地方。北山愚公，年將九十歲，面向兩山居住著。對山的北方受堵塞，出入須繞彎路，深以為苦。於是召集家人商量，說：「我與你們全力來剷平山險，使能直通豫州以南，到達漢水南岸，可以嗎？」大家紛紛答應。只有他的妻子提出疑難說：「以你的力量，都不能減損魁父的小山。對太行王屋大山又能奈何？而且挖掉的土石要安置那裏？」大家說：「投到渤海的遠處，隱土的北方。」他於是帶著子孫——能挑擔的三個大人，去打石挖土，用箕畚運土石到渤海的遠處。鄰人京城氏的寡婦，有個遺腹子，才七、八歲，急切地就去幫助他，一年裏到寒暑交換季節，才回家一次。

河曲智叟笑他而要制止，說：「太過分了，你這麼不智！以你的有限生命和力量，都不能毀掉山上的一草，對重大的土石又能奈何？」北山愚公長歎說：「你的心很固陋，固陋就不能通達，還不如寡婦孤兒。雖然我會死，但子孫還在。子又生孫，孫又生子；子又有子，子又有孫；子子孫孫，無窮不斷；而山又不會增高，何患不會平呢？」河曲智叟不能應話。

手握蛇的神聽這事，怕他不停止，告訴上帝。上帝被他的真誠所感動，命夸蛾氏的二個兒子，背這兩座山，一座放置在朔方以東，一座放置在雍州以南。從此，冀州以南到漢水南岸間，沒有高地石塊了。

（三）❶夸父❷不量力，欲追日影，逐之於隅谷❸之際。渴欲得飲，

赴飲河渭❹。河渭不足，將走北飲大澤❺。未至，道渴而死。棄其杖，尸膏肉所浸，生鄧林❻。鄧林彌廣數千里焉。❼

【注釋】❶本章乃湊合《山海經》數處資料而成。〈海外北經〉：「夸父與日逐走，入日，渴欲得飲，飲于河渭，河渭不足，北飲大澤，未至，道渴而死，弃（棄）其杖，化為鄧林。」〈大荒北經〉：「夸父不量力，欲追日景，逮之于禺谷，將飲河而不足也……。」又《呂覽・求人篇》、《淮南子・墬形》都有引夸父的神話。❷夸父　是巨人之名，也是巨人種族及巨人國之名，〈海外北經〉又叫博父國，該巨人右手操青蛇，左手操黃蛇。死了又化為一片森林，所以高誘注《淮南子》說是神獸，是樹木，又是仙人。❸隅谷　日入的地方，特別熱。又叫虞淵。❹河渭　黃河和渭水，渭水在陝西南部。❺大澤　雁門以北的瀚海，即今之貝加爾湖。❻鄧林　地名，有多說，或在河南省與湖北省交界。神話中是一片桃林。下「鄧林」二字，王叔岷疑衍。❼夸父是先民傳頌中的英雄，他在與自然鬥爭中倒了下來，仍化為森林，澤潤世人，神話的啟發性極大。王孝廉《中國的神話與傳說》：「『夸父逐日』與『夸父之死』……說明了太陽與黑夜之爭，而做為光明神太陽勝利的神話象徵。」別為一說。

【語譯】夸父自不量力，要追趕太陽的影子，追到隅谷的地方。渴得要喝水，就去喝黃河渭水的水。但黃河渭水的水不夠，就要去北方喝大湖泊的水。沒走到，便在路上渴死了。丟棄他的手杖，屍體的油肉腐化了，生鄧林，鄧林很廣寬，有數千里大。

（四）❶大禹曰：「六合❷之間，四海之內，照之以日月，經❸之以星辰❹，紀❺之以四時，要❻之以太歲❼。神靈❽所生，其物異形；或夭或壽，唯聖人能通其道。」夏革曰：「然則亦有不待神靈而生，不待陰陽而形，不待日月而明，不待殺戮而夭，不待將迎❾而壽，不待五穀而食，不待繒纊❿而衣，不待舟車而行，其道自然，非聖人之所通也。」

【注釋】❶本章前半「大禹曰」以下文字，又見於《山海經·海外南經》，其中從「六合之間」到「太歲」，又見於《淮南子·墬形》。❷六合　上下四方。❸經　古人以二十八宿隨天向西轉下的運動叫經。《周禮·大宗伯篇》❹星辰　總星之名，此外尚有多說，省略。❺紀　記識時日。❻要　與「紀」字同義。又《淮南子》高誘《注》：「正。」❼太歲　古代的一種記年法。古人以為木（歲）星十二年繞天一周，每年行經一個星次，這叫歲星紀年，但歲星由西向東行，與十二時辰由東向西的方向相反，紀年頗為不便，因此虛擬一個假歲星名叫太歲（又是神名），順時辰而西行，每年行一星次，用來紀年。太歲由寅（析木）西行，歲星由丑（星紀）東行，紀年法不同。❽神靈　造化萬物的神。《鬼谷子·本經陰符篇》：「物之所造，天之所生，包宏無形，化氣先天地而成，莫見其形，莫知其名，謂之神靈。」❾將迎　奉養。將，通「養」。迎是奉接。❿繒纊　繒是粗的布帛，纊是細的綿絮，用以喻衣服。

【語譯】大禹說：「六合之間，四海之內，有日月的照射，星辰的運轉，用四時來記時，用太歲來記年。以及神靈所造化的不同形狀的萬物；有的短命，有的長壽，以上這些現象只有聖人能通曉它的道理。」夏革說：「此外也有不依賴神靈而造化的，不依賴陰陽而成形的，不依賴日月而光明的，不依賴殺戮而短命的，不依賴奉養而長壽的，不依賴五穀而能吃的，不依賴衣服而能穿的，不依賴船車而能走的，這個道理是依順自然，而不依賴他物，所以不是聖人所能通曉的。」

（五）禹之治水土也，迷而失塗，謬之一國。濱北海之北，不知距齊州幾千萬里，其國名曰終北❶。不知際畔之所齊❷限，無風雨霜露，不生鳥獸、蟲魚、草木之類。四方悉平，周以喬陟❸。當國之中有山，山名壺領❹，狀若甔甀❺，頂有口，狀若員環，名曰滋穴❻。有水湧出，名曰神瀵❼，臭過蘭椒❽，味過醪醴❾。一源分為四埒❿，注於山下。經營⓫一國，亡不悉徧。土氣和，亡札厲⓬。人性婉而從物，不競不爭；柔心而弱骨⓭，不驕不忌；長幼儕居，不君不臣；⓮男女雜游，不媒不聘；⓯緣水而居，不耕不稼；土氣溫適，不織不衣；百年而死，不夭不病。其民孳阜⓰亡數，有喜樂，亡衰老哀苦。其俗好聲，相攜而迭謠，終日不輟音。飢惓則飲神瀵，力志和平。過則醉，經旬乃醒。沐浴神瀵，膚色脂澤，香氣經旬乃歇。

周穆王北遊過其國，三年忘歸。既反周室，慕其國，惝⑰然自失。不進酒肉，不召嬪御者，數月乃復。

管仲⑱勉齊桓公⑲因遊遼口⑳，俱之其國，幾剋舉㉑。隰朋㉒諫曰：「君舍齊國之廣，人民之眾，山川之觀，殖物之阜，禮義之盛，章服㉓之美，妖靡盈庭，忠良滿朝。肆咤㉔則徒卒百萬；視撝㉕則諸侯從命，亦奚羨於彼而棄齊國之社稷，從戎夷之國㉖乎？此仲父㉗之耄㉘，奈何從之？」桓公乃止，以隰朋之言告管仲。仲曰：「此固非朋之所及也，臣恐彼國之不可知之也。齊國之富奚戀？隰朋之言奚顧？」

【注釋】❶終北　這是道家知識分子反對政治壓迫而虛構的一個理想社會，是對原始氏族社會的重新塑造，這個氏族大概就是渤海以北的戎夷，先秦的北海都是指渤海，陰陽家以北方為水，配黑色，其神叫玄冥，所以叫溟（冥）海，所謂的戎夷，可能是山戎，齊桓公與管仲曾北伐山戎，所以這一則寓言牽涉到桓公要到終北國，山戎，即是北戎，又是無終國，終北除了窮北之意外，或許有無終之北的意思。此外，也可能指肅慎，下文所說的壺領，可能是渤海以北的長白山，滋穴是長白山上的天池，長白山在《山海經．大荒北經》（又見《北山海》）叫不咸山，有肅慎之國。大抵這寓言的地名，是不能用常識詳細考證其位置的。❷齊　限度，是劑的本字，本書〈楊朱篇〉：「百年壽之大齊。」注：「齊，限也。」❸喬陟　層層的高山。喬是高土，陟是三山重疊，以喻山巒層層疊疊。按「四方悉平，周以喬陟」文意並不很妥當。❹壺領　古人所以為的仙山，《說文》：「壺，昆吾也。」昆吾是壺的切語，昆吾是屬顓頊之地，陰陽家以顓頊為北方之帝，與玄冥相配。壺領，《史記．孝武本紀》作壺梁，泰液池中有仿渤海中蓬萊、方丈、瀛洲、壺梁的假山島，則壺領又是渤海中的仙山。❺甔甀　兩物都是瓦瓶子。❻滋穴　滋有茲意，因滋穴有水，所以從水，《說文》：「茲，黑也。」北方配黑色。依文意，滋穴似是長白山主峰白頭山上的火山口——天池。《廣韻》說：「滋水，出高麗山」不知有否與滋穴有關。❼神瀵　山頂上的泉水叫瀵，因為很神妙所以叫神瀵。❽蘭椒　蘭花和山椒，都是香草。山椒的子和葉有香味。❾醪醴　甜酒，醪比醴醇厚。❿埒　山上的流水叫埒。按白頭山正也是四道白河、頭道白河、頭道江、鴨綠江四水的分水嶺。⓫經營　縱橫的意思。《楚辭》劉向〈九歎．怨思〉：「經營原野杳冥冥兮。」王逸《注》：「南北為經，東西為營。」⓬札厲　流行病疫。札，俗作⿸疒札，是病亡。厲，通「癘」。是流行病。⓭柔心而弱骨　《老子》三章：「是以聖人之治，虛其心，實其腹，弱其志，強其骨。」與本文不同。就文意及下文長幼相對來看，似弱骨乃強骨之誤，或係淺人既見柔心而易強為弱。唯此句譯文仍從弱骨。⓮長幼儕居二句　喻沒有階級的社會。《後漢書．東夷傳》稱古肅慎之國——挹婁無君長。⓯男女雜游二句　喻沒有固定的配偶，沒有婚姻的手續。大概指原始社會自由的雜婚制。聘是納徵，是以財物來證明確定婚姻關係，這是買賣婚姻的遺跡。⓰孳阜　孳是蕃殖，阜是盛多。俞樾疑「孳阜」二字在「喜樂」之上，以「衰老」對「孳阜」，「哀苦」對「喜樂」。⓱慌　通「恍」。惘然自失的樣子。⓲管仲　春秋齊國政治家，潁上人，名夷吾，字仲，事桓公為相，富國強兵，尊王攘夷，九合諸侯，一匡天下，桓公尊稱他為仲父。⓳齊桓公　春秋齊國著名君主，名小白，在位四十三年。⓴遼

口　地名，不知所在，或與遼河有關。㉑幾剋舉　張默生《列子選注》：「殆將剋日舉行至其國也。」㉒隰朋　齊國大夫，助管仲相齊，管仲將死，曾推薦隰朋代己，說他是：「好上識而下問，於國有所不死政，於家有所不死事。」但隰朋與管仲同年逝世。㉓章服　統治層中各官階的禮服，章是文采圖形。㉔肆咤　張《注》：「肆疑作叱。」叱咤是怒聲。㉕視撝　目指氣使的意思。撝，是指揮的揮。林希逸《口義》說：「言隨目所視而指麾之也。」㉖戎夷之國　指終北國。㉗仲父　《荀子・仲尼篇》楊倞《注》：「仲者，夷吾之字，父者，事之如父，故號為仲父。」㉘耄　年高的老人，有七十、八十、九十，或八十九十諸說，管仲年壽不可考。

【語　譯】大禹治理水土時，迷失道路，誤走到了一個國家。這個國家瀕臨北海的北岸，不知道離開中國有幾千萬里，國名叫「終北」。國土很大，不知道疆域的界限在那裏，沒有風雨霜露，不生鳥獸、蟲魚、草木這類生物。四境都很平坦，外圍有層層的高山。在國土的中央有一座山，山名叫壺領，山頂有缺口，形狀像圓環，名叫「滋穴」。有水從山口湧出，名叫「神瀵」，香味超過蘭椒、甜酒。一口水源，分成四道流水下注山下。縱橫流向全國，無不到達。國土氣候溫和，沒有流行病疫。人民性情和婉，能順應萬物，而不競不爭；心地柔軟，骨力虛弱，而不驕不妒；長幼同居在一起，沒有君主，沒有臣屬；男女相雜交遊，沒有媒人，沒有納聘；靠水邊居住，不必耕田，不必種穀；土地氣候溫和適宜，不必織布，不必穿衣；經過百年自然而死，沒有夭折，沒有疾病。國民蕃殖眾多，只有喜樂，沒有衰弱、老病、悲哀、痛苦。他們的風俗喜愛音樂，大家牽手輪流唱歌，整天歌聲沒有中斷。飢餓疲倦就喝神瀵使身心和平。喝太多就醉，過十天才會醒。同時也用神瀵洗澡，可使膚色光澤，香味過十天才會消失。

周穆王到北方遊歷，經過終北國，住三年而忘記回國。回國後，還羨慕這個國家，迷惘得像失去了自己。不吃酒肉，不召侍女，過了幾個月才回復過來。

管仲勸齊桓公就遊遼口，一齊到終北國，當限期就要去時，隰朋諫告說：「君捨棄了廣大的齊國，眾多的人民，可觀的山川，豐富的物產，盛大的禮義，精美的禮服，以及充滿宮廷的美女，充滿朝廷的忠臣。怒叫一聲，就有百萬兵卒聽話；用眼指使，諸侯就要從命，你為什麼羨慕那一個國家，而拋棄齊國的社稷，到戎夷的國家去呢？這是仲父年老（糊塗勸你），你怎麼聽從他呢？」桓公就不去終北國，並把隰朋的話告訴管仲。管仲說：「這本來就不是隰朋所能知道的，臣就怕那個國家去不了。齊國的富有，有什麼好依戀？隰朋的話，有什麼好顧慮呢？」

（六）❶南國之人祝髮而裸❷，北國之人鞨巾而裘❸，中國之人冠冕而裳。九土所資：或農或商，或田❹或漁；如冬裘夏葛，水舟陸車。默❺而得之，性而成之。

越之東有輒沐之國❻，其長子生，則鮮❼而食之，❽謂之宜弟❾。其大父死，負其大母而棄之，曰：鬼妻❿不可以同居處。

楚之南有炎人之國⓫，其親戚⓬死，刳⓭其肉而棄之，然後埋其骨，迺成為孝子。⓮

秦之西有儀渠⑮之國者，其親戚死，聚柴積⑯而焚之。燻則煙上，謂之登遐⑰，然後成為孝子。此上以為政，下以為俗，而未足為異也。

【注釋】❶本章「越之東有輒沐之國」以下文字，又見於《墨子・節葬篇下》（「炎人之國」又見《墨子・魯問篇》）、張華《博物志》卷五、劉晝《新論・風俗篇》。疑本文錄自《博物志》，《博物志》又轉錄自《墨子》。❷南國之人祝髮而裸　上古住在長江下游南岸的少數（百越）民族，還過著斷髮紋身裸體的生活。《穀梁傳・哀公十三年》：「吳夷狄之國，祝髮文身。」《戰國策・趙策》：「祝髮文身，錯臂左衽，甌越之民也。」《莊子・逍遙遊篇》：「越人斷髮文身。」❸北國之人鞨巾而裘　北方寒冷，少數民族被髮衣裘，而且還束頭巾。鞨，通「帓」。是束髮頭巾。❹田　狩獵，田假借為畋。❺默　即〈力命篇〉的「默之成之」之默，張《注》：「默，無也。」指靜默、自然。❻輒沐之國　「輒」各本多異字，《墨子》作「軫」（通礙），《列子釋文》說：「輒，《說文》作耴，耳垂也。休，美也。蓋儋耳之類是也。」按此國之名，必有本義或假借義，但不知本字，無從探考。❼鮮　王重民：「鮮蓋解字之誤。」按《後漢書・南蠻傳》正作：「生首子輒解而食之。」❽其長子生二句　原始民族或有此習，《淮南子》〈主術〉及〈精神〉說易牙蒸自己的首（長）子給齊桓公吃（又見《韓非子・十過篇》等），或係此習的遺風。又此吃長子之習，《墨子・魯問篇》所記是屬於楚南啖（炎）人之國。《後漢書・南蠻傳》稱是交阯以西的噉（啖）人國。❾宜弟　和順弟弟，即對弟弟有福。❿鬼妻　死人的妻子。鬼上，依上下文「謂之」之例，似應有「之」字。⓫炎人之國　炎，吃，是啖的初文，通「噉」。吃人是人類發展史上早期的普遍現象。《後漢書・南蠻傳》的噉人國是錄自〈魯問篇〉啖人國。⓬親戚　指父母。楊伯峻引錢大昕《十駕齋養新錄》：「古人稱父母為親戚。」⓭朽　剮人肉。應依《釋文》作「咼」（冎），俗作「剮」。王重民：「咼蓋冎之譌。《說文・冎部》云：『冎，剔人肉，置其骨也。』是其義。」本文作「朽（冎）其肉而棄之，然後埋其骨」是用「冎」字之本義。《墨子．節葬篇》作「朽」；是因「朽」是「歹」（腐也）的異體。（見《說文．歺部》）⑭其親戚死四句　這種風俗有民族學上的依據。林惠祥《文化人類學》六章：「在蘇門答臘的峇塔(Battas)是很高等的民族，已經有文字及書籍了，不意卻也有食人的風俗，……其一是為孝道的食人。他們以隆重的儀式，懇摯的孝心，吃他們老年的父母的肉。這種盛宴的舉行，每擇於香櫞繁多而鹽價便宜的時候。在擇定的一天，例應被吃的老人便爬上一株樹，其親人和朋友則圍集其下。大家齊敲樹幹擊節唱輓歌，大意說：『看呀！時候到了，果實熟了，要由樹上掉下來了！』於是老人便由樹上落下來，他的最近的親人便把他宰了，大眾同吃。」⑮儀渠　西戎國名。又叫義渠，為秦所滅，在今甘肅寧縣一帶。⑯祡積　祡，通「柴」。積，陶鴻慶以為通「簀」，簀是席藉的通稱，聚柴簀而焚之，謂聚柴為藉，以便其焚也。⑰登遐　〈黃帝篇〉作「登假」。是說屍體用火焚燻，靈魂隨煙上升而升天。在菲律賓呂宋島山地的伊戈羅(Igorots)族，近猶有此習。施翠峰《南海屐痕》：「屋裏利用幾根松樹幹……紮成如同簡陋的椅子般的木架，讓屍體面向外面坐下，被捆住在那木架上，周圍燃起小火，開始燻屍體。……屍體為什麼要經過一番烘乾，理由已經無法考證，……人類學家……發現到三百年以前的作蹲下姿勢的木乃伊多具，可見伊戈羅族燻屍風俗由來已久。」

【語譯】南國人民剪斷頭髮而又裸體，北國人民用頭巾束髮而又穿皮裘，中國人民頭戴禮帽而又穿衣裳。在九州土地上所能供給生活的：有的農耕，有的經商，有的狩獵，有的打魚；就如同冬天穿皮裘，夏天穿葛衣，水中行船，陸上行車一樣。從靜默自然中去適應環境，去改造自己的個性。

越國以東有個輒（或作輆）沐國，他們的長子一出生，就被分解吃掉，這叫能和順他的弟弟。他們的祖父死，就背著祖母把她拋棄在外邊，說：鬼妻不可以一同居住。

楚國以南有吃人國，他們的親人死，剮肉（吃）再拋棄，然後埋骨頭，才成為孝子。

秦國以西有儀渠國，他們的親人死，放置在積木上用火焚燻。使煙上升，這叫升天，然後才成為孝子。由此可知上面的統治者施政，下面的人民就蔚成風氣，這也沒有什麼好奇怪的。

（七）❶孔子東游，見兩小兒辯鬬。問其故。一兒曰：「我以日始出時去人近，而日中時遠也。」一兒❷以日初出遠，而日中時近也。一兒曰：「日初出大如車蓋❸；及日中，則如盤盂❹，此不為遠者小而近者大乎？❺」一兒曰：「日初出滄滄涼涼；及其日中如探湯❻，此不為近者熱而遠者涼乎？❼」孔子不能決也。兩小兒笑曰：「孰為❽汝多知乎？❾」

【注　釋】❶本章又見於桓譚《新論》、《博物志》卷五、《金樓子・立言篇》、《世說新語・捷悟篇》注。❷兒　俞樾：「『兒』下當有『曰我』二字，方與上句一律。」❸車蓋　車上遮雨蔽日的圓頂，形如傘。「車蓋」多本作「車輪」。❹盤盂　盛食物的盤子。盤張口；盂斂口。❺日初出大如車蓋四句　按黎明和黃昏的太陽看起來比中天的太陽大（月亮亦同例）全是眼睛的錯覺。其因有二：一是太陽升出或將入地平線，視界中只有部分的天空，而在遠方的地平線上物如房屋、山林的陪襯下，覺得太陽大；而中天的太陽，在仰視界中天空茫茫無際，就覺得太陽小。二是受光滲作用的影響，同樣大小的圖形，白的就比黑的看起來要大。黎明或黃昏天空稍暗，太陽面光很突出，顯得大些；正午時，天空已很明亮，太陽反顯得暗些，以致看起來要小。❻探湯　以手指試熱湯，喻其熱。❼日初出滄滄涼涼三句　黎明或黃昏因太陽斜射，透過大氣層較厚，而大地承受輻射熱量又低，所以陽光溫度較低，同理反之，中天直射的太陽，溫度較高。❽孰為　誰謂。❾按地球與太陽間的遠近，主要決定於公轉的位置（其他亦受自轉、緯度等因素影響），公轉軌道是橢圓，橢圓率約0.017，太陽正在兩個焦點的一點，兩焦點的距離約三百萬英里，每年一月三日地球行經近日點，七月四日行經遠日點。所以一月三日之後，地球離太陽漸遠，每天黎明就比正午、黃昏近日（時間越晚離日越遠）。到七月四日以後地球離日就漸近，每天黃昏、正午就比黎明近日（時間越晚離日越近）。太陽在地球上的平均視直徑只有半度多（三十一分五十九秒），從黎明到黃昏半天中，地球與太陽距離的變化，使視直徑只有約一萬分之一的增減率，用肉眼絕對是看不出來的。

【語譯】孔子到東方遊歷，看到兩個小孩鬥嘴，問他們原因。一個小孩說：「我以為太陽剛出時離開人較近，而太陽在中天時較遠。」另一個小孩說：「我以為太陽剛出時較遠，而太陽在中天時較近。」前一個小孩說：「太陽剛出時大得像車蓋；到了中天時就像盤子，這不就是遠的看得小而近的看得大嗎？」後一個小孩說：「太陽剛出時冷冷涼涼的；到了中天時就像熱湯，這不就是近的為熱而遠的為冷嗎？」孔子不能決斷他們的問題。兩個小孩嘲笑說：「誰說你是多智的人呢？」

（八）均，天下之至理也，連❶於形物亦然。均髮均縣，輕重而髮

絕，髮不均也。均也，其絕也，莫絕。❷人以為不然，自有知其然者也。❸

詹何❹以獨繭絲為綸，芒鍼❺為鉤，荊篠為竿，剖粒為餌，引盈車之魚，於百仞之淵，汩流之中；綸不絕，鉤不伸❻，竿不撓。楚王❼聞而異之，召問其故。詹何曰：「臣聞先大夫❽之言，蒲且子❾之弋也，弱弓纖繳❿，乘風振之，連雙鶬⓫於青雲之際，用心專，動手均也。臣因其事，放⓬而學釣，五年始盡其道。當臣之臨河持竿，心無雜慮，唯魚之念，投綸沈鉤，手無輕重，物莫能亂。魚見臣之鉤餌，猶沈埃聚沫，吞之不疑。所以能以弱制彊，以輕致重⓭也。大王治國誠能若此，則天下可運於一握，將亦奚事哉？」楚王曰：「善。」⓮

【注釋】❶連　張《注》：「連，屬也。屬於器物者，亦須平焉。」❷均髮均縣六句　又見於《墨子・經說篇下》。❸均以下十句　係編者取〈經說篇〉的「均」來證明下文詹何的「均」，以表現其「弱制彊輕致重」的主題。「知其然者」是指詹何。❹詹何　古代（春秋?）善釣魚的奇人。據本書〈說符篇〉，是與楚莊王同時，張《注》為隱者。又據《韓非子・解老篇》：「是一知數術的奇人。」其資料又見《淮南子・詮言》、《新論・觀量篇》。❺芒鍼　芒草的針尖，即葉尖。❻伸　舒展，指鉤不鬆直，仍然彎彎的。❼楚王　據〈說符篇〉，則指楚莊王。❽先大夫　指先父。❾蒲且子　古代善射箭的人，又見於《淮南子・覽冥》。《漢書・藝文志・兵書略》兵技巧有《蒲且子弋法》四篇，已佚。❿繳　繫在箭尾的生絲線。⓫鶬　鶬鴰，一種灰鶴。⓬放　通「倣」。⓭以弱制彊以輕致重　弱制強是指釣大魚，輕致重是指射大鳥。⓮本章思想類似〈黃帝篇〉主張以「用志不分」為主的各章。

【語譯】平均是天下最高的道理，即使是屬於有形體之物也一樣。質地平均的一根頭髮，懸著重力平均之物，這樣就是平均，如果重力輕重不一就會使頭髮斷絕；反之，平均，豈會斷絕，這就是說不斷絕之理。一般人不明瞭這個道理，但有人會知道的。詹何以一個蠶繭的絲做釣魚繩，以芒草的葉尖做釣鉤，以荊楚的細竹做釣竿，以解剖穀粒做釣餌，把超過車子大的魚，拉起於百仞深淵的疾流中；繩沒有斷，鉤沒有鬆，竿沒有彎。楚王聽了此事，對他很感驚異，叫他來問原因。詹何說：「臣子聽先父說，蒲且子射箭，用弱弓細繳，乘風射出，連中兩隻鶬鴰在青雲之間，是因為用心專精，動手平均的緣故。臣子就依他的技巧，加以倣效而學習釣魚，五年才學完了他的方法。當臣子靠近河邊手持釣竿，心中沒有雜念，只想到魚，投出線，放下鉤，手勢沒有輕重，外物不能擾亂。魚看到鉤餌，就如沈在水中的塵埃、聚集的泡沫，無疑的就把它吞下。這就是以弱制強、以輕得重的道理。大王治理國家確實能像這樣，就可以容易的把天下運轉在一個手掌之中，這還會有什麼事呢？」楚王說：「好極了。」

（九）魯公扈趙齊嬰二人❶有疾，同請扁鵲❷求治。扁鵲治之，既同愈，謂公扈齊嬰曰：「汝曩之所疾，自外而干府藏者❸，固藥石之所已。今有偕生之疾，與體偕長；今為汝攻之，何如？」二人曰：「願先聞其驗❹。」扁鵲謂公扈曰：「汝志彊而氣弱❺，故足於謀而寡於斷。齊嬰志弱而氣彊，故少於慮而傷於專。若換汝之心，則均於善矣。」扁鵲遂飲二人毒酒，迷死三日，剖胸探心，易而置之；投以神藥，既悟如初，二人辭歸。於是公扈反齊嬰之室，而有其妻子，妻子弗識。齊嬰亦反公扈之室，有❻其妻子，妻子亦弗識。二室因相與訟，求辨於扁鵲。扁鵲辨其所由，訟乃已。❼

【注釋】❶魯公扈趙齊嬰二人　不詳。❷扁鵲　春秋戰國間著名的醫師，鄭國人，原姓秦，名越人，據說扁鵲原是黃帝時良醫之名，後來凡良醫多叫扁鵲，秦越人在趙行醫，趙人叫他扁鵲。《史記・扁鵲倉公列傳》說他可以用肉眼透視人的五臟六腑，最後到秦國，為秦太醫李醯忌妒而遇害。〈漢志・方技略〉有《扁鵲內經》九卷、《秦始皇帝扁鵲俞拊方》二十三卷，皆已佚失。但不知是否與他本人有關。〈隋志〉、〈唐志〉的《黃帝八十一難經》，也託名於他。❸自外而干府藏者　指外界的風寒等侵襲到內臟。府藏即腑臟。❹驗　症狀。❺志彊而氣弱　志指心智，是心靈的理性；氣指氣質，是肉體的本能。古人這種分法並不正確。❻有　《御覽》「有」上有

「而」字。❼本章主張志氣中和，與道家虛心實腹之說不同。換心之事拘於當時的醫術水平不可信。

【語譯】魯國的公扈和趙國的齊嬰二人有病，一同來謁見扁鵲求醫。扁鵲為他們治病，都治好以後，向公扈和齊嬰說：「你們以前所得的病是從外界干犯到六腑五臟，這固然是藥石所能治好。但現在你們卻仍有與生俱來的病，與你們的身體一起成長；我為你們醫治，怎麼樣呀？」二人說：「希望先聽我們的病症。」扁鵲向公扈說：「你的心智強盛而氣質虛弱，所以多謀慮而不能決斷。齊嬰則心智虛弱而氣質強盛，所以少謀慮而太任性自用。如果交換你們的心，就能兩全其美了。」扁鵲就叫二人喝毒酒，昏迷不醒三天，剖開胸膛，取出心臟，交換後放好；再敷上神藥，醒過來後就像原初一般，二人辭別回去。於是公扈回到齊嬰的家，而擁有齊嬰的妻子，但妻子不認識他（公扈的身軀、齊嬰的心）。齊嬰也回到公扈的家，而擁有公扈的妻子，但妻子也不認識他。二家的人因此相互爭訟，要求扁鵲來分解。扁鵲解釋了原由，爭訟才停止下來。

（一〇）匏巴❶鼓琴❷而鳥舞魚躍❸，鄭師文❹聞之，棄家從師襄❺游。柱指鈞弦❻，三年不成章。師襄曰：「子可以歸矣。」師文舍其琴，歎曰：「文非弦之不能鈎，非章之不能成。文所存者不在弦，所志者不在聲。內不得於心，外不應於器，故不敢發手而動弦。且小❼假之，以觀其後。」無幾何，復見師襄。師襄曰：「子之琴何如？」師文曰：「得之矣，請嘗試之。」於是當春而叩商弦❽以召南呂❾，涼風忽至，草木成實。❿及秋而叩角弦以激夾鐘，溫風徐迴，草木發榮。當夏而叩羽弦以召黃鐘，霜雪交下，川池暴沍。及冬而叩徵弦以激蕤賓，陽光熾烈，堅冰立散。將終，命宮⓫而總四弦⓬，則景風⓭翔，慶雲⓮浮，甘露⓯降，澧泉⓰涌。⓱師襄乃撫心高蹈曰：「微矣！子之彈也！雖師曠之清角⓲，鄒衍之吹律⓳，亡以加之。彼將挾琴執管而從子之後耳。」

【注釋】❶匏巴　上古著名的彈琴家。❷鼓琴　《荀子・勸學篇》及《韓詩外傳》卷六都作「鼓瑟」，琴與瑟古多相混。❸鳥舞魚躍　《荀子》作「流（沈）魚出聽」，《韓詩外傳》作「潛魚出聽」。❹鄭師文　鄭國樂師。師是樂官之長，文是名。《呂氏春秋・君守篇》：「鄭太師文終日鼓瑟而興，再拜其瑟前曰：『我效於子，效於不窮也。』」❺師襄　魯國樂師，名襄。孔子曾向他學琴。❻柱指鈞弦　張《注》：「安指調弦。」按柱沒有安的意思，柱字應從殷敬順《釋文》所說的「一本作住」的住字。住指是停住手指，就是不用手指來調弦，與下文「三年不成章」都是否定句，同時這樣才能與下面的「非弦之不能鈞」、「不敢發手而動弦」的意思相合。後兩句根本就是說：沒有用手調弦。柱與住古可借用。《後漢書・鄧禹傳》：「輒停車住節」，李《注》：「住或作柱。」鈞，據《國語・周語篇下》韋昭的注有調的意思。❼小　通「少」。❽商弦　商音的琴弦。商是五音之一。五音是宮、商、角、徵、羽。❾南呂　十二律之一，古人用十二隻長度不同的律管，吹出十二個不同的絕對音高，以定樂音高低的標準，這便叫十二律。上古陰陽家把五音、十二律和四季相配（見《呂氏春秋》），如下表：

季	月	音	律
春	（農一月）孟春	角	太蔟
	（二月）仲春	角	夾鐘
	（三月）季春	角	姑洗
夏	（四月）孟夏	徵	仲呂
	（五月）仲夏	徵	蕤賓
	（六月）季夏	徵	林鐘
夏秋之際	夏秋	宮	黃鐘
秋	（七月）孟秋	商	夷則
	（八月）仲秋	商	南宮
	（九月）季秋	商	無射
冬	（十月）孟冬	羽	應鐘
	（十一月）仲冬	羽	黃鐘
	（十二月）季冬	羽	大呂

❿涼風忽至二句　說春天時彈秋天的音律，就會產生秋天的景象。以下同例。⓫命宮　叩宮。「命」字意義難通，依上文例，疑是「叩」字之訛字。宮音是夏秋之際、一年中最平和的音。⓬四弦　指以上的商、角、羽、徵四弦音。⓭景風　和風。《爾雅．釋天篇》：「四時和謂之景風。」⓮慶雲　即卿雲。慶、卿音同。為祥瑞之雲。《史記．天官書》：「若煙非煙，若雲非雲，郁郁紛紛，蕭索輪囷，是謂卿雲。」⓯甘露　及時的美露。《老子》三二章：「天地相合，以降甘露。」⓰澧泉　甘泉。澧，通「醴」。《禮記．禮運篇》：「故天降膏露，地出醴泉。」⓱於是當春而叩商弦以召南呂十八句　按師襄叫師文彈琴本在一時，但上文卻歷經一年，每季才彈一次，太不切情理。⓲師曠之清角　師曠是春秋晉平公的樂師，名曠。《韓非子．十過篇》：「平公……問曰：『音莫悲於清徵乎？』師曠曰：『不如清角。』平公曰：『清角可得而聞乎？』師曠曰：『不可。……今主君德薄，不足聽之，聽之將恐有敗。』……師曠不得已而鼓之。一奏之，有玄雲從西北方起；再奏之，大風至，大雨隨之，裂帷幕，破俎豆，隳廊瓦，坐者散走，平公恐懼，伏於廊室之間。晉國大旱，赤地三年，平公之身遂癃病。」

按清角是清脆的角音，據《文選・南都賦》注引許慎《淮南子注》：「清角弦急，其聲清也。」⓳鄒衍之吹律　鄒衍是戰國時代的陰陽家學者。齊國人，姓鄒名衍，為燕昭王師，曾居齊稷下，號「談天衍」。《漢書・藝文志》有《鄒子》四十九篇及《鄒子終始》五十六篇，都已佚亡。《文選注》引劉向《別錄》：「鄒衍在燕，燕有谷，地美而寒，不生五穀，鄒子居之，吹律而溫氣至，五穀生。」

【語譯】 匏巴彈琴能使鳥舞魚跳，鄭國師文聽到匏巴的成就，便離開家去跟從師襄學琴。他不用手指調弦，所以三年中沒有彈出完整的曲子。師襄說：「你可以回家了。」師文放下琴歎息著：「我不是弦不能調，不是曲子不能彈。我心所存的不在弦，志所願的不在聲。既然外在的弦聲不能交接於內心，內心也不能響應外在的弦聲，所以不敢起手動弦。且讓我稍微休息，以觀後效。」不多時，師文又來見師襄。師襄說：「你的琴彈得怎樣？」師文說：「有心得了，請讓我試試吧！」於是正當春天就彈商弦，而用南呂律，使得涼風忽然吹到，草木都結成了果實。到了秋天，就彈角弦，激發夾鐘律，使得溫風徐徐飄旋，草木都開花了。正當夏天就彈羽弦，而用黃鐘律，使得霜雪相互下降，河川暴流池塘凝固。到了冬天就彈徵弦，激發蕤賓律，使得陽光炎熱，堅硬的結冰立即溶解。將要終了，就彈宮弦，而總合四弦，使得和風飛翔，瑞雲飄浮，美露下降，甘泉湧出。師襄聽了摸著心頭，高跳起來說：「你彈琴微妙極了。即使師曠彈清角，鄒衍吹律管，也不能超過了。他們兩人將挾著琴拿著管跟在你的後面了。」

（一一）

❶薛譚學謳於秦青❷，未窮青之技，自謂盡之；遂辭歸。

秦青弗止，餞於郊衢，撫節悲歌，聲振林木，響遏❸行雲。薛譚乃謝求反，終身不敢言歸。

秦青顧謂其友曰：「昔韓娥❹東之齊，匱糧，過雍門❺，鬻歌假食。既去而餘音繞梁欐❻，三日不絕，左右以其人弗去。過逆旅，逆旅人辱之。韓娥因曼聲哀哭，一里❼老幼悲愁，垂涕相對，三日不食。遽而追之。娥還，復為曼聲長歌，一里老幼喜躍抃❽舞，弗能自禁，忘向之悲也。乃厚賂發之。故雍門之人❾至今善歌哭，放娥之遺聲。」

【注釋】❶本章又見於《博物志》卷五。自「秦青顧謂其友曰」以下，又見於《金樓子・志怪篇》。❷薛譚學謳於秦青　薛譚與秦青，張湛所以注「秦國之善歌者」或係因秦青之名而定。譚，《淮南子・氾論》作「談」。❸遏　阻止。❹韓娥　張《注》：「韓國善歌者。」是女性歌手。❺雍門　齊國都城臨淄的西門。❻梁欐　房屋的梁棟。雙聲聯緜字，《莊子・秋水篇》作「梁麗」。崔譔、成玄英注「屋棟」者為是。棟是屋脊木，即中梁。❼里　里巷，即鄰里街道。如作為行政單位，則一里有二十五、五十、七十二、八十家等諸說。❽抃　鼓掌。❾雍門之人　張《注》：「六國時有雍門子，名周，善琴，又善哭，以哭干孟嘗君。」按雍門鼓琴，孟嘗涕泣的故事，見於《說苑・善說篇》、桓譚《新論・琴道篇》。

【語譯】薛譚向秦青學唱歌，還沒有學完秦青的技巧，就自己說學完了而辭別回家。秦青沒有留他，送他走到郊外的路上，用手打拍，唱起悲歌，歌聲振動林木起共鳴，音響留下行雲聽歌聲。薛譚乃稱謝，要求又回去，終生再也不敢說要回家了。

秦青回頭向他的朋友說：「從前韓娥到東方的齊國，缺糧，所以經過雍門時，就賣唱求食。她離開後，餘音還環繞在屋梁上三天沒有斷絕，雍門左右附近的人還以為她沒有離開哩。韓娥到旅館，旅館的人侮辱她。韓娥就拉長聲大哭，使整個鄰里的老幼也悲哀起來，垂淚相對，三天吃不下飯。於是急切地去追回她。韓娥回來後，又拉長聲唱歌，使整個鄰里高興得鼓掌跳舞，不能自禁，忘記剛才的悲哀。於是用厚重的禮物打發她。所以雍門的人到現在善於唱歌、善於哭，是摹仿韓娥遺留下來的聲音。」

(一二) ❶伯牙善鼓琴，鍾子期善聽。❷伯牙鼓琴，志在登❸高山，鍾子期曰：「善哉！峩峩兮若泰山❹！」志在流水，鍾子期曰：「善哉！洋洋兮若江河！」伯牙所念，鍾子期必得之。伯牙游於泰山之陰，卒❺逢暴雨，止於巖下；心悲，乃援琴而鼓之。初為霖雨之操，更造崩山之音。❻曲每奏，鍾子期輒窮其趣。伯牙乃舍琴而歎曰：「善哉！善哉！子之聽夫！志想象猶吾心也。吾於何逃聲哉！」

【注釋】❶「伯牙」至「江河」前段見於《呂氏春秋．本味篇》、《韓詩外傳》卷九、《風俗通義．聲音篇》、《說苑．尊賢篇》。❷伯牙善鼓琴二句　伯牙是春秋時代的琴家，學於成連，與鍾子期為知音之交。子期死，伯牙破琴絕弦，終身不再彈琴。《呂覽》高誘《注》：「伯姓，牙名，或作『雅』。鍾氏，期名。子皆通稱，悉楚人也。」❸登　王叔岷：「登字疑衍。」❹泰山　山東泰山，上古人以為是天下最高的山。泰，又作「太」，但不宜作「大」解。❺卒　通「猝」。突然。❻初為霖雨之操二句　霖雨之操是摹擬不絕的細雨聲的輕緩曲子。《說文》：「雨三日已往為霖。」操是琴曲。崩山是摹擬山崩聲重急的曲子。霖雨、崩山，林希逸以為皆琴曲名，亦通。

【語譯】伯牙善於彈琴，鍾子期善於聽琴。伯牙彈琴，志向在高山，鍾子期說：「好呀！高大得像泰山！」伯牙志向在流水，鍾子期說：「好呀！廣大的像長江黃河！」伯牙心裏所想念的，鍾子期必能體會得出。伯牙到泰山北麓遊玩，突然遇到暴雨，就停留在山巖下面躲雨；悲從心來，就拿琴彈著。最初彈著輕緩似久雨的曲子，後來又奏重急如山崩的聲音。每彈一支曲子，鍾子期就能盡知他的志趣。伯牙於是放下琴長歎說：「好呀！好呀！你聽我的曲子，心裏想像就如同我的心呀！我的琴聲，是不能逃脫在你的想像之外呀！」

（一三）❶周穆王西巡狩❷，越崑崙，不❸至弇山。反還，未及中國，道有獻工人名偃師，❹穆王薦❺之，問曰：「若有何能？」偃師曰：「臣唯命所試。然臣已有所造，願王先觀之。」穆王曰：「日以俱來，吾與若俱觀之。」越日❻偃師謁見王，王薦之，曰：「若與偕來者何人邪？」對曰：「臣之所造能倡者❼。」穆王驚視之，趣❽步俯仰，信人也。巧夫領其頤❾，則歌合律；捧其手，則舞應節。千變萬化，惟意所適。王以為實人也，與盛姬內御❿並觀之。技將終，倡者瞬⓫其目而招王之左右侍妾。王大怒，立欲誅偃師。偃師大懾，立剖散倡者以示王，皆傅會革、木、膠、漆、白、黑、丹、青⓬之所為。王諦料之，內則肝、膽、心、肺、脾、腎、腸、胃，外則筋、骨、支、節、皮、毛、齒、髮，皆假物也，而無不畢具者，合會復如初見。王試廢其心，則口不能言；廢其肝，則目不能視；廢其腎，則足不能步。⓭穆王始悅而歎曰：「人之巧乃可與造化者同功乎？」詔貳車載之以歸。

夫班輸之雲梯⓮，墨翟之飛鳶⓯，自謂能之極也。弟子東門賈⓰禽滑釐⓱聞偃師之巧以告二子，二子終身不敢語藝，而時執規矩⓲。

【注釋】❶本章又見於《金樓子・志怪篇》，但文字較略。❷巡狩　天子巡視諸侯所守的封地叫巡狩，或作「巡守」。《孟子・梁惠王篇下》：「天子適諸侯曰巡狩，巡狩者，巡所守也。」❸不　「不」為衍文。王重民：「案『不』字疑衍，《穆天子傳》云：『天子遂驅，升於弇山。』〈周穆王篇〉亦云：『迺（當作西，說見前）觀日之所入』亦指登弇山事也。是穆王曾至弇山，若有『不』字，則與事實不合矣。」按弇山又叫弇茲山，《山海經・西山經》作「崦嵫」，崦嵫山下的虞泉是太陽落入的地方，是西狩的終點，所以要還回。「不」字為衍文是正確的。不然，或可能是「升」字的訛字。❹反還三句　張《注》：「中道有國獻此工巧之人也。」楊伯峻：「依張《注》云云則原文當作『反還，未及，中道國有獻工人名偃師』，今本國道二字誤倒，遂以『未及中國』為句。」從楊說。❺薦　張《注》：「薦當作進。」下同。❻越日　世德堂本作「翌日」。❼倡者　張《注》：「俳優。」歌舞的藝人。這兒是指偃師所做的活動木偶。❽趣　趨。❾顉其頤　搖動它（倡者）的下顎，則口就可以開著唱歌。顉，道藏四解本作「頷」，《說文》：「顉，低頭也。」又：「頷，面黃也。」顉引申有上下點頭的意思，作為頤的動詞，則是上下搖動的意思。顉是本字，頷是同音的假借字。《金樓子》亦作「顉」。❿盛姬內御　盛姬是穆王的寵妃，與穆王田獵而病死，穆王非常悲哀，葬以皇后之禮，見《穆天子傳》卷六。內御是王宮中侍奉統治者的女性之官名。⓫瞬　瞚的假借字。瞚，《說文》：「目動也，開闔數搖也。」就眼睛開合閃動。《金樓子》正作「瞚」。⓬白黑丹青　指顏料。⓭王試廢其心六句　張《注》：「此皆以機關相使，去其機關之主，則不能相制御。亦如人五藏有疾，皆外應七孔與四支也。」⓮班輸之雲梯　班輸是春秋時代著名的精巧工匠，姓公輸，名班，班或作「般」或「盤」，又因是魯國人，所以也叫魯班。楚惠王時，公輸班替楚國製造雲梯（攻城的機械高梯）以攻打宋國，墨子聞之，從魯國行十日十夜而至於郢，見公輸班，而說服了他。事見《墨子・公輸篇》。⓯墨翟之飛鳶　墨翟也是一個勞動工人（可能為車工），曾化三年時間製造了一隻會飛的木鳶（大概是形似鷂鷹的滑翔機），但只飛一天就掉下來。事見《韓非子・外儲說篇左上》。又《墨子・魯問篇》也說公輸削竹木為鵲，飛三天不下來。⓰東門賈　公輸班弟子，不是墨子弟子，《墨子》書未見此人。⓱禽滑釐墨子弟子，是一個勞苦的社會運動家，手足胼胝，面目黧黑，役身給使，不敢問欲。事見《史記·儒林列傳》、《呂覽·當染篇》、《墨子》〈公輸篇〉〈備城門篇〉〈備梯篇〉等。⑱規矩　規是圓規，矩是方尺。如引申為法度、標準解釋亦通。按這兒引班輸、墨翟是為著比喻偃師之巧，並非真有此事。尤其墨翟並不逞手藝之巧的，他以為利於人才是真正的巧。

【語譯】周穆王到西方巡狩，越過崑崙山，到弇山。然後返回，還沒有回到王都，在道路上有一個國家獻上一個名叫偃師的工匠，穆王讓他進見，問他說：「你有什麼才能？」偃師說：「臣只要王命就可以嘗試去做（王所要的）。但臣子已經有做好的，希望王先觀看。」穆王說：「改天一同帶來，我與你一同來看。」第二天偃師謁見王，王讓他進來，王說：「你跟什麼人同來呢？」偃師對答：「是臣子所做的俳優。」穆王驚奇的看著它，快跑、走路、低身、抬頭等舉動，實在就是人。精巧極了！搖動它的下顎，就唱著配合音律的歌；托住它的手，就跳著配合節拍的舞。千變萬化的歌舞，只要想求它怎樣，它就會怎樣。王以為是真人，與盛姬內御共同觀看。技巧表演將完了，俳優用眼睛閃動來招引穆王左右的侍妾。王很生氣，立即要殺偃師。偃師很害怕，馬上拆散俳優讓王來看，原來都是附著皮、木、膠、漆、白、黑、紅、青所做成的。王仔細審視、度量，內面的肝、膽、心、肺、脾、腎、腸、胃，和外面的筋、骨、肢、節、皮、毛、齒、髮，都是假的東西，但又無不完整具備，把它湊合一起又會如初見一般。王試圖弄壞它的心，那麼口就不能說；弄壞它的肝，那麼眼就不能看；弄壞它的腎，那麼腳就不能走。穆王才高興的歎氣著說：「人的技巧（所做的俳優）可以與造化者（造人）有一樣的功夫嗎？」就叫副車把偃師一起載回去。

公輸子造雲梯，墨翟造飛鳶，自己以為能力最高。他們的學生東門賈、禽滑釐聽到偃師的技巧便告訴兩人，兩人終身再也不敢談論技藝，而時時拿著規矩學習了。

（一四）甘蠅❶，古之善射者，彀弓❷而獸伏鳥下❸。弟子名飛衛，學射於甘蠅，而巧過其師。❹紀昌者，又學射於飛衛。飛衛曰：「爾先學不瞬，而後可言射矣。」紀昌歸，偃臥❺其妻之機下，以目承牽挺❻。二年之後，雖錐末倒眥，❼而不瞬也。以告飛衛。飛衛曰：「未也，必學視而後可。視小如大，視微如著，而後告我。」昌以氂❽懸虱❾於牖❿，南面而望之。旬日之間，浸⓫大也；三年之後，如車輪焉。以覩餘物，皆丘山也。乃以燕角之弧，朔蓬之簳⓬射之，貫虱之心，而懸不絕，以告飛衛。飛衛高蹈拊膺曰：「汝得之矣！」紀昌既盡衛之術，計天下之敵己者，一人而已，乃謀殺⓭飛衛。相遇於野，二人交射；中路矢鋒相觸，而墜於地，而塵不揚⓮。飛衛之矢先窮。紀昌遺一矢⓯；既發，飛衛以棘刺之端扞之，而無差焉。於是二子泣而投弓，相拜於塗，請為父子，尅臂以誓⑯，不得告術於人。⑰

【注釋】❶甘蠅 《呂氏春秋・聽言篇》：「蠭門（《莊子》作『蓬蒙』）始習於甘蠅。」高誘《注》：「甘蠅，蓋射人姓名。」❷彀弓 開弓。《說文》：「彀，張弩也。」❸獸伏鳥下 張《注》：「箭無虛發，而獸鳥不敢逸。」按《博物志》卷三載飛衛向魏王說：「臣能射為虛發而下鳥。」❹甘蠅六句 王叔岷：「《事類賦》十三，《御覽》三百五十，並引《列子》云：『飛衛學於甘蠅，諸法並善，唯嚙法（口咬射之法）不教。衛密持矢以射蠅。蠅嚙得鏃矢還射衛。衛遶樹而走，矢亦遶樹而走。』今本無此文。不知是否此節逸文，識此存疑。」❺臥 王重民：「《御覽》七四五作『坐』。」❻牽挺 張《注》：「機躡。」即是織機踏板。又于鬯：「挺蓋讀為筳。《說文・竹部》：『筳，繀絲筦也。』」按筳可作「挺」，徐鍇《說文繫傳》：「筳，竹片（片，衍文）挺也。」不過繀是紡車，筳是紡車絲管，不是織機的東西。待考。❼二年之後二句 王重民：「《御覽》七四五引『二年』作『三年』，『倒』作『到』，又八二五引亦作『到』，疑作『到』者是也。」按下文有「三年之後，如車輪焉」似以「三年」為是，但「倒」字亦可通，錐倒立尖向下刺眥，即「倒於眥」的意思，不一定要改為來到的「到」。而「到」亦為「倒」之初文。❽氂 氂的訛字。氂，《說文》說是：「犛牛尾。」引申為獸毛的意思。❾虱 《正字通》：「蝨，俗省作虱。」世德堂本作「蝨」。❿牖 南窗。《論語・雍也篇》：「自牖執其手。」皇侃《疏》：「牖，南牖也。」⓫浸 通「寖」。漸漸的。⓬燕角之弧二句 燕國獸角裝飾的弓，朔方蓬蒿作幹的箭，比喻優良的弓的弓箭。角弧，就是角弓，朔方是蒙古一帶的北方，蓬簳是以蓬蒿的莖所作的箭幹，即是《禮記・內則篇》、《墨子・迎敵祠篇》的「蓬矢」。《周禮・考工記篇・總敘》：「燕之角，荊之幹、妢胡之笴、吳粵之金錫，此材之美者也。」妢胡之笴，就是朔蓬之簳，笴與簳相通。「朔」也可能是「胡」之訛字。⑬謀殺　既然要謀殺，為何又「相遇於野」？又會「二子泣而投弓」？皆不合情理。「謀殺」或是「相謀殺」即「相約比武」的意思。但若依《事類賦》載飛衛謀殺甘蠅一段逸文看來，「謀殺」也有「預謀殺害」之意。⑭塵不揚　林希逸：「塵亦不起，亦其平落地也。」⑮遺一矢　每次既相交射，則飛衛必少一枝箭。⑯尅臂以誓　尅臂，割破手臂（然後彼此飲對方的血或混血）。尅是剋的俗體，是「刻」的假借字。「尅臂」又作「刻臂」。剋臂是一種血盟，血盟是史前時代就有的社會行為，是用血的交流，結成如血親般親密同盟關係，若有違盟，會受到宗教的懲戒。紀昌既不能殺師，轉而與飛衛結為血盟，來壟斷射術。朱得之以尅臂為黥臂，不確。⑰本章強調技巧的專精，主旨極為腐朽。

【語譯】甘蠅是古代善於射箭的人，只要一拉開弓，獸類就低頭趴在地上，鳥類就從天上掉下來。他的弟子名叫飛衛，向甘蠅學射箭，而技巧超過他的老師。紀昌又向飛衛學射箭，飛衛說：「你先學不眨眼兒，然後才可以學射。」紀昌回去，仰臥在他妻子的織機下面，用眼睛抵住踏板。二年之後，雖然針尖倒刺眼眶，而不眨眼。於是紀昌便來告訴飛衛。飛衛說：「還沒有學好！一定要再學看才可以。看小物就像大物，看微暗的就像顯著的，能這樣才告訴我。」紀昌用毛綁著蝨子掛在南窗口然後從南面看著它。十天之間，蝨子就漸漸的大起來；三年之後，就像車輪。那麼看蝨子以外的東西就像山丘一樣。於是用燕國的獸角裝飾的弓，朔方蓬蒿作幹的箭射它，貫穿蝨子的心，而仍然懸掛著沒有斷絕，這樣紀昌便來告訴飛衛。飛衛興奮的高跳起來撫著胸說：「你學到了！」紀昌既學盡了飛衛的射術，算天下能成為自己敵手的，只有一人而已，於是要謀殺飛衛。二人在郊野相遇，相互交射；箭鏃在中途相碰，掉落地上，塵埃沒有揚起。飛衛的箭先射完，紀昌還賸一枝；就射出，飛衛就用棘刺的末端來抵擋，一點也不差誤。於是二人感動得流淚，把弓放下，在路上相拜，請求彼此認為父子，並割破手臂流血為誓，不可把射術告訴別人。

（一五）造父❶之師曰泰豆氏❷。造父之始從習御也，執禮甚卑，泰豆三年不告。造父執禮愈謹，乃告之曰：「古詩言：『良弓之子，必先為箕；良冶之子，必先為裘。』❸汝先觀吾趣。趣如吾，然後六轡❹可持，六馬❺可御。」造父曰：「唯命所從。」泰豆乃立木為塗，僅可容足；計步而置，履之而行。趣走往還，無跌失也。造父學之，三日盡其巧。泰豆歎曰：「子何其敏也！得之捷乎！凡所御者，亦如此也。曩汝之行，得之於足，應之於心。推於御也，齊輯乎轡銜之際❻，而急緩乎脣吻之和；正度乎胷臆❼之中，而執節乎掌握之間。❽內得於中心，而外合於馬志，是故能進退履繩而旋曲中規矩❾；取道致遠而氣力有餘，誠得其術也。❿得之於銜，應之於轡；得之於轡，應之於手；得之於手，應之以心。則不以目視，不以策驅；心閑體正，六轡不亂，而二十四蹄所投無差；迴旋進退，莫不中節。⓫然後輿輪之外可使無餘轍，馬蹄之外可使無餘地；未嘗覺山谷之嶮⓬，原隰之夷，視之一也。吾術窮矣。汝其識之！」

【注釋】❶造父　見〈周穆王篇〉一章注釋㊼。❷泰豆氏　張《注》：「泰豆氏見諸雜書記。」但今天僅存的先秦文獻，見於《呂氏春秋．聽言篇》：「造父始習於大豆。」高誘《注》：「大豆蓋御人姓名。」按大通「太」，即「泰」字。❸良弓之子四句　見於《禮記．學記篇》：「良冶之子，必學為裘；良弓之子，必學為箕。」《列子》本章所引可能是古代的佚詩，不是抄自〈學記篇〉。❹六轡　六匹馬的韁繩，這是配合下文「六馬」講的。通常一匹馬有兩轡，一車有四馬，則應有八轡，但中間兩匹服馬（一說外側兩驂馬）的內轡（即右馬之左轡，左馬之右轡）繫在車軾上，駕者手中只有六轡。❺六馬　天子車駕用六匹馬。蔡邕《獨斷》：「法駕，上所乘曰金根車，駕六馬。」❻齊輯乎轡銜之際　齊輯是齊和、和整的意思。殷敬順《釋文》：「《說文》：『輯，車輿也。』此言造父善御，得車輿之齊整在於轡銜之際，喻人君得民心則國安矣。」《釋文》說錯，齊輯是衍聲的聯緜字，是聯合式的詞組，與下文的「急緩」詞性相同，「輯」與「齊」都有和整的意思。又「齊輯」以下文字並不是在說造父善御，而是泰豆基於造父三日學會踏木而行，教造父應用此理去學駕車。至於說人君云云，純是附會。❼胷臆　即胸膛，含有思想情意的作用。《文子．上義篇》作「胸膺」。臆，也是胸。《淮南子．俶真》：「神無虧缺於胸臆之中矣。」❽齊輯乎轡銜之際四句　林希逸《口義》：「轡銜、唇吻，在馬者也；胷臆、掌握，在人者也。」❾矩　陶鴻慶《札記》：「『矩』字衍文，本作『進退中繩，而旋曲中規。』言直者中繩，曲者中規也。《淮南子．主術》引此文，無『矩』字。」王重民引《莊子．達生篇》及《御覽》卷七四六引正無「矩」

字。可從。❿推於御也十句　又見於《淮南子．主術》及《文子．上義篇》，唯文字略有不同。⓫則不以目視七句《淮南子．覽冥》：「昔者王良、造父之御也。上車攝轡馬為整齊而斂諧，投足調均，勞逸若一，心怡氣和，體便輕畢，安勞樂進，馳鶩若滅，左右若鞭，周旋若環。」可參證。⓬嶮　通「險」。

【語　譯】造父的老師叫泰豆氏。造父開始學駕車時，行弟子禮很卑恭，但泰豆在三年間仍不告訴他駕車的方法。造父行禮愈誠敬，才告訴他：「古詩說：『優良造弓工匠的兒子，必先做簸箕，以學彎曲木竹的方法；優良冶金工匠的兒子，必先做皮裘，以學接補熔鑄的方法。』你先看我快步，再跟我快步，然後六轡可以握住，六馬可以駕御。」造父說：「絕對聽從你的命令！」泰豆就豎立木樁作為道路，大小只可容納腳掌；計算跨步的長度而設置，踏在樁上行走。快步來回，不會跌倒失誤。造父學了三天，學盡了技巧。泰豆驚歎著說：「你好迅速呀！一下子就會了！要駕車也是這樣呀！剛才你走在木樁上，從腳學會，接應於心。應用到駕車，就要和整的來控制轡繩與勒口，快慢中和的勒住馬口；正確法度存胸臆中，把握規律在手掌間。這樣對內能領悟在心中，對外能合於馬的心願，所以進退能符合直線，旋轉能符合圓規。走路到很遠，駕車的氣力還有餘，這實在得盡了駕車的技術了。學得掌握勒口，接應於轡繩；學得掌握轡繩，接應於手；能掌握手的動作，就能接應於內心。那麼駕車不用眼睛看，不用鞭子趕；內心安閒，身體平正，六轡不亂，二十四隻蹄踏地整齊不差；旋轉進退，無不合於節度。然後使車輪之外，沒有多餘的車軌，使馬蹄之外，沒有多餘的土地；從不覺得山谷的險峻，平原的平廣，把二者看成都是一樣。我所說駕車的技術窮盡了，希望你記下來吧！」

（一六）魏黑卵以暱嫌殺丘邴章❶，丘邴章之子來丹謀報❷父之讎。丹氣甚猛，形甚露❸，計粒而食，順風而趨。雖怒❹，不能稱兵以報之。恥假力於人，誓手劍以屠黑卵。黑卵悍志絕眾，力抗百夫。節骨皮肉，非人類也。延頸承刀，披胸受矢，鋩鍔❺摧屈，而體無痕撻❻。負其材力，視來丹猶雛鷇❼也。來丹之友申他❽曰：「子怨黑卵至矣，黑卵之易❾子過矣，將奚謀焉？」來丹垂涕曰：「願子為我謀。」申他曰：「吾聞衛孔周❿其祖得殷帝之寶劍，一童子服⓫之，卻三軍⓬之眾，奚不請焉？」來丹遂適衛，見孔周，執僕御⓭之禮，請先納妻子⓮，後言所欲。孔周曰：「吾有三劍，唯子所擇；皆不能殺人，且先言其狀：一曰含光⓯，視之不可見，運之不知有。其所觸也，泯然無際，輕物而物不覺。二曰承影⓰，將旦昧爽⓱之交，日夕昏明⓲之際，北面而察之，淡淡焉⓳若有物存，莫識其狀。其所觸也，竊竊然有聲，輕物而物不疾也。三曰宵練⓴，方晝則見影而不見光，方夜見光而不見形。其觸物也，騞然㉑

而過，隨過隨合，覺疾而不血刃焉。此三寶者，傳之十三世矣，而無施於事。匣而藏之，未嘗啟封。」來丹曰：「雖然，吾必請其下者㉒。」孔周乃歸其妻子，與齋㉓七日。晏陰之間㉔，跪而授其下劍，來丹再拜受之以歸。來丹遂執劍從黑卵。時黑卵之醉偃於牖下㉕，自頸至腰三斬之。黑卵不覺。來丹以黑卵之死，趣而退。遇黑卵之子於門，擊之三下，如投虛。黑卵之子方笑曰：「汝何蚩而三招予㉖？」來丹知劍之不能殺人也，歎而歸。黑卵既醒，怒其妻曰：「醉而露我，使我嗌疾而腰急㉗。」其子曰：「疇昔來丹之來，遇我於門，三招我，亦使我體疾而支彊。彼其厭我哉㉘！」

【注釋】❶魏黑卵以暱嫌殺丘邴章　二人是寓言人物，無可考。魏、丘是姓。魏黑卵的「卵」字，《太平御覽》卷四八二（全引）等皆作「卯」。❷報　《御覽》等「報」作「復」。❸形甚露　張《注》：「有膽氣而體羸虛。」按「露」雖可解為「羸」，(《左傳．昭公元年》杜《注》：「露，羸也。」兩字聲母相同，都是來母字，可假借通用。）但下文「醉而露我」的「露」字作「羸」卻不很妥當。因為「露我」是指「醉偃於牖下」，是表示醉後暴露窗下，沒有移進寢室，以致喉腰受風寒。黑卵不知來丹殺他，更非強調因羸弱而不能抵抗之意，所以「露」是「裸露」的意思。此處說：「形甚露」是指「外形骨露」。與下文的「露」都作一義解。「裸」，亦來母字，《說文》作「羸」，與「羸」都從羸得聲。❹怒　王重民：「《御覽》卷四八二引『怒』作『怨』，下文『來丹之友申他曰子怨黑卵至矣』，疑作『怨』者近是。」❺鋌鍔　刀劍的鋒鋌、尖端。鋌、鍔同意。鋌，本作「芒」。❻摙　王重民：「《御覽》卷三八六……引並無『摙』字，疑衍文。」❼雛㲉　剛生的小鳥。《爾雅・釋鳥篇》：「生哺，㲉；生噣，雛。」是說鳥出生時須母餵食的叫㲉，如燕雀；出生時能自己噣（啄）食的叫雛，如雞雉。但郝懿行則以為二名相通。❽申他　《御覽》作「申抱」。❾易　輕視。《左傳・襄公四年》：「貴貨易土」，杜《注》：「易，猶輕也。」❿衛孔周　衛是姓，大概是衛國的宗室。⓫服　佩。楊伯峻：「服佩古音同，假借字也。」按兩字古皆重脣音，並母字。⓬三軍　據《周禮・夏官・序官篇》說：周制天子六軍，大國三軍，次國二軍，小國一軍。一軍有一萬二千五百人。後來三軍作為軍隊的通稱。⓭僕御　奴僕。御是侍奉。⓮納妻子　古代奴僕的妻女有的作為奴隸主的侍妾。如春秋越臣文種向吳王說：「願以金玉子女賂君之辱，請句踐女女於王，大夫女女於大夫，士女女於士。」（《國語・越語篇上》）⓯含光　劍含光。此劍是不可見的，切物而物不知覺的。⓰承影　劍受影。此劍只有日出或日落時流動可見的，切物而物不疼痛的。⓱昧爽　日將出而尚暗的時刻。⓲昏明　日已入而尚明的時刻。⓳淡淡焉　形容「有物存」的。《文選・高唐賦》李《注》：「安流平實貌。」這兒是比喻流動實有的樣子。⓴宵練　難考其實。練是白色柔軟絹絲，《類聚》等作「霄」，或許是夜裏（或天空）見劍光似是白絲飄飛，所以叫宵練。不然，宵或是綃的假借字，綃是細帛，綃練是聯合式的詞組。此劍白天可見影，夜晚可見光，殺人會有知覺有疼痛，而劍不沾血。㉑騞然　刀劍解物的裂開聲。《莊子・養生主篇》：「庖丁為文惠君解牛，手之所觸，……砉然嚮然，奏刀騞然，莫不中音。」砉是騞的初文，因為要用刀，所以後來又作「剨」。㉒下者　依字義應為「後者」，即第三劍宵練。張湛說：「以其可執可見，故受其下者。」林希逸也說：「求其第三劍也。」然而據下文看，黑卵被斬三劍，當時沒有知覺，其子見來丹之來，只三招手，而沒有看到劍，則又似第一劍的含光。張湛說宵練可見是對的，但三劍皆可執，而非獨宵練，上文稱含光是可以「運之」的。㉓與齋　行齋戒。齋是潔淨的意思，古代貴族在祭祀或做重要大事之前，要使身心潔淨，戒酒肉與接近女性。㉔晏陰之間　半晴半陰時刻。孫詒讓《札迻》：「《說文・日部》：『晏，天清也』……『晏陰之間』謂半晴半陰之間，非謂晚暮也。張《注》失之。」又王引之校《禮記・月令篇》：「晏者，陽也。晏陰，猶陽陰也。」按古人以為陰陽不可偏盛，或偏衰，務求陰陽調和。就季節言：夏是陽盛，冬是陰盛，仲春、仲秋陰陽調和，所以《禮記・月令篇》在仲夏要求「節嗜欲，定心氣，百官靜，事毋刑」以「定晏陰之所成」。就氣候言：晴日是陽，陰雨是陰，半晴半陰最為宜人，貴族齋戒，務求「晏陰之間」然後可，《韓非子・外儲說篇左上》：「人主欲觀之，必半歲不入宮，不飲酒食肉，雨霽日出，晏陰之間，棘刺之母猴（刻在棘刺端上的獼猴）乃可見也。」就是這個道理。㉕醉偃於牖下　楊伯峻：「《書鈔》卷一二三……《御覽》卷三四四並作『偃臥牖下』，以上文『偃臥其妻之機下』例之，則作『偃臥』者是也。」㉖汝何蚩而三招予　蚩，通「癡」。癡癡的，或癡呆的，因黑卵之子看不到劍，以為來丹癡癡的無故而三招手。招，是招手，即舉手。㉗嗌疾而腰急　黑卵未見也不知來丹殺他，所以生他妻子的氣，以為醉後露臥窗下，使喉腰受風寒。《方言》：「嗌，噎也。」是喉嚨阻塞。急，《說文》：「㥛（急），褊也。」段《注》：「褊者衣小，故凡窄陿謂之褊。」即緊縮，腰急即腰緊縮，也有中斷之感。㉘彼其厭我哉　盧重玄《解》：「夫道至之人無傷於萬物，萬物之害亦所不能傷焉。」

【語譯】 魏黑卵以私人的怨恨殺死丘邴章，丘邴章的兒子來丹計謀要為父親報仇。來丹膽氣很壯，外形卻瘦弱得骨頭露出，吃飯算著穀粒吃，走路順著風向走。雖然很怨恨黑卵，但舉不起兵器去報仇。且又以靠別人去報仇為恥，發誓要（親手）以劍殺死黑卵。黑卵的心志比常人要凶悍，力氣可以抵抗一百個男子。骨節皮肉，與人類不同。伸出脖子受刀，敞開胸膛挨箭，刀箭的尖端折斷，而身體一點痕跡都沒有。恃著他的身材力氣，看來丹就像剛出生的小鳥一樣的弱小。來丹的朋友申他說：「你怨恨黑卵透了！而黑卵卻太輕視你了，要怎麼辦呢？」來丹垂下眼淚說：「希望你替我想辦法。」申他說：「我聽說衛孔周的祖先得到商王的寶劍，有一孩子佩帶過，曾經打敗軍隊，為什麼不向他請求呢？」來丹就來到衛國，見孔周，行奴僕的禮，先把自己的妻子獻給孔周，然後再說所要求的。孔周說：「我有三口劍，就等你選擇了；三劍都不能殺人，先讓我說它們的形狀：一叫含光，看它看不見，舞動起來不知它的存在。一接觸東西時，茫茫的沒有一絲痕跡，切過人物，人物不知覺。二叫承影，在日剛出和日初入的時刻，面向北方察看，流動的好像有東西存在，不認識它的形狀。一接觸東西時，竊竊的發出細微聲，切過人物，人物不知疼痛。三叫宵練，正當白天，只看見影，而看不見光；正當晚上，只看見光，而看不見形。一接觸東西時，騞然一聲而切過，切過去隨即接合，即使有知覺有疼痛，刀也不沾血。這三口寶劍，傳到現在有十三代，因為不能殺人，無濟於事。所以藏在匣子中，沒有打開過。」來丹說：「雖是這樣，我一定要請求最後的第三劍。」孔周乃送回他的妻子，齋戒七天。在半晴半陰的時候，下跪交第三劍給來丹，來丹兩次拜謝，才接受回家。來丹就握劍來找黑卵。當時黑卵醉仰在窗口下，來丹用劍從黑卵的頸到腰斬下三次，黑卵沒有知覺。來丹以為黑卵死去，很快的走出來。在門口遇到黑卵的兒子，又砍他三下，就如同投向空虛無物之中。黑卵的兒子笑著說：「你為什麼癡癡的向我舉三次手呢？」來丹知道劍不能殺死人，歎息著回家。黑卵醒後，向他的妻子生氣說：「酒醉而露出身，使我喉窒息、腰緊縮。」他的兒子說：「剛才來丹來，我在門口遇到，他向我舉三次手，也使我身體生病四肢堅硬不柔和。他多麼厭惡我呀！」

（一七）❶周穆王大征西戎❷，西戎獻錕鋙之劍❸，火浣之布❹。其劍長尺有咫❺，練鋼赤刃❻，用之切玉如切泥焉。火浣之布，浣之必投於火，布則火色，垢則布色❼，出火而振之，皓然疑乎雪。皇子以為無此物，傳之者妄。蕭叔❽曰：「皇子果❾於自信，果於誣理哉！」❿

【注釋】❶穆王大征西戎，西戎獻錕鋙之劍、火浣之布一事，又見《孔叢子．陳士義篇》及《博物志》卷三。《博物志》明載「《周書》曰」，而張湛在「疑乎雪」下注：「此《周書》所云」，則疑此事的原始素材出於《逸周書》，再由各書加以引述或補綴，《孔叢子》是魏晉時代的偽書，文句與《列子》幾全相同，是借西戎獻周王劍布以表示秦王貪求無厭，告誡人主不可不慎。《博物志》既稱「《周書》曰」，則下文「火浣布汙則燒之即潔，刀切玉如蠟布，漢世有獻（疑脫『布』字）者，刀則未聞」一段當不是《周書》所言，而是張華的按語。朱右曾《逸周書集訓校釋》以「西域（戎）獻火浣布，昆吾氏獻切玉刀」為〈王會篇〉逸文，按〈王會篇〉雖陳四方特產，但句法不類，而且會諸侯四夷的不是穆王而是成王，恐怕為其他殘篇的逸文。❷周穆王大征西戎　穆王大征西戎，與西征崑崙，見西王母，似是不同時的兩事。西戎，《博物志》作「西域」，《繹史》引《海內十洲記》作「西胡」，恐與《後漢書．西羌傳》：「穆王時，戎狄不貢，王乃西征犬戎，獲其五王，又得四白鹿，四白狼，王遂遷戎于太原。」的犬戎（不只一國）有關。❸西戎獻錕鋙之劍　據《竹書紀年》：「穆王十三年秋七月西戎來賓。」林春溥《補證》即引《列子》本文稱西戎獻錕鋙之劍火浣之布。則獻物不一定在征伐之時，但紀年載征犬戎一次在十二年，一次在十七年，不可詳考。錕鋙，山名，本作「昆吾」，其地大概在新疆一帶，因產金屬，可鑄刀劍（見《山海經．中山經》、《海內十洲記》）而作錕鋙。❹火浣之布　火浣布是用火洗（不是用水）的布，即石綿布，石綿是鎂、鈣、矽酸鹽所組成纖維狀的礦物，可用作耐火織物，原產地在印度、中亞細亞，至遲在漢代已傳入中國（周穆王時代暫保留）。晉人傅玄所作《傅子》說：「漢桓帝時大將軍梁冀以火浣布為單衣，常大會賓客，冀陽（通「佯」假裝）爭酒失杯而汙之，偽怒，解衣曰：『燒之。』布得火，煒燁赫然，如燒凡布，垢盡火滅，粲然絜白，若用灰水焉（『灰水焉』《後漢書》作『水澣也』）。」（見《三國志・魏書・少帝紀》卷四裴松之《注》引及《後漢書・南蠻西南夷傳論》章懷《注》引）六朝人傳說火浣布的來源主要有二：一是斯調國火洲的樹皮所織（見《史記・大宛列傳》正義引《萬震南州志》及《三國志・魏書》裴《注》引《異物志》等）。一是南方火山中長二尺多的大鼠毛所織（見《後漢書・西南夷傳》章《注》及《三國志・魏書》裴《注》並引《神異經》等）。西方到十七世紀末仍依中國前者之說，而不知是礦物。火浣布資料除上述史籍外，可參見俞正燮《癸巳存稿》卷四「火浣布說」及李約瑟《中國之科學與文明》中譯本第六冊25之(4)。又《繹史》所引《十洲記》佚文，西胡所獻者為「昆吾割玉刀，及夜光常滿杯（常滿甘汁）」，而沒有火浣布。❺尺有咫　一尺又八寸。咫，八寸。《十洲記》作「一尺」。古代一尺八寸也許是劍箭的常用尺寸，如肅慎之矢，亦尺有咫（《國語・魯語篇》、《史記・孔子世家》）。❻練鋼赤刃　冶鍊鋼鐵為紅色劍刃，《玉篇》：「鋼，練鐵也。」按周初尚無冶鑄鐵器，只有隕石鐵與銅鑄接的兵器，先秦也無「鋼」字。赤是雜質及含碳較少的鐵色，也可能是金屬燒紅之色。刃，若指劍口，則此劍之脊與刃成分可能不同，不過也可能指全劍。又明李時珍《本草綱目・石類・金剛石》稱：「《十洲記》：『西海流砂有昆吾石，治之作劍如鐵，光明如水精，割玉如泥。』此亦金剛（石）之大者。」則李氏以為是金剛石，不是金屬。❼布色　《孔叢子・陳士義篇》作「灰色」，疑作「灰」者為是。布是涉「布則火色」之「布」，形似而誤（唐敬杲、嚴靈峰說）。❽蕭叔　不可考的魏晉人物。嚴靈峰疑為《左傳・莊公十二年》的蕭叔大心。非是。❾果　果決；武斷。❿皇子以為無此物五句　是魏晉人寫的，不是原《列子》編者的按語，就是某家的注語，這些話是有原由的，絕不是俞樾所說的皇子殆即《莊子・達生篇》的皇子告敖（《莊子人名考》）。皇子指魏文帝曹丕，曹丕寫《典論》係在曹操為魏王，他當王太子的時候（《藝文類聚》卷一六），後來追尊曹操為魏武帝，遂傳曹丕為皇子，據晉干寶《搜神記》：「漢世西域舊獻此（火浣）布，中間久絕，至魏初時人疑其無有，文帝以為火性酷烈無含生之氣，著之《典論》，明其不然之事，絕智者之聽。及明帝立，詔三公曰：『先帝昔著《典論》，不朽之格言，其刊石于廟門之外及太學，與石經並，以永示來世。』至是西域使至（《三國志．魏書．少帝紀》：『景初三年二月西域重譯獻火浣布，詔大將軍太尉臨試，以示百寮。』）而獻火浣布焉，於是刊滅此論，而天下笑之。」（裴松之注〈少帝紀〉引）又同時代的葛洪（《譚氏文學家辭典》為西元二五〇至三三〇年）《抱朴子》說：「魏文帝窮覽洽聞，自呼於物無所不經，謂天下無切玉之刀、火浣之布，及著《典論》，嘗據此事其間，未期二物畢至，帝乃歎息，遽毀斯論，事無固必，殆為此也。」（今本《抱朴子．論仙篇》）干葛二人所記雖略有不同，但曹丕不信異物則是共同的事實。張湛（我的考證約西元三二七至三八六年）《注》：「此一章斷後，而說切玉刀火浣布者，明上之所載皆事實之言，因此二物無虛妄。」大概這兩物已是晉人所熟知實物，所以沒有明言曹丕的事，又他說前面各章的神話傳說為事實，當然是明顯的錯誤，此外，由此可知張湛對後人所補的資料，還是加以保留注解（這小段已明示非《周書》所云），足以反映張氏不是《列子》的編者。

【語譯】 周穆王大舉征伐西戎，西戎獻上錕鋙劍和火浣布。劍長一尺八寸，冶鍊鋼鐵為紅色劍刃，用來切玉就像切泥土。火浣布，洗的時候必須投入火中，布呈火紅色，如果髒了呈現灰色，取出火外抖抖，潔白的令人疑是白雪。皇子以為沒有這樣東西，是傳說錯誤的。蕭叔說：「皇子果決的自信，也果決的冤枉真理事實呀！」

第六篇 力命❶篇

（一）力謂命曰：「若之功奚若我哉？」命曰：「汝奚功於物而欲比朕？」力曰：「壽夭窮達，貴賤貧富，我力之所能也。」命曰：「彭祖❷之智不出堯舜之上，而壽八百；顏淵之才不出眾人之下，而壽十八❸。仲尼之德不出諸侯之下❹，而困於陳蔡❺；殷紂之行不出三仁❻之上，而居君位。季札無爵於吳❼，田恆專有齊國❽。夷齊餓於首陽❾，季氏富於展禽❿。若是汝力之所能，柰何壽彼而夭此，窮聖而達逆，賤賢而貴愚，貧善而富惡邪？」力曰：「若如若言，我固無功於物，而物若此⓫邪，此則若之所制邪？」命曰：「既謂之命，柰何有制之者邪？朕直而推之，曲而任之。自壽自夭，自窮自達，自貴自賤，自富自貧，⓬朕豈能識之哉？朕豈能識之哉？」⓭

【注釋】❶力命　本篇係取篇首文字為篇名，全篇多反映消極頹廢的宿命論。❷彭祖　上古傳聞中最長壽的人。唐陸德明《莊子釋文》引諸家：李頤：「名鏗。堯臣，封於彭城。歷虞夏至商，年七百歲，故以久壽聞。」《世本》：「姓籛，名鏗，在商為守藏史，在周為柱下史，年八百歲。籛，音翦。」王逸注《楚辭・天問》：「彭鏗即彭祖，事帝堯。彭祖至七百歲，猶曰悔不壽，恨枕高而唾遠云。帝嚳之玄孫。」又據《史記・楚世家》稱彭祖乃是帝嚳之弟吳回的孫子，陸終的三子。司馬貞《索隱》引《系（世）本》說：「三曰籛鏗，是為彭祖，彭祖者彭城是。」虞翻云：「名翦，為彭姓，封於大彭。」張守節《正義》引《神仙傳》云：「彭祖，諱鏗，帝顓頊之玄孫，至殷末年已七百六十七歲，而不衰老，遂往流沙之西，非壽終也。」以上諸說時代與年歲不同，原來彭祖是一個國家。馬敘倫《莊子義證》：「孔廣森曰：『彭祖者，彭姓之祖也。……大彭歷事虞夏，於商為伯，武丁之世滅之，故曰彭祖八百歲。謂彭國八百年而亡。非實籛不死也。』……籛鏗實皆壽之借字，由壽音定紐。鏗字《說文》不收。蓋從金堅聲。堅從臤聲，臤從臣聲。臣音亦定紐也（今並屬禪紐）。故彭壽或作彭鏗。真元聲類相近。故彭鏗又作彭籛。《史記・楚世家》《索隱》引《世本》曰：『三曰籛，是為彭祖』可證籛非彭祖姓也。」按《史記索隱》明作「三曰籛鏗」，籛與鏗既都為壽的假借字，何以會作「籛鏗」，所以彭為國名雖可信，但馬氏假借之說，存疑。❸壽十八　顏淵年歲有二種說法：一是《淮南子・精神》：「顏淵夭死。」高誘《注》：「顏淵十八而卒，孔子曰：『回不幸短命死矣。』故曰夭也。」一是《史記・仲尼弟子列傳》：「回年二十九髮盡白，蚤（早）死。」《索隱》引《孔子家語》：「年二十九而髮白，三十二而死。」（今本《家語》弟子解作「三十一」）《文選》劉孝標〈辨命論〉呂延濟的《注》也說「三十二而早死」，恐以後說較為合理。「十八」二字藏本、吉府本等作「四八」。陶光：「字作四是四八三十二歲也」（岑仲勉同說）是推想之辭。❹仲尼之德不出諸侯之下　《周易乾鑿度》：「仲尼，魯人偶筮其（仲尼）命，得旅（卦），請益於商瞿氏，曰：『子有聖智而無位（天子位）。』孔子泣而曰：『天也，命也！鳳鳥不來，河無圖至（天子之祥瑞）（按《論語・子罕篇》：「子曰：鳳鳥不至，河不出圖，吾已矣夫」），天命之也。』」又《孟子・萬章篇上》：「莫之為而為者，天也；莫之致而至者，命也。匹夫而有天下者，德必若舜禹，而又有天子薦之者，故仲尼不有天下。」以上二說都表示孔子不為天子是天命。❺困於陳蔡　《史記・孔子世家》：「（楚）聞孔子在陳蔡之間。楚使人聘孔子。孔子將往拜禮。陳蔡大夫謀曰：『……孔子用於楚，則陳蔡用事大夫危矣。』於是乃相與發徒役，圍孔子於野，不得行，絕糧，從者病，莫能興（起）。（後三句又見於《論語・衛靈公篇》）」事又見於《莊子・讓王篇》、《荀子・宥坐篇》、《韓詩外傳》卷七、《呂氏春秋・慎人篇》、《說苑・雜言篇》、《風俗通》卷七。清崔述以為沒有陳蔡大夫謀圍孔子一事（《洙泗考信錄》卷三）。❻三仁　指殷紂三個宗室賢臣，語出《論語・微子篇》：「微子去之（《史記・殷本紀》：「微子數諫，不聽，乃與大師少師謀，遂去」），箕子為之奴（《史記》：「箕子懼，乃佯狂為奴」），比干諫而死（《史記》：「紂怒曰：吾聞聖人心有七竅，剖比干觀其心」），孔子曰：殷有三仁焉。」按《史記》以微子是紂的庶兄，箕子、比干都是紂的親戚。（《孟子・告子篇上》以比干為叔父，馬融以箕子為叔父，服虔則以箕子為庶兄。）❼季札無爵於吳　季札是吳王壽夢的第四子，而最為賢能。父親、哥哥數次要立他為王，他都逃讓。事見《史記・吳太伯世家》、《左傳》〈襄公十四年〉、〈襄公三十一年〉、〈昭公二十七年〉。❽田恆專有齊國　田恆是春秋末年齊國的執政，田氏是逃亡到齊國的陳厲公兒子陳完的後代，到了田恆的父親田乞，便收買民心，壟斷政事，田恆繼田乞與監（一作「闞」）止分別為齊簡公的左右相，一面爭取群眾的支持，一面打敗政敵監止，後來簡公出奔，田恆之徒恐簡公報復，遂殺簡公，改立平公，從此齊國由田氏專政，改陳為田（同音假借），一直到田和代齊為諸侯。事見《左傳》〈哀公十四年〉、〈哀公十五年〉、〈哀公二十七年〉，《史記・田敬仲完世家》。❾夷齊餓於首陽　伯夷和叔齊是商所封的孤竹國國君的兒子，二人互讓君位而逃。後來武王伐紂，二人叩馬而諫，及商亡，二人義不食周粟，隱在首陽山，采薇而食，終至餓死。事見《莊子・讓王篇》、《呂氏春秋・誠廉篇》、《史記・伯夷列傳》。按伯夷叔齊大概是古代統治者所塑造的廉潔忠君的典型。明代黃宗羲對此有所抨擊。（《明夷待訪錄・原君篇》）❿季氏富於展禽　季氏是春秋時代魯國的公族，莊公弟季友，子孫世為大夫，執魯國政，權重於君。《論語・先進篇》說：「季氏富於周公，而求（冉求）也為之聚斂而附益之。」

子曰：『非吾徒也，小子鳴鼓而攻之可也！』」按魯哀公十一年，當時執政季孫肥（季康子）要實行以田地大小向農民課稅的新制度，孔子弟子冉求為季孫肥的宰臣，向孔子問意見，孔子表示反對，以為季氏聚斂，本文「季氏富」大概指此事。展禽，即柳下惠，是魯僖、文公時代的魯大夫，遠早於季孫肥。姓展，名獲，字禽（一說字季），居柳下，（高誘《淮南說林注》：家有大柳樹。《文選・陶徵士誄》引鄭玄《論語注》：食采〔邑〕柳下。）諡惠（《列女傳》稱：行惠德，因號柳下惠）。相傳是正直廉潔的賢人。《論語・衛靈公篇》：「子曰：臧文仲其竊位者與？知柳下惠之賢，而不與立也。」《孟子・萬章篇下》說他是「聖之和者也」。本句「季氏富於展禽」與上句不對稱，下文說「貧善而富惡」，則「展禽」一詞，似應易以地名。⑪物若此　指社會有如此的建設成就。⑫自壽自夭四句　張《注》：「不知所以然而然者，命也，豈可以制也？」⑬張《注》：「此篇明萬物皆有命，智力無施。」完全否定人民的創造力量，用神祕的天命觀來曲解片段的史料。代表了黑暗時代貴族知識分子的消極思想。

【語　譯】人力向天命說：「你的功勞那裏比得上我呢？」天命說：「你那裏有功勞於萬物而竟要和我比？」人力說：「壽夭、窮達、貴賤、貧富，都是我的力量所能左右的。」天命說：「彭祖的智慧不在堯舜之上，而年壽居然八百歲；顏淵的才能不在眾人之下，而年壽才十八歲。仲尼的德行不在諸侯之下，而要受困於陳蔡；殷紂的德行不在三仁之上，而佔居王位。季札在吳國沒有爵位，田恆在齊國專政。伯夷叔齊餓死在首陽山，季氏比展禽富有。如果你的力量能左右的話，那麼何以那個壽這個夭？聖者窮亂者達？賢者賤愚者貴？善者貧惡者富呢？」人力說：「如果依你的話，我本來就無功於萬物，可是萬物卻能如此，這是你所能制定的嗎？」天命說：「既然叫天命，怎麼會有『制定天命的東西』呢？正直的我就直推，彎曲的我就曲隨。讓自然地壽自然地夭，自然地窮自然地達，自然地貴自然地賤，自然地富自然地貧，我怎麼能認識這原因呢？我怎麼能認識這原因呢？」

（二）❶北宮子謂西門子❷曰：「朕與子並世也，而人子達；並族也，而人子敬；並貌也，而人子愛；並言也，而人子庸；並行也，而人子誠；並仕也，而人子貴；並農也，而人子富；並商也，而人子利。朕衣則裋褐❸，食則粢糲❹，居則蓬室，出則徒行。子衣則文錦，食則粱肉❺，居則連欐❻，出則結駟❼。在家熙然有棄朕之心，在朝諤然有敖朕之色。請謁不相及，遨遊不同行，固❽有年矣。子自以德過朕邪？」西門子曰：「予無以知其實。汝造事❾而窮，予造事而達，此❿厚薄之驗歟？而皆謂與予並，汝之顏厚矣。」

北宮子無以應，自失而歸。中途遇東郭先生⓫曰：「汝奚往而反，偊偊⓬而步，有深愧之色邪？」北宮子言其狀。東郭先生曰：「吾將舍汝之愧，與汝更之西門氏而問之。」曰：「汝奚辱北宮子之深乎！固且⑬言之。」

西門子曰：「北宮子言世族、年⑭貌、言行與予並，而賤貴、貧富與予異。予無以知其實。汝造事而窮，予造事而達，此將厚薄之驗歟？而皆謂與予並，汝之顏厚矣。」

東郭先生曰：「汝之言厚薄不過言才德之差，吾之言厚薄異於是矣。夫北宮子厚於德，薄於命；汝厚於命，薄於德。汝之達，非智得也；北宮子之窮，非愚失也。皆天也，非人也。而汝以命厚自矜⑮，北宮子以德厚自愧，皆不識夫固然之理矣。」

西門子曰：「先生止⑯矣！予不敢復言。」

北宮子既歸，衣其裋褐，有狐貉之溫；進其茙菽⑰，有稻粱之味；庇其蓬室，若廣廈之蔭；乘其篳輅⑱，若文軒之飾。終身逌然⑲，不知榮辱之在彼也，在我也。東郭先生聞之曰：「北宮子之寐久矣，一言而能寤，易悟⑳也哉！」

【注釋】❶本章是說在高壓的專制時代，貧富的結構既然無法改變，於是用天命觀來凝固這種結構，使貧者安貧，雖然符合上層的利益，卻暴露了貧富的嚴重問題。❷北宮子謂西門子　北宮子和西門都是複姓，子是男子尊稱，如今天稱先生。兩人都是虛構人物，是代表貧富兩個階層，不是指個人。❸裋褐　豎裁的粗衣。是用一塊長豎的粗布縫起來的，為勞役者的衣服。裋，通「豎」。說見《史記．秦始皇本紀》索隱引趙歧說。❹粢糲　粢是稷（《爾雅．釋草篇》），是最不好的穀子，六朝後不傳。糲是一種草實。粢糲以喻粗米，即「蔬食」，不是稻餅（《釋文》）。說見拙作〈上古的食物〉（《大陸雜誌》五三卷二期）。❺粱肉　粱是古代的嘉穀，六朝後叫粟。粱和肉都是貴族才能吃到的主食。❻連欐　中梁（棟）一根連一根。喻很大的房子。❼結駟　結隊的馬車。駟是四馬拉的車子。以上只說貧富的現象，而沒有說原因。❽固　當。❾造事　做事，指以上的仕農商等事情。❿此　「此」下，依下文例，疑脫「將」字。⓫東郭先生　又見〈天瑞篇〉，雖是虛構，卻是代表了編者的觀點。⓬偊偊　通「踽踽」。《說文》：「踽，疏行皃。」是走得很慢不前進的樣子。或說傴僂的樣子。⓭固且　是複語，「固」也是「且」，通「姑」。固且即姑且。（《古書虛字集釋》卷五）⓮年　上文沒有說到「年」，似是前面漏了一句「並年也……」，或因「世族」「言行」複詞，而補上的。⓯汝以命厚自矜　前面西門子自矜不是天命，而是品德。⓰止　盡。⓱茙菽　胡豆，即豌豆。《爾雅．釋草篇》：「戎（茙為後起字）菽，謂之荏菽。」郭《注》：「胡豆也。」李時珍以為即豌豆。（《本草綱目．菽豆類》）據說齊桓公北伐山戎，得冬蔥和戎菽，傳之天下（《管子．戒篇》）。一說為大豆（郝懿行《爾雅義疏》），按菽為大豆，仍為貴族食物，平民只吃豆葉，即「藿食」，所以暫從李說。⓲篳輅　又作「篳路」，即柴車，是沒有裝飾的粗車。篳是荊木，輅是車子，古經傳作「路」，輅是後起字。⓳逌然　殷敬順《釋文》：「自得貌。」⓴悟　北宋本作「寤」，藏本、世德堂本作「怛」。俞樾《平議》：「怚當讀為旦。……曰：『易旦（天亮）也哉』」太曲，備考。

【語譯】北宮子向西門子說：「我與你同生當世，而人以為你顯達；同為人類，而人對你尊敬；同樣容貌，而人對你親愛；同樣說話，而人以為你信用；同樣德行，而人以為你誠實；同樣做官，而人以為你高貴；同樣耕田，而人以為你富有；同樣經商，而人以為你得利。我穿的是豎裁的粗衣，吃的是粗米，住的是草屋，出門是走路。你卻穿的是文采的錦衣，吃的是粱肉，住的是連棟的華廈，出門是成隊的馬車。在家裏很歡樂而有拋棄我的存心，在朝廷很耿直而有驕傲於我的顏色。不相求見面，不共同遊玩，這種差異當有好幾年了，你自以為品德好過我嗎？」

西門子說：「我不能知道實情。你做事而窮困，我做事而通達，這就是品德厚薄的徵驗呀！而你都說與我相同，你的臉皮真厚呀！」

北宮子不能對答，若有所失的回去。中途遇到東郭先生，先生說：「你為什麼去了又回來，踽踽步行，而又有深深慚愧的臉色呢？」北宮子說了剛才的情況。東郭先生說：「我將解去你的慚愧，我與你再到西門子家問他。」（東郭先生問西門子）說：「你為什麼侮辱北宮子這麼厲害呢？你姑且說說吧！」

西門子說：「北宮子說他的時代種族、年齡容貌、說話德行都和我一樣，可是賤貴貧富和我不一樣。我告訴他說：『我不能知道實情，你做事窮困，我做事通達，這就是品德厚薄的徵驗呀！而你都說與我相同，你的臉皮真厚呀！』」

東郭先生說：「你所說的厚薄不過是說才能品德的差異，我所說的厚薄與這個不同。北宮子品德厚，天命薄；你天命厚，品德薄。你的通達，並不是才智獲得的；北宮子的窮困，並不是愚笨的過失。這都是天命，不是人力所能決定的。而你炫耀自己天命厚（即品德薄），北宮子慚愧自己品德厚（即天命薄），都是不認識本然天命的道理。」

西門子說：「先生說盡道理了！我不敢再說了。」

北宮子回去後，穿他的豎裁的粗衣，有如狐貉的皮裘一樣溫暖；吃他的胡豆，有如稻粱一樣的美味；住他的草屋，有如大廈一樣的覆蓋；坐他的柴車，有如華美車子的畫飾。終身自得地不知榮辱是在他，還是在我。東郭先生聽到說：「北宮子沈睡很久了，聽了我一句話能醒過來，是容易覺悟的人呀！」

（三）❶管夷吾鮑叔牙❷二人相友甚戚❸，同處於齊。管夷吾事公子糾❹，鮑叔牙事公子小白❺。齊公族多寵，嫡庶並行❻，國人懼亂。管仲與召忽奉公子糾奔魯，鮑叔奉公子小白奔莒。❼既而公孫無知作亂，齊無君，❽二公子爭入。管夷吾與小白戰於莒，道射中小白帶鉤。❾小白既立，脅魯殺子糾，召忽死之，管夷吾被囚。❿鮑叔牙謂桓公曰：「管夷吾能，可以治國。」桓公曰：「我讎也，願殺之。」鮑叔牙曰：「吾聞賢君無私怨，且人能為其主，亦必能為人君。如欲霸王，非夷吾其弗可。君必舍之！」遂召管仲。魯歸之，齊鮑叔牙郊迎，釋其囚。桓公禮之，而位於高國之上，鮑叔牙以身下之，任以國政，號曰仲父⓫。桓公遂霸。⓬

管仲嘗歎曰：「吾少窮困時，嘗與鮑叔賈⓭，分財多自與，鮑叔不以我為貪，知我貧也。吾嘗為鮑叔謀事而大窮困，鮑叔不以我為愚，知時有利不利也。吾嘗三仕，三見逐於君，鮑叔不以我為不肖，知我不遭時也。吾嘗三戰三北，鮑叔不以我為怯，知我有老母也。公子糾敗，召忽死之，吾幽囚受辱，鮑叔不以我為無恥，知我不羞小節而恥名⓮不顯於天下也。生我者父母，知我者鮑叔也！」⓯此世稱管鮑善交者，小白善用能者。然實無善交，實無用能也。實無善交實無用能者，非更有善交，更有善用能也。召忽非能死，不得不死；鮑叔非能舉賢，不得不舉；小白非能用讎，不得不用。⓰

及管夷吾有病，小白問之，曰：「仲父之病病⑰矣，可不諱。云至於大病，⑱則寡人惡乎屬國而可？」夷吾曰：「公誰欲歟？」小白曰：「鮑叔牙可。」曰：「不可。其為人也，潔廉善士也。其於不己若者不比之人⑲，一聞人之過，終身不忘。⑳使之理㉑國，上且鉤㉒乎君，下且逆乎民。其得罪於君也，將弗久矣。」小白曰：「然則孰可？」對曰：「勿已，則隰朋可。其為人也，上忘而下不叛㉓。愧其不若黃帝而哀不己若者。以德分人謂之聖人，以財分人謂之賢人。以賢臨人㉔，未有得人者也；以賢下人者，未有不得人者也。其於國有不聞也；其於家有不見也。㉕勿已，則隰朋可。」㉖

然則管夷吾非薄鮑叔也，不得不薄；非厚隰朋也，不得不厚。厚之於始，或薄之於終；薄之於終，或厚之於始。㉗厚薄之去來，弗由我也。㉘

【注釋】❶本章是取管鮑善交、小白善用能及管仲推薦隰朋的史事，來作為編者所主張的不可解釋的天命論之例證。援古事以證編著時代（魏晉）的上層社會觀點，實不構成所謂抄襲的問題。❷鮑叔牙　齊大夫，食采於鮑，而以鮑為氏，叔是排行，牙是名，與管仲為知己之交。❸戚　親。❹公子糾　齊公子名糾，是僖公的庶子，襄公的庶弟，小白（桓公）的哥哥。管仲是公子糾的傅（官名，老師兼侍從）。❺鮑叔牙事公子小白　鮑叔牙是小白的傅。❻嫡庶並行　公族是諸侯的宗室。古統治者淫亂眾多的女性，而有大量的兒子，為穩定政權財產的家族繼承，而定下立嫡立長的制度。這裏指的史事是：齊僖（《史記》作「釐」）公寵愛他弟弟夷仲年的兒子公孫無知，凡衣服品祿等待遇都和自己嫡長子諸兒一樣，到諸兒即位為襄公，便罷黜無知的特權，無知生怨。這是說寵愛到庶系的宗族，而種下動亂的根源。❼管仲與召忽奉公子糾奔魯二句　齊襄公為太子時已與妹妹亂倫，後來妹妹嫁給魯桓公。襄公四年，魯桓公與夫人到齊國，二人又私通，而殺害了魯桓公。齊政敗壞，群弟出走避亂。莒是小國，在今山東東部莒縣，比魯都的曲阜接近齊都臨淄。召忽，齊大夫，也是公子糾的師傅。❽既而公孫無知作亂二句　齊襄公派大夫連稱、管至父駐守葵，答應一年調回，襄公食言，兩人怨怒，襄公十一年十一月公孫無知就勾結兩人搞政變，殺襄公，自立齊君，明年春天無知又被大夫雍廩所殺（《史記》以為雍林地方的人），齊國無君。❾管夷吾與小白戰於莒二句　夏天，齊國親小白派的兩個正卿高子、國子先叫小白回國，管仲帶兵在莒通齊的路上攔截，射中小白帶鉤，小白假死，管仲回報魯國要送公子糾回齊，已晚六日，小白已即位為桓公。帶鉤，衣帶上的金屬鉤子。❿小白既立四句　秋天，齊桓公（元年，西元前六八五年）發兵在乾時打敗護送公子糾的魯兵，齊國脅迫魯國殺公子糾，獻管仲。召忽為主自殺，管仲被魯囚禁。⓫仲父　《荀子・仲尼篇》楊倞《注》：「仲者，夷吾之字，父者，事之如父，故號為仲父。」⓬鮑叔牙謂桓公曰二十三句　材料見於《左傳》〈莊公八年〉〈莊公九年〉、《國語・齊語篇》、《史記・齊太公世家》。⓭賈　《史記會注考證》：「楓山、三條本，「賈」下有「南陽」二字。」⓮名　《史記・管晏列傳》「名」上有「功」字。⓯管仲嘗歎曰二十三句　文字大致同於《史記・管晏列傳》。⓰此世稱管鮑善交者十三句　是編者的批評。張《注》：「此皆冥中自相驅使，非人力所制也。」⓱病病　疑作「疾病」。劉文典《莊子補正》：「「病病」連文不詞，當作「疾病」。《說文》疒說：「病，疾加也。」《論語・子罕篇》：「子疾病」，《左傳・桓公五年》傳《正義》引鄭《注》：

「病謂益困」是其義也。《呂氏春秋・知接篇》正作「仲父之疾病矣」是其塙證。」楊伯峻：「(列子) 世德堂本作「病疾」是其倒文，淺人不察，遽改為「病病」。」⑱可不諱二句　王重民：「張《注》曰：『言病之甚不可復諱而不言也。』案據張《注》則正文「可不」二字當倒乙。《管子》〈戒篇〉〈小稱篇〉並作「不可諱」。又案張氏以『可不諱云』四字為句，《因釋》云：『不可復諱而不言也』亦非是，『云』字當下屬為句，『云』猶『如』也。『云至於大病』，猶如至於大病也。說見(經傳)《釋詞》。(群書)《治要》無此四字者，以不達其意而削之也。」從王氏說。⑲不比之人　不親近此人。比，親近。《莊子》作「不比之」，《呂覽》作「不比於人」，意思都可以通。⑳一聞人之過二句　《呂覽》高誘《注》：「念人之過，必亡(忘)人之功，不可為霸者之相也。」㉑理　《莊子》作「治」，是避唐高宗李治的諱。㉒鉤　逆。《說文》：「亅(鉤的初文)，鉤逆者謂之亅。」㉓上忘而下不判　似應作「上志而下叛(判)」。《管子》作「上識而下問」。許維遹《集校》：「『識』與『志』同。《呂氏春秋・貴公篇》作「上志而下求」，高《注》：『志上世賢人而模之也，求猶問也。』高《注》……乃採下句「醜(愧)不若黃帝」為說，「求猶問」，義本管書。《莊子・徐无鬼》作「上忘而下畔」，《列子》……《莊》、《列》「忘」字疑為「志」之形誤，「畔」與「叛」同，亦與「判」通。《說文》：『辨，判也。』『判』亦『辨』也。……據此辨即辨同之義。《列子》誤「叛」為「背叛」，妄增「不」字，則與《管》、《呂》均不合矣。」按上、下是指君與民，與上文「上且鉤乎君，下且逆乎民」同例。㉔臨人　王重民：「『人』下有『者』字，與下文……相對。」臨是居高臨下，與下文的「下人」之下字相反。㉕其於國有不聞也二句　張《注》：「道行則不煩(賴)聞見，故曰：不瞽不聾，不能成功。」從張說。「家」《呂覽》作「人」。高誘《注》：「不求聞其善也，志在利國而已矣……務在濟民，不求見之。」與張《注》不同。㉖及管夷吾有病四十一句　大部分文字又見於《管子・戒篇》、《莊子・徐无鬼篇》、《呂氏春秋・貴公篇》。㉗薄之於終二句　陶鴻慶：「『薄之於終，或厚之於始。』當作『薄之於始，或厚之於終。』如今本，則與上二句意複。」從陶說。㉘然則管夷吾非薄鮑叔也十句　是編者的批評。盧重玄《解》：「夷吾之情非有厚薄，此公薦也。薦之則為厚，不薦則為薄，此皆力也。桓公既不用鮑叔，鮑叔之命也；用隰朋，隰朋之命也。使鮑叔無命，而夷吾不施力焉；而隰朋無命，夷吾雖施力，亦無益也。」

【語譯】管夷吾和鮑叔牙兩人相交很親密，同住在齊國。管夷吾侍奉公子糾，鮑叔牙侍奉公子小白。當時齊僖公對宗室多寵愛，使嫡庶兩系的權勢並行，國人害怕動亂。管仲與召忽侍奉公子糾出奔魯國，鮑叔牙侍奉公子小白出奔莒國。不久公孫無知作亂，齊國沒有國君，兩公子爭回齊國為君。管夷吾與小白在通往莒的路上作戰，用箭射中小白的帶鉤。小白即位後，脅迫魯國殺公子糾，召忽為子糾殉死，管夷吾被捉。鮑叔牙向桓公說：「管夷吾有才能，可以治國。」桓公說：「是我的仇敵，希望殺他！」鮑叔牙說：「我聽說賢能的國君是沒有私怨的，而且一個人能為他的主人出力，也一定能為他的國君出力。如要霸王於天下，非用夷吾不可。君一定要釋放他。」桓公於是召回管仲。魯國便把他送回齊國，鮑叔牙親自到國郊迎接，釋放他。桓公以厚禮待他，地位在高、國兩卿之上，鮑叔牙把自身置於他的下面，桓公交給他國政，尊他叫仲父。桓公因此而稱霸諸侯。

管仲曾歎息說：「我年少窮困時，曾與鮑叔牙一起做生意，分錢財時多分給自己，鮑叔不以我為貪心，是他知道我貧窮。我曾為鮑叔計謀事情，可是反而更大大增加困難，鮑叔不以我為愚蠢，是他知道時間有利與不利。我曾三次做官，三次都被國君逐出，鮑叔不以我不賢，知道我沒有遭遇時機。我曾三次打仗三次敗北，鮑叔不以我為膽怯，知道我還有年老的母親。公子糾失敗，召忽殉死，我被囚禁受辱，鮑叔不以我為無恥，知道我不以細微的名節為羞恥，而以功名不能顯揚於天下為羞恥。生我的為父母，知我的是鮑叔呀！」以上就是世人所說的管鮑善於交友，小白善於用賢能的人。然而實在沒有「善於交友」，實在沒有「善於用賢能」。所謂沒有善於交友，沒有善於用賢能的意思，並不是說有更善於交友，更善於用賢能的這種人存在。召忽不是要死的，而是不得不死；鮑叔不是能推舉賢能的，而是不得不舉；小白不是能用仇敵的，而是不得不用。

到了管夷吾有病，小白問他：「仲父的病重了，不可以忌諱不敢說。如果到大病不起，那麼我要把國家託給誰幫助才可以呢？」夷吾說：「公要託誰？」小白說：「鮑叔牙可以。」（夷吾）說：「不可以！他的為人，是個廉潔的好人。他對於才德不如自己的就不親近此人，一聽到有人犯錯，終身就不會忘記。叫他來治國，對上將違反國君的旨意，對下將違逆人民的願望。這樣他將得罪於國君，是不會很久的了。」小白說：「那麼誰可以呢？」（管仲）對答說：「不得已時，隰朋可以。他的為人，對上志學聖君，對下辨問民心。自己慚愧德不如黃帝，而同情不如自己的人。以德分散給人叫做聖人，以財分散給人叫做賢人。以賢來統治人的，沒有能得人心；以賢來服務人的，沒有不得人心的。他對於國事，有所不聞；對於家事，有所不見。如果不得已，則隰朋可以。」

那麼管夷吾不是薄待鮑叔，而是不得不薄；不是厚待隰朋，而是不得不厚。開始於厚，或終結於薄；開始於薄，或終結於厚。厚與薄的去來變化，都由不得我們人力。

（四）鄧析❶操兩可之說，設無窮之辭。❷當子產❸執政，作竹刑，鄭國用之。❹數難子產之治，子產屈之。❺子產執而戮之，俄而誅之。❻然則子產非能用竹刑，不得不用；鄧析非能屈子產，不得不屈；子產非能誅鄧析，不得不誅也。❼

【注釋】❶鄧析　見〈仲尼篇〉一一章注釋❻。❷操兩可之說二句　兩可是對事物分析為正反兩面，並且都加以肯定。其理論是建立在「無窮」的基礎上。在宇宙時空無窮的觀念上，泯滅事物的別宥，事物的分解、重組，質量皆不變，這就有道家、法家的傾向。《荀子・不苟篇》：「山淵平，天地比，齊秦襲，入乎耳，出乎口，鉤有鬚，卵有毛，是說之難持者也；而惠施鄧析能之。」便依此立論，鄧析雖為詭辯的名家，但他能把分析推理的知識灌輸給民眾，在閉鎖蒙昧的古代社會中，不啻一盞明燈。對帝王而言，他是反面人物，傳世的文獻對他都有譴責性。如《呂氏春秋・離謂篇》：「洧水甚大，鄭之富人有溺者，人得其死者，富人請贖之，其人求全甚多，以告鄧析，鄧析曰：『安之！人必莫之賣矣。』得死者患之，以告鄧析，鄧析又答之曰：『安之！此必無所更買。』」❸子產　鄭大夫公孫僑的字，執鄭國政達二十多年。事見《左傳》襄、昭兩公及《史記》〈鄭世家〉、〈循吏列傳〉。❹作竹刑二句　竹刑，是寫在簡冊上的刑法。《左傳・定公九年》：「鄭駟歂（鄭國執政）殺鄧析，而用其竹刑。」孔穎達《正義》：「昭六年，子產鑄刑書於鼎，今鄧析別造竹刑，明是改鄭所鑄舊制。若用君命遣造，則是國家法制，鄧析不得獨專其名。……駟歂用其刑書，則其法可取。」按子產是鄭國的名大夫，後世遂誤傳子產殺鄧析。❺數難子產之治二句　「數難子產之治」不是指鄭用竹刑使然，而是另有原因。《呂氏春秋・離謂篇》：「鄭國多相縣以書者，子產令無致書，鄧析倚之，令無窮，則鄧析應之亦無窮矣，是可、不可無辨也；可、不可無辨，而以賞罰，其罰愈疾，其亂愈疾。」又：「子產治鄭，鄧析務難之，與民之有獄者約，大獄一衣，小獄襦袴。民之獻衣襦袴而學訟者，不可勝數，以非為是，以是為非，是非無度，而可與不可日變，所欲勝因勝，所欲罪因罪。鄭國大亂，民口讙譁，子產患之，於是殺鄧析而戮之，民心乃服，是非乃定，法律乃行。」（又見《荀子・正名篇》楊倞《注》引《新序》佚文。）❻子產執而戮之二句　張《注》：「此傳云子產誅鄧析，《左傳》云駟歂殺鄧析而用其竹刑，子產卒後二十年而鄧析死也。」按子產死於魯昭公二十年（西元前五二二年）到魯定公九年（西元前五〇一年）鄧析之死確為二十年。《左傳》說鄧析為駟歂所殺應為可信。說為子產所殺的除《列子》外，又見於《呂覽・離謂篇》、《荀子・宥坐篇》、《說苑・指武篇》。于鬯：「此戮字當為辱義。《廣雅・釋詁篇》：『戮，辱也。』言執而辱之。不然，複矣。」楊伯峻：「（下）『子產』二字涉上文衍。『戮之』即『殺之』，詞意亦複。疑『戮』當作『拘』。」暫從于說。❼然則子產非能用竹刑六句是編者批評。張《注》：「此章義例與上章同也。」

【語譯】鄧析持是非兩可的學說，立無窮無盡的辭端。在鄭國子產執政時，作竹刑，鄭國也使用了這種竹刑。鄧析經常為難子產對鄭國的執政，使子產受到阻撓。子產捉他再侮辱，不久就把他殺掉。然而子產不是能用竹刑，而是不得不用；鄧析不是能阻撓子產，而是不得不阻撓；子產不是能殺鄧析，而是不得不殺的。

（五）可以生而生，天福也；可以死而死，天福也。❶可以生而不生，天罰也；可以死而不死，天罰也。❷可以生，可以死，得生得死，有矣；不可以生，不可以死，❸或死或生，有矣。然而生生死死，非物非我，皆命也，智之所無柰何❹。故曰：「窈然無際，天道自會❺；漠然無分，天道自運。❻」天地不能犯，聖智不能干，鬼魅不能欺。❼自然者默之成之，平之寧之，將之迎之。❽

【注釋】❶可以生而生四句　順應天命，就是天給予福祉。如〈天瑞篇〉所說：「生者不能不生，化者不能不化。」❷可以生而不生四句　違逆天命，就是天給予處罰。❸不可以生二句　應作「可以生可以死」。陶鴻慶：「兩『不』字衍文，本作『可以生，可以死，或死或生，有矣。』言可以生而或死，可以死而或生也。張《注》云：『此義之生而更死，之死而更生者也。』是其所見本無兩『不』字。上文云：『可以生而不生，天罰也；可以死而不死，天罰也。』意與此同，故張《注》又疑其重出也。」陶氏說得對，「可以生，可以死，得生得死，有矣。」是在歸納天福；「可以生，可以死，或死或生，有矣。」是在歸納天罰，如加兩「不」字，意思成了：可以死，可以生，或死或生，有矣。則與上句意同，怪不得張湛疑其重出。陶光也看出來，他是把「生」「死」兩字易位，作「不可以死，不可以生」。意雖可，但上文天福天罰都作肯定句，沒有「不」字，所以仍從陶說。❹智之所無柰何　張《注》：「生死之理既不可測，則死不由物，生不在我，豈智之所如？」❺天道自會　天道是自然的規律在本文實指天命。會是交會循環，即《老子》所說「周行而不殆」的意思，與下文的「運」在內涵並無二致。❻窈然無際四句　楊伯峻引江有誥《先秦韻讀》：「際會為韻，古音同在祭部。分運為韻，古音同在文部。」按「故曰」所指，恐止此四句，四句似是古之成語。❼天地不能犯三句　自然的規律是天地、聖智、鬼魅所不能違反的。按犯、干為韻，古音都在元部。❽自然者默之成之三句　楊伯峻：「成平寧為韻，古音同在耕部；將迎為韻，古音同在陽部。」將是送，將迎實與〈天瑞篇〉的「往復」同義。《莊子・大宗師篇》

所說：「殺生者不死，生生者不生。其為物，無不將也，無不迎也；無不毀也，無不成也，其名為攖寧。」與此處可相互詮釋。

【語　譯】命可以生而去生，是天福；命可以死而去死，也是天福。命可以生而不去生，是天罰；命可以死而不去死，也是天罰。可以生而得生，可以死而得死，有這種現象；可以生卻或得死，可以死卻或得生，也有這種現象。然而生生或死死，不是外物，也不是自己所能決定，而都是天命，人的智力是無可奈何的。所以說：「深遠地沒有邊際，天道自行交會；廣大地沒有分界，天道自己運行。」這天道的力量（天命），天地不能冒犯，聖智不能干涉，鬼怪不能欺詐。自然對萬物就是要靜默它，成就它，平息它，安寧它，送別它，迎接它。

（六）楊朱之友曰季梁❶。季梁得病，七日大漸❷。其子環而泣之，請❸醫。季梁謂楊朱曰：「吾子不肖如此之甚，汝奚不為我歌以曉之？」楊朱歌曰：「天其弗識，人胡能覺？匪祐自天，弗孽由人。我乎汝乎！其❹弗知乎！醫乎巫乎！其知之乎？❺」其子弗曉，終❻謁三醫。一曰矯氏，二曰俞氏，三曰盧氏，診其所疾。矯氏謂季梁曰：「汝寒溫不節，虛實失度，病由飢飽色欲。精慮煩散，非天非鬼。雖漸，可攻也。❼」

季梁曰：「眾醫也。亟屏❽之！」俞氏曰：「女❾始則胎氣不足，乳湩❿有餘。病非一朝一夕之故，其所由來漸矣，弗可已也。⓫」季梁曰：「良醫也。且食之！」盧氏曰：「汝疾不由天，亦不由人，亦不由鬼。稟生受形，既有制之者矣，亦有知之者矣。藥石其如汝何？⓬」季梁曰：「神醫也。重貺遣之！」俄而季梁之疾自瘳⓭。⓮

【注釋】❶季梁 《仲尼篇》第九章：「季梁之死，楊朱望其門而歌。」❷大漸 張《注》：「漸，劇也。」即厲害。大漸是病重將死。❸請 王重民：「《御覽》七三八引『請』下有『謁』字，蓋謂請於其父而請醫。下文『終謁三醫』即其事也。若無謁字則語義不明。」按請謁為複詞，《荀子・王霸篇》：「俳優侏儒婦女之請謁以悖之。」《韓非子・八姦篇》：「故財利多者，買官以為貴；有左右之交者，請謁以成重。」請謁都作請求、尋求的意思。而下文「謁三醫」也是季梁子自請，所以不論是「請」或「請謁」都指季梁子，不必繞圈拐彎。本文作「請」，不必增「謁」字。❹其 通「豈」。下其字同義。❺天其弗識八句 張《注》：「言唯我與汝識死生有命耳，非醫巫所知也。」❻終 楊伯峻引蔣超伯曰：「終，周也。《淮南子・俶真》：『智終天地』……『終謁三醫』，謂『徧謁三醫』也。」備考。❼汝寒溫不節七句 矯氏以為人的病是起於個人的因素，可以用人力治好。❽屏 通「摒」。斥退。❾女 本章第二人稱都作「汝」，疑「女」字本作「汝」。❿乳湩 乳汁。《說文》：「湩，乳汁也。」⓫女始則胎氣不足五句 俞氏以為人的病是起於先天與後天不能調配，不是人力所能醫治。⓬汝疾不由天七句 盧氏以為人的生命形體由命決定，生病是藥石所不能醫治的。這是編者所持的主張。

⑬瘳　病癒，《說文》：「瘳，疾瘉也。」⑭本章與莊子妻死，莊子箕踞鼓盆而歌（見《莊子・至樂篇》）題材近似，雖莊子也是宿命論者，但該章是以生死之別猶四時運行，取消物我客主對立為主旨的，與本章神祕的宿命論有異。

【語　譯】楊朱的朋友叫季梁。季梁生病，七天，沈重得將死。他的兒子圍在前面哭泣，還要請醫師。季梁向楊朱說：「我的兒子如此的不賢，你為什麼不為我唱歌來感悟他呢？」楊朱唱著歌說：「天且不能認識（命），人怎麼能覺曉呢？福祉不是來自天，罪孽也不是來自人。我呀你呀！那裏會不知道（命）呢？醫師呀！巫師呀！那裏會知道呢？」他的兒子仍不能感悟，終於請了三個醫師。一叫矯氏，二叫俞氏，三叫盧氏，來診斷他的病。矯氏向季梁說：「你體溫冷熱沒有節制，真氣虛實沒有調度，病是起於忽飢忽飽放縱色慾。精神思慮煩躁散亂，不是天不是鬼所造成的。雖然病重，可以治好。」季梁說：「是一般庸俗的醫師！快把他趕走！」俞氏說：「你開始在胎中滋養不足，出生後吃乳又太多。病不是一朝一夕所形成的，它的由來已很嚴重，不能痊癒了。」季梁說：「好醫師！且（留）他吃飯吧！」盧氏說：「你的病不起於天，也不起於人，也不起於鬼。由命運而稟受生命與形體，既然有生命與形體的控制者（命運），又有知道命運的人（季梁）。藥石又有什麼用呢？」季梁說：「是神醫呀！重賞他再讓他走！」不久季梁的病自個兒好了。

（七）生非貴之所能存，身非愛之所能厚；生亦非賤之所能夭，身亦非輕之所能薄。故貴之或不生，賤之或不死；愛之或不厚，輕之或不薄。此似反也，非反也；❶此自生自死，自厚自薄。或貴之而生，或賤之而死；或愛之而厚，或輕之而薄。此似順也，非順也；此亦自生自死，自厚自薄。

鬻熊❷語文王❸曰：「自長非所增，自短非所損。❹算之所亡若何❺？」老聃語關尹❻曰：「天之所惡，孰知其故？❼」言迎天意，揣利害，不如其已。❽

【注釋】❶故貴之或不生六句　是指尊貴它卻不生存，作賤它卻不死亡等相反的因果關係。既然都是命，當然與相反無干。下文「順也」是相順的因果關係。❷鬻熊　見〈天瑞篇〉第一二章注釋❶。❸文王　姓姬名昌，商紂王時，為西岐的周民族的酋長，後來兒子武王姬發代商為天下共主，尊他為文王。❹自長非所增二句　《莊子．駢拇篇》：「故合者不為駢，而枝者不為跂；長者不為有餘，短者不為不足，是故鳧脛雖短，續之則憂；鶴脛雖長，斷之則悲。故性長非所斷，性短非所續，無所去憂也。」與此兩句都是強調自然不可妄改的道理，但兩句在全章中又被借為宿命論的例證。❺算之所亡若何　張《注》：「算猶智也。」這是引申義，計算必要用人的智力。盧《解》：「智算所無可奈何也！」與原文有距離。❻關尹　見〈黃帝篇〉四章注釋❷。❼天之所惡二句　見《老子》七三章，該章前上段文：「勇於敢者則殺，勇於不敢者則活，知此兩者，或利或害，天之所惡，孰知其故？」（據朱謙之《校釋》，馬王堆帛書隸本同）是說敢與不敢，利與不利，天對這當中所厭惡的是什麼，幾乎是沒有人知道的。❽言迎天意三句 是說天對利害有愛惡，不可取。更何況天的愛惡尚有所不知，更不可取。「不如其已」意思不很清晰，疑有脫文，其已，通「而已」。

【語譯】生命並不是尊貴它就會生存，身體並不是愛護它就會強厚；生命也不是作賤它就會夭亡，身體也不是輕忽它就會薄弱。所以尊貴它或許不會生，作賤它或許不會死；愛護它或許不會厚，輕忽它或許不會薄。這很像相反，其實不相反；而是自然生自然死，自然厚自然薄。或許尊貴它就會生，或許作賤它就會死；或許愛護它就會厚，或許輕忽它就會薄。這很像相順，其實不相順；而也是自然生自然死，自然厚自然薄。

鬻熊向文王說：「自然增長的不算是增長，自然損短的不算是損短。計算長短增損而無所得，又要怎樣呀？」老聃向關尹說：「天所厭惡的，誰能知道它的緣故呢？」這是說徒迎合天意，來推測利與害，是不如（命）而已罷了。

（八）楊布❶問曰：「有人於此，年兄弟❷也，言❸兄弟也，才兄弟也，貌兄弟也；而壽夭父子❹也，貴賤父子也，名譽❺父子也，愛憎父子❻也。吾惑之。」楊子曰：「古之人有言，吾嘗識之，將以告若。不知所以然而然，命也。今昏昏昧昧❼，紛紛若若❽，隨所為，隨所不為。

日去日來，孰能知其故？皆命也夫。信命者，亡壽夭；信理者，亡是非；信心者，亡逆順；信性者，亡安危。則謂之都亡所信，都❾亡所不信。真矣愨❿矣，奚去奚就？奚哀奚樂？奚為奚不為？黃帝之書云：『至人居若死，動若械。⓫』亦不知所以居，亦不知所以不居；亦不知所以動，亦不知所以不動。亦不以眾人之觀⓬易其情貌，亦不謂⓭眾人之不⓮觀不易其情貌。獨往獨來，獨出獨入，孰能礙之？」

【注釋】❶楊布　本書〈說符篇〉二六章：「楊朱之弟曰布。」但沒有任何資料可以證實。❷兄弟　指如兄弟一樣平等相近，下同。❸言　當作「訾」，通「貲」字。即財貨、財富。俞樾：「當從《釋文》作『訾』。《管子・君臣上篇》：『吏嗇夫盡有訾程事律』，即此訾字之義。官秩貴賤必視『訾程』為準。『訾兄弟也』，正與下文『貴賤父子也』相應。」按訾程是事情的程限、次第，用之於句中解，則作「階級如兄弟」與下文的「貴賤」意思完全重疊，所以還是依殷敬順《釋文》：「訾當作貲財字，一本作言。」言是訾的缺字，訾，假借為貲，《漢書・司馬相如傳》：「以訾為郎。」注：「訾讀與貲同，財也。以家財多，得拜為郎也。」此外，若仍作為「言」解，並非絕不可通，本篇二章「並言也，而人子庸」可證。❹父子　如父子上下不平等，比喻相差大。下同。❺名譽　于鬯據姚廣文稱：「名譽與上下文不合，當作『毀譽』。」存考。❻愛憎父子　指別人觀看他們的容（情）貌，對他們一愛一恨。下文「眾人之觀……其情貌」可知。❼昏昏昧昧　兩詞都有不明的樣子。❽紛

紛若若　兩詞都有散亂的樣子。❾都　道藏江遹本、四解本沒有「都」字。❿慤　慤的俗字，《說文》：「慤，謹也。」是誠敬的意思。⓫至人居若死二句　械，「駭」的假借字。有驚駭、奔動的意思。俞樾：「『械』字無義。《釋文》：『本又作戒』，實皆『駭』之叚字也。《周官．大僕篇》『始崩戒鼓』，故書『戒』為『駭』。《列子》原文蓋亦叚戒為駭，而寫者又從木作『械』耳。『居若死動若駭』，即『處女脫兔』之意。」王叔岷反對俞說，他說：「至人『心如死灰』，故『居若死』；形如『槁木』，故其『動若械』……《莊子．庚桑楚篇》：『動不知所為』，亦『動若械』之意。」則知王氏以戒有齋戒、慎戒的意思。按近出土《黃帝四經》無此兩句。本文在強調用命運來取消事態的區別，不是發揮「身若槁木之枝而心若死灰」的思想，「居（靜坐）若死」與「動若械」必然是相對的，所以下文的「居」「動」，分兩組說明。駭，《經典》又作「駴」，駴，又通「戒」或「械」。古音都相通。〈力命篇〉一〇章：「不駭外禍，不喜內福，隨時動，隨時止。」《釋文》：「駭作駴」正與本文合，俞氏所說為是。⓬觀　陶光以「觀假為勸」。按前文稱「貌兄弟也」、「愛憎父子也」，觀是看容貌，則仍以觀為是。⓭謂　王重民：「『為』『謂』古通。」即與「以」字通。⓮不　上「不」字為衍文。陶鴻慶：「當作『亦不以眾人之觀不易其情貌』。今作『不觀』者，乃後人妄增也。……今衍『不』字，文雖變而意反覆也。」可從。

【語　譯】楊布問道：「有（兩）人同在這個社會，年齡、財富、才能、容貌都相差很近；但是他們的壽命、貴賤、名譽，以及別人對他們愛恨之情卻相差很遠。我覺得很疑惑。」楊朱說：「古人說過格言，我曾記得，且告訴你吧：不知道道理的事情居然實現，就是命呀。現在有人昏昏不明、紛紛散亂地任意去做，也任意不去做。這樣日子去了，日子又來，誰能知道其中的原因呢？這都是命呀。相信命運的，沒有壽夭的觀念；相信理智的，沒有是非的觀念；相信心思的，沒有逆順的觀念；相信天性的，沒有安危的觀念。那麼就叫：無所相信，也無所不相信。這才是真實的誠敬的。到那裏去到那裏做？為什麼哀為什麼樂？為什麼做為什麼不做？都是命。黃帝書說：

『最高道術的人靜則如死亡，動則如駭突。』也不知為什麼靜，也不知道為什麼不靜；也不知道為什麼動，也不知道為什麼不動。也不以眾人的觀看而改變他的感情和容貌，也不以眾人的觀看而不改變他的感情和容貌。就是順著命獨自往獨自來，獨自出獨自入。有誰能夠阻礙呢？」

（九）❶墨尿❷、單至❸、嘽咺❹、憋懯❺四人相與游於世，胥如志也；窮年不相知情，自以智之深也。巧佞、愚直、婩斫❻、便辟❼四人相與游於世，胥如志也；窮年而不相語術；自以巧之微也。⿰犭翏㤉❽、情露、謇極❾、凌誶❿四人相與游於世，胥如志也；窮年不相曉悟，自以為才之得也。眠娗⓫、諈諉⓬、勇敢、怯疑四人相與游於世，胥如志也；窮年不相謫發⓭，自以行無戾也。多偶、自專、乘權⓮、隻立四人相與游於世，胥如志也；窮年不相顧眄，自以時之適也。
此眾態也，其貌不一，而咸⑮之於道，命所歸也。

【注釋】❶本章在說追逐智、巧、才、行、時五項名利的十組一正一反的二十種類型的人物，乃是命運所歸。二十人是把行為擬人化，如本章的力、命，《莊子》的知、喫詬、泰清、无窮一樣。唯二十名都是或雙聲或疊韻的聯緜字，大半見於揚雄的《方言》，且是長江以南的方音，這恐怕與編者的地域有關。❷墨尿　欺詐。《方言》卷一〇：「嘿（墨）尿，……江湘之間，或謂之無賴，……小兒多詐而獪，謂之央亡，或謂之嘿尿。」《廣雅．釋詁篇二下》：「嘿、尿，……欺也。」嘿、尿都有欺意，疊韻，古韻脂部。❸單至　輕動。喻無心機，與「墨尿」相反。盧《解》：「輕動之狀。」《集韻》：「輕發之貌。」陶光則以為單至通「憚恎」，是驚懼的意思，恐怕不是。單音戰，與至，雙聲，章母字。❹嘽咺　迂緩的樣子。《方言》卷一：「宋衛之間，凡怒而噎噫謂之脅閱，南楚江湘之間，謂之嘽咺。」噎噫是歎息的意思，引申有迂緩的意思。嘽咺，疊韻，元部。又作「嘽唌」、「嘽緩」。❺憋憋　急速的樣子。《方言》卷一〇：「憋，惡也。」注：「憋怤，急性也。」憋憋，即憋怤。雙聲、滂母，又作「鷩鵂」、「懯朴」、「薜暴」、「懯薜」。❻婩斫　魯鈍無知的樣子。《方言》卷一〇：「揚、越之郊，凡人相侮，以為無知，謂之眲。眲，耳目不相信也，或謂之斫。」注：「斫，頑直之皃。」婩斫，又轉為婩婧，各字疊韻，魚部。❼便辟　恭敬太過。《論語．季氏篇》：「友便辟……損矣。」《集解》引馬融：「便辟，巧辟人之所忌，以求容媚。」便、辟，雙聲，並母。又作「便僻」、「便嬖」、「便譬」。❽𤢂伢　狡猾頑戾的樣子。𤢂，通「狡」。《方言》卷一〇：「江湘之間，或謂之𤢂。」注：「恐㤼（王念孫《廣雅疏證．釋詁篇》引作恐伢）多智也。」盧重玄：「頑戾強愊之狀也。」𤢂、伢，雙聲，溪母。❾譴極　口吃語急。《方言》卷一〇：「讓（譴）極，吃也。楚語也。」極，又作「慳」，《說文》：「慳，恐（急）性也。」俞正燮：「譴慳，口吃。極有急義。……蓋吃者語必多，又性欲急，語出蹇而亟。」謰，通「譇」、「謇」。謰極，口吃也，又作「謇吃」，各字雙聲，見母。⓾淩誶　淩厲責問。淩，淩厲。誶，責問。喻口才好，與「謰極」相反。《莊子．徐无鬼篇》：「察士无淩（通『淩』）誶之事則不樂。」《釋文》：「淩，李（頤）云：謂相淩轢。誶，音信，《廣雅》云：問也。」淩，蒸部。誶，通「訊」。音信，真部，都是陽聲舌音。⓫眠娗　欺謾蚩弄。《方言》卷一〇：「眠娗，……欺謾之語也，楚郢以南，東揚之郊通語也。」《釋文》引郭璞《注》：「謂以言相輕蚩弄也。」（今本《方言》無）是欺辱嘲弄的意思。眠，真部。娗，耕部。都是陽聲舌音。⓬諈諉　屬累推諉。《爾雅．釋言篇》：「諈諉，累也。」注：「以事相屬累為諈諉。」諈諉兩字都是累贅的意思，引申則有託、屬的意思，就是把事情推諉別人。疊韻，歌部。⓭讁發　殷敬順《釋文》：「讁謂責其過，發謂攻其惡也。」讁，本作「謫」。《方言》卷六：「南楚之南，凡相非議人謂之讁。」⓮乘權　《釋文》：「乘用權勢也。」楊伯峻：「秦本『乘』作『秉』。」按兩字都通。⓯咸　包含；包容。咸假借為含。

【語　譯】欺詐、輕動、迂緩、急速四個人相互在社會交往，而各自都追求自己的志願；整年都不知道彼此的實情，自己以為有最深厚的智識。

巧言邪佞、如愚質直、魯鈍無知、恭敬太過四個人相互在社會交往，而各自都追求自己的志願；整年都不彼此說技術，自己以為有最精微的技巧。

狡猾頑戾、真情流露、口吃語急、淩厲責問四個人相互在社會交往，而各自都追求自己的志願；整年都不彼此覺悟，自己以為有最深刻的才能。

欺謾蚩弄、屬累推諉、勇猛果敢、怯慎遲疑四個人相互在社會交往，而各自都追求自己的志願；整年都不彼此責過，自己以為沒有違戾的德行。

與眾和諧、擅專異眾、乘用權勢、獨孤自立四個人相互在社會交往，而各自都追求自己的志願；整年都不彼此回頭看望，自己以為有最適宜的時機。

以上這麼多的形態，他們的情貌都不同，而都包含在自然中，乃是命運的歸向。

（一〇）佹佹❶成者，俏❷成也，初非成也；佹佹敗者，俏敗者也，初非敗也。故迷生於俏，俏之際昧然。於俏而不昧然，則不駭外禍，不喜內福，隨時動，隨時止，智不能知也。信命者於彼我無二心。於彼我而有二心者，不若揜目塞耳，背坂面隍❸亦不墜仆也。故曰：死生自命也，貧窮❹自時也。❺怨夭折者，不知命者也；怨貧窮者，不知時者也。當死不懼，在窮不戚，知命安時也。其使多智之人量利害，料虛實，度人情，得亦中❻，亡亦中。其少智之人不量利害，不料虛實，不度人情，得亦中，亡亦中。量與不量，料與不料，度與不度，奚以異？唯亡所量，亡所不量，則全而亡喪。亦非知全，亦非知喪。自全也，自亡也❼，自喪(ㄙㄤˋ)也(ㄧㄝˇ)。

【注釋】❶侻侻　幾乎要的樣子。殷敬順《釋文》：「幾欲之貌。」❷俏　通「肖」。是像的意思。❸背坂面隍　背向陡坡，面向深溝。坂，通「阪」。是陡斜的山坡。隍，本是乾涸的護城溝。❹貧窮　陶鴻慶：「『貧窮』當作『貧富』，與上句『死生自命也』語意一律。」可從。❺死生自命也二句　張《注》：「若其非命，則仁智必壽，凶愚者必夭，而未必然也。若其非時，則勤儉者必富，而奢惰者必貧，亦未必然。」極符合原文黯然無奈的態度。❻中　適中、得宜的意思。張《注》：「中，半也。」中並沒有半的意思，或許張氏就當時所見資料以及下文「全而亡喪」而推想的。其實對「量」與「不量」……等相對詞，並沒有加以肯定或否定，也沒有加以折中，不構成一半加一半的問題。《周易・同人卦》：「柔得位得中，而應乎乾。」又〈蹇卦〉：「往得中。」得中，都是得宜的意思。而「中」也有「得」意，《周禮・地官・師氏篇》：「掌國中失之事。」注：「故書中為得。」所以「得亦中」「亡亦中」都是「得」。❼自亡也　三字衍文。俞樾：「上文云：『唯亡所量，亡所不量，則全而亡喪，亦非知全，亦非知喪。』皆以『全』『喪』對言，此云『自全也，自喪也』，文義已足。增出『自亡也』三字，則與上文不合矣。」

【語譯】幾乎要成的，很像是成，但本來又不是成；幾乎要敗的，很像是敗，但本來又不是敗。所以迷惑是起於有像成像敗的觀念，像的過程是昏暗不明的。但本來又不是昏暗不明，那麼，在命運下，就不驚怕主觀認為的外起之禍，不喜歡主觀認為的內起之福，隨時去動，隨時去止，這不是自己的智力所能了解的。相信命運的，對待彼我，沒有對立之心。對待彼我，有對立之心的，還不如那掩著眼睛塞著耳朵，背著陡坡，面對深溝的人也不致跌倒掉落。所以說：死生自有命運，貧富自有時機。怨恨夭折的，是不知命運的人；怨恨貧窮的，是不知時機的人。臨死不怕，臨窮不憂，是知命運安時機的人。如使多智的人衡量利害，預料虛實，計度人情，量料度後有所得也是適宜的，無所得也是適宜的。如使少智的人不衡量利害，不預料虛實，不計度人情，不量不料不度後有所得也是適宜的，無所得也是適宜的。量與不量，料與不料，度與不度，有什麼差異呢？只有無所量，也無所不量，才能完全而沒有喪失。既不是智力使之而完全，也不是智力使之而喪失。是自然的完全，自然的喪失。

（一一）❶齊景公❷游於牛山❸，北臨其國城❹而流涕曰：「美哉國乎！鬱鬱芊芊❺，若何滴滴去此國而死乎❻？使古無死者，寡人將去斯而之何？」史孔梁丘據❼皆從而泣曰：「臣賴君之賜，疏食❽惡肉可得而食，駑馬稜車❾可得而乘也；且猶不欲死，而況吾君乎？」晏子❿獨笑於旁。公雪⓫涕而顧晏子曰：「寡人今日之游悲，孔與據皆從寡人而泣，子之獨笑，何也？」晏子對曰：「使賢者常守之，則太公⓬桓公將常守之矣；使有勇者而常守之⓭，則莊公靈公⓮將常守之矣。數君者將守之，吾君方將被蓑笠而立乎畎畝⑮之中，唯事之恤，行假⑯念死乎？則吾君又安得此位而立焉？以其迭處之迭去之，至於君也，而獨為之流涕，是不仁也。見不仁之君，見諂諛之臣。臣見此二者，臣之所為獨竊笑也。⑰」景公慚焉，舉觴自罰，罰二臣者各二觴焉。⑱

【注釋】❶本章又見於《晏子春秋·諫篇上》及《韓詩外傳》。❷齊景公　春秋齊國國君，名杵臼，靈公之子，莊公之弟。生活奢靡，修築宮室，豢養犬馬，厚賦重刑，在位五十八年。見《史記·齊太公世家》。❸牛山　齊都臨淄南二十一里，又叫鼎足山，一叫牛首崗（山），齊桓公葬此。（《史記·齊太公世家》正義引）❹國城　臨淄城、齊都，在今山東臨淄。❺芊芊　草木茂盛的樣子，與鬱鬱同義。《韓詩外傳》作「鬱鬱泰山」。❻若何滴滴去此國而死乎　滴滴，應作「滂滂」。《釋文》：「滴滴或作滂滂。」《晏子春秋》同。吳則虞《晏子春秋集釋》：「《列子》作『若何滴滴去此國而死乎』，蓋『滂』作『滴』與『滴』形近而譌。《文選》卷一三《注》引作『奈何去此堂堂國者而死乎』……竊疑此處本作『若何去此旁旁而死乎』，『旁旁』，大也，又盛也。……『堂堂』即『旁旁』之假借，後譌為『滂』，而越在『去此』之上。」按旁有「大」意，本句依吳氏說而作「若何去此旁旁國者而死乎」。「滂滂」通「旁旁」。❼史孔梁丘據　兩人是齊大夫。史孔，《釋文》作「艾孔」，《晏子春秋》同，孫星衍《音義》：「姓艾名孔。」。艾為齊地，作艾為是。艾梁兩人《韓詩外傳》作「國子、高子」。國、高是齊國的權臣。❽疏食　草實做的粗飯。❾稜車　《釋文》：「稜當作棧。《晏子春秋》及諸書皆作『棧車』，謂編木為之。」按今本《晏子》無「棧車」，《韓詩》作「柴車」。❿晏子　齊大夫，（山東）東萊夷維人。姓晏，名嬰，諡平，字仲，史稱晏平仲，歷事靈公、莊公、景公，節儉力行，名顯諸侯。後人採集他的行事、諫議，編《晏子春秋》八篇。〈漢志〉列入儒家，其實又雜有墨家思想，恐與晏嬰無關。晏嬰事見《左傳》襄、昭兩公，及《史記・管晏列傳》。⑪雪　擦拭。《呂氏春秋・觀表篇》：「吳起雪泣而應之。」高《注》：「雪，拭也。」⑫太公　齊國始祖。姓姜，名望，又名牙。祖先封於呂，而以呂為氏，又叫呂尚。太公是齊人的追稱。（依崔述、梁玉繩說。）據《史記・齊太公世家》說：文王打獵在渭水遇到太公，說：「自吾先君太公（王季）曰：『當有聖人適周，周以興。』子真是邪。吾太公望子久矣（太公盼望你已很久了）。故號之曰：太公望。」後來助周武王滅商，有大功，封於齊國。⑬而常守之　楊伯峻：「『而常守之』猶言『能常守之』，而能古音同，故可通假。」按上文「使賢者常守之」，《晏子春秋》引同，疑「有」、「而」都是衍文。⑭莊公靈公　莊公，名光，靈公之子，在位六年，為崔杼所殺。靈公，名環，頃公之子，在位二十八年。兩人倒置。孫星衍《晏子春秋音義》：「《史記・齊太公世家》：『二十七年，晉使中行獻子伐齊，齊師敗，靈公走入臨淄，晏嬰止靈公，靈公勿從，曰：「君亦無勇矣。」』亦好勇之證。」⑮畎畝　田間。畎，本是田一尺方。畝，本是百步（一步六尺）方。畎畝，則是合義的複詞。⑯行假　張《注》：「行假當作何暇」，由此可見《列子》非張湛偽造，而是有所本的。以上《晏子》所說，頗有現實的意義。⑰則吾君又安得此位而立焉九句　為《晏子春秋》所無。⑱本章並沒有改寫為宿命論，使得原本的素材反映出進取的現實主義思想，而與〈力命篇〉編者的原意不符。

【語譯】齊景公到牛山去遊玩，向北看到齊都臨淄城而流下了淚說：「美麗的國家呀！草木青翠茂盛呀！為什麼要離開這個廣大的國家而死去呢？假使自古以來都沒有死人，那麼我離開這裏（齊）還有什麼地方可以去呢？」大夫史孔和梁丘據都跟著哭泣說：「臣子依賴君的賞賜，有粗飯壞肉可吃，有劣馬粗車可乘；都還不想死，何況是君呢？」晏子獨自在旁邊笑。景公擦了眼淚轉看晏子說：「我今天遊玩而生悲，史孔、梁丘據都跟我而哭，只有你在笑，為什麼呢？」晏子對答：「假使賢者永遠在位，那麼太公、桓公將永遠在位；假使勇者永遠在位，那麼莊公、靈公將永遠在位。這幾個君主永遠在位，那麼你將要穿蓑衣戴斗笠在田間耕種（當農人），只會煩惱農事，那會有空閒去想死的問題呢？你怎麼又能得到君位而做國君呢？是他們一個個替換即位，又一個個替換下位，而傳到你的，而獨為他們流淚，是不仁的。看到不仁的君，看到諂媚的臣。我看到了這兩種人，是我獨自暗笑的原因。」景公聽了很慚愧，舉起酒杯自己罰酒，也罰了二個臣子各飲兩杯。

（一二）❶魏人有東門吳者，其子死而不憂。❷其相室❸曰：「公❹之愛子，天下無有。今子死不憂，何也？」東門吳曰：「吾常❺無子，無子之時不憂。今子死，乃與嚮❻無子同，臣奚憂焉❼？」

【注釋】❶本章又見於《戰國策・秦策》卷三，是應侯范睢向秦昭王說失去汝南不憂而引的例子，文句幾全相同，或是《列子》之所本。東門吳其子死而不憂的故事，似與春秋魯國女名人季敬姜有關。《史記・平原君虞卿列傳》記樓緩說有：公甫文伯（即魯大夫公父歜）死，侍妾二人自殺，文伯母（即敬姜）以兒子對待長者薄，婦人厚的理由而不哭，相室問為何子死不哭……一事，後又記於《孔叢子・記義篇》。同時《禮記・檀弓篇下》也說：「文伯之喪，敬姜據其床而不哭」的類似傳說。然而〈檀弓篇下〉卻有不同的說法：「穆公（文伯父）之喪，敬姜晝哭；文伯之喪，晝夜哭。孔子曰：『知禮矣。』」此說又載於《孔子家語・曲禮子貢問篇》。大概敬姜是儒家塑造的賢母（列入《列女傳》），在同時代已有不哭的傳說，到了戰國道家就以此為素材，再傳出東門吳的故事。東門是姓，吳是名，東門一族出於魯國。❷魏人有東門吳者二句　王叔岷：「《御覽》五一八。……引「者」下並有「年四十」三字，「其子死而不憂」並作「有一子喪之而不憂」。」意思較為完全。❸相室　家臣之長（《戰國策・秦策》注）。東門吳是大夫，相室是親近的首席家臣，能知道他不憂，而且可以詰問。楊伯峻以為是妻子，情理欠妥。❹公　是對貴族的尊稱。❺常　盧文弨：「『常』當作『嘗』。」按〈秦策〉正作「嘗（嘗）」，形音近似而訛。❻嚮　通「向」。以前的意思。❼臣奚憂焉　王重民：「吉府本「臣」作「詎」，疑本作『奚巨憂焉』，奚巨複詞。」王叔岷：「案道藏本『臣』亦作『詎』，林希逸本作『巨』云：『巨與詎同』，臣即巨之誤。」兩人所說可從。相室既低於東門吳，稱東門吳為「公」，則東門吳斷無自稱「臣」之理。

【語譯】魏國人東門吳，他的兒子死了，他並不憂傷。他家的家臣說：「公的愛子，是天下（他處）所沒有的。現在你的愛子死了而不憂傷，為什麼呢？」東門吳說：「我曾經過沒有兒子（未生子時），沒有兒子時並不憂傷。現在兒子死了，是和以前沒有兒子時一樣，為什麼要憂傷呢？」

（一三）農赴時，商趣❶利，工追術，仕逐勢，勢使然也。然農有水旱，商有得失，工有成敗，仕有遇否❷，命使然也。

【注釋】❶趣　通「趨」。奔走。❷遇否　遇與不遇。遇是遇到能用他的人主，否是厄運不能遇。

【語譯】農人把握農時，商人奔走利益，工人追求技術，官吏追逐權勢，是形勢所造成的。但是農人會遇到水災旱災，商人會有得利虧失，工人會有成功失敗，官吏會有遇與不遇，這是命運所造成的。

第七篇　楊朱篇❶

（一）楊朱游於魯，舍於孟氏❷。孟氏問曰：「人而已矣，奚以名為？」曰：「以名者為富。」「既富矣，奚不已❸焉？」曰：「為貴。」「既貴矣，奚不已焉？」曰：「為死。」「既死矣，奚為焉？」曰：「為子孫。」「名奚益於子孫？」曰：「名乃苦其身，燋其心。❹乘其名者，澤及宗族❺，利兼鄉黨，況子孫乎？」「凡為名者必廉，廉斯貧；為名者必讓，讓斯賤。」曰：「管仲之相齊也，君淫亦淫；君奢亦奢。❻志合言從❼，道行國霸。死之後，管氏而已。田氏之相齊也，君盈則己降；君斂則己施。民皆歸之，❽因有齊國，子孫享也，至今不絕❾。」「若❿實名貧，偽名富。」曰：「實無名，名無實。名者，偽而已矣。⓫昔者堯舜偽以天下讓許由、善卷⓬，而不失天下，享祚百年⓭。伯夷叔齊⓮實以孤竹君讓，而終亡其國，餓死於首陽之山。實偽之辯，如此其省也。」

【注釋】❶本篇十七章中，除三章外，都是託名楊朱的言論，大概本篇由張嶷從北方帶到江南（張湛《列子・序》），材料比較獨特。其內容雖略涉「不以一毫利物」的先秦楊朱思想，但主要卻極端地表現縱慾、厭世的人生觀，可確定是魏晉士大夫借楊朱之名發揮頹廢和反名教的思想。❷孟氏　魯國的貴族。是魯桓公的庶長子慶父之後，即孟孫氏。❸已　止。指苦身燋心不止。❹名乃苦其身二句　據陶鴻慶說，應挪於「奚以名為」之下。從之，否則講不通。❺宗族　同姓的親族。❻君淫亦淫二句　這裏表示管仲不沽名釣譽，而能為齊桓分謗，是真實而不自私的人。《戰國策・東周策》說：「齊桓公宮中七市，女閭七百，國人非之，管仲故為三歸之家（三處住有侍妾的家），以掩桓公非，自傷於民也。」意思相同。但《論語》有不同的看法，〈八佾篇〉：「子曰：『管仲之器小哉！』或曰：『管仲儉乎？』曰：『管氏有三歸，官事不攝，焉得儉？』『然則管仲知禮乎？』曰：『邦君（齊桓公）樹塞門（諸侯設立內屏在路門內），管氏亦樹塞門。邦君為兩君之好，有反坫（在門柱間倒放酒杯的土堆），管氏亦有反坫。管氏而知禮，孰不知禮？』」這裏孔子個人以為管仲以大夫而僭諸侯之禮。❼志合言從　《韓非子・外儲說篇左下》：「管仲相齊，曰：『臣貴矣，然而臣貧。』桓公曰：『使子有三歸之家。』（與上說不同）曰：『臣富矣，然而臣卑。』桓公使立於高國之上。曰：『臣尊矣，然而臣疏。』乃立為仲父。」❽田氏之相齊也四句　這裏指田氏謙卑施捨，是虛偽的來攏絡民心。《史記・田敬仲完世家》：「田釐子乞事齊景公為大夫，其收賦稅於民，以小斗受之，其粟予民以大斗，行陰德於民，而景公弗禁。由此田氏得齊眾心，宗族益彊，民思田氏。……（田乞之子）田常復脩釐子之政，以大斗出貸，以小斗收。齊人歌之曰：『嫗乎采芑（採白粱粟），歸乎田成（常）子。』」❾至今不絕　田常的曾孫田和，廢康公，代齊為諸侯（西元前三七八年）。歷六世到齊王建為秦所滅（西元前二二一年）。❿若　「若」是「此」的意思。實名貧，指管仲；偽名富，指田氏。俞樾以為「偽名富」以下有「實名賤，偽名貴」二句。⓫名者二句　《莊子・養生主篇》：「為善无近名，為惡无近刑。」⓬許由善卷　都是傳說中上古的隱士。許由，陽城槐里人，字武仲，隱居在沛澤。堯讓天下給他，他就逃避到潁水北，箕山下。後來又召他為九州長，他不要聽，就用潁水來洗耳朵。事雜見於《史記》〈燕召公世家〉及〈伯夷列傳〉、《高士傳》卷上、《莊子》〈逍遙遊篇〉及〈讓王篇〉、《呂覽・貴生篇》、《淮南子・說林》、《說苑・尊賢篇》、《新序・雜事篇》。善卷（《呂覽》作「綣」），居武隱，堯曾北面師之。後來舜讓天下給他，他拒絕了。事見《莊子・讓王篇》、《呂覽・下賢篇》、《淮南子・齊俗》、《高士傳》卷上。⓭享祚百年　據說堯十六歲即位（《論語・泰伯篇》正義引《尚書大傳》），立七十年得舜，再二十年令舜攝政，辟位（二十）八年，堯死（《史記・五帝本紀》）。舜攝政時年五十，再八年堯死，六十一歲即位，在位三十九年而死（〈五帝本紀〉）。以上二人年歲都不足信。⓮伯夷叔齊　事見〈力命篇〉一章注釋❾。

【語　譯】楊朱遊歷到魯國，住在孟氏家。孟氏問：「做人已經滿足了，何必要名譽呢？（名譽使身體痛苦，心裏焦慮。）」楊朱答：「名譽可以使人富有。」問：「既然富有了，為何還痛苦焦慮？」答：「為著顯貴。」問：「既然顯貴了，為何還痛苦焦慮？」答：「為著死亡。」問：「既然死亡了，還為著什麼呢？」答：「為著子孫。」問：「名譽對子孫有何益處呢？」答：「乘用名譽，恩澤可達到宗族，利益兼施於鄉里，何況是直系的子孫呢？」孟氏又說：「凡是為名譽的必定廉潔，廉潔必定貧窮；為名譽的必定辭讓，辭讓必定低賤。」楊朱說：「管仲輔政齊國時，齊君好色，他也好色；齊君奢靡，他也奢靡。臣志君合，臣言君從，使治道實行，齊國稱霸。管仲死後，子孫還是大夫而已。田氏（二世）輔政齊國時，齊君傲慢，他就謙卑；齊君收刮，他就施捨。民心都歸向他，由是得到了齊國，子孫享有，到今天不斷。」孟氏說：「這樣，則真實的名譽要貧窮，虛偽的名譽就富有。」楊朱說：「真實就沒有名譽，有名譽就沒有真實。名譽就是虛偽的呀。從前，堯虛偽地要把天下讓給許由，舜虛偽地要把天下讓給善卷，但堯舜仍然沒有失去他們的天下，各享百年的帝位。伯夷和叔齊真實的互相推讓孤竹君位，以致亡了國家，餓死在首陽山。真實和虛偽的爭辯，是這樣的清楚呀！」

（二）楊朱曰：「百年，壽之大齊❶，得百年者千無一焉。設有一者，孩抱以逮昏老❷，幾居其半矣。夜眠之所弭，晝覺之所遺，又幾居其半矣。痛疾❸哀苦，亡失憂懼，又幾居其半矣。量十數年❹之中，逌然❺而自得亡介焉之慮者，亦亡一時之中爾。則人之生也奚為哉？奚樂哉？為美厚爾，為聲色爾。而美厚復不可常厭足，聲色不可常翫聞。乃復為刑賞之所禁勸，名法之所進退；遑遑爾❻競一時之虛譽，規死後之餘榮；偊偊爾❼順❽耳目之觀聽，惜身意❾之是非；徒失當年之至樂，不能自肆於一時。重囚纍梏，可以异❿哉？太古之人知生之暫來，知死之暫往；故從心而動，不違自然所好，當身⓫之娛非所去也，故不為名所

勸。從性而游，不逆萬物所好；死後之名非所取也，故不為刑所及。⓬名譽先後，年命多少，非所量也。」⓭

【注釋】❶齊 《釋文》：「齊，去聲，限也。」按齊引申有絕、限之義。❷昏老 昏庸老邁。昏，通「惛」。❸痛疾 《意林》及《文選》陸士衡〈長歌行〉注並引作「疾病」，從之。❹十數年 嚴靈峰：「按上文：『百年，壽之大齊，得百年者，千無一焉。』此言人生得百年之難，故應云：『數十年之中。』〈周穆王篇〉：『人生百年，晝夜各分。』亦正合『數十年』之數。又云：『今頓識既往，數十年來存亡……』亦作『數十』，觀此可證此文亦當作『數十』為長。」（《道家四子新篇》）從之。❺逌然 自得的樣子。❻遑遑爾 汲汲不息的樣子。❼偊偊爾 獨行獨斷的樣子。❽順 《釋文》及《意林》引、道藏白文本、林希逸本等作「慎」。順、慎古音通。❾身意 疑是「當身」之誤。上文「遑遑……」一句，是要圖謀「死後」的餘榮；「偊偊爾順耳目……」一句，是要愛惜「當身」的是非。與下文的「當身之娛」及「死後之名」相對同例。當身，是指當身體還活的時候。或是原「當」字誤為「意」，然而再顛倒為「身意」。❿异 假借為「異」字。⓫當身 俞樾：「『當身』乃『當生』之誤，下云：『死後之名非所取也』，『當生』與『死後』正相對。下文云：『且趣當生，奚遑死後。』」按「當身」、「當生」、「當年」意思都相同，不必改字。⓬從性而游四句 比喻自然與萬物都愛好自由，不拘形骸，在生不必受虛名的勸勉，更不會爭取死後的名譽，所以不觸刑罰。⓭《世說新語．任誕篇》說：「張季鷹（翰）縱任不拘，時人號為江東步兵。或謂之曰：『卿乃可縱適一時，獨不為身後名邪？』答曰：『使我有身後名，不如即時一桮酒。』」又說：「畢茂世（卓）云：『一手持蟹螯，一手持酒桮；拍浮酒池中，便足了一生。』」與本章思想相同。

【語　譯】楊朱說：「一百年是壽命的最大極限，能享壽一百年的一千人也沒有一人。假設有一人，他從小孩到老邁，(則少老的時間)幾乎佔了壽命的一半了。晚上睡眠所消逝的和白天知覺所浪費的時間，也幾乎佔了壽命的一半了。疾病痛苦，沒有不憂懼的時間，也幾乎佔了壽命的一半了。計數十年當中，能悠然自得而沒有絲毫的憂慮的，也沒有一時片刻了。那麼人生是要為什麼呢？是要以什麼為樂呢？為著是美食厚衣呀！為著是樂聲美色呀！而美食厚衣又不能永遠滿足，樂聲美色也不能永遠玩永遠聽。又要受到刑罰賞獎的禁止和勸勉，名譽法度的留取和捨去；汲汲地競取一時片刻的虛幻名譽，圖謀死後多餘的光榮；獨自順從耳目的聽、看，愛惜身意（當身）的是、非；而只是放棄當年的至樂，不能一時的放縱。這樣又與被禁梏的囚犯有何差別呢？太古的人知道生是暫時來的，死是暫時去的；放縱心志去活動，以不違反對自然的愛好，當生的娛樂，並不是要拋棄的，所以不為名譽所勸勉。放縱本性去出遊，以不違逆對萬物的愛好；死後的名譽，並不是要爭取的，所以不為刑罰所牽累。因此名譽的先後，年壽的多少，並不是要計較的。」

（三）❶楊朱曰：「萬物所異者生也，所同者死也。生則有賢愚貴賤，是所異也；❷死則有臭腐消滅，是所同也。雖然，賢愚貴賤非所能也，臭腐消滅亦非所能也。故生非所生，死非所死，賢非所賢，愚非所愚，貴非所貴，賤非所賤。❸然而萬物齊生齊死，齊賢齊愚，齊貴齊賤。❹

十年亦死，百年亦死。仁聖亦死，凶愚亦死。生則堯舜，死則腐骨；生則桀紂，死則腐骨。腐骨一矣，孰知其異？且趣當生，奚遑死後？」❺

【注釋】❶本章陳旦以為是直譯自佛書《長阿含經》的《沙門果經》中的一段（見《集釋》引）。按《列子》書是魏晉人所選輯的，不免與佛經相參（張湛《列子・序》）。但就陳氏所引《沙門果經》文看，文句相似者不及一半，恐怕談不上是直譯或抄襲的。如佛書《優陀那品》說：「自以為苦者，勿以之傷人。」一語，實沒有理由與《論語》的「己所不欲，勿施於人」扯上關係。❷生則有賢愚貴賤二句　應劭《風俗通義》：「天地開闢，未有人民，女媧摶黃土作人，劇務力不暇供，乃引繩於泥中，舉以為人。故富貴者，黃土人也；貧賤凡庸者，絚人也。」這都是用以凝固社會階層的天命論。❸雖然九句　是定命論的思想。楊伯峻：「『故生非所生』……，諸『所』字下，疑皆脫『能』字。」❹然而萬物齊生齊死三句　喻自然中生死賢愚貴賤的本質都是相同的。❺政治黑暗恐怖，人命朝不保夕，貴族只追求現今的快活，其餘都拋在腦後。

【語譯】楊朱說：「萬物所不同的是在生時，所相同的是在死時。在生時有賢、愚、貴、賤，這是所不同的；在死時有臭、腐、消、滅，這是所相同的。雖然這樣，賢、愚、貴、賤並不是自個兒所能這樣的，臭、腐、消、滅，也不是自個兒所能這樣的。所以生不是自個兒所能生，死不是自個兒所能死；賢不是自個兒所能賢，愚不是自個兒所能愚；貴不是自個兒所能貴，賤不是自個兒所能賤。事實是萬物一齊生一齊死，一齊賢一齊愚，一齊貴一齊賤。十年該死的也會死，百年該死的也會死。仁聖的也會死，凶愚的也會死。在生是堯舜，死了也成腐骨；在生是桀紂，死了也成腐骨。都是一樣的腐骨，誰知道有不同？所以且就追求在生的快活吧！那有空暇顧到死後？」

（四）楊朱曰：「伯夷非亡欲，矜清之郵❶，以放❷餓死。展季❸非亡情，矜貞之郵，❹以放寡宗❺。清貞之誤善❻之若此！」❼

【注　釋】❶郵　通「尤」。是甚、過的意思。與〈周穆王篇〉：「魯之君子迷之郵者。」同義。《孟子・萬章篇下》：孟子曰：『伯夷，目不視惡色，耳不聽惡聲。非其君不事，非其民不使。治則進，亂則退。……伯夷，聖之清者也。」❷放　至。殷敬順《釋文》：「《公羊傳》曰：『放死不立』，劉兆《注》曰：『放，至也』。」❸展季　即展禽、柳下惠。《莊子・盜跖篇》作「柳下季」。季或是以排行為字。❹展季非亡情二句　《孟子・萬章篇下》：「柳下惠不羞汙君，不辭小官。進不隱賢，必以其道。遺佚而不怨，阨窮而不憫，與鄉人處，由由然不忍去也。『爾為爾，我為我，雖袒裼裸裎於我側，爾焉能浼我哉。』」後世遂傳柳下惠為坐懷不亂的君子。❺寡宗　少宗支，即少子孫。柳下惠因不二色而少子孫，先秦未聞此說。❻善　指不餓死而保生命和多妻妾而多子孫。❼這是個人主義的觀點，完全異乎傳統的道德標準。

【語　譯】楊朱說：「伯夷並非沒有欲望，是矜持清高太過分了，以致餓死。展季並非沒有情愛，是矜持貞節太過分了，以致少子孫。清高和貞節竟然如此的誤了善事。」

（五）楊朱曰：「原憲❶窶❷於魯❸，子貢殖於衛❹。原憲之窶損生，子貢之殖累身。」「然則窶亦不可，殖亦不可，其可焉在？」曰：「可在樂生，可在逸身。故善樂生者不窶，善逸身者不殖。❺」

【注　釋】❶原憲　魯人。孔子弟子，姓原，名憲，字思。❷窶　通「寠」。貧窮。楊伯峻：「窶，當從「宀」作「寠」。《說文》、《玉篇》、《廣韻》……皆作「寠」，不作「窶」……疑作「窶」者皆唐以後人所改。……《詩經・北門篇》：「終窶且貧。」《爾雅》：「窶，貧也。」……諸「窶」字皆當作「寠」。」按字書除《爾雅・釋言篇》，有「窶」字者尚有《釋名》，而經傳（《詩》、《禮記》）諸子（《莊子》、《荀子》）皆有「窶」字，實沒有理由懷疑先秦沒有「窶」字，《說文》不收而先秦已有的字，比比皆是。宀與穴因形似而有互用之例，如窒假借為室，窔又別作宎。❸原憲窶於魯　《莊子・讓王篇》：「原憲居魯，環堵之室，茨以生草；蓬戶不完，桑以為樞；而甕牖二室，褐以為塞；上漏下溼，匡坐而弦。」❹子貢殖於衛　《史記・仲尼弟子列傳》：「子貢相衛，而結駟連騎。」《貨殖列傳》：「仕於衛，廢著（發貯、賣和買）鬻財於曹魯之間。」殖是生財，指經商致富。關於原憲貧子貢富的記載，除以上資料外，又見於《韓詩外傳》卷一、《新序・節士篇》。❺可在樂生四句　張《注》：「不勞心以營貨財也。」

【語　譯】楊朱說：「原憲居魯國很貧窮，子貢在衛國生財致富。原憲貧窮損害生命，子貢生財勞累身體。」（設問：）「那麼貧窮也不可以，生財也不可以，可以的在那裏呢？」楊朱說：「可以在於有快樂的生命，可以在於有安逸的身體。所以善於使生命快樂的人不貧窮，善於使身體安逸的人不生財。」

（六）楊朱曰：「古語有之：『生相憐，死相捐。』此語至矣。相憐之道，非唯情也；勤能使逸，飢能使飽，寒能使溫，窮能使達也。相捐之道，非不相哀也；不含珠玉❶，不服文錦❷，不陳犧牲，不設明器也。❸」❹

【注釋】❶不含珠玉　古代貴族死亡，口中含有明珠或小璧玉以殉葬。古人以為含珠玉可以保存屍體，以免腐爛。❷不服文錦　文錦是織有文采的帛，這裏指死人的衣衾，衣是衣裳，衾是斂屍的單被。《禮記・喪大記篇》：「小斂……君錦衾，大夫縞衾，士緇衾，皆一，衣十有九稱（衣裳各一叫稱）……大斂……君百稱……大夫五十稱……士三十稱。」❸不含珠玉四句　殉葬所用的器物，因是神明之物，所以叫明器。以上不主張含玉服錦的思想漢人已有之，前漢楊王孫說：「裹以幣帛，隔以棺槨，支體絡束，口含玉石，欲化不得，鬱為枯腊……」（《漢書》本傳）後漢梁商說：「衣衾飯唅玉匣珠貝之屬，何益朽骨？」（《後漢書》本傳）❹盧《解》說：「相憐在於贍濟乎生，相捐在於無累乎形。」這是本章主旨，與《莊子》「以日月為連璧，星辰為珠璣」（〈列禦寇篇〉）的思想不同。

【語　譯】楊朱說：「古代有句話：『生時就相憐惜，死後就相捐棄。』這句話很對呀！相憐惜的方法，並不只是用情愛；而是要從勤勞中能得到安逸，從飢餓中能夠去吃飽，從寒冷中能得溫暖，從貧窮中能得到通達。相捐棄的方法，並不是不相悲哀；而是對死者口不含珠玉，體不穿文錦，不列犧牲祭祀，不設明器殉葬。」

（七）❶晏平仲問養生於管夷吾。管夷吾曰：「肆之而已，勿壅勿閼❷。」晏平仲曰：「其目奈何？」夷吾曰：「恣耳之所欲聽，恣目之所欲視，恣鼻之所欲向，恣口之所欲言，恣體之所欲安，恣意之所欲行。夫耳之所欲聞者音聲，而不得聽，謂之閼聰；目之所欲見者美色，而不得視，謂之閼明；鼻之所欲向者椒蘭，而不得嗅，謂之閼顫❸；口之所欲道者是非，而不得言，謂之閼智；體之所欲安者美厚，而不得從，謂之閼適；意之所欲為者放逸，而不得行，謂之閼性。凡此諸閼，廢虐❹之主。❺去廢虐之主，熙熙然以俟死，一日、一月、一年、十年，吾所謂養。拘此廢虐之主，錄❻而不舍，戚戚然以至久生，百年、千年、萬年，非吾所謂養。」

管夷吾曰：「吾既告子養生矣，送死奈何？」晏平仲曰：「送死略矣，將何以告焉？」管夷吾曰：「吾固欲聞之。」平仲曰：「既死，豈在我哉？焚之亦可，沈之亦可，瘞之亦可，露之亦可，衣薪而棄諸溝壑亦可，衮衣繡裳❼而納諸石椁❽亦可，唯所遇焉。」管夷吾顧謂鮑叔黃子❾曰：「生死之道，吾二人進之矣。❿」

【注釋】❶本章係虛構故事，管仲與晏嬰不同時。南宋葉大慶說：「以《史記・秦紀》及《穀梁傳》參考之：秦繆魯僖之十二年，已言管仲死，平仲雖莫究其始，然《史記》載嬰死于夾谷之歲，則是魯定公十年也，自仲之死至是已百五十年，使其問答仲當垂死之歲，嬰方弱冠之時，嬰有百七十之壽矣，以此知其不然也。又《史記・管晏列傳》云：『仲卒，齊遵其政，後百餘年有晏子焉。』然則二子非同時，而《列子》之寓言明矣。」（《考古質疑》卷三）❷閼　通「遏」。與壅同義。❸顫　鼻子靈通叫顫。《莊子・外物篇》：「鼻徹為顫。」❹廢虐　毀殘；摧殘。❺恣耳之所欲聽二十六句　《莊子・外物篇》：「目徹為明，耳徹為聰，鼻徹為顫，口徹為甘，心徹為知，知徹為德，凡道不欲壅，壅則哽，哽而不止則跈，跈則眾害生。」與上文相近。❻錄　採錄。《周禮・天官・職幣篇》：「皆辨其物，而奠其錄。」孫詒讓《正義》：「凡財物之名數，具於簿籍，故通謂之錄。」將財物記錄於簿籍上，即擁有該物的意思，與下文「舍」相對。楊伯峻引《荀子・修身篇》楊倞《注》作：「錄，檢束也。」意思較差，且與上文的「拘」字意義相重。❼衮衣繡裳　繡捲龍的衣裳。衮，通「卷」（捲）。是繡卷曲的龍文，為天子上公的禮服。❽椁　外棺，又作「槨」。古代貴族埋葬，內棺外椁常有多重。《墨子・節葬篇》：「王公大人有喪者，曰棺椁必重。」孫詒讓《閒詁》引《禮記・檀弓篇上》：「『天子之棺四重……柏椁以端長六尺。』鄭《注》：『諸公三重，諸侯再重，大夫一重，士不重。』」按後世恐怕不止此數，近長沙馬王堆漢墓，死者只是長沙王的相侯——利倉的妻子，有三椁三棺共六層，皆木製。石棺則最稀有。❾黃子　未詳。林希逸《口義》：「黃子，恐亦寓言。」但全章所引晏嬰、管仲、鮑叔三人並非寓言人物。疑「黃」是「高」的訛字。高子（齊卿）與三人同見於〈力命篇〉三章。❿生死之道二句　管夷吾知養生之道，晏平仲知送死之道。進，通「盡」。

【語　譯】晏平仲向管夷吾問養生的方法。管夷吾說：「放肆生命而已，不要壅塞它！」晏平仲說：「有那些條目呢？」夷吾說：「任隨耳朵所要聽的，任隨眼睛所要看的，任隨鼻子所要嗅的，任隨嘴巴所要說的，任隨身體所要安的，任隨心意所要做的。耳朵所要聽的是音樂，卻聽不到，這叫壅塞聽覺；眼睛所要看的是美色，卻看不到，這叫壅塞視覺；鼻子所要嗅的是椒蘭，卻嗅不到，這叫壅塞嗅覺；嘴巴所要說的是是非，卻不能說，這叫壅塞智慧；身體所要安的是美（食）厚（衣），卻不能有，這叫壅塞舒適；心意所要的是放逸，卻不能行，這叫壅塞本性。所有這許多壅塞，乃是摧殘生命的禍首。能拋棄摧殘生命的禍首，而歡樂的生活以等到死，過一日、一年、十年，這就是我所說的養生方法。拘留這摧殘生命的禍首，擁有而不捨棄，憂慮的生活以至於久生不死，過百年、千年、萬年，這並不是我所說的養生方法。」

　管夷吾說：「我已經告訴你養生的方法了，那麼要怎樣送死呢？」晏平仲說：「送死要簡單多了，要告訴你什麼呢？」管夷吾說：「我一定要聽聽！」平仲說：「既然已經死了，怎能由得自己呢？火燒也可以，沈水也可以，土埋也可以，暴屍也可以，或穿著草衣拋棄在溝壑也可以，或穿著繡捲龍的王公衣裳裝在石棺中也可以，就看死者的遭遇了。」管夷吾回頭向鮑叔、黃子說：「養生和送死的道理，（我和晏平仲）兩人完全了解了。」

（八）❶子產相鄭，專國之政；三年，善者服其化，惡者畏其禁，鄭國以治；諸侯憚之。而有兄曰公孫朝，有弟曰公孫穆。朝好酒，穆好色。朝之室也聚酒千鍾❷，積麴❸成封，望❹門百步，糟漿❺之氣逆於人鼻。方其荒於酒也，不知世道之安危，人理之悔吝❻，室內之有亡，九族❼之親疏，存亡之哀樂也。雖水火兵刃交於前，弗知也。穆之後庭比房數十，皆擇稚齒婑媠❽者以盈之。方其耽❾於色也，屏親暱，絕交遊，逃❿於後庭，以晝足⓫夜；三月一出，意猶未愜。鄉有處子之娥姣者，必賄而招之，媒而挑之，弗獲而後已⓬。子產日夜以為戚，密造鄧析而謀之，曰：「僑聞『治身以及家，治家以及國』，⓭此言自於近至於遠也。僑為國則治矣，而家則亂矣。其道逆邪？將奚方以救二子？子其詔之！」鄧析曰：「吾怪之久矣，未敢先言。子奚不時其治也，喻以性命之重，誘以禮義之尊乎？」子產用鄧析之言，因間⓮以謁其兄弟，而告之曰：「人之所以貴於禽獸者，智慮。智慮之所將⓯者，禮義。禮義成，則名位至矣。若觸情而動，耽於嗜慾，則性命危矣。子納僑之言，則朝自悔而夕食祿⑯矣。」朝穆曰：「吾知之久矣，擇之亦久矣，豈待若言而後識之哉？凡生之難遇而死之易及，以難遇之生，俟易及之死，可孰念哉？而欲尊禮義以夸人，矯情性以招名，吾以此為弗若死矣。為欲盡一生之歡，窮當年之樂。唯患腹溢而不得恣口之飲，力憊而不得肆情於色；不遑憂名聲之醜，性命之危也。且若以治國之能夸物，欲以說辭亂我之心，榮祿喜我之意，不亦鄙而可憐哉？我又欲與若別⑰之。夫善治外⑱者，物未必治，而身交苦；善治內者，物未必亂，而性交逸。以若之治外，其法可暫行於一國，未合於人心；以我之治內，可推之於天下，君臣之道息矣。吾常以此術而喻之⑲，若反以彼術而教我哉？」子產忙⑳然無以應之，他日以告鄧析。鄧析曰：「子與真人㉑居而不知也，孰謂子智者乎？鄭國之治偶耳，非子之功也。」

【注釋】❶本章也是虛構，公孫僑子產的所謂兄弟公孫朝、公孫穆古籍未見。就結構言：有些類似《莊子・盜跖篇》的首章，柳下惠弟弟柳下跖為「盜」，孔子要去說服他，結果反而被教訓而歸。❷千鍾　比喻酒很多。

鍾，是容量名，為六斛四斗。一斛為十斗，一斗約今二公升許。❸麴　酒母，即酒麴，是用米或麥蒸熟醱酵，其中的麴菌（囊子菌）含有酵素，能變澱粉為葡萄糖，故可釀酒。❹望　楊伯峻：「《廣雅・釋詁》云：『望，至也。』」❺糟漿　酒糟和酒。糟是釀酒的滓。❻悔吝　悔吝一詞，本是悔恨的意思，但就上下文看，兩字應有不同，現依高亨《周易古經通說》解為：悔是困厄，吝是艱難。❼九族　自己和上自高祖，下至玄孫的直系血親。但另有他說。❽娃嫷　美好的樣子，是疊韻聯緜字，歌部。《方言》卷二：「娃、嫷、窕、豔，美也。」嫷，通「嫷」。❾眈　北宋本、世德堂本作「眲」，「眲」是「眈」的假借字。❿逃　隱匿。《荀子・榮辱篇》：「陶誕突盜」，楊《注》：「陶，當為逃，逃，隱匿其情也。」⓫足　《釋文》：「足，益也。」是加接的意思。⓬弗獲而後已　有三說：一、林希逸《口義》：「言百計營求至不得而後已。」這是字面的意思。二、楊伯峻：「『弗』字疑衍，或者為『必』字之誤。」三、于鬯：「弗，語辭。弗獲，獲也，猶『無寧，寧也。』」暫從後說。⓭治身以及家二句　似引用《禮記・大學篇》：「身修而后家齊，家齊而后國治」的思想。⓮間　通「閒」。空閒。⓯將　秉承。⓰朝自悔而夕食祿　比喻很快就可以做官。⓱別　張《注》：「別之猶辨也。」⓲外　外務，指憂心國事。下面的內，是指自己歡樂。⓳喻之　楊伯峻：「『喻之』當作『喻若』。本作『吾常欲以此術而喻若，若反以彼術而教我哉！』『若』字重疊，古人於重疊處輒省其下文，而畫二筆以識之。鈔者不察，以二筆誤作之，『若若』遂訛作『若之』。」⓴忙　通「茫」。《釋文》：「茫然，茫音忙。」按《釋文》茫，本應為茫，古無茫字，是涉「音忙」而誤。《仲尼篇》：「子貢茫然自失。」㉑真人　指公孫朝、公孫穆二人。《莊子・大宗師篇》說真人是「其食不甘」，與二人不同。

【語　譯】子產為鄭國相，專斷國政；三年中，使善良的服從他的教化，凶惡的畏懼他的禁令，鄭國因此平治；諸侯各國怕他。而子產有個哥哥叫公孫朝，有個弟弟叫公孫穆。朝愛好喝酒，穆愛好女色。朝的家裏存聚美酒千鍾，堆積酒麴像土堆，走到離門百步遠的地方，人鼻就可以聞到迎來的酒糟和酒氣味。他正迷惑於酒的時候，不知道社會的安或危，人事的困厄或艱難，家裏財物的有或無，九族的親或疏，生死的哀或樂。即使水火刀刃相圍在他的前面，也不知道。穆的後庭相接的房屋數十間，都選擇年輕的美女，滿住在裏頭。他正沈溺在女色時，摒棄親近的人，斷絕交遊，而隱藏在後庭，從白天接到晚上；三個月才出來一次，還覺不滿意。在鄉里中有美好的女子，一定用錢招買她，或用媒人引誘她，一定要獲得才罷休。子產日夜（為兄弟好酒色）而憂慮，暗地去找鄧析商量，說：「我聽過：『能治理自身而推廣到家族，治理家族而推廣到諸侯國。』這句話是說從近的要推廣到遠的。我治理國家使國家平治，可是家族卻紊亂了。是道理不通嗎？要以什麼方法來救兩人？你就告訴我吧！」鄧析說：「我很久就以為奇怪，只不敢先說。你為什麼不時時管教，來比喻性命的重要，來誘導禮義的尊貴？」子產依鄧析的話，就偷空來見他的兄弟，而告訴他們說：「人之所以比禽獸尊貴，是有智慮。智慮所秉承的是禮義。禮義有成就，名位就會來到。若是接觸情感而衝動，沈溺於嗜好慾望，那麼性命就危險了。你倆聽我的話，早上悔改過來，晚上就可以得到俸祿了。」朝、穆兩人說：「我兩人知道已經很久了，選擇也已經很久了。那裏要等你來說而後我才認識呢？一切生命是難得的，而死亡是易到的，以難得的生命，而達到易到的死亡關頭，可以深思熟念嗎？而你要求尊禮義以誇耀別人，偽裝情性來招引虛名，我以為這樣還不如死來得好。為了要盡一生的歡喜，窮當生的快樂。所怕的只是：肚子滿了而不能放肆口慾，力量倦了而不能放肆色情；沒有空去憂慮名聲的不好，或性命的危險。而且你以治理國家的能力來誇耀於外物，要以言辭來紊亂我的心願，以榮祿來討好我的心意，這不是卑鄙而又可笑的事嗎？我又要分辨給你聽！善於治理外務的，事物未必能理好，而身體卻極為痛苦；善於治理內務的，事物未必就會理壞，而心性卻極為舒適。所以以你來治理外務，你的方法只可暫時通行一國，不能合於民心；以我治理內務的方法，即可以推行於天下，而君臣統治的方法就會消失。我常要以這個方法明告你，而你反而要以你那個方法來教我！」子產茫然而不能答覆，過了幾天來告訴鄧析。鄧析說：「你與真人同居而不知道，誰說你是聰明的人呢？鄭國的平治是偶然的，而不是你的功勞呀！」

（九）衛端木叔❶者，子貢之世❷也。藉其先貲，家累萬金。不治世故，放意所好。其生民❸之所欲為，人意之所欲玩者，無不為也，無不玩也。牆屋臺榭，園囿池沼，飲食車服，聲樂嬪御，擬齊楚之君焉。至其情所欲好，耳所欲聽，目所欲視，口所欲嘗，雖殊方偏國，非齊土❹之所產育者，無不必致之❺；猶藩牆❻之物也。及其游也，雖山川阻險，塗逕修遠，無不必之；猶人之行咫步也。賓客在庭者日百住❼，庖廚之下，不絕煙火；堂廡❽之上，不絕聲樂。奉養之餘，先散之宗族；宗族之餘，次散之邑里；邑里之餘，乃散之一國。行年六十，氣幹將衰，棄其家事，都散其庫藏珍寶車服妾媵❾。一年之中盡焉，不為子孫留財。及其病也，無藥石之儲；及其死也，無瘞埋之資。一國之人❿受其施者，相與賦而藏之⓫，反其子孫之財焉。禽骨釐⓬聞之，曰：「端木叔，狂人也，辱其祖矣。」段干生⓭聞之，曰：「端木叔，達人也，德過其祖矣。其所行也，其所為也，眾意所驚，而誠理所取。衛之君子多以禮教自持，固未足以得此人之心也。」

【注釋】❶端木叔　虛構的人物，偽託為端木賜的後世子孫。❷世　指後世。林希逸：「謂後世子孫也。」楊伯峻：「〈秦策〉：『澤可以遺世。』注云：『世，後世也。』〈晉語〉：『非德不及世。』注云：『世，嗣也。』『子貢之世』謂子貢之後，下云：『藉其先貲』，謂藉子貢之貲，以子貢善貨殖故也。」❸其生民　生民是人民。「其生民」欠通，疑「其」為衍文。❹齊土　中土，即中國。❺無不必致之　俞樾：「下文云：『雖山川阻險，途逕修遠，無不必之。』則此文當云：『無不必致』，誤衍『之』字。」嚴靈峰則不改此句，而於「無不必之」的「之」上加「至」字。❻藩牆　泛指牆內。藩是籬笆。❼住　俞樾：「『住』當為『數』，聲之誤也。〈黃帝篇〉：『漚鳥之至者百住而不止』，張《注》：『住，當作數』，是其證矣。」❽堂廡　殿堂和四周的廊屋。❾妾媵　泛指妾婦。媵是陪嫁的妾。古代貴族嫁女，把自己（或宗族）的妹妹或姪女陪嫁為妾。地位低賤，視同貨物，所以被買賣或贈與。❿人　王重民：「《御覽》四九三引『之』下無『人』字。」⓫賦而藏之　俞樾：

「賦者，計口出錢也。《周官・大宰職》鄭《注》曰：『賦，口率出泉也。』《漢書・食貨志》師古《注》曰：「賦謂計口發財。」是其義矣。藏猶言葬也。《禮記・檀弓篇》：「葬也者，藏也。」故葬與藏得相通。」⓬禽骨釐（〈湯問篇〉骨作滑，音骨）是墨子弟子，墨家尚儉、重利，所以反對端木叔。⓭段干生　疑是段干木，《史記・儒林列傳》：「子夏居西河，子貢終於齊，如田子方、段干木、吳起、禽滑釐之屬，皆受業於子夏之倫，為王者師。」段干木與禽滑釐曾同門過，是個不仕的高士，〈魏世家〉說：「文侯……客段干木，過其閭，未嘗不軾（軾是車前橫木，用手撫軾行禮）。」也許是編者利用他是反禮教的人物，而來贊成端木叔的行為。段干木事又見《呂氏春秋・察賢篇》、《高士傳》等。段干是魏國邑名，據《史記・老子韓非列傳》說：「老子之子名宗，為魏將，封於段干。」遂以段干為氏，則段干木或段干生，也許被涉為老子的子孫，一如禽骨釐是墨子的弟子。

【語　譯】衛國的端木叔，是子貢後世子孫。靠著他先人的財物，使家財累積萬金。但他不理生計，放肆所好。人民所想要做的，人民所想要玩的，他無不去做了，無不去玩了。他所擁有的牆、屋、臺、榭，園、囿、池、沼，飲、食、車服，和音樂、侍女，都與齊、楚大國國君相比擬。至於他情欲所喜好的，耳朵所要聽的，眼睛所要看的，嘴巴所要嘗的，即使在不同的地方、偏遠的國家，不是中國所生產的，也無不去羅致；就好像自己牆內的東西一樣方便。至於他的遊玩，即使山川險阻，路途長遠，也無不到達；就像一般人走幾寸路一樣近。賓客在庭院的一天以百數，廚房下面有不絕的煙火；堂廡上面有不絕的音樂。在供養自己生活而多餘的東西，先分給同宗族的；宗族有多餘的，再次分給同鄉里的；同鄉里有多餘的，才分給全國。年紀到了六十，力氣身軀將衰弱，就拋棄家事，把他的庫藏、珍寶、車服、妾婦都分散給別人。一年中就分完了，不為子孫留下財產。到他生病時，沒有藥石的儲蓄，可供醫治；到他死亡時，沒有費用可以埋葬。全國人接受他施捨過的人，就相互出錢收埋他，把接受的財物退還給端木叔的子孫。禽骨釐聽了說道：「端木叔，是個狂妄的人呀！使他的祖先受辱。」段干生聽了也說道：「端木叔，是個達觀的人呀！德行超過他的祖先。他所做的，他所為的，雖為眾人所驚奇，但確為道理所允許。衛國的統治者大多自己矜持禮教，本來就不能夠了解這個人（端木叔）的心。」

（一〇）孟孫陽❶問楊朱曰：「有人於此，貴生愛身，以蘄❷不死，可乎？」曰：「理無不死。」「以蘄久生❸，可乎？」曰：「理無久生。生非貴之所能存，身非愛之所能厚。且久生奚為？五情❹好惡，古猶今也；四體安危，古猶今也；世事苦樂，古猶今也；變易治亂，古猶今也。既聞之矣，既見之矣，既更之矣，百年猶厭其多，況久生之苦也乎？❺」孟孫陽曰：「若然，速亡愈於久生；則踐鋒刃，入湯火，❻得所志矣。」楊子曰：「不然。既生，則廢而任之❼，究其所欲，以俟於死；將死，則廢而任之，究其所之，以放於盡。無不廢，無不任。何遽❽遲速於其間乎？」

【注釋】❶孟孫陽　據〈說符篇〉稱：是楊朱的弟子。❷蘄　求。通「祈」字。❸久生　常生；常壽。❹五情　耳、目、鼻、口、肌之情。又見〈黃帝篇〉。❺五情好惡十三句　是說人體的感受、人間的動態，古今都一樣，現在人生百年所見聞經歷的已經足夠，又何必常生受苦呢？因為未來的也同現在一樣。❻踐鋒刃二句　鋒刃，喻尖刀。鋒是刀尖，刃是刀口。湯火是熱水和烈火。古代有用鼎鑊煮水再把人放進以及用火燒的酷刑。❼廢而任之　林希逸：「廢，無心也。廢吾心思而聽其自然，故曰廢而任之。」所謂心思，是費心思慮的意思。❽何遽　通「何詎」。為何。

【語譯】孟孫陽問楊朱說：「有人尊貴生命愛護身體，以求不死，可以嗎？」楊朱答：「沒有不死之理。」問：「那麼求久生可以嗎？」楊朱答：「沒有久生之理。生命不是尊貴它就能夠存在，身體不是愛護它就能夠保重。而且久生要做什麼？人體五情的好惡，古代與現在一樣；四肢的安危，古代與現在一樣；人間世事的苦樂，古代與現在一樣；變遷的治亂，古代與現在一樣。（對人間的世事、變遷）既然聽過了，既然見過了，既然經歷了，人生（最多）百年，還嫌太多，何況久生的痛苦呢？」孟孫陽說：「若是這樣，快死不是勝過久生嗎？那麼，踏尖刀，入湯火，就可以得到快死的願望了。」楊子說：「不然。既然生了，就要廢棄心思，任從自然，窮盡身體的欲望，以等待死亡；將要死時，就要廢棄心思，任從自然，窮盡身體的所為，以至於終盡。能這樣，就必會廢棄心思了，必會任從自然了。那麼在人生當中，為何要慢死或快死呢？」

（一一）楊朱曰：「伯成子高不以一毫利物，舍國而隱耕。❶大禹不以一身自利，一體偏枯。❷古之人損一毫利天下不與也，悉天下奉一身不取也。人人不損一毫，人人不利天下，天下治矣。❸」禽子❹問楊朱曰：「去子體之一毛以濟一世，汝為之乎？」楊子曰：「世固非一毛之所濟。」禽子曰：「假濟，為之乎？」楊子弗應。

禽子出語孟孫陽。孟孫陽曰：「子不達夫子之心，吾請言之。有侵若肌膚獲萬金者，若為之乎？」曰：「為之。」孟孫陽曰：「有斷若一節❺得一國，子為之乎？」禽子默然有閒。孟孫陽曰：「一毛微於肌膚，肌膚微於一節，省矣。然則積一毛以成肌膚，積肌膚以成一節。一毛固一體萬分中之一物，柰何輕之乎？❻」禽子曰：「吾不能所以答子。然則以子之言問老聃關尹，則子言當矣；以吾言問大禹墨翟❼，則吾言當矣。」孟孫陽因顧與其徒說他事。❽

【注釋】❶伯成子高不以一毫利物二句　伯成子高是傳說中夏禹時的隱士，伯成是姓，子高是字，或高是名。《莊子・天地篇》：「堯治天下，伯成子高立為諸侯。堯授舜，舜授禹，伯成子高辭為諸侯而耕。禹往見之，則耕在野。禹趨就下風，立而問焉，曰：『昔堯治天下，吾子立為諸侯。堯授舜，舜授予，而吾子辭為諸侯而耕，敢問，其故何也？』子高曰：『昔堯治天下，不賞而民勸，不罰而民畏。今子賞罰而民且不仁，德自此衰，刑自此立，後世之亂自此始矣。夫子闔行邪？无落吾事！』俋俋乎耕而不顧。」《莊子》文是託伯成子高來說明古代樸素的社會，沒有政治壓迫，而對世襲的政治加以抨擊。《列子》文借義又有不同。❷大禹不以一身自利二句　禹是傳說中為人民治水而刻苦耐勞的英雄，但終於手足癱瘓，不良於行。在此，楊朱譏他利物而害己。《尸子・君治篇》：「禹於是疏河決江，十年未闞（闚）其家，手不爪，脛不毛，生偏枯之疾，步不相過人，曰禹步。」《莊子・盜跖篇》：「禹偏枯。」偏是㾫的通假字，《說文》：「㾫，半枯也。」偏枯是半身不遂，肢體癱瘓的意思。一體，指身體的手或足等肢節。《孟子・公孫丑篇上》：「子夏、子游、子張，皆有聖人之一體。」趙《注》：「一體者，得一肢也。」按一體與偏枯皆指手足。❸古之人損一毫利天下不與也五句　讚譽伯成子高，宋洪邁《容齋續筆》卷一四引「不利」上無「人人」兩字。❹禽子　禽骨釐，早於楊朱，兩人似不同時。禽骨釐在《墨子》書中又叫禽子，或子禽子，是墨翟最著名的弟子。❺節　是關節，指手或足的一段。❻一毛微於肌膚七句　比喻一毛雖是微小，但也是構成自己身體的基本成分，以身上之物，去換取任何身外之物，對楊朱來說，是不可能的。❼大禹墨翟　墨家標榜大禹為天下勞苦的犧牲精神。《莊子・天下篇》說：「不能如此（日夜不休自苦為極）非禹之道也，不足謂墨。」《淮南子・要略》說：「墨子……背周道而用夏（禹）政。」「以吾言問」「吾」下依文例，疑脫「之」字。❽本章對答並不強烈有力的反映楊朱的觀點。末句，林希逸說：「蓋謂大禹墨翟，我師所不為，而汝如此比並言之，可乎？」是說他不願回答，然而也可說他無話可答，如齊宣王顧左右而言他一樣。

【語譯】楊朱說：「伯成子高不以自己的一毛來利他物，辭棄國君之位而隱居耕田。大禹不以自己的身體來利自己，所以（為天下）而使肢體癱瘓。古代的人即使損失自己一根毛而有利天下也是不給的，即使奉給我整個的天下也是不取的。人人能不損失一根毛，也能不求有利天下，天下就平治了。」禽子問楊朱：「拔去你的一根毛來救濟天下，你要做嗎？」楊子說：「人世間本來就不是一根毛所能救濟的。」禽子說：「假使能救濟，要做嗎？」楊子沒有回答。

禽子出去告訴孟孫陽。孟孫陽說：「你不了解夫子（孟孫陽為楊子的弟子）的心，讓我來說吧：傷害你的皮膚而能得萬金，你要嗎？」答：「要。」孟孫陽說：「折斷你一段關節而能得一國，你要嗎？」禽子沈默片刻。孟孫陽說：「一根毛比皮肉微小，皮肉又比一段關節微小，這是很清楚的。可是累積一根毛可以成皮膚，累積皮肉可以成一段關節。一根毛固然是肢體的萬分之一，但為何你要看輕它呢？」禽子說：「我不能答覆你。可是以你的話去問老聃、關尹，那麼你的話就對了；以我的話去問大禹、墨翟，那麼我的話就對了。」孟孫陽於是轉頭和他的弟子說其他的事。

（一二）楊朱曰：「天下之美歸之舜禹周孔，天下之惡歸之桀紂。❶然而舜耕於河陽，陶於雷澤，❷四體不得暫安，口腹不得美厚；父母之所不愛❸，弟妹之所不親❹。行年三十，不告而娶❺。及受堯之禪，年已長⑥，智已衰。商鈞⑦不才，禪位於禹，戚戚然以至於死⑧：此天人之窮毒者也。鯀治水土，績用不就，殛諸羽山。⑨禹纂業事讎⑩，惟荒⑪土功，子產不字⑫，過門不入⑬；身體偏枯，手足胼胝。及受舜禪，卑宮室，美紱冕，⑭戚戚然以至於死：此天人之憂苦者也。武王既終，成王幼弱，周公攝天子之政。邵公不悅，四國流言。居東三年，誅兄放弟，僅免其身，戚戚然以至於死：⑮此天人之危懼者也。孔子明帝王之道，應時君之聘，伐樹於宋⑯，削迹於衛⑰，窮於商周⑱，圍於陳蔡，⑲受屈於季氏⑳，見辱於陽虎㉑，戚戚然以至於死：此天民之遑遽者也。凡彼四聖者，生無一日之歡，死有萬世之名。名者，固非實之所取也。雖稱之弗知，雖賞之不知，與株塊無以異矣。桀藉累世之資，居南面之尊，智足以距群下，威足以震海內；恣耳目之所娛，窮意慮之所為，熙熙然以至於死：此天民之逸蕩者也。紂亦藉累世之資，居南面之尊；威無不行，志無不從；肆情於傾宮，縱欲於長夜；㉒不以禮義自苦，熙熙然以至於誅：此天民之放縱者也。彼二凶也，生有從欲之歡，死被愚暴之名。實者，固非名之所與也。雖毀之不知，雖稱㉓之弗知，此與株塊奚以異矣。彼四聖雖美之所歸，苦以至終，同歸於死矣。彼二凶雖惡之所歸，樂以至終，亦同歸於死矣。」㉔

【注釋】❶天下之美歸之舜禹周孔二句 唐劉知幾《史通・疑古篇》：「美者，因其美而美之，雖有其惡，不加毀也；惡者，因其惡而惡之，雖有其美，不加譽也。故孟子曰：『堯舜不勝其美，桀紂不勝其惡。』（按《孟子》逸文，今見《風俗通・正始篇》。）」❷舜耕於河陽二句 舜耕田、打漁、製陶的故事，詳見於《韓非子・說難篇》：「歷山之農侵畔，舜往耕焉，朞期年，甽畝正。河濱之漁者爭坻（水中高地），舜往漁焉，朞年，而讓長。東夷之陶者器苦窳，舜往陶焉，朞年而器牢。」其他詳略不一的記載又見於《管子・版法解篇》、《墨子・尚賢篇中》、《呂氏春秋・慎人篇》、《尚書大傳》卷一、《淮南子・原道》、《史記・五帝本紀》、《新序・雜事篇》卷一、《說苑・反質篇》、《抱朴子・祛惑篇》、《金樓子・興王篇》等書，大抵諸書都說：耕於歷山，陶於河濱，漁於雷澤。歷山，鄭玄說：「河東。」即今山西永濟東南，疑「河陽」（河南孟縣）係「河東」之誤。雷澤，是一條水，也在山西永濟南，源出雷首山，西南流入黃河，是可以打漁的水澤（非山東濮縣的雷澤）。《呂覽》作「釣於雷澤」，疑「陶」字係「漁」或「釣」字之誤。陶是指陶器，暫從原文不改。崔述《唐虞考信錄》卷一說：「此皆後人追美舜德之詞，不必實有其事。舜尚不能化象之傲，歷山、雷澤之人，豈皆賢而無不肖哉！」❸父母之所不愛 《史記・五帝本紀》：「虞舜者……父瞽叟盲，而舜母死，瞽叟更娶妻而生象，象傲，瞽叟愛後妻子，常欲殺舜，舜避逃，及有小過則受罪，順事父及後母與弟，日以篤謹，匪有解。」崔述《考信錄》：「《史記》此文采之書（《尚書・堯典篇》及《孟子》〈萬章篇上〉），而……皆未言為後母，則《史記》因但其失愛，故憶之耳。」❹弟妹之所不親　弟指象。妹，先秦古籍未見。《漢書・古今人表》：「敤手，舜妹。」《說文》作「敤首」。于鬯：「據此，則敤手亦黨象而不親舜，而《列女》（傳）有〈虞二妃傳〉云：『瞽瞍與象謀殺舜，舜之女弟繫（「繫」為「敤手」合文之誤）憐之，與二嫂諧。』則其說相反。」❺不告而娶　《史記・五帝本紀》：「舜年二十以孝聞，三十而帝堯問可用者，四嶽（四方諸侯之長）咸薦虞舜曰：『可』，於是堯乃以二女（《列女傳》稱娥皇與女英）。」《孟子・萬章篇上》：「萬章問曰：『……舜之不告（父母）而娶，何也？』孟子曰：『告則不得娶（父母反對），男女居室，人之大倫也；如告，則廢人之大倫，以懟（怨）父母。是以不告也。』」❻年已長　《史記・五帝本紀》：「舜年二十以孝聞，年三十堯舉之，年五十攝行天子事，年五十八堯崩，年六十一代堯踐帝位。」❼商鈞　舜子，一作「商均」。❽以至於死　《史記》說踐帝位三十九年而死，年一百歲。《尚書・堯典篇》則說在位五十年，計年一百十二歲。事實古史人物的年代絲毫不足信。❾鮌治水土三句　鮌為禹父，鮌是鯀之別字。《尚書・堯典篇》：「（舜）殛鯀于羽山。」《史記・夏本紀》：「堯聽四嶽，用鯀治水，九年而水不息，功用不成，於是帝堯乃求人，更得舜，舜登用，攝行天子之政，巡狩行視鯀之治水無狀，乃殛鯀於羽山以死。天下皆以舜之誅為是。」殛是誅殺，大概是流放到羽山被殺而死去的。羽山有二說：一在今江蘇東海西北。一在今山東蓬萊東南。❿禹纂業事讐　〈夏本紀〉：「於是舜舉鯀子禹，而使續鯀之業。」讐，仇人。指殺禹父的舜。⓫荒　治。《詩經・周頌・天作篇》：「天作高山，大（太）王荒之。」朱熹《集傳》：「荒，治。」⓬子產不字　〈夏本紀〉：「禹曰：『予辛壬娶塗山（氏之女），癸甲生啟，予不子，以故能成水土功。』」說本《尚書・皐陶謨篇》。「字」假借為「慈」，是說沒有盡父責去慈愛兒子。《尚書》、《史記》作「子」亦可通。⓭過門不入　〈夏本紀〉：「禹傷先人父鯀功之不成受誅，乃勞身焦思，居外十三年，過家門不敢入。」⓮卑宮室二句　「卑」《釋文》作「蔽」，任大椿也以為「卑」與「蔽」相通（《列子釋文考異》）。陶光則以「蔽」易「美」，作「蔽宮室」。按陶說雖於句義為長，但《論語・泰伯篇》：「子曰：『禹吾無間然矣！菲飲食，而致孝乎鬼神。惡衣服，而致美乎黻冕。卑宮室而盡力乎溝洫。禹吾無間然矣。」」知「美」字不誤，孔子是以自己的觀點說禹的食、衣、室，都很簡陋，而對祭鬼神、祭服、治水卻能講求。但此處只強調禹一生憂苦，無關乎「美紱冕」。《史記．夏本紀》只說：「薄衣食，致孝于鬼神；卑宮室，致費於溝淢。」《說苑．反質篇》也只說「卑小宮室，損薄飲食」兩句，疑「美紱冕」三字，原作「薄飲（或『衣』）食」，語譯則據原文不改。紱，通「黻」、「韍」。是蔽膝。冕是冠。都是祭服。⓯武王既終九句　《史記．魯周公世家》：「周公恐天下聞武王崩而畔（叛），周公乃踐阼，代成王攝行政當國，管叔及其群弟流言於國曰：『周公將不利於成王。』周公乃告太公望、召公奭曰：『我之所以弗辟（不避位）而攝行政者，恐天下畔周，無以告我先王太王、王季、文王，三王之憂勞天下久矣。於今而后成，武王蚤終，成王少，將以成周，我所以為之若此。』於是卒相成王，而使其子伯禽代就封於魯。……管、蔡、武庚等果率淮夷而反，周公乃奉成王命，興師東伐，作〈大誥篇〉。遂誅管叔、殺武庚、放蔡叔，收殷餘民……二年而畢定。」周公姬旦是管叔姬鮮之弟，卻能攝政專權（《尚書》之〈大誥篇〉、〈康誥篇〉裏都自稱為王），分封己子，自然引起其他兄弟的反對，據《尚書．金縢篇》及鄭玄的《注》：當不利周公的輿論四起時，周公避言到東方（或稱東都之洛邑），成王便逮捕他的同黨，居二年，然上天降雷電大雨，懲罰周人，成王才把他迎回鎬京（這是神話），然後打平管、蔡。說與《史記》不同。邵，通「召」。召公是文王庶子（？）姬奭。《書．序》：「召公為（太）保，周公為（太）師，相成王為左右；召公不說（悅），周公作〈君奭〉。」可見召公確實也不滿。四國，指天下四方。《詩經．破斧篇》：「周公東征，四國是皇。」《毛傳》：「四國，管、蔡、商、奄也。」此非是，反叛的多達數十國。三年，《史記．周本紀》說討管蔡三年而畢。茲依〈金縢篇〉解為居住。兄指管叔，弟指蔡叔姬度。⓰伐樹於宋　《史記．孔子世家》：「是歲魯定公卒。孔子去曹適宋，與弟子習禮大樹下，宋司馬桓魋欲殺孔子，拔其樹，孔子去。」⓱削迹於衛　〈孔子世家〉：「孔子遂適衛，……衛靈公問孔子：『居魯得祿幾何？』對曰：『奉粟六萬。』衛人亦致粟六萬。居頃之，或譖孔子於衛靈公，靈公使公孫余假（四字為大夫名）一出一入（跟蹤），孔子恐獲罪焉，居十月去衛。」

削迹是限制行蹤的意思。⓲窮於商周　商即宋國，商紂亡，商遺民另立於宋國，這兒重指「伐樹於宋」。周，疑是重指「削迹於衛」，衛是周公封同母少弟康叔之國。商周古多連文。馬敘倫《莊子義證》：「此言商周者，如記言大夫不得造車馬，因車而及馬，因周而及商也。」另為一說。⓳伐樹於宋四句（又見於《莊子》〈天運篇〉、〈讓王篇〉及〈盜跖篇〉（略同）。）孔子在陳蔡之間被群眾包圍事，見〈力命篇〉一章注釋❺。⓴受屈於季氏《史記‧孔子世家》：「孔子年五十六，由大司寇行攝相事，……齊人聞而懼……於是選齊國中女子好者八十人，皆衣文衣而舞康樂、文馬三十駟，遺魯君。……季桓子微服往觀再三，將受。乃語魯君為周道游，往觀終日（勸君遍遊道路，而引觀女樂），怠於政事。……孔子遂行。」季氏指桓子，是魯國的權臣。㉑見辱於陽虎〈孔子世家〉：「孔子母死，……孔子要絰（繫服喪的麻布腰帶）。季氏饗（宴請）士，孔子與往。陽虎絀曰：『季氏饗士，非敢饗子也。』孔子由是退（席）。」按崔述《洙泗考信錄》：「禮：居喪三年者（父母之喪）不飲酒食肉；小功緦麻飲酒食肉，不與人樂之。酒肉且不可飲食，況敢受大夫之享乎？輕喪尚不與人樂之，況重喪乎？」陽虎是季氏跋扈的家臣，後因弄權為亂，出奔於齊。㉒肆情於傾宮二句《史記‧殷本紀》：「帝紂資辨捷疾，聞見甚敏，材力過人，手格猛獸，知足以距諫，言足以飾非，矜人臣以能，高天下以聲，以為皆出己之下。好酒淫樂，嬖於婦人，愛妲己，妲己之言是從。於是使師涓作新淫聲，北里之舞，靡靡之樂，厚賦稅，以實鹿臺之錢，盈鉅橋之粟，益收狗馬奇物，充仞宮室……以酒為池，縣肉為林。使男女倮（裸）相逐其間，為長夜之飲。」傾宮是一傾大的宮室，以喻廣大。㉓稱　俞樾：「上文言舜禹周孔曰：『雖稱之弗知，雖賞之不知。』則此言桀紂，宜云：『雖毀之不知，雖罰之不知。』」按「雖」下之字，必不是「稱」，而是與「毀」同義的字，但是否為「罰」字，不可知。現暫從俞說作「罰」。㉔末代的統治者之所以垮臺，必有其失敗的嚴重因素，但向來新的統治者也必定不放過加重對其罪惡的渲染，以襯托自己的聖明是天命所歸的。尤其在周代統治者及先秦傳統派的託古思想下，把桀紂塑造成千古罪惡的典型，壞人的模式。本章既不是站在這樣的角度，也不是如《莊子》〈盜跖篇〉、〈胠篋篇〉的態度，來看桀紂的。完全無睹於個人的一生行為，而追逐歡樂縱欲（雖無佛家的因果觀）。就材料、思想，以及文句的駢儷言，皆是魏晉時代編寫，以反映貴族頹廢靡爛的人生觀。

【語　譯】楊朱說：「天下的美好都歸於舜、禹、周、孔，天下的罪惡都歸於桀、紂。可是舜在河陽耕田，在雷澤製陶，身體四肢不能得到片刻的休息，嘴巴肚子不能得到美厚的食物；父母對他不慈愛，弟妹對他不親近。年紀到三十歲，（才）不告父母而娶妻。到了接受堯的禪讓時，年事已長，智力已衰。他的兒子商鈞又沒有才幹，終於讓位於禹，一生憂慮地以至於死去：這是上天所生的窮困之人。鯀治理水土，沒有績效，被殺死在羽山。禹繼承了他的事業，來整治水土工程，兒子（啟）出生，他也沒盡父責去慈愛，經過家門而不進入；身體癱瘓，手腳生繭。到了接受舜的禪讓後，他住低小的宮室，穿破蔽的禮服，一生憂慮地以至於死去：這是上天所生的憂苦之人。武王去世後，成王年幼，周公攝代天子政事。邵公不高興，四方傳出周公篡奪的流言。於是周公居東方三年，而後殺害兄放逐弟，只使自己免死而已，他一生憂慮地以至於死去：這是上天所生的危懼之人。孔子深明帝王統治的方法，應時君的聘請（到各國去），在宋國，桓魋拔樹要殺他，在衛國，靈公限制他的行蹤，在宋（商）衛（周）既不得志，又在陳蔡被包圍，而且受季氏的壓抑，受陽虎的侮辱，一生憂慮的以至於死去：這是上天所生的窘迫之人。以上四個聖人，在生沒有一天的歡樂，死後卻有萬世的名聲。名聲，本來就不是實質內容所能接受的（是虛有其名的）。雖然稱讚他們（四聖），他們也不知覺；雖然賞識他們，他們也不知覺，與木頭土塊沒有兩樣了。桀靠歷代祖先的資產，居有帝王的尊貴，智力足以抗拒群下，武威足以震動海內；又放縱耳目的娛樂，窮盡心意的作為，一生快樂地以至於死：這是上天所生的逸蕩之人。紂也是靠歷代祖先的資產，居有帝王的尊貴；武威無不實行，心意無不如願；在廣大的宮中肆情，在漫長的夜裏縱慾；不以禮義來約束自己，一生快樂地到最後才被殺：這是上天所生的放縱之人。這兩個惡人，在生有縱慾的歡樂，死後才蒙上愚暴的惡名。實質，本來就不是名聲所能給與的，雖然毀謗他們，他們也不知覺；雖然處罰他們，他們也不知覺，與木頭土塊沒有兩樣了。那四個聖人雖為美好所歸，但一生憂苦至終了，還是同樣死亡。而那二個惡人雖為罪惡所歸，但一生歡樂至終了，還是同樣死亡。」

（一三）❶楊朱見梁王❷，言治天下如運諸掌。梁王曰：「先生有一妻一妾而不能治，三畝之園而不能芸❸；而言治天下如運諸掌，何也？」對曰：「君見其❹牧羊者乎？百羊而❺群，使五尺童子荷箠❻而隨之，欲東而東；欲西而西。使堯牽一羊，舜荷箠而隨之，則不能前矣。且臣聞之：吞舟之魚，不游枝流；鴻鵠高飛，不集汙池❼。何則？其極遠❽也。黃鐘大呂❾不可從煩奏❿之舞。何則？其音疏也。將治大者不治細，成大功者不成小，⓫此之謂矣。」⓬

【注　釋】❶本章又見於《說苑・政理篇》。❷梁王　魏王，《文選》東方曼倩〈答客難〉注、《藝文類聚》卷九四引作「梁惠王」，魏惠王遷都到大梁，又叫梁惠王，楊朱是否見梁惠王不可考。❸芸　假借為「耘」，本義為除草，引申有種植的意思。❹其　楊伯峻：「其，彼也。『君見其牧羊者乎？』猶言『君見彼牧羊者乎？』」❺而　王重民：「《類聚》九十四引『而』字作『為』，疑作『為』者是也。」❻五尺童子荷箠　五尺喻小孩的高度，古代尺寸遠比現在為小。箠是鞭子。❼汙池　小水池。鴻鵠所飛集的是冥海、天池。《金樓子》立言下作「不就茂林」。❽極遠　有二說：一是王叔岷依《說苑》、《金樓子》作「志極遠」。一是陶光以為「極」可通，《爾雅・釋詁篇》：「極，至。」按古人已言「鴻鵠之志」（《史記・陳涉世家》、《呂氏春秋・士容篇》），但「志極遠」與「音疏」不對，疑「極」為衍文。本章「極遠」既可解，不必改字，從陶說。❾黃鐘大呂　樂律之名，喻朝廷及宗廟的貴族音樂。❿奏　通「湊」。陶鴻慶：「『奏』當為『湊』。湊，會合也。」⓫將治大者不治細二句　疑古之成語。⓬朱得之《列子通義》：「能大者不屑小，固任質恃材之器，而非務學者之言矣，然就答問之間而觀之，是誠所謂遁辭，做樊遲學稼章之意也。」

【語　譯】楊朱去見梁王，說治理天下像把東西放在掌上運轉一樣容易。梁王說：「先生有一妻一妾而不能管好，有三畝園圃而不會種植；卻說治理天下像把東西放在掌上運轉一樣容易，是為什麼呢？」楊朱對答：「君看過那牧羊的人嗎？成百頭的羊群，叫孩子挑著鞭子隨在後面，要趕到東，羊就隨著到東；要趕到西，羊就隨著到西。假使叫堯牽一頭羊，舜挑著鞭子隨在後面，那麼都走不動了。而且臣聽過：能吞大船的魚不游支流；大的鴻鵠高飛，不集在小水池。為何呢？因為牠們要到很遠。黃鐘大呂的廊廟音樂不伴奏雜湊的歌舞。為何呢？因為黃鐘大呂的本質是疏通條暢。（須知）要做大的就不做小，成大功的就不成小功，就是這個意思呀。」

（一四）楊朱曰：「太古之事滅矣，孰誌之哉？三皇之事若存若亡，五帝之事若覺若夢，三王❶之事或隱或顯，億不識一。當身之事或聞或見，萬不識一。目前之事或存或廢，千不識一。❷太古至于今日，年數固不可勝紀。但伏羲已來三十餘萬歲❸，賢愚好醜，成敗是非，無不消滅；但遲速之間耳。矜一時之毀譽，以焦苦其神形❹，要死後數百年中餘名，豈足潤枯骨？何生之樂哉？」

【注釋】❶三王　指夏商周三代的帝王。以上的三皇是指上古的帝王，見〈周穆王篇〉二章注釋⓮。❷三皇之事若存若亡八句　愈古的事愈模糊。❸伏羲已來三十餘萬歲　依本章看，三皇之前，還有太古。伏羲為三皇之首，即自三皇以來為三十多萬年，太古的事，既然消失不傳，年代自然不可知。據《禮記》卷首，《禮記・正義》引鄭玄《六藝論》：「遂皇（燧人氏）之後，歷六紀九十一代，至伏犧。」又引譙周《古史考》：「有聖人以火德王，造作鑽燧，出火教民熟食，人民大悅，號曰遂人，次有三姓，乃至伏犧。」《正義》說：「其文（兩說）不同，未知孰是，或於三姓而為九十一代也。」《廣雅・釋天篇》以二十七萬六千年為一紀，則自伏羲上至燧人尚有一百六十五萬六千年。此外古又傳說天地開闢的年代：司馬貞補《史記・三皇本紀》：「春秋緯稱自開闢至獲麟（魯哀公十四年），凡三百二十七萬六千歲，分為十紀。」又《廣雅・釋天篇》：「天地闢設，人皇已來，至魯哀公十有四年，積二百七十六萬歲。」雖然今天已知人類的祖先是約二、三百萬年前居住在非洲東南部的南方猿人(Australopithecus)所演化的。但以上所說年代，純係古神話的資料，沒有科學的證據。❹焦苦其神形 本篇一章：「苦其身，燋其心。」與此同義。

【語譯】楊朱說：「太古的事已經消失不傳，誰能記得呢？三皇的事渺茫得又像存在又像不存在，五帝的事朦朧得又像醒又像夢，三王的事不論是隱晦的或是顯明的，一億件事記不得一件。而自己一生中的事不論是聽來的或是看來的，一萬件事記不得一件事。現在目前的事不論是存在的或是廢除的，一千件事記不得一件事。太古到現在，年數本就算不了。但從伏羲以來已有三十多萬年了，其中人世的賢、愚、美、醜，成、敗、是、非的觀念，無不消滅了；只是消滅得慢或快之別而已。如矜持計較片刻的毀譽，以焦苦自己的精神和形體，來求得死後幾百年中多餘的虛名，那裏能使枯骨得利？那裏能使生人享樂呢？」

（一五）楊朱曰：「人肖天地之類❶，懷五常❷之性，有生之最靈者也。人者，爪牙不足以供守衛，肌膚不足以自捍禦，趨走不足以逃利害，無毛羽以禦寒暑，必將資物以為養性，任智而不恃力。故智之所貴，存我為貴；力之所賤，侵物為賤。然身非我有也，既生，不得不全之；物非我有也，既有，不得而去之❸。身固生之主，物亦養之主。雖全生身❹，不可有其身；雖不去物，不可有其物。有其物，有其身，是橫私天下之身，橫私天下之物，其唯聖人乎❺！公天下之身，公天下之物，其唯至人矣！此之謂至至者也。」❻

【注釋】❶類　形象。天地是陰陽交合，而人也是陰陽交合之所生。❷五常　五行，金、木、火、水、土。古人以為是天地萬物所組成的元素，而人也有此五種性質。❸不得而去之　北宋等本原作「不得不去之」。道藏白文本、林希逸等本作「不得而去之」，與俞樾說合。❹身　陶鴻慶：「『身』字當衍。」據此，則下文的「雖不去物」的「物」，應指上「既有」的「有」，只是「有」的賓語還是「物」罷了。❺其唯聖人乎　陶鴻慶：「『其唯聖人乎』當連下讀之，乃倒句也。……蓋既歎其聖，又許以至也。」陶氏係依殷敬順《釋文》：「從此句下其唯至人矣連為一段」之說。陶光則以為：「此句仍當上屬，謂世所謂聖人，有其身，有其物，是橫私天下之身，橫私天下之物，蓋譏彈之也。與上文言舜禹周孔之旨相承，道家於儒之所謂聖人多如此，而貴真人至人。」按陶說為是，上章所說的「四聖」追求的是「有其物，有其身」，是楊朱所唾棄的人物，何況就句法看，此句絕應上屬。❻本章所說雖非積極樂觀，但頗能重視客觀的因素，與他章不同。

【語譯】楊朱說：「人像天地的形象，存五行的性質，是生物中最靈慧的。人的爪牙不足以保衛自己，皮肉不足以抵禦外敵，奔走不足以逃避災害，沒有羽毛以禦寒熱，必須依賴外物來養生，靠智慧而不靠力量。所以崇尚智慧，是因智慧要保存自己；卑賤力量，是因力量要侵害外物。可是身體本不是我所有的，既然有生命了，就不得不保全生命；外物本不是我所有的，既然擁有了，就不必丟去。身體是生命的主體，外物是養生的主體。雖然要保全生命，卻不能把身體當作自己的；雖然不丟去外物，卻不能把外物當作自己的。如想擁有外物，擁有身體，就是橫心把天下人的身體當私有，橫心把天下的萬物當私有，這恐怕只有『聖人』是如此了。能把天下人的身體當公有，把天下的萬物當公有，這恐怕只有『至（德）人』是如此了；這才叫做至極的理想了。」

（一六）楊朱曰：「生民之不得休息，為四事故：一為壽，二為名，三為位，四為貨。有此四者，畏鬼，畏人，畏威，畏刑：此謂之遁❶人也。可殺可活，制命在外。不逆命，何羨壽？不矜貴，何羨名？不要勢，何羨位？不貪富，何羨貨？此之謂順民也。天下無對，制命在內。故語有之曰：『人不婚宦，情欲失半；人不衣食，君臣道息。❷』周諺曰：『田父可坐殺。』晨出夜入，自以性之恆；啜菽茹藿，自以味之極；肌肉麤厚，筋節𩪁急❸，一朝處以柔毛綈幕❹，薦以粱肉蘭橘，心痟體煩，內熱生病矣。商魯之君與田父侔地，則亦不盈一時而憊矣。❺故野人之所安，野人之所美，謂❻天下無過者。昔者宋國有田夫，常衣縕黂❼，僅以過冬。暨春東作❽，自曝於日，不知天下有廣廈隩室❾，綿纊狐貉❿。顧謂其妻曰：『負日之暄⓫，人莫知者；以獻吾君，將有重賞。』里之富室告之曰：『昔人有美戎菽⓬，甘枲⓭莖芹⓮萍子⓯者，對鄉豪稱之。鄉豪取而嘗之，蜇⓰於口，慘⓱於腹，眾哂而怨之。其人大慙。子此類也。』」

【注釋】❶此謂之遁　遁，疑原非「遁」字。上文為四事者是追逐現實者，何遁之有？與張《注》：「違其自然者也。」不合，張湛所見並非「遁」字，且與下文「順民」不對稱，則此「遁」字，疑原作「逆」或「迕」（一寫「逜」），兩字都像「遁」字。又一七章以「犯性」與「順性」相對，則亦可能作「犯」。「此謂之」王重民引《意林》作「此之謂」。❷人不衣食二句　表現君臣的主附關係。在上層結構中，君從搾取下層的衣食中，分一部分來飽暖為他做事的臣。❸⿰骨卷急　⿰骨卷即腃，《廣韻》：「腃，筋節急也。」是說筋骨緊曲而堅硬的意思。❹柔毛綈幕　柔毛是羔羊的軟毛，綈是厚絹。❺商魯之君與田父侔地二句　古來貴族都把被統治者醜化，強調他們的「劣根性」，只能適應艱苦的生活。反之，貴族的「高貴性」，只能適應高貴的生活。用來鞏固貴族的統治。❻謂　通「為」。❼緼黂　緼是亂麻，黂是麻花，喻破麻衣。❽東作　喻春耕。《尚書・堯典篇》：「寅賓出日，平秩東作。」孔《傳》：「歲起於東而始就耕，謂之東作。」❾隩室　深室，與廣廈同義。隩，又可假借為燠，是暖和的意思，別為一說。❿綿纊狐貉　纊是細綿絮，綿纊是指細綿衣（綿是絲絮，不是木綿）。狐、貉都是哺乳動物，這兒指狐、貉皮毛做成的衣裘，是名貴的衣料。⓫暄　暖和。《說文》作「煖」。又作「煊」。

⑫戎菽　豌豆。見〈力命篇〉二章注釋⑰。⑬甘枲　《釋文》說是蒼耳。蒼耳，就是卷耳，是越年生的草，石竹科。李時珍《本草》說：嫩苗可拌食救飢。但也可能是枲麻。⑭莖芹　即水芹，繖形科，或因莖粗直，而叫莖芹。李時珍說：「《列子》言鄉豪嘗芹、蜇口慘腹，蓋未得食芹之法耳。」⑮萍子　萍蓬草。睡蓮科，生在池沼水中，又叫萍實。陳藏器說：「葉大如荇，花亦黃，未開時，狀如算袋，其根如藕，飢年可以當穀。」（《本草拾遺》——綱目引）李時珍：「六七月開黃花結實，狀如角黍，長二寸許，內有細子一包，如罌粟，澤農采之，洗擦去皮，蒸曝，舂取米，作粥飯食之。」⑯蜇　通「螫」。刺。⑰慘　《說文》：「慘，毒也。」

【語　譯】楊朱說：「人所以不能休息，是為四件事的緣故：一為長壽，二為名聲，三為官位，四為財貨。有了這四事的欲望，就會怕鬼、怕人、怕威、怕刑，這就叫違背自然的人。這種人該死該生，命運受制於外物。不抗拒天命，有何羨慕長壽？不矜惜高貴，有何羨慕名聲？不要求權勢，有何羨慕官位？不貪圖富有，有何羨慕財貨？這就叫順應自然的人。這種人天下沒有對敵，命運受制於自己（不受制於外物）。所以成語說：『人不求成婚做官，情慾就失去一半；人不求穿衣吃飯，君臣主附關係就消失。』周人的諺語是：『老農不勞動就會病死。』老農自以為平常的生活是清早外出勞動晚上才回來；自以為最好的美味是吃（大）豆粥和豆葉；肌肉粗糙厚大，筋骨緊曲堅硬，一旦讓他居在軟毛厚絹的帳幕，獻給他吃粱、肉和香橘，就會心中憂慮、身體煩悶，內部發熱而生病了。宋國魯國的國君與農夫同樣種田，則不到一個時辰就會疲憊了。所以鄉野人所適宜的，鄉野人所美好的，都認為是天下所不能超過的。從前宋國有個農夫，經常穿著破麻衣，只就這樣來過冬天。到了春天要耕種時，就自個兒曬太陽取暖，而不知道天下有大廈深室、綿衣狐裘可以保暖。於是向他的妻子說：『背曬太陽的溫暖，沒有人知道；我把這個方法獻給國君，將會得到重賞。』鄉里的富家告訴他：『從前有個人把豌豆、卷耳、水芹、萍實當美味，並對鄉里的富豪稱讚這些食物。鄉里的富豪拿來吃後，嘴巴被刺了，肚子中毒了，大家譏笑他、怨恨他。這個人很慚愧。你（獻曝的農夫）就是這樣的人呀！』

（一七）楊朱曰：「豐❶屋美服，厚味姣色，有此四者，何求於外？有此而求外者，無厭之性。無厭之性，陰陽之蠹也。❷忠不足以安君，適足以危身；義不足以利物，適足以害生。安上不由於忠，而忠名滅焉；利物不由於義，而義名絕焉。君臣皆安，物我兼利，古之道也。❸鬻子❹曰：『去名者無憂。』老子曰：『名者實之賓❺。』而悠悠❻者趨名不已。名固不可去，名固不可賓邪？今有名則尊榮，亡名則卑辱。尊榮則逸樂，卑辱則憂苦。憂苦，犯性者也；逸樂，順性者也；斯實之所係矣。名胡可去？名胡可賓？但惡夫守名而累實；守名而累實，將恤危亡之不救，豈徒逸樂憂苦之間哉？❼」

【注　釋】❶豐　高大。《方言》卷一：「豐，大也。」朱駿聲：「按（豐）从豆从山，會意。山，取其高大，丰丰象滿形。」❷豐屋美服八句　陰陽，指天地、自然。蠹是蛀食東西的害蟲，引申為毒害的意思。又此八句與下文意思並不一貫。❸忠不足以安君十一句　林希逸：「此章亦譏忠義立名之人，言忠者，必危身；義者，必害生。謂之務外，不務內也，安上之實，出於自然，豈一人之忠所能安之；利物之道，亦出於自然，豈一人之義所能利之。以一人之私而求忠義之名，名反泯滅而徒累其身，不若順其自然，則君臣俱安，而物我俱利，此所謂古道也。」❹鬻子　鬻熊，見〈天瑞篇〉一二章。❺名者實之賓　今本《老子》（包括帛書本）沒有此句，卻見於《莊子・逍遙遊篇》，是許由向堯說的話。賓是對主而言，指外在的、形式的。實是主，是內在的、實體的。楊朱的「實」是逸樂，認為這是人的本性。❻悠悠　眾多的樣子。❼今有名則尊榮十五句　說如有「名」，而又可以得尊榮逸樂的「實」，則這個「名」不可丟棄；只是切不可守名而虧實。

【語　譯】楊朱說：「高大的房屋，美麗的衣服，醇厚的美味，姣好的女色，有這四樣，又何必向外求？有這而向外求，就是有不滿足之性。不滿足之性，就是天地的毒害。忠是不足以安定國君的統治，而恰足以危害自己的身體；義是不足以有利他物，而恰足以危害自己的生命。安定國君不必用忠，而『忠』之名已消滅；有利他物不必用義，而『義』之名已絕滅（不用忠義之名）。則君與臣彼此安定，物與我相互得利，這是古來的道術。鬻子說：『丟去名的人無憂。』老子說：『名是實的賓。』而許多人卻為名奔逐不止。那麼名是不可丟去了，名是不可為賓了。現在有名就尊貴榮耀，無名就卑下恥辱。尊貴榮耀就逸樂，卑下恥辱就憂苦。憂苦是違犯本性的；逸樂是順從本性的；逸樂及憂苦的抉擇與『實』的關係密切（選擇逸樂才是『實』的本質）。名怎麼可丟去呢？名怎麼可為賓呢？只是厭惡為了守著名而虧累實，若是這樣，將憂慮身體的危亡而不及救，則就不只是逸樂和憂苦之間的簡單問題了。」

第八篇　說符❶篇

（一）子列子學於壺丘子林。壺丘子林曰：「子知持後，則可言持身矣。」列子曰：「願聞持後。」曰：「顧若影，則知之。」列子顧而觀影：形枉則影曲；形直則影正。然則枉直隨形而不在影，屈申任物而不在我。此之謂持後而處先。❷

【注釋】❶說符　「說」是解說，解說軼聞瑣事，一如《淮南子》〈說山〉、〈說林〉，劉向《說苑》。「符」是上天降下的符瑞，以與人事相應，這是古代的政治迷信，林希逸《口義》說：「《莊子》曰：『德充符』，此曰：『說符』，字雖同而義不同。」其實「說符」的「符」和《莊子．德充符篇》，以及《文子．符言篇》的「符」本義都是指瑞應相合的意思，並無不同。「說符」者，就是解說瑞應。本篇大抵是編者選來作讖言應驗的素材，像是解說瑞應的範例一樣，尤其前半部許多章都是在宿命論的支架下來高唱聖人治國之道。所以張湛在〈說符篇〉篇目下注：「夫事故無方，倚伏相推，言而驗之者，攝乎變通之會。」又在一章注：「自古迄今無不符驗。」全篇三十六章可能全都以編者的觀點，裁錄古書或再加批語而成，與老莊思想無關。今未見於他書者有十六章，保存了古代政治、社會、心理等若干資料。❷《淮南子．繆稱》：「列子學壺子觀景柱（杜）而知持後矣，〈高誘《注》：『先有形而後有影，形可亡而影不可傷。』〉故聖人不為物先。」又《老子》七章：「聖人後其身而身先，外其身而身存。」六六章：「是以欲上民，必以言下之；欲先民，必以身後之。」都是表示統治者要謙讓退後，才能受擁護佔先位。林希逸、楊伯峻以本章與下兩章合為一章，茲以文義不貫，分為三章。

【語譯】列子向壺丘子林學習。壺丘子林說：「你要能知道保持退後，才可以談論如何立身。」列子說：「希望聽到什麼叫保持退後？」壺丘子林說：「轉頭看你的影子，就知道了。」列子轉頭看影子，形體彎曲，影子就彎曲；形體正直，影子就正直。那麼，要彎曲或正直，是依形體而不依影子，而形體要屈曲或伸直是任依外物，而不是自己。這就叫保持退後而能佔先。

(二)關尹謂子列子曰：「言❶美則響美，言惡則響惡；身長則影長，身短則影短。名也者，響也；身❷也者，影也。故曰：『慎爾言，將有和之；慎爾行❸，將有隨之。❹』是故聖人見出以知入，觀往以知來。此其所以先知之理也。度在身，稽在人。人愛我，我必愛之；人惡我，我必惡之。湯武愛天下，故王；桀紂惡天下，故亡。此所稽❺也。稽度皆明而不道❻也，譬之出不由門，行不從徑也。以是求利，不亦難乎？嘗觀之神農有炎❼之德，稽之虞夏商周之書❽，度諸法士❾賢人之言，所以存亡廢興而非由此道者，未之有也。」

【注釋】❶言 是指從口發出的聲音，不是音樂。于省吾據金文以為此字與下文「言惡」「慎爾言」的言，應作「音」，太曲，而「慎爾言」並沒有錯誤。❷身 王叔岷據《御覽》改為「行」，可從。❸行 疑作「身」。本段的意思是：名是回響，行是影子，都不是原本的主體，主體是「言」和「身」，所以要慎重主體的「言」，然後才有人「和」，「和」就是指「響」；要慎重主體的「身」（有躬行之意），然後才有人「隨」，「隨」就是指「影」。大概「行也者」的「行」，和「慎爾身」的「身」互調而誤。「故曰」以下四句是成語，宜有押韻。「和」「隨」古音同在歌部，而「言」與「身」則同在真部。是舌尖音，「行」在陽部，為舌根音。❹言美則響美十三句 《太平御覽》卷四三〇引作「尸子曰」。❺稽 下疑脫「度」字，由盧《解》：「其迹可稽也，其度可明也」及下文「稽度」二字並列可知。❻道 與下文「由此道」都是指「慎言」「慎身」以推知未來之理。❼有炎 神農稱炎帝，或稱有炎，有是虛字，一如有扈、有娀、有莘。又按下文作「虞夏商周」，則神農、有炎似應為二人，譙周《古史考》即以神農、炎帝為兩人。❽虞夏商周之書 指《尚書》。今本古文《尚書》分〈虞夏書〉、〈商書〉、〈周書〉。《偽孔傳》分〈虞書〉及〈夏書〉。虞是舜的國號。❾法士 喜好禮法的士人。

【語譯】關尹向列子說：「聲音美，回響聲就美，聲音壞，回響聲就壞；身體長，影子就長，身體短，影子就短。名聲，就如同回響聲；行動，就如同影子。所以說：『小心你的聲音！因為有人會唱和；小心你的身體，因為有人會追隨。』因此，聖人看到出，就知道必有入，看到去，就知道必有來。這乃是聖人能預先推知的道理。以自身為尺度的標準，再稽考別人。如別人喜愛我，我必喜愛別人；別人厭惡我，我必厭惡別人。湯、武喜愛天下人，所以稱王；桀、紂厭惡天下人，所以滅亡。這就是先度量自己，再稽考別人。度量和稽考都很明白而卻不由正道去做，就譬如外出不從大門，走路不走直路。這樣要去求利，不是很困難的嗎？曾經觀看過神農、有炎的德性，稽考過虞、夏、商、周的書籍，度量許多法士賢人的言論，所以要求知道歷代的存亡、廢興的原因而不由此道去行，是沒有的事。」

（三）嚴恢❶曰：「所為問道者為富，今得珠亦富矣，安用道？」

子列子曰：「桀紂唯重利而輕道，是以亡。幸哉余未汝語也。人而無義，唯食而已，是雞狗也。彊食靡角❷，勝者為制❸，是禽獸也。為雞狗禽獸矣，而欲人之尊己，不可得也。人不尊己，則危辱及之矣。」

【注釋】❶嚴恢　人不可考。❷靡角　以角相觸。靡，通「摩」。❸制　王重民依《御覽》改為「利」，但「制」字非全不通，林希逸：「力之勝者制其弱者，禽獸之事也。」嚴靈峰說：「作制說自可通。」

【語譯】嚴恢說：「所要學的正道為著是富有，現在得到寶珠也能富有，又何必用正道？」列子說：「桀、紂只是重利而輕道，所以滅亡。很好的問題呀！而我還沒有告訴你。人如沒有義，只是會吃而已，就是雞狗了。爭著吃鬥著角，強的制服弱者，就是禽獸了。若是作為雞狗禽獸，而要別人尊重自己，是不可得的。別人不尊重自己，就要危亡受辱了。」

（四）❶列子學射，中矣，請於關尹子。尹子❷曰：「子知子之所以中者乎？」對曰：「弗知也。」關尹子曰：「未可。」退而習之，三年，又以報❸關尹子。尹子曰：「子知子所以中乎？」列子曰：「知之矣。」關尹子曰：「可矣；守而勿失也，非獨射也，為國與身亦皆如之。故聖人不察存亡❹而察其所以然。」

【注釋】❶本章又見於《呂氏春秋・審己篇》。❷尹子　王重民以為「尹子」之上，脫一「關」字。下文「尹子」亦同例。❸又以報　《呂覽》作「又請」，高誘《注》：「又復請問於關尹子。」按張湛在「守而勿失」下注「心平體正，內求諸己……」係引用高誘的注，則即使本章非引自《呂覽》，《呂覽》資料至少比本章要早，且上文有「請於關尹子」一句，所以疑此三字原作「又請」或「又請於」。〈黃帝篇〉三章：尹生多次向列子請祈其術不遂，也說「請於子」。❹存亡　「存亡」下，脫「賢不肖」三字，據《呂覽》補。因為「國」是指存亡，「身」是指「賢不肖」，張《注》也說「賢愚俱存」，故知原有此三字。

【語譯】列子學射箭，能夠中靶後，請教於關尹子。關尹子說：「你知道你射中的原因嗎？」列子答：「不知道。」關尹子說：「這樣還不行。」離開後學習了三年，又來請教關尹子。關尹子說：「你知道你射中的原因嗎？」列子說：「知道了。」關尹子說：「可以了；保守心體平正而不偏失，不僅是射箭，治國與立身也都要這樣。所以聖人不觀察表面上國之存亡（人之賢愚），而觀察所以會如此的原因。」

(五) 列子曰：「色盛者驕，力盛者奮，未可以語道也。故不班白❶語道，失❷，而況行之乎？故自奮❸則人莫之告。人莫之告，則孤而無輔矣。賢者任人，故年老而不衰，智盡而不亂。故治國之難在於知賢而不在自賢。」

【注釋】❶班白　老人頭髮半白半黑。班，又作「頒」或「斑」。❷失　錯失；偏失。《釋文》：「『失』一本作『矣』，恐誤。」嚴靈峰以為「失」本作「失矣」，可從。金巨山《諸子管見》引《淮南子・說山》注：「失猶不知也。」說：「此承上文未可以語道言，謂頭不斑白，則色力俱盛，語之以道且不知，而況望其行之乎？」亦通。❸自奮　陶鴻慶：「『自奮』上奪『自驕』二字。」從之。

【語譯】列子說：「容色盛美的會驕傲，體力盛強的會好勇，這都是不能告訴他們正道的。所以不是老人而告訴他們正道，就有偏失了。(正道都不能告訴，)何況要他們去行道呢？因此，自個兒驕傲、好勇的，別人是不會告訴他(正道)的。別人不告訴他，就會孤獨而無助了。賢能的在位者由於能夠用人，所以自己年老了而身不衰，智用盡而心不亂。所以治國的難處是在了解、任用賢能的人，而不是自己表現賢能。」

（六）❶宋人有為其君以玉❷為楮❸葉者，三年而成。鋒殺莖柯❹，毫芒❺繁澤，亂之楮葉中而不可別也。此人遂以巧食宋國。子列子聞之，曰：「使天地之生物，三年而成一葉，則物之有葉者寡矣。故聖人恃道化而不恃智巧。」

【注　釋】❶本章又見於《韓非子・喻老篇》、《淮南子・泰族》。文字大概引自《韓非子》。❷玉　《韓非子》及《淮南子》「玉」作「象」，象是指象牙。❸楮　桑科的落葉喬木。❹鋒殺莖柯　鋒，《韓非子》作「豐」，王先慎：「豐殺，謂肥瘦。」（《韓非子集解》）陳奇猷：「樹葉無所謂肥瘦，王說非也。此當作鋒。鋒謂尖銳，殺謂平斜。」（《韓非子集釋》）殺有減削的意思，陳氏引申為平斜，暫從陳說。柯，是葉柄，與莖相接。❺毫芒　是指細微的葉脈文理。

【語　譯】有個宋國人為他的國君用玉石雕刻為楮葉，三年才刻成。枝莖葉柄刻得該尖的尖，該平的平，細微的葉脈文理繁多又光澤，雜放在真的楮葉中而不可辨別真假。這個人就以這巧技受宋國供養。列子聽知此事，說：「假使讓天地創造生物，三年才造成一葉，那麼生物中有葉子的太少了。所以聖人靠正道來化育，而不靠智巧。」

（七）❶子列子窮，容貌有饑色。客有言之鄭子陽❷者曰：「列禦寇蓋有道之士也，居君之國而窮，君無乃為不好士乎！」鄭子陽即令官遺之粟。子列子出見使者，再拜而辭。使者去。子列子入，其妻望之❸而拊心曰：「妾聞為有道者之妻子，皆得佚樂。今有饑色，君過❹而遺先生食。先生不受，豈不命也哉？」子列子笑謂之曰：「君非自知我也，以人之言而遺我粟。至其罪我也，又且以人之言；此吾所以不受也。」其卒，民果作難而殺子陽❺。

【注釋】❶本章又見於《莊子・讓王篇》、《呂氏春秋・觀世篇》、《新序・節士篇》。❷鄭子陽　戰國初年鄭國繻公的相國。梁玉繩以為駟氏之後，為駟子陽。❸之　為衍文。王重民：「《漢書・汲黯傳》：『黯褊心不能無稍望。』師古曰：『望，怨也。』其妻怨望，故拊心。《呂覽・觀世篇》、《新序・節士篇》並無『之』字可證。」❹過　是來訪的意思。指子陽令人來送穀子。❺殺子陽　子陽之死有兩種不同的說法：一是《史記・鄭世家》：「繻公二十五年，鄭君殺其相子陽。」又〈楚世家〉：「悼王四年楚伐鄭（誤為周），鄭殺子陽。」則子陽被殺與楚國有政治牽連。一是《淮南子・氾論》：「鄭子陽剛毅而好罰，其於罰也執而無赦。舍人有折弓者，畏罪而恐誅，則因猘狗（如人對瘋狗一般）以殺子陽。」同說又見《呂氏春秋》〈首時篇〉、〈適威篇〉。此說近於列子的說法。

【語譯】列子窮困，容貌有飢餓的顏色。有賓客（子陽食客）告訴鄭相子陽說：「列禦寇是個有道的賢士，居住在您的國家而窮困，您只怕不愛賢士吧！」鄭子陽就令官吏送他穀子。列子見了使者，再三拜謝而拒絕。使者走了，列子進入家門，他的妻子埋怨著而拍著她的胸膛說：「我聽說有道的人的妻子，生活都能得到安樂。現在餓得面有饑色，而相國令人來送給你糧食，你卻不接受，這豈不是注定要窮困嗎？」列子笑著對她說：「相國並不是自己了解我的，是聽了別人的話才送我穀子。到後來怪罪我時，也又是聽了別人的話呀；這是我不接受的原因。」最後，鄭國人民果然發難，殺了子陽。

（八）魯施氏有二子，其一好學，其一好兵。好學者❶以術❷干齊侯❸，齊侯納之，以為諸公子之傅。好兵者之楚，以法干楚王❹，王悅之，以為軍正。祿富其家，爵榮其親。施氏之鄰人孟氏同有二子，所業亦同，而窘於貧。羨施氏之有，因從請進趨之方。二子以實告孟氏。孟氏之一子之秦，以術干秦王。秦王曰：「當今諸侯力爭，所務兵食而已。若用仁義治吾國，是滅亡之道。」遂宮❺而放之。其一子之衛，以法干衛侯。衛侯曰：「吾弱國也，而攝乎大國之間❻。大國吾事之，小國吾撫之，是求安之道。若賴兵權，滅亡可待矣，若全而歸之，適於他國，為吾之患不輕矣。」遂刖❼之，而還諸魯。既反，孟氏之父子叩胸而讓施氏。施氏曰：「凡得時者昌，失時者亡。子道與吾同，而功與吾異，失時者也，非行之謬也。且天下理無常是，事無常非。先日所用，今或棄之；今之所棄，後或用之。此用與不用，無定是非也。投隙抵時，應事無方，屬乎智。智苟不足使若博如孔丘，術如呂尚❽，焉往而不窮哉？」孟氏父子舍然無慍容，曰：「吾知之矣。子勿重言！」

【注　釋】❶學者　據下文三個「之（某國）」之例，「學者」下，宜有「之齊」兩字。❷術　道術，依下文看，知道是指仁義的儒術。❸齊侯　下文有「秦王」，秦稱王始於惠文王，此前齊威王早已稱王，則「齊侯」宜作為「齊王」，侯是齊國原來的爵位。❹楚王　王重民據《御覽》卷六四八補「楚」字於「王」上。❺宮　宮刑。古代把男性睪丸割去的殘酷肉刑。❻大國之間　戰國時，衛國北有趙，西有魏，南有韓、楚，東有齊。❼刖　刖刑。古代指雙腳砍斷的肉刑。❽術如呂尚　術應指上文的「兵」，呂尚是文王師，善用兵，曾助武王伐紂。按孔丘、呂尚也有因失時而窮困的，如孔丘「逐乎宋衛，困於陳蔡」（《史記．孔子世家》），呂尚「嘗屠牛於朝歌，賣飲於孟津」（《史記．齊太公世家》索隱引譙周《古史考》）。

【語　譯】魯國施氏有兩個兒子，一個好讀書，一個好軍事。好讀書的靠道術向齊侯求官，齊侯接受，讓他做眾公子的師傅。好軍事的到楚國，靠軍法向楚王求官，楚王很高興，讓他做軍法官。俸祿使他們的家富有，爵位使他們的親人光榮。施氏的鄰人孟氏同樣有兩個兒子，所學的與施氏兩子相同，可是卻受貧窮的窘迫。羨慕施氏的富有，因而請求如何奔走求官的方法。施氏兩子以實情告訴孟氏。於是孟氏的一子到秦國，靠道術向秦王求官。秦王說：「當今諸侯以武力相爭，所要從事的是軍事和經濟而已。若用仁義來治我國，是滅亡的辦法。」就把他處宮刑而後放了。另一個兒子到衛國，靠軍法向衛侯求官。衛侯說：「我們是弱國，在大國之間受到脅迫。對大國我們事奉它，對小國我們安撫它，這是求安全的辦法。如果靠軍力，滅亡之日就要來到，要是（使他）保全回去，轉到他國所用，則成為我國的禍患必不輕了。」就把他處刖刑，而送回魯國。回家後，孟氏父子拍著胸膛生氣的責備施氏。施氏說：「凡是得時機的昌盛，失時機的滅亡。你的學問與我相同，而功效與我不同，是失時機的原因，而不是作為的過錯。而且天下的道理沒有永遠是對的，事情也沒有永遠是錯的。以前所應用的道理事情，現在或許就要拋棄；現在所拋棄的，以後或許就要應用。應用與不用，是沒有固定的是非標準。能把握時機的間隙，用不固定的方法來應對事情，這是智巧的事。假若智巧不夠，即使學博如孔丘，術精如呂尚，那裏有去求官而不窮困的呢？」孟氏父子心地開朗而沒抱怨的容貌，還說：「我知道了，你不要再說了。」

（九）晉文公出會❶，欲伐衛❷，公子鋤❸仰天而笑❹。公問：「何笑？」曰：「臣笑鄰之人有送其妻適私家者❺，道見桑婦，悅而與言，

然顧視其妻，亦有招之者矣。臣竊笑此也。」公寤其言，乃止。引師而還，未至，而有伐其北鄙者矣。❻

【注釋】❶晉文公出會　晉文公，春秋晉國國君，名重耳，獻公子，因宮廷政變，逃亡國外，經十九年回國就位，任用狐偃、趙衰，救宋破楚，繼齊桓公為諸侯盟主，事見《左傳》、《史記・晉世家》。出會是外出相會諸侯。《穀梁傳・隱公元年》：「祭伯來，來者，來朝也，其弗謂朝何也？寰內諸侯，非有天子之命，不得出會諸侯，不正其外交，故弗與朝也。」《御覽》卷九五五引無「出」字，《意林》引無「出會」二字，但有此二字意思完整，文公本意在出會，臨時卻要伐衛，一如下文的鄰人本意在送妻回娘家，臨時卻見桑婦而悅之。❷欲伐衛　《史記・晉世家》：「（文公）五年春，晉文公欲伐曹，假道於衛，衛人弗許，還自河南度（迂迴渡河伐曹），侵曹伐衛，正月，取五鹿（衛地）。」（又見《左傳・僖公二十八年》）按本章是寓言，不可盡信。❸公子鋤　晉公族，名鋤，史籍未見，《集釋》引楊樹達說：「《說苑・正諫》作『趙簡子攻齊，公盧大笑。』蓋即一事而記者互異。盧鋤音讀相近。」《御覽》卷九五五作「公子鉏」，鋤通「鉏」，《左傳》有「公子鉏」一為魯人，一為齊人。❹仰天而笑　《御覽》卷三〇五作「御而笑之」。❺臣笑鄰之人有送其妻適私家者　《御覽》卷三〇五及卷九五五引並作「笑臣鄰之人也，鄰之人有送其妻適私家者」。❻引師而還三句　表示公子鋤預言正確，晉國北部邊區有動亂的事件。

【語譯】晉文公外出會諸侯，轉而要討伐衛國，晉公子鋤仰天而笑。文公問：「笑什麼？」公子鋤說：「笑臣的鄰人，鄰人送他的妻子回娘家，在路中看見一個採桑的婦女，很喜歡她就和她講話，可是回頭一看，他的妻子也有別人招引她。臣就為這個而笑。」文公曉悟他的話，就停止伐衛。帶軍隊回國，還沒到國都，就又去討伐晉國北部的邊區了。

（一〇）晉國苦盜。有郄❶雍者，能視盜之貌，察其眉睫之間，而得其情。晉侯❷使視盜，千百無遺一焉。晉侯大喜，告趙文子❸曰：「吾得一人，而一國之盜為盡矣，奚用多為？」文子曰：「吾君恃伺察而得盜，盜不盡矣。且郄雍必不得其死焉。」俄而群盜謀曰：「吾所窮者郄雍也。」遂共盜而殘之❹。晉侯聞而大駭，立召文子而告之曰：「果如子言，郄雍死矣！然取盜何方？」文子曰：「周諺有言：『察見淵魚者不祥，智料隱匿者有殃。❺』且君若欲無盜，若莫舉賢而任之，使教明於上，化行於下。民有恥心，則何盜之為？」於是用隨會❻知政，而群盜奔秦❼焉。

【注釋】❶郄　本作「郤」。楊伯峻：「《說文》：『郤，晉大夫叔虎之邑也。』段《注》：『叔虎之子曰郤芮，以邑為氏。』（群書）《治要》引正作『郤』，下同。」按郄與隙、郤古皆通用。❷晉侯　就趙文子言，是悼公或平公。就隨會言，是景公。❸趙文子　晉國正卿。名武，文是諡號。為趙盾之孫，父趙朔為屠岸賈所害，朔妻懷遺腹趙武，為公孫杵臼、程嬰所救，即世所謂趙氏孤兒。事見《左傳》、《史記．趙世家》。按趙文子與下文的隨會不同時，知本章故事為虛構。❹盜而殘之　猶言暗殺之。盜是暗地，殘是殺戮。《釋文》「殘」作「戕」。❺察見淵魚者不祥二句　《韓非子．說林篇上》：「古者有諺曰：知淵中之魚者不祥。」❻隨會　春秋晉大夫士會，字季，食采於隨，所以叫隨會或隨季，因晉國政變逃亡秦國，歸國後輔成公、景公，滅赤狄甲氏。事見《左傳》僖、文、宣三公。❼群盜奔秦　《左傳．宣公十六年》：「三月……晉侯……命士會將中軍，且為太傅，於是晉國之盜逃奔于秦。」時晉侯為景公，遠早於文子所輔之悼公、平公。

【語譯】晉國為盜賊所苦。有一個叫郄雍的，能看出盜賊的容貌，觀察人眉睫之間的眼皮，就知道實情（是否為盜）。晉侯叫他視察盜賊，千百個中不會遺漏一個。晉侯很高興，告訴趙文子說：「我得到一個人，而全國的盜賊就沒有了，又何必多用人？」文子說：「吾君靠觀察而捉盜賊，盜賊是捉不盡的。而且郄雍一定不能死呀！」不久眾盜賊就商謀說：「使我們窮困的是郄雍。」於是共同把他暗殺了。晉侯聽了很驚駭，立刻召喚文子而告訴他說：「果然如你所說的，郄雍死了，那麼要捉盜有什麼方法呢？」文子說：「周諺說：『察看到深水魚的人不吉祥，用智料知隱匿事物的人會遭殃。』且君要沒有盜賊，不如舉用賢者，使上層貴族明知道理，下層人民接受教化。人民有羞恥心，怎麼會做盜賊呢？」於是就任用隨會掌理政事，而眾盜賊就跑到秦國去了。

（一一）❶孔子自衛反魯，息駕乎河梁而觀焉。❷有懸水三十仞，圜流❸九十里，魚鼈弗能游，黿鼉弗能居，有一丈夫方將厲❹之。孔子使人並涯止之，曰：「此懸水三十仞，圜流九十里，魚鼈弗能游，黿鼉弗能居也。意者❺難可以濟乎？」丈夫不以錯意❻，遂度而出。孔子問之曰：「巧乎❼！有道術乎？所以能入而出者，何也？」丈夫對曰：「始吾之入也，先以忠信；及吾之出也，又從以忠信。忠信❽錯吾軀於波流，而吾不敢用私，所以能入而復出者，以此也。」孔子謂弟子曰：「二三子識之！水且猶可以忠信誠身親之，而況人乎？」

【注　釋】❶本章與〈黃帝篇〉九章略同，而文字尤近於《說苑．雜言篇》、《孔子家語．致思篇》。可見內容不是道家的觀點。❷孔子自衛反魯二句　《論語．子罕篇》孔子自謂：「吾自衛反魯，然後樂正，雅頌各得其所。」《史記．孔子世家》集解引鄭玄曰：「反魯，魯哀公十一年冬。」本章是寓言，不可信其事。河梁即呂梁。❸圜流　《釋文》：「圜與圓同。」《說苑》作「環」。圜流，即水環流。❹厲　和衣渡水，假借為砅，《爾雅．釋水篇》：「深則厲，以衣涉水為厲。」❺意者　語辭。是「或者」「或許」的意思。《晏子春秋．諫篇》：「意者非臣之罪乎？」（《經傳釋詞》引）❻錯意　措意；在意。❼巧乎　《說苑》、《家語》「巧乎」上有「子」字。❽忠信　俞樾：「『忠信』涉上句衍。」

【語　譯】孔子自衛國返回魯國，停車在河梁觀賞。從堰壩上流下的河水高三十仞，激起的水迴旋九十里，是魚鼈所不能游，黿鼉所不能居的，有一男子卻正要渡河。孔子叫人靠岸邊去阻止他，說：「這裏的河水高懸三十仞，激起的環水九十里，魚鼈不能游，黿鼉不能居。或許你很難渡過吧！」男子並不在意，於是終於渡過河而走到岸上。孔子問他說：「巧妙呀！你有什麼方法嗎？能夠入水又能出水，為什麼呢？」男子對答：「我開始入水，心先存忠誠信心；到了我出水，又能掌握忠誠信心。(忠信)把我的身軀放在波流中，而使我不敢存有私心，我所以能入水而又能出水的道理，就在此呀！」孔子向弟子說：「你們二、三位要記得！水還可以用忠誠信心的身軀去親近它，何況是人呢？」

(一二) ❶白公問孔子❷曰：「人可與微言乎❸？」孔子不應。白公問曰：「若以石投水，何如？」孔子曰：「吳❹之善沒者能取之。」曰：「若以水投水，何如？」孔子曰：「淄澠之合，易牙嘗而知之。❺」白公曰：「人固不可與微言乎？」孔子曰：「何為不可？唯知言之謂者乎！夫知言之謂者，不以言言也。爭魚者濡，逐獸者趨，非樂之也。故至言去言，至為無為。夫淺知之所爭者末矣。❻」白公不得已，遂死於浴室。❼

【注　釋】❶本章又見於《呂氏春秋・精諭篇》、《淮南子・道應》。❷白公問孔子　白公是春秋楚國公族，太子建的兒子，名勝。起初，楚平王奪太子建妻，建出奔，受鄭國禮遇，但他卻與晉人勾結，圖謀攻鄭，而為鄭所殺。楚國執政子西把逃到吳國的勝召回國，令駐白邑（安徽巢縣），所以叫白公。白公向子西要求伐鄭以報父仇，子西未允，反而與鄭結盟，白公就發動政變，殺子西及司馬子期，後為葉公子高壓制，白公自殺。事見《左傳・哀公十六年》、《史記・楚世家》等。本章張《注》：「欲殺子西子期，故問孔子，孔子知之，故不應。」（《釋文》同義）按白公政變在魯哀公十六年六月，而同年四月孔丘已卒，即使預謀，而孔子五年前返魯未出，白公亦從未到魯，所以兩人不可能見面，純係寓言。❸人可與微言乎　林希逸：「白公欲為亂而不敢顯言以求決於孔子。」按《左傳》記子西的兒子平看到白公磨劍，白公就坦白告訴平說：「勝以直聞，不告女（你），庸為直乎（怎麼算是爽直）？將以殺爾父（指子西）。」後來大力士熊宜僚拒絕加入白公的政變團，白公不怕他洩密而沒殺他，把他放了。他說：「不為利諂，不為威惕，不洩人言以求媚者，去之。」由此白公多少還是一個爽直的人物，而不是一個隱祕的狡詐者。❹吳　國在東南（今江蘇吳縣），地暖多水，人民善游水。❺淄澠之合二句　淄澠見〈仲尼篇〉一〇章注釋❸。易牙即雍巫。為齊桓公的寺人（太監），善於烹調。《孟子・告子篇上》：「至於味，天下皆期於易牙。」疏：「澠淄二水為食，易牙亦知二水之味，桓公不信，數試始驗。」❻白公曰十三句　又見於《文子・微明篇》，文字略有不同。問者為文子，答者為老子。❼白公不得已二句　此二句是譏《左傳》說：「白公奔山而縊，其徒微之（藏他的屍體）。」與此不同。俞樾：「『已』字乃『也』字之誤，《呂氏春秋》作……並其證。」按「已」「也」可以互用，皆語尾辭，《莊子・齊物論篇》：「因是已。……亦因是也。」嚴靈峰改「得已」為「知言」意思很好，但證據不足。

【語　譯】白公問孔子說：「可以與人講隱祕的話嗎？」孔子沒有答覆。白公又問：「如果以石頭投水，可以（隱祕）嗎？」孔子說：「吳國善於潛水的人能取到石頭。」問：「如果以水投水（無形跡），可以（隱祕）嗎？」孔子答：「即使淄水澠水相混合，像易牙那種知味的人嘗了也知道分辨。」白公問：「那麼確實不可與人講隱祕的話嗎？」孔子說：「為什麼不可以？那只有知道言是什麼的人（才可以講微言）了。知言是什麼的人，是不以語言來言的。競抓游魚的身要濕，追逐野獸的要奔跑，這都不是快樂的事。所以至高的語言是不言，至高的作為是無為。智識淺薄的人所爭的是末節而不是根本呀！」白公不得言的根本（不能不以言言），就（被殺）死於浴室。

（一三）❶趙襄子❷使新穉穆子❸攻翟❹，勝之，取左人中人❺，使遽人❻來謁之。襄子方食❼而有憂色。左右曰：「一朝而兩城下，此人之所喜也；今君有憂色。何也？」襄子曰：「夫江河之大也，不過三日；飄風暴雨不終朝，日中不須臾。❽今趙氏之德行無所施❾於積，一朝而兩城下，亡其及我哉！❿」孔子聞之⓫曰：「趙氏其昌乎⓬！夫憂者所以為昌也，喜者所以為亡也。勝非其難者也；持之，其難者也。賢主以此持勝，故其福及後世。⓭齊楚吳越皆嘗勝矣，然卒取亡焉，⓮不達乎持勝也。唯有道之主為能持勝。」孔子之勁，能拓國門之關，而不肯以力聞。⓯墨子為守攻，公輸般服，而不肯以兵知。⓰故善持勝者以彊為弱⓱。

【注釋】❶本章又見於《國語・晉語篇》卷九、《呂氏春秋・慎大篇》、《淮南子・道應》，唯《國語》較為簡略。❷趙襄子　晉卿，注見〈黃帝篇〉二二章注釋❷。❸新穉穆子　趙襄子的家臣新穉狗。穉，通「稚」。❹翟通「狄」。指北方的鮮虞。鮮虞為狄的一支。❺左人中人　鮮虞的兩邑名，在今河北唐縣附近。❻遽人　驛卒，如現在的聯絡兵或通訊兵。遽是驛車，是驛站的交通車。❼方食　《呂氏春秋》作「方食摶飯」。摶飯是用手抓乾飯吃。❽飄風暴雨不終朝二句　《老子》二三章：「飄風不終朝，驟雨不終日。」《文子・微明篇》：「老子曰：『江河之大，溢不過三日，飄風暴雨，日中不出須臾止。』」《說苑・叢談篇》：「江河之溢，不過三日，飄風暴雨，須臾而畢。」與此同義。據《文子》、《說苑》，似「不過」上有「溢」字。❾施　俞樾：「『施』衍字，蓋即『於』字之誤而複者。」此為俞氏所謂「兩字形似而衍」之例。❿趙氏之德行無所施於積三句　盧重玄：「不能積德累行而以強力下二城。夫物盛必衰，不亡何待耶？」⓫孔子聞之　孔子死（西元前四七九年）在趙襄子即位之前，不可能知道襄子伐翟。⓬趙氏其昌乎　晉國自文公以後公族單薄，異姓大夫日盛，至悼公時，六卿專權，各有勢力，才有一姓大夫昌盛的觀念。⓭賢主以此持勝二句　襄子傳獻侯，再傳烈侯，烈侯於西元前四〇三年自立為諸侯，再經一百八十一年（西元前二二二年）才為秦國所滅。這也是編者的識語。⓮齊楚吳越皆嘗勝矣二句　趙氏未亡，而先說齊楚取亡，是不合理的。若說齊為田氏所代為亡，則楚並未為異姓所奪；或說國都被佔為亡，更是不通。而且不論是言者的孔子或「編者」的列子（？）都不可能看到四國之亡，其中吳亡的最早是西元前四七三年，而孔子已死，列子若與子產同時，則猶早於孔子，所以這一章編得太沒有常識。⓯孔子之勁三句　「拓」應作「招」，是舉起的意思。關指關機、機發。就是牐版的鈕環。古代城門有的還在內側加一層活動的吊門，以增加防禦的機動性，叫牐版，或叫閘板。門用鐵索繫在機發（如滑輪）上，動了機發，繩子帶門下墜，就關了城門。這兒的關是指整扇的牐版。據《左傳・襄公十年》：晉軍攻偪陽城，一些士兵被誘進了城內，守軍把牐版放下，孔子的父親叔梁紇便用手撐起牐版，讓士兵跑出來。後來此事就誤傳為孔子。除注釋❶所引之外，又見於《淮南子・主術》：「孔子之通智過於萇弘，勇服於孟賁，足躡郊菟，力招城關，能亦多矣，然而勇力不聞。」這是加美於一人的說法，《史記》並沒有引用。⓰墨子為守攻三句　《墨子・公輸篇》：「公輸盤（般）為楚造雲梯之械成，將以攻宋。……子墨子解帶為城，以牒為械。公輸盤九設攻城之機變，子墨子九距之，公輸盤之攻械盡，子墨子之守圉（禦）有餘，公輸盤詘（屈）。」⓱以彊為弱　《淮南子・道應》在「為弱」下，引「故老子曰：『道沖而用之，又弗盈也。』」《淮南子・道應》旨在申老，並不為《列子》編者所取。

【語　譯】趙襄子派新穉穆子攻打翟國，得到勝利，佔領了左人中人二邑，穆子叫驛卒回來向襄子報告。襄子正在吃飯，聽了消息而面有憂色。左右的人說：「一剎那間攻下兩城，這應該是人所喜悅的；現在君卻有憂色，為什麼呢？」襄子說：「江河有大潮，最久不過三天；飄風暴雨最久不過一天，太陽在天頂最多不過片刻。現在趙氏沒有累積的德行，居然一剎那間攻下兩城。我們將會滅亡吧！」孔子聽到了就說：「趙氏將會昌盛呀！能夠遠憂的會昌盛，只能喜悅的會滅亡。勝利並不是困難的；能保持勝利才是困難的。賢主能以這個（懷遠憂）保持勝利，所以幸福能傳到後世。齊、楚、吳、越國都曾經勝利過，但都終於滅亡，這是不能做到保持勝利的緣故。只有有道德的君主，能保持勝利。」孔子的力氣可以舉起國都的城門的牐版，而不以力氣炫耀於人。墨子善守別人的進攻，使公輸般折服，而不以自己知道軍事。所以善於保持勝利的人以虛弱來表現強大。

（一四）❶宋人有好行仁義者，三世不懈。家無故黑牛生白犢❷，以問孔子。孔子曰：「此吉祥也，以薦上帝。」❸居一年，其父無故而盲。其牛又復生白犢，其父又復令其子問孔子。其子曰：「前問之而失明，又何問乎？」父曰：「聖人之言先迕後合。其事未究，姑復問之。」其子又復問孔子。孔子曰：「吉祥也。」復教以祭，其子歸致命其父，其曰：「行孔子之言也。」居一年，其子又無故而盲。其後楚攻宋，圍其城；❹民易子而食之，析骸而炊之；丁壯者皆乘城而戰，死者太半。此人以父子有疾皆免。及圍解而疾俱復❺。

【注釋】❶本章又見於《淮南子・人間》、《論衡・福虛篇》。❷家無故黑牛生白犢　故是非常的事故，指災禍憂疾。《周禮・天官・宮正篇》：「國有大故。」注：「故謂禍災。」黑牛生小白牛是古代所認為的怪異之變，本是不吉的事。其實黑牛生白牛是遺傳基因的突變，雖然少見，卻是無世而不有之的，臺灣就出現過。❸孔子曰三句　據《史記・孔子世家》說孔子好言怪異之變，如：「季桓子穿井，得土缶，中若羊，問仲尼云得狗。仲尼曰：『以丘所聞，羊也。丘聞之：木石之怪，夔罔閬；水之怪，龍罔象；土之怪，墳羊。』」❹楚攻宋二句　指魯宣公十四年（西元前五九五年）到十五年楚軍圍宋國都城商邱的事，早孔子之生四十四年。起初楚國大夫申舟曾與楚王到宋國打獵而打傷宋君的僕人。後來出使齊國，又不借道而入宋境，終被殺。於是楚莊王攻宋，從第一年九月圍到次年五月，宋大夫華元晚上私見楚將子反說：「敝邑易子而食，析骸以爨。」要求楚軍退三十里，楚軍果退，而與宋講和。事見《左傳》〈宣公十四年〉〈宣公十五年〉、《史記》〈楚世家〉〈宋微子世家〉。

❺及圍解而疾俱復　這是編者的瑞應，但卻是十分腐朽。

【語譯】宋國有好行仁義的人，三代人都努力不懈。家中沒有非常事故，黑牛居然生小白牛，這個人就來問孔子。孔子說：「這是吉祥的事，用以獻祭上帝吧！」生活了一年，他的父親沒有非常事故而目盲。而牛又生了小白牛，他的父親又叫他的兒子去問孔子。他的兒子說：「以前問過而你卻失明了，又何必問呢？」父親說：「聖人的話是先不合而後才符合的。而事情又沒有完結，不妨再去問吧！」他的兒子又去問孔子。孔子說：「吉祥呀！」又教他祭上帝，他的兒子回來交代父命，父親說：「依孔子的話去做吧！」生活了一年，他的兒子又沒有非常事故而目盲。後來楚國攻打宋國，包圍都城；人民飢餓得交換兒子吃，剖骨頭來燒火；強盛的男子都上城作戰，死亡的過半。而這個人（指兒子）因父子殘廢而不用作戰。等到城解圍，眼病又都好了。

（一五）宋有蘭子❶者，以技干宋元❷；宋元召而使見。其技以雙枝，長倍其身，屬其脛，❸並趨並馳，弄七劍迭而躍之，五劍常在空中。元君大驚，立賜金帛。又有蘭子又能燕戲❹者，聞之，復以干元君。元

君大怒曰：「昔有異技干寡人者，技無庸，適值寡人有歡心，故賜金帛；彼必聞此而進復望吾賞。」拘而擬戮之，經月乃放。❺

【注釋】❶蘭子　流浪人。蘭，古書作「闌」，本字為「𨷿」。《說文》：「𨷿，妄入宮掖也，讀若蘭。」蘭、闌都是假借字。《漢書・成帝紀》：「闌入尚方掖門。」注：「服虔曰：無符籍妄入宮曰闌。」又〈汲黯傳〉注：「應劭曰：『闌，妄也。』」因本章的蘭子並沒有說無憑證擅入宮，所以《釋文》引申為「是以技妄游者」，大概是指走江湖賣藝的流浪人。❷宋元　依《類聚》、《御覽》引應作「宋元君」，下同。宋元君，宋國君。舊說以為宋元公，是平公子，名佐，在位十五年。（《莊子・外物篇》成疏）楊伯峻以為是褚少孫補《史記・龜策列傳》的宋元王，《索隱》稱為宋元君。據《莊子》所引宋元君是一個喜愛玩樂的人物（〈田子方篇〉、〈徐无鬼篇〉）。❸其技以雙枝三句　這是高蹺。踁，通「脛」。是膝蓋到腳跟部分，就是指小腿。❹燕戲　燕是比喻身輕如燕，戲是遊戲、雜技。張《注》：「如今之絕倒投狹。」絕倒是倒立，投狹是投圈子（如火圈、刀圈）。都要靈活的動作，張衡〈西京賦〉有「衝狹燕濯」句，衝狹即投狹，燕濯是如燕浴一般的水上翻滾。近濟南西漢墓出土的雜技陶俑群，也有類似動作。可見中國雜技藝術歷史悠久。林希逸說：「燕飲之間雜弄之技也。」錯誤。而且前面的高蹺弄劍的也可以在宴飲之間表演。❺主旨是如第八章所謂的「失時也」。

【語譯】宋國有個流浪人，以技藝求見宋元君；宋元君召見他並叫他表演。他的技藝是用兩根木枝，長為身體的一倍，綁在小腿上，又快走又快跑，手丟七把劍輪流飛躍，五把常在空中。元君很驚喜，立刻賜他金子和絲帛。又有一個身輕如燕能表演遊戲的流浪人知道這事，也來求見宋元君，元君大怒說：「從前有個懷有異技的人求見我，技藝本來無用，正好遇到我開心，所以賜給金子絲帛；現在這個人必定聽到那事也希望來求得我的賞賜。」就拘捕而要殺他，過了一個月才釋放。

（一六）❶秦穆公❷謂伯樂❸曰：「子之年長矣，子姓❹有可使求馬者乎？」伯樂對曰：「良馬可❺形容筋骨相也。天下之馬者，若滅若沒，若亡若失。若此者絕塵弭轍❻。臣之子皆下才也❼，可告以良馬，不可告以天下之馬也。臣有所與共擔纆薪菜❽者，有九方皐❾，此其於馬非臣之下也。請見之。」穆公見之，使行求馬。三月而反報曰：「已得之矣，在沙丘❿。」穆公曰：「何馬也？」對曰：「牝而黃。」使人往取之，牡而驪。穆公不說，召伯樂而謂之曰：「敗矣，子所使求馬者！色物⓫牝牡尚弗能知，又何馬之能知也？」伯樂喟然太息曰：「一至於此乎！是乃其所以千萬臣而無數者也。若皐之所觀天機⓬也，得其精而忘其麤，在其內而忘其外；見其所見，不見其所不見；視其所視，而遺其所不視。若皐之相者，乃有貴乎馬者也。」馬至，果天下之馬也。

【注釋】❶本章又見於《淮南子．道應》。❷秦穆公　春秋秦君，名任好，德公子，繼兄成公而立，在位三十九年（西元前六五九～前六二一年），開疆闢土，擴充國力，為春秋五霸之一。見《史記．秦本紀》。❸伯樂　相傳是春秋時代最會辨識馬好壞的人，姓孫名陽，字伯樂。❹子姓　子所生的，指眾子孫。姓，通「生」。《禮記．喪大記篇》：「卿大夫，父兄子姓，立于東方。」注：「子姓，謂眾子孫也。姓之言生也。」❺可　王重民據《類聚》引在「可」下補「以」字。❻絕塵弭⿰足敢　張《注》：「言迅速之極。」就四字言，固然可通；但就全章言，應是對若滅沒若亡失的具體描寫，通章主張內在的精神，反對外在的形色，自然沒有強調馬速度的必要。⿰足敢，通「⿰車敢」。是輪跡。❼臣之子皆下才也　子，即子姓。後世遂傳出伯樂的兒子不識馬，持馬經去求馬，誤把大蟾蜍當良馬的笑話。（見《琅琊代醉編》）❽共擔纆薪菜　共，通「供」。擔纆薪菜，「纆」原作「纏」。張《注》：「負索薪菜，蓋賤役者。」王念孫因張《注》以「索」訓「纏」，而「纏」沒有「索」的意思，所以用《說文》訓「索」的「纆」（又作「纆」）來代「纏」，正好與道藏本《列子釋文》相合。（說見《讀書雜志》卷九《淮南子》）照王說則「擔纆」是挑繩的意思。另外俞樾說：「『擔纏薪菜』是兩事，擔纏者，負荷什物；薪菜者，以給炊也。纏乃纆字之誤，菜當作采，古字通用。」以上王氏所說，繩子雖可挑負，卻沒有意義，也不成詞。俞氏依王說把「纏」作「纆」，但沒有解釋此字的意思，他所說的「負荷什物」缺乏根據，「纆」並無雜物之意。按張《注》：「負索」二字都是動詞，是挑和捆的意思，張湛所見《列子》原文，未必就不是「纏」字。「纏」與「纆」都宜解為捆。薪菜，又作「薪采」、或「薪採」。《戰國策．秦策》：「芻牧薪採，莫敢闚東門。」注：「大者薪，小者採。」即是薪柴。《禮記．月令篇》：「季冬之月。乃命四監，收秩薪柴。」注：「大者可析，謂之薪；小者合束，謂之柴。」上引的「芻牧」「收秩」和「擔纆（或纏）」一樣都是動詞，則「薪菜

（柴）」二字都是名詞，是指燒火的木柴。❾有九方皐　王叔岷以「有」為衍文。九方皐，《莊子・田子方篇》作「九方歅」，在該文中是一個善看相的人。成《疏》：「九方，姓也，歅，名也。」《淮南子・道應》作「九方堙」。❿沙丘　今河北平鄉東南。⓫色物　盧文弨：「『色物』《御覽》八九六引作『物色』。」⓬天機　林希逸：「天機者，得其天而遺其形也。」

【語　譯】秦穆公向伯樂說：「你的年紀大了，你的子孫有否（能相馬）可派去找良馬的嗎？」伯樂對答：「一般的好馬可以用形態容貌筋骨來相。而天下最好的馬，恍恍惚惚，若無若失。這樣，超脫塵世不見痕跡。臣的子孫都是下等的才能，只能說出一般的好馬，不能說出天下最好的馬。有個幫臣挑捆薪柴的人叫九方皐，他相馬的能力並不在我之下。請你接見他吧！」穆公見了九方皐，派他去找馬。三個月後回來報告：「已經得到了，在沙丘。」穆公問：「是那樣的馬？」對答：「雌性黃色。」叫人去把馬帶回，卻是雄性黑色。穆公不高興，叫伯樂來說：「錯了！你所推薦去找馬的人，對馬的顏色性別都弄不清，怎麼能夠知道相馬呢？」伯樂長歎說：「九方皐相馬用心專一到這樣的境界，勝過臣還不止是千萬倍呢。皐觀看的是自然的精神，能得到精細的內在，而忘卻粗糙的外表，深入內在精神，忘卻外在形體；能看他所能看的，不看他所不能看的；能看他所該看的，遺棄他所不該看的。像皐相法的高妙，實在超越相馬的範圍了。」馬來了，果然是天下最好的馬。

（一七）❶楚莊王❷問詹何❸曰：「治國柰何？」詹何對曰：「臣明

於治身而不明於治國也。」楚莊王曰：「寡人得奉宗廟社稷❹，願學所以守之。」詹何對曰：「臣未嘗聞身治而國亂者也❺，又未嘗聞身亂而國治者也。故本在身，不敢對以末。」楚王曰：「善。」

【注釋】❶本章又見於《呂氏春秋．執一篇》、《淮南子．道應》。❷楚莊王　春秋諸侯，名侶，穆王子，在位二十三年（西元前六一三～前五九一年），振興國勢，角逐中原，為五霸之一。❸詹何　見〈湯問篇〉八章注釋❹。❹宗廟社稷　宗廟是古代貴族祭祀他們祖先的宮室，是宗法世襲制下，表示他們感謝祖先創業，要保護祖產，傳之子孫。社稷是祭祀土神與穀神的土壇。「宗廟社稷」在此象徵著貴族政權的根基。❺臣未嘗聞身治而國亂者也　此句又見《淮南子．詮言》。

【語譯】楚莊王問詹何說：「要怎樣治國？」詹何對答：「臣明瞭治身的方法，而不明瞭治國的方法。」楚莊王問：「我要供奉宗廟和社稷，希望學習（治國）來保守它。」詹何對答：「臣沒有聽過身治好而國紊亂的，也沒有聽過身不治好而國能治好的。所以治國根本在修身，我不敢只以治國這個末節來答覆。」楚王說：「好極了。」

（一八）❶狐丘丈人❷謂孫叔敖❸曰：「人有三怨，子之知乎？」孫叔敖曰：「何謂也？」對曰：「爵高者，人妬之；官大者，主惡之；祿厚者，怨逮之。❹」孫叔敖曰：「吾爵益高，吾志益下；吾官益大，吾心益小；吾祿益厚，吾施益博。以是免於三怨，可乎？」

【注釋】❶本章又見於《荀子・堯問篇》、《淮南子・道應》、《韓詩外傳》卷七。又《說苑・敬慎篇》及《文子・符言篇》所載情節略有不同。❷狐丘丈人　張《注》：「狐丘，邑名。丈人，長老者。」狐丘，無可考。《荀子》作「繒丘之封人」。郝懿行《補注》：「繒即鄫國，姒姓，在東海。〈漢志〉：『繒縣屬東海郡。』是也。」❸孫叔敖　春秋楚莊王令尹，蔿賈之子，名敖，字孫叔。見《左傳・宣公十二年》、《史記・循吏列傳》。❹祿厚者二句　俞樾：「《淮南子・道應篇》作『祿厚者怨處之』，是也。『怨處之』謂怨讎之所處也，猶曰為怨府也。處與妒、惡為韻。」從之。

【語譯】狐丘的老人向孫叔敖說：「人有三怨，你知道嗎？」孫叔敖說：「什麼意思？」對答：「爵位高的人，人會忌妒他；官權大的，君主會厭惡他；俸祿厚的，怨言會集中於他。」孫叔敖說：「我的爵位愈高，我的志向就愈低；我的官權愈大，我的心願就愈小；我的俸祿愈厚，我的施捨就愈廣。因此能免於三怨，這樣可以嗎？」

（一九）❶孫叔敖疾❷，將死，戒其子曰：「王亟❸封我矣，吾不受也。為❹我死，王則封汝；汝必無受利地！楚越之間有寢丘❺者，此地不利而名甚惡。楚人鬼而越人禨❻，可長有者唯此也。」孫叔敖死，王果以美地封其子❼。子辭而不受，請寢丘與之。至今不失❽。

【注釋】❶本章又見於《呂氏春秋・異寶篇》、《淮南子・人間》。又《韓非子・喻老篇》、《史記・滑稽列傳》也記載此事，但情節略有不同。本章疑取自《呂氏春秋》。❷孫叔敖疾　《淮南子》作「昔者楚莊王既勝晉於河雍之間，歸而封孫叔敖，辭而不受，病疽將死。」按《史記・楚世家》說：「楚莊王十七年敗晉師於河上，遂至衡雍而歸。」❸亟　是數、屢次。《呂氏春秋》作「數」。❹為　王念孫：「『為』猶『如』也，言如我死而王封汝，汝必無受利地也。古或謂如曰為。」❺寢丘　邑名，今河南沈丘東南，近安徽。寢丘就是墳堆的意思。《淮南子》稱：「其地确石而名醜。」高誘《注》：「前有垢谷，後有戾丘（地形猙獰）名醜（名稱醜惡）。」《史記》說寢丘有四百戶人，可見這食邑人也不太少。❻楚人鬼而越人禨　鬼是死人，指祭祀祖先。禨是祥，指祭鬼求福。古代楚越進步較晚，人民特別迷信。《漢書・地理志》：「楚有江漢、川澤、山林之饒……信巫鬼，重淫祀。」所以對墓地有所禁忌，不敢奪取。❼王果以美地封其子　王指楚莊王。據《韓非子》是楚王直接賞給孫叔敖的，而不是封其子。又《史記》則說是優孟向楚王建議封給其子的。❽至今不失　《韓非子》說：「九世而祀不絕。」《史記》作「十世」。所謂的「今」，大約在戰國末年。

【語譯】孫叔敖生病，快要死了，告戒他的兒子說：「王屢次封土地給我，我都拒絕。如果我死，王就會封你；你不要接受利益高的土地。楚國越國交界有個地方叫寢丘，這塊土地並沒有什麼利益而名稱又不好聽。楚國人信鬼，而越國人求福，都有所禁忌，能長保封地只有靠這個條件了。」孫叔敖死，楚王果然要以肥美的土地封給他的兒子。他的兒子拒絕，而改請求寢丘，楚王給他。

傳到現在仍然沒有失去。

(二〇)❶牛缺者，上地之大儒也，下之邯鄲，❷遇盜於耦沙❸之中。盡取其衣裝車，牛步而去。❹視之，歡然無憂吝❺之色。盜追而問其故。曰：「君子不以所養害其所❻養。」盜曰：「嘻！賢矣夫！」既而相謂曰：「以彼之賢，往見趙君，使以我為❼，必困我，不如殺之。」乃相與追而殺之。燕人聞之，聚族相戒，曰：「遇盜，莫如上地之牛缺也！」皆受教。

俄而其弟適秦。至關下❽，果遇盜；憶其兄之戒，因與盜力爭。既而不如❾，又追而以卑辭請物。盜怒曰：「吾活汝弘矣，而追吾不已，迹將著焉。既為盜矣，仁將焉在？」遂殺之，又傍害其黨四、五人焉。❿

【注釋】❶本章前半又見於《呂氏春秋．必己篇》、《淮南子．人間》，但文字略有不同。❷牛缺者三句 《呂覽》高誘《注》：「牛，姓也。缺，其名，秦人也。秦在西方，故稱『下之邯鄲』。」按上地是高地的意思，即上黨的同義異名，在戰國時代久屬韓國，上黨是高可與天同黨的意思，在今山西東南太行山上。邯鄲，是趙都，在上黨東北太行山腳下的河北平原，因此叫「下之邯鄲」。牛缺既為上地大儒，恐不是秦人，稱牛缺為「大儒」，朱得之以為是「寓譏意」。❸耦沙　高誘《注》：「淤沙為耦，蓋地名也。」朱駿聲：「耦，假借為濡。」濡，是濕的意思。梁玉繩以為是《漢書．地理志》的渪水，渪水在邢州沙河，又名叫沙河水。按渪水源出山西遼縣，東流入河北沙河縣。該水大概泥沙很多。❹盡取其衣裝車二句　俞樾：「此當作『盡取其衣裝車馬，牛缺步而去。』」❺厺　「吝」的俗字。❻所　王重民：「疑上『所』字下脫『以』字耳。」王說可從，所以養指養生之身外物，所養指身體。❼使以我為　陶鴻慶：「『使以我為』下脫『事』字。」❽關下　關是函谷關，在河南靈寶西南的函谷中，是至秦國的必經之地。關下是城關之下。❾如　楊伯峻：「『如』當作『與』。」❿張《注》：「牛缺以無厺招患，燕人假有惜受禍，安危之不可預圖皆此類。」

【語譯】牛缺是上地的大儒，到邯鄲去，在耦沙水中遇到（一群）強盜。他的衣服行李車馬全被搶去，只好步行走開。強盜看他很開朗的沒有憂愁吝惜的顏色，便追過去問原因。他說：「君子不會讓那些用來養生的東西傷害他的身體。」強盜說：「嘻！是個賢人呀！」便互相討論說：「以他的賢能，去見趙君，叫他來對付我們，我們一定困窮，不如殺掉他。」於是一齊從後面追趕而把他殺了。一個燕國人聽到這事，聚合他們的族人相戒說：「遇到強盜，不要像上地的牛缺那樣子了。」大家都接受教訓。

不久燕人的弟弟到秦國。在城關之前，果然遇到強盜；他想起他哥哥的教訓，而用力與強盜爭鬥。但取不回來，又追過去以卑下的話請強盜退還東西。強盜憤怒的說：「我們讓你們活，已經夠寬大了。而竟然窮追我們不停，將會使我們的形跡顯露。既然做強盜，仁又在那裏呢？」於是把他殺了，同時又連累同鄉的四、五人也被殺。

（二一）❶虞氏者，梁❷之富人也，家充殷盛，錢帛無量，財貨無訾。❸登高樓，臨大路，設樂陳酒，擊博❹樓上。俠客相隨而行。樓上博者射，明瓊張中，反兩㯄魚而笑。❺飛鳶適墜其腐鼠❻而中之。俠客相與言曰：「虞氏富樂之日久矣，而常有輕易人之志。吾不侵犯之，而乃辱我以腐鼠。此而不報，無以立慬❼於天下。請與若等戮力一志，率徒屬必滅其家為！」等倫❽皆許諾。至期日之夜，聚眾積兵以攻虞氏，大滅其家。

【注釋】❶本章又見於《淮南子・人間》。❷梁　指大梁，為戰國魏都，在今河南開封。❸家充殷盛三句　《淮南子》「充」下有「盈」字。《類聚》卷三三、《御覽》卷四七二引作「家既充盛，錢帛無量，財貨無比。」訾，貲的假借字，是量的意思。❹擊博　擊是擲瓊，博是博戲。博戲要擲瓊，因而又叫擊博。博戲是上古一種下棋又投擲瓊（似後世的骰子）的賭博。與當時並行的圍棋（縱橫各十七道，隋唐後才增為十九道）不同。到南北朝已漸失傳（見顏之推《家訓・雜藝篇》）。《列子釋文》引《古博經》（不知撰人）所說，保留了比較詳細的資料：「博法：二人相對坐，向局（棋盤），局分為十二道，兩頭當中名為水。用碁（通『棋』）十二枚，六白六黑；又用魚二枚置於水中，其擲采以瓊（用玉或石做的）為之，瓊畟方寸三分，長寸五分，銳其頭，鑽刻瓊四面為眼，亦名為齒。二人互擲采行碁。碁行到處即竪之，名為驍碁，即入水食魚，亦牽魚。每牽一魚獲二籌（箭），翻（反）一魚獲三籌。若已牽兩魚而不勝者，名曰被翻雙魚。彼家獲六籌為大勝也。」按博戲又叫六博，是在棋局上放六根竹子（依局上刻畫），就叫箸，或叫箭為籌，而局上的棋子，六白六黑，一邊一色。下棋的權力是依投瓊決定，瓊是立體正方而上面尖頭可執的東西，共五面，四面為一至四畫，下面空白無刻畫，投贏的人棋子可下水吃魚（局面線條之外的空間為水，共置有二魚），依《博經》所說一直到翻二條魚，獲得六籌就可以勝利。六博局近在江蘇江都及湖北雲夢西漢墓出土，博局有幸重現，詳情待考。

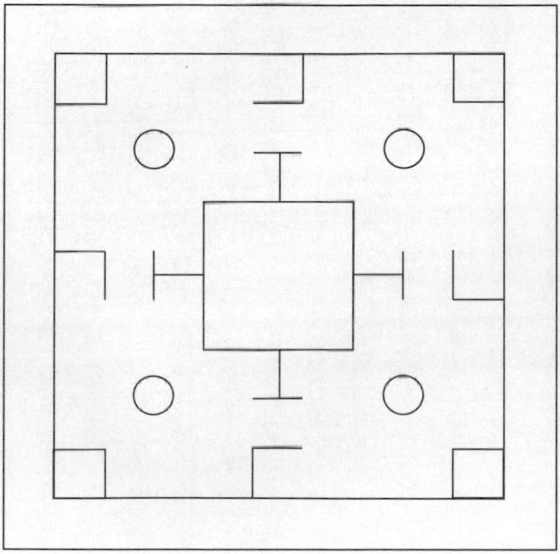

長38公分　寬36公分　厚2公分

湖北省雲夢縣出土的西漢木製六博局圖

❺明瓊張中二句　張《注》：「明瓊齒五白也。射五白得之，反兩魚獲勝，故大笑。」大概是說瓊（又叫明瓊）投出了「五白」，可以翻兩魚而得勝，因而大笑。《釋文》以中為丁仲切，是動詞，疑中是瓊的下面空白，就四面言，是中間，張是顯現的意思。「五白」疑是采名，據《後漢書・梁冀（梁統玄孫）傳》注引鮑宏的《博經說瓊》的五采（五面的標誌）是刻一畫的叫塞，二畫的叫白，三畫的叫黑，以下的殘文說：「一邊不刻者，五塞之間謂之五塞。」費解。㯓，同「榻」。《釋文》說：大博經作鰈，比目魚也。按《廣韻》，鰈，吐盍切，與榻同音假借，兩條魚，畫成比目魚的樣子。❻腐鼠　陶光：「《莊子・秋水》：『於是鴟得腐鼠，鵷鶵過之曰：嚇。』《呂氏春秋・貴生篇》：『嗜肉非腐鼠之謂也。』……諸書多言腐鼠以為特賤醜之物，故俠者以為侮也。」❼慬　張《注》：「勇。」《淮南子》作「務」。王引之：「務當為矜字……慬與矜古同聲而通用。」慬為矜的假借字，有自尊自大之意。《公羊傳・僖公九年》：「矜之者何？猶曰莫若我也。」❽等倫　同輩。據朱得之及楊伯峻的標點，「等倫」上屬為句，是說：為同輩而率部屬以滅其家，上文已有「若等」「徒屬」，而此再重出「為等倫」，文法與文意皆欠通。按「等倫」應下屬，「為」是語尾助詞，是「必滅其家」的語助，如《老子》七五章：「夫唯無以生為者」，《莊子・逍遙遊篇》：「予無所用天下為！」之「為」語尾詞。

【語譯】虞氏是大梁的富人，家境充盈殷實，錢幣絲帛和財貨多得不可計量。他登著高樓，俯視大路，設置女樂，陳列美酒，然後在樓上賭博。俠客也相隨在後。樓上賭博的人正在投瓊，瓊顯出五白，可翻兩條鰈魚得勝，因而笑起來。恰好有隻飛翔的老鷹把所抓的腐鼠從空中掉下來打中了俠客。俠客們（以為虞氏所丟）就相互的說：「虞氏過富樂的日子太久了，而常有輕視人的心。我們從不侵犯他，現在竟然丟腐鼠來侮辱我們。這個不報復，我們就不能在天下稱雄了。請你們同心合力，帶自己部屬來消滅他家呀。」同輩都答應了。到了所約定日期的晚上，聚集眾人湊合武器以攻打虞氏，絕滅了虞家。

（二二）❶東方有人焉，曰爰旌目❷，將有適也，而餓於道。狐父❸之盜曰丘，見而下壺餐以餔之❹。爰旌目三餔而後能視，曰：「子何為者也？」曰：「我狐父之人丘也。」爰旌目曰：「譆❺！汝非盜邪？胡為而食我？吾義不食子之食也。」兩手據地而歐❻之，不出，喀喀然，遂伏而死。狐父之人則盜矣，而食非盜也。以人之盜因謂食為盜而不敢食，是失名實者也。❼

【注　釋】❶本章又見於《呂氏春秋．介立篇》、《新序．節士篇》、《金樓子．雜記篇上》。❷爰旌目　爰是姓，通「袁」。《韓詩外傳》卷一引作「袁旌目」。《通志．氏族略篇》：「爰氏即袁氏也。」旌目是名，是杜撰之名。《後漢書．張衡傳》作「旌瞀」，李賢《注》引「一作爰精目」，旌、精音義皆同，李賢《注》：「旌，明也。」大概是說本是目明，結果目不明而誤食盜飯。《新序》作「袁族目」，「族」是「旌」的誤字。「瞀」通「目」。❸狐父　是地名，今江蘇碭山南有「狐父聚」，不知是否有關。狐父之盜，可能如「盜跖」一樣，是反官方的起義農民人物。❹壺餐以餔之　壺本是酒器，臨時用以盛飯，餐，同「飧」。一本正作「飧」，是飯，或以水澆飯的意思。餔是吃。❺譆　驚歎聲。❻歐　嘔的本字，《說文》：「歐，吐也。」❼狐父之人則盜矣四句　文字與各書結論不同（《後漢書．張衡傳》注引無），這是《列子》編者站在反對爰旌目的立場，加以批評的。

【語　譯】東方有個人，名叫爰旌目，外出時在路上挨餓。狐父有個盜賊名叫丘的，看到他就用壺盛飯給他吃。爰旌目吃了三口(稍有力氣)才睜開眼睛看,說:「你是那位?」答:「我是狐父人名丘。」爰旌目說:「咦!你不是盜賊嗎?為什麼要給我吃?我為義而不吃你的飯!」兩手就按在地上嘔吐,吐不出來,再用力的吐,喀喀地吐出來,終於伏倒地上而死了。狐父的人是盜賊,可是他的飯不是盜來的。而以這個人是盜賊,飯也是盜的,就不敢吃他的飯,是對名與實失去了正確的選擇了。

(二三)❶柱厲叔事莒敖公❷,自❸為不知己,去,居海上。夏日則食菱芰❹,冬日則食橡栗❺。莒敖公有難,柱厲叔辭其友而往死之。其友曰:「子自以為不知己,故去。今往死之,是知與不知無辨也。」柱厲叔曰:「不然!自以為不知,故去。今死❻,是果不知我也。吾將死之,以醜後世之人主不知其臣者也❼。」凡知則死之,不知則弗死,此直道而行者也;柱厲叔可謂懟以忘其身者也。❽

【注釋】❶本章又見於《呂氏春秋・恃君篇》、《說苑・立節篇》。❷柱厲叔事莒敖公 《說苑》作:「莒穆公有臣曰朱厲附。」柱厲叔,未詳。柱、朱雖音可通假,但沒有兩姓可通的資料。莒是古國名,據說周武王封少昊的後世於莒而立國,世系不詳,可考的自莒子(《左傳・隱公二年》以後)至郊公為九世,而未見敖公或穆公其名（參見《春秋會要》），楚簡王元年（西元前四三一年）為楚所滅，被滅時的莒君，也不可考。❸自　陶鴻慶：「『自』下當有『以』字。」《呂氏春秋》有「以」字。❹菱芰　菱與芰為一物之異名。菱，又作「蔆」。一年生的水生植物，芰科。根生土中，莖葉飄浮水面，葉略作三角形，葉柄膨大為浮囊，夏天開白花，果實有角突起，俗名叫菱角，味美可食。《呂氏春秋》作「菱芡」。芡與菱異物，睡蓮科，實葉，莖可食，又叫「雞頭」。❺橡栗　又叫橡子、橡實，即櫟樹的果實。櫟樹，殼斗科，生山野，落葉喬木，果實在碗狀殼斗內，可食。以上兩物是野生果實，比喻生活艱苦。❻今死　《呂覽》作「今死而弗往死」意思較完全。❼以醜後世之人主不知其臣者也　《呂覽》高誘《注》：「醜，愧也。……死其難，可以使後世不知良臣之君慙於不知人也。」❽凡知則死之四句　是《列子》編者的批評，與《呂覽》作正統的嘉許不同。

【語譯】柱厲叔臣事莒敖公，以為莒君不了解自己（的才能），就離去，隱居在海上。夏天則吃菱角，冬天則吃橡子。後來莒敖公發生危難，柱厲叔拒絕了朋友的勸告而去為莒君殉難。他的朋友說：「你以為莒君不了解你，才離去的。現在卻去為他殉難，是對別人是否了解你無所分辨了。」柱厲叔說：「不然。我以為他不了解我，所以離去。現在他若死了而我不去殉死，我不被了解是應該的呀。我將為他而殉難，使後世不了解臣子的國君有所慚愧。」凡了解自己的才為他而死，不了解自己的就不為他而死，這是直其道而行的人；柱厲叔可說是怨恨他的國君而又忘了自己生命的人了。

（二四）楊朱曰：「利出者實及❶，怨往者害來。發於此而應於外者唯請❷，是故賢者慎所出。」

【注釋】❶實及 《釋文》作「實反」。俞樾：「『及』乃『反』字之誤。『出』與『反』猶『往』與『來』，相對成文。《孟子》曰：『出乎爾者反乎爾者也。』」❷請 張《注》：「請當作情。」

【語譯】楊朱說：「利益發給他人，而實效反歸自己；怨恨丟給他人，而禍害歸回自己。能發動行為而在外有反應的乃是情，所以賢者能謹慎發出他的情。」

(二五) 楊子之鄰人亡羊，既率其黨，又請楊子之豎追之。楊子曰：「嘻！亡一羊，何追者之眾？」鄰人曰：「多歧路。」既反，問：「獲羊乎？」曰：「亡之矣。」曰：「奚亡之？」曰：「歧路之中又有歧焉，吾不知所之，所以❶反也。」楊子戚然變容，不言者移時❷，不笑者竟日。門人怪之，請曰：「羊，賤畜；又非夫子之有，而損言笑者，何哉？」楊子不答，門人不獲所命。弟子孟孫陽出，以告心都子❸。心都子他日與孟孫陽偕入，而問曰：「昔有昆弟三人，游齊魯之間，同師而學，進❹

仁義之道而歸。其父曰：『仁義之道若何？』伯曰：『仁義使我愛身而後名。』仲曰：『仁義使我殺身以成名。』叔曰：『仁義使我身名並全。』彼三術相反，而同出於儒。孰是孰非邪？」楊子曰：「人有濱河而居者，習於水，勇於泅，操舟鬻渡，利供百口。裹糧就學者成徒，而溺死者幾半。本學泅，不學溺，而利害如此。若以為孰是孰非？」心都子嘿❺然而出。孟孫陽讓之曰：「何吾子問之迂，夫子答之僻？吾惑愈甚。」心都子曰：「大道以多歧亡羊，學者以多方喪生。學非本不同，非本不一，而末異若是。唯歸同反一，為亡得喪。子長先生之門，習先生之道，而不達先生之況❻也，哀哉！」❼

【注釋】❶所以　與今天口語同義，楊伯峻以為非先秦用語。王叔岷：「《鶡冠子‧天權篇》注引「所以」作『是以』。」則「所以」乃後人所改。❷移時　猶時移，半晌、片刻，比竟日為長。❸心都子　楊朱弟子，不可考。《鶡冠子》注引作「都子」，古書未見以「心都」為姓氏或地名者。❹進　通「盡」。❺嘿　通「默」。❻況　譬，比喻的意思。《漢書‧高惠高后文功臣表》：「以往況今」，注：「師古曰：況，譬也。」《廣韻》：「況，匹擬也。」❼本則故事，唐鉞以為最早是《荀子‧王霸篇》所說：「楊朱哭衢涂曰：『此夫過舉蹞步而覺跌千里者夫。」」再變為《呂氏春秋・疑似篇》：「故墨子見歧道而哭之」及《淮南子・說林》：「楊子見逵而哭之，為其可以南，可以北。」然後再演化為《列子》本篇三百六十多字的故事。(《國故新探》)

【語譯】楊子的鄰人跑掉了一頭羊，這鄰人既率他的鄉人，又請楊子的童僕一起去追羊。楊子說：「咦！跑掉了一頭羊，為什麼要這麼多人去追？」鄰人說：「因為有許多叉路。」眾人回來以後，楊子問：「抓到羊沒有？」鄰人答：「跑掉了。」問：「為什麼跑掉？」答：「叉路中又有叉路，我不知牠跑到那裏，所以就回來了。」楊子憂戚地變了容貌，半天不說，整天不笑。學生覺得奇怪，便請問他說：「羊是低賤的牲畜；又不是老師所有的，現在跑掉了，害得老師不說不笑，為什麼呢？」楊子不答，學生們沒得到吩咐。學生孟孫陽出外把事告訴心都子。過了幾日，心都子與孟孫陽一起進楊子宅，心都子問：「從前有兄弟三人，到齊國魯國一帶遊歷，向同一老師學習，盡得仁義的道理而回家。他們的父親說：『仁義的道理是什麼？』老大說：『仁義使我先愛身而後求名。』老二說：『仁義使我殺身而得名。』老三說：『仁義使我身名都能兼得。』他們三個人學術不同，而卻同出於儒學。是那一個對？那一個錯呢？」楊子說：「有人靠河濱居住，熟悉水性，勇於游泳，划船做船渡買賣，獲利可以供養一百個人生活。使得攜帶糧食來向他學的人成群，可是溺死的幾乎一半。他們本來是學游泳，不是學溺死，然而卻產生利與害如此的不同。你以為那個是對？那個是錯？」心都子默然會心的出來。孟孫陽向他責問：「為何你問得那麼迂曲呢？老師也答得那麼僻澀呢？使我更迷惑了。」心都子說：「大路因多叉路而跑掉羊，學者因多方術而喪失自己。學術並非原本是不相同的，並非原本是不一致的，而是發展到末尾才有這樣的不同。只有歸回相同，返回一致，才不會喪失。你為先生門下最年長的，學習先生的道術，而不明先生的比喻，多悲哀呀！」

（二六）❶楊朱之弟曰布，衣素衣而出。天雨，解素衣，衣緇衣而反。其狗不知，迎而吠之。楊布怒，將扑之。楊朱曰：「子無扑矣！子亦猶是也。嚮者使汝狗白而往，黑而來，豈能無怪哉？」

【注釋】❶本章又見於《韓非子．說林篇下》。

【語譯】楊朱的弟弟叫楊布，穿白衣出去。遇到天雨，脫下白衣，穿上黑衣回家。他家的狗不知道，迎面叫起來。楊布生氣要打牠。楊朱說：「你不要打了，你也會一樣呀！剛才假使你的狗白色出去，黑色回來，你那能不怪呢？」

（二七）❶楊朱曰：「行善不以為名❷，而名從之；名不與利期❸，而利歸之；利不與爭期，而爭及之。故君子必慎為善。」

【注釋】❶本章與《戰國策．趙策》卷三及《說苑》〈敬慎篇〉、〈談叢篇〉所引語法相同而文字不同。❷行善不以為名《莊子・養生主篇》：「為善無近名」與此同義。❸期 本是要約相會的意思，這兒作關係解釋。

【語譯】楊朱說：「行善事不是為著名，可是卻隨著有名；名本與利沒有關係，可是有名也就隨著有利；利本與爭沒有關係，可是有利也就隨著會爭了。所以君子一定要謹慎行善，以免陷入名利，而與人相爭。」

（二八）❶昔人言有❷知不死之道者，燕君使人受之，不捷❸，而言者死。燕君甚怒，其使者將加誅焉。幸臣諫曰：「人所憂者莫急乎死，己所重者莫過乎生。彼自喪其生，安能令君不死也？」乃不誅。有齊子亦欲學其道，聞言者之死，乃撫膺而恨。富子聞而笑之曰：「夫所欲學不死，其人已死而猶恨之，是不知所以為學。」胡子曰：「富子之言非也。凡人有術不能行者有矣，能行而無其術者亦有矣。衛人有善數者，臨死，以決❹喻其子。其子志其言而不能行也。他人問之，以其父所言告之。問者用其言而行其術，與其父無差焉。若然，死者奚為不能言生術哉？❺」

【注　釋】❶此事又見於《韓非子．外儲說篇左上》，唯文字與觀點不同。❷言有　陶鴻慶：「『言有』二字誤倒。」從之。❸不捷　不快，指學得太慢沒有學成。又「捷」亦有得、或成的意思。《說文》：「捷，獵也，軍獲得也。」《小爾雅．廣詁篇》：「捷，成也。」不捷即沒有學會學成，所以燕君才會怒甚要殺他。林希逸說：「使人之行不速，遂不及見其人也。」錯誤。《韓非子》說：「王使人學之，所使學者未及學而客死。」可見不是說沒見面而客死。❹決　通「訣」。是要訣、方法。道藏本、林希逸本等正作「訣」字。❺若然二句　是說知不死之道的死者，是屬於「有術不能行者」一類的人。

【語　譯】從前有個人說他知道不死的方法，燕國國君便派人向他學，學得太慢，而知道不死的人就死了。燕君大怒，要殺他所派的人。寵幸的臣子勸諫說：「人所憂慮的沒有比死更急切，自己所重視沒有超過生命。那個知不死的人自己都喪失了生命，那能教你（燕君）不死了？」於是就沒殺這個被派的人。另有一個叫齊子的也要學不死的方法，聽說知不死的人已死，就撫胸痛恨。富子聞知笑著說：「所要學的是不死，而那個知不死的已死，你卻痛恨他，是不知你所要學的是什麼了！」胡子說：「富子說錯了。人有的是有方法而不能做的，有的是能做而沒有方法的。衛國有個善於數術卜筮的人，臨死時，把密訣方法告訴他的兒子。他的兒子記得父親的方法而不能做。別人問他，他告訴了他父親所說的方法。這個問話的人就用他所說的方法去做，結果與他父親所做的沒有差別。這樣看來，那個知不死的人會死，那裏就不能說長生之術呢？」

（二九）❶邯鄲❷之民以正月之旦獻鳩❸於簡子❹，簡子大悅，厚賞之。客問其故。簡子曰：「正旦放生❺，示有恩也。」客曰：「民知君之欲放之，故競而捕之，死者眾矣；君如欲生之，不若禁民勿捕。捕而放之，恩過不相補矣。」簡子曰：「然❻。」

【注　釋】❶《孔叢子·執節篇》記邯鄲之民獻雀於趙王，情節與本章不同。❷邯鄲　邑名。春秋本屬衛國，晉定公二十一年趙簡子攻佔邯鄲，作為趙氏采邑，三家分晉後，趙敬侯元年以邯鄲為趙都。❸獻鳩　古代人民有進獻鳩鳥給貴族的制度。《周禮·夏官·司馬篇上》：「羅氏（抓鳥之官）掌羅鳥（雀）鳥……中春羅春鳥，獻鳩以養國老（在位的卿大夫）。」鳩本用以食，但簡子用來放生。❹簡子　即趙簡子，名鞅，諡簡，晉卿，專權晉國。事見《左傳》昭、定、哀三公及《史記·趙世家》。❺正旦放生　春天生物滋長，所以古人已有保護生物的措施。《禮記·月令篇》：「孟春之月……命祀山林川澤犧牲毋用牝，禁止伐木，毋覆巢，毋殺孩（幼）蟲，胎、夭、飛鳥，毋麛，毋卵。」但「放生」一詞，恐非西漢以前所有。❻然　王重民：「《御覽》二十九引『然』作『善』，《玉燭寶典》一引作『諾』。」

【語　譯】邯鄲人民在正月一日進獻鳩鳥給趙簡子，簡子很高興，厚賞獻鳩的人民。門客問緣故。簡子說：「元旦放生，表示有恩。」門客說：「人民知道你要把抓來的鳩放掉，就相爭捕抓，使鳩死了很多；你如果要使鳩活下去，不如禁止人民捕鳩。要是抓了又放，恩惠與過錯是不能相彌補的呀！」簡子說：「好的。」

（三〇）齊田氏❶祖於庭❷，食客千人。中坐有獻魚雁❸者，田氏視之，乃歎曰：「天之於民厚矣！殖五穀，生魚鳥以為之用。」眾客和之如響。鮑氏之子年十二，預於次，進曰：「不如君言。天地萬物與我並生，類也。類無貴賤，徒以小大智力而相制，迭相食；非相為而生之。人取可食者而食之，豈天本為人生之？且蚊蚋噆膚，虎狼食肉，非❹天本為蚊蚋生人虎狼生肉者哉？❺」❻

【注釋】❶田氏　陳厲公兒子陳完亡命到齊國，子孫為世卿，專權齊國。陳與田，古音真部，相通借用。此田氏未指那一代的那一人。❷祖於庭　祖是祭名。古人外出時為求平安而對路神的祭祀。《左傳・昭公七年》：「夢襄公祖」，注：「祖，祭道神。」可能是田氏要遠行而祭路神。祭後所有與祭者共同宴飲。《漢書・臨江閔王榮傳》：「祖於江陵北門。」注：「師古曰：祖者，送行之祭，因饗飲也。」庭是宮階的前面廣場，遠行祭祖宜在室外，所以才能容納食客千人。❸雁　本作「鴈」，就是鵝。《爾雅》：「舒鴈，鵝。」《說文》：「鴈，鵝也。」後來與「鴻雁」的「雁」相通。❹非　盧文弨：「『非』疑當作『豈』。」王叔岷：「林希逸云：『非字合作豈字』按林說是也。今本『非』字，疑涉上文『非相為而生之』而誤。」按作「豈」固甚宜，作「非」也非不通，「非」作限制詞的「不是」，則此句白話解作「不就是……的嗎？」❺且蚊蚋噆膚三句　膚，是指人的膚肉，求語意完整，應作「蚊蚋生膚，虎狼生肉」或作「蚊蚋生人膚，虎狼生人肉」。噆是齧、咬的意思。❻鮑氏少年以物競天擇的進化論，破除了統治者上帝為人造物的目的論，這是我國古代科學思想的輝煌記錄。

【語　譯】齊國田氏在宮階前行祖祭，參加的食客有千人。坐在中間的有人進獻魚和鵝，田氏看了，就感歎說：「上天對人民太厚重了，長五穀，生魚鳥給人民食用。」所有的食客響起了附和的聲音。鮑氏的兒子年十二歲，坐在下位，上前說：「不如你（田氏）所說的。天地萬物與我們人類共生，都是同類生物。同類並沒有貴賤之別，只是以身體的大小，智力的高低來相互牽制、相互食用；不是一物為一物而生的。人只是取可吃的來吃，那裏是上天為人類才生萬物呢？而且蚊蚋要咬人的皮膚，虎狼要吃人的肉，不就是上天為蚊蚋而生人的皮膚，為虎狼而生人的肉嗎？」

（三一）齊有貧者，常乞於城市❶。城市患其亟❷也，眾莫之與。遂適田氏之廐❸，從馬醫作役而假食。郭❹中人戲之曰：「從馬醫而食，不以辱乎？❺」乞兒曰：「天下之辱莫過於乞。乞猶不辱，豈辱馬醫哉？」

【注　釋】❶城市　城裏的市集，依下文「郭中人」，則疑此是內城。可能是春秋齊國的臨淄城。❷亟　通「數」。很多。❸廐　馬舍，是廄的俗字。❹郭　通「廓」。外城。田氏的馬舍，似在外城。❺從馬醫而食二句　古代馬醫被視為下賤的工作。本書〈黃帝篇〉六章：「范氏門徒路遇乞兒馬醫，弗敢辱也。」嚴靈峰以為「不以」之下，闕「為」字。

【語　譯】齊國貧窮的人，經常在城市乞食。城市的眾人厭惡乞食的人太多，就不給他們吃。於是窮人就到田氏的馬舍，作馬醫工作以求食。外城裏的人嘲戲他們說：「做馬醫來求食，不以為恥辱嗎？」乞食的人說：「天下的恥辱莫過於乞食。乞食都不以為恥辱，做馬醫那會恥辱呢？」

（三二）宋人有游於道❶，得人遺契❷者，歸而藏之，密數其齒。告鄰人曰：「吾富可待矣。」❸

【注　釋】❶宋人有游於道　《釋文》：「『宋人有游於道』一作『宋人有於道』。」❷契　本是遠古時代人類為記事記數而刻有齒紋線條的木（或竹）片。後來又作為符信的證物：是把刻有齒紋或符號的木片，在齒紋上剖開兩半，各執一半。《易．繫辭》注：「刻其側為契，各持其一，後以相考合。」其中也有作為買賣交易之用，以為金錢或貨物多寡的憑證，本章宋人所拾得的即這一種。《周禮．地官．質人篇》：「掌稽市之書契。」鄭《注》：「書契，取予市物之券也，其券之象書兩札，刻其側。」即其證。契又作「栔」，本字作㓞（甲文正作「㓞」），丯是象三齒紋被剖開之形，刀是用來刻的。《說文》：「栔，刻也。」《釋名》：「契，刻也。刻識其數也。」都是指一物。❸張《注》：「假空名以求實者，亦如執遺契以求富也。」

【語　譯】宋國有個在路上逛的人，揀到了別人遺棄失效的一片木契，取回家收藏著，仔細數著契上的齒數。然後告訴鄰人說：「我富有的日子就要來了。」

（三三）❶人有枯梧樹者，其鄰父言枯梧之樹不祥，其鄰❷人遽而

伐之。鄰人父因請以為薪。其人乃不悅，曰：「鄰人之父徒欲為薪而教吾伐之也。與我鄰，若此其險，豈可哉？」❸

【注釋】❶本章又見於《呂氏春秋．去宥篇》，唯文字略有不同。敦煌《列子》抄殘卷全文作「人有種枯梧樹者，其鄰言：『枯梧不祥。』其家遽伐之。鄰人即以為薪，其家□□不與也。」（嚴靈峰《列子新編》引）❷鄰 俞樾：「『鄰』字衍文也。上云：『人有枯梧樹』，此云：『其人』，即此人也。上下文所云：『鄰父』，謂此人之鄰也。豈得又就鄰人言之，而謂此人為鄰人乎？下文『其人乃不悅曰』，亦無『鄰』字，可證此『鄰』字之衍。」❸盧《解》：「勸之伐樹，公言也；請以為薪，理當也。勸伐而請，疑過（楊伯峻以為『遂』字）生焉。」林希逸說：「此言世情之難必，公私之難明也。」

【語譯】有個人有棵枯萎的梧桐樹，他的鄰居男子說梧桐枯萎還種著是不吉祥的，他很快的把樹砍倒。鄰居的男子就請求枯樹做薪柴。他很不高興的說：「鄰居的男子只是要薪柴，才教我砍樹的。他與我為鄰居，這樣的險惡，怎麼可以呢？」

（三四）❶人有亡鈇❷者，意其鄰之子❸。視其行步，竊鈇也；顏色，竊鈇也；言語，竊鈇也；動作態度，無為而不竊鈇也。俄而抇❹其谷而得其鈇，他日復見其鄰人之子，動作態度無似竊鈇者。❺

【注　釋】❶本章又見《呂氏春秋．去尤篇》。❷鈇　斧的假借字。張《注》：「鈇，鉞也。」斧、鉞同類，但斧刃直，鉞刃曲。❸鄰之子　楊伯峻：「『鄰』下當有『人』字。」嚴靈峰：「敦煌《列子》抄殘卷作『意鄰子盜之。』有『盜之』二字，文意始足。」❹抇　通「掘」。《廣雅．釋言篇》：「抇，掘也。」❺《呂氏春秋》在以下有「其鄰之子非變也，己則變矣。變也無他，有所尤（拘蔽）也。」等語。

【語　譯】有個人丟了斧頭，心疑他鄰人的兒子偷去。察看他（鄰之子）走路，像偷斧的樣子；察看他臉色，像偷斧的樣子；察看他說話，也像偷斧的樣子；以及他動作態度無不都像偷斧的樣子。不久這個人從谷地挖到自己的斧頭，以後有天又看到鄰人的兒子，他的動作態度卻沒有一點像偷斧的樣子了。

（三五）❶白公勝慮亂❷，罷朝而立❸，倒杖策❹，錣上貫頤❺，血流至地而弗知也❻。鄭人聞之曰：「頤❼之忘，將何不忘哉？」❽意之所屬箸❾，其行足躓株埳❿，頭抵植木⓫，而不自知也。

【注　釋】❶本章自始到「何不忘哉」，又見於《韓非子．喻老篇》、《淮南子．道應》。「意之所屬箸」以下，《淮南子．原道》作：「神有所繫者，其行也足蹪（高誘《注》：蹪，躓也。）趎埳，頭抵植木而不自知也。」❷白公勝慮亂　慮是謀的意思。《說文》：「慮，謀思也。」白公勝謀亂是指楚執政子西不能替他伐鄭以報父仇，因此圖謀發動政變以攻打鄭國，詳見本篇一二章。❸罷朝而立　朝是指楚王視事聽政的宮廷。罷朝即退朝，聽政完畢，諸卿大夫就要退出。❹杖策　杖是握執，策是馬鞭。❺錣上貫頤　錣是套在馬鞭尾端的金屬尖。頤是面頰。❻血流至地而弗知也　比喻退朝後本要執鞭上馬而出，但因謀亂之心思重重，所以癡癡站立，誤把鞭尖刺穿面頰流血而不知。❼頤　「頤」北宋本及世德堂本並作「頭」。❽鄭人聞之曰三句　鄭國人（指當政者）怕白公勝報復。❾屬箸　牽掛；附著。箸，通「著」。❿足躓株埳　與下句「頭抵植木」對文。林希逸說：「株，木也；埳，陷也。」株解為木，與下句意思重疊。「植木」是一物，「株埳」也應是一物，「株」與「植」都是形容詞。「株」，《淮南子．原道》作「趎」，疑此「株」本作「侏」（或「朱」）與「株」「趎」相假借（「株」或涉下文「植」之木偏旁而誤作「株」），「侏」是短小的意思，《廣雅．釋詁篇》卷二：「侏，短也。」埳，通「坎」。是下陷的坑，「侏埳」是比喻地面下陷不深的坑，《莊子．庚桑楚篇》：「南榮趎曰：『人謂我朱愚。』」《莊子》、《列子》書的寓言人物之名，多依其特性而取，則「朱」即用以解釋「趎」，《莊子集釋》引郭嵩燾說：「《左傳．襄公四年》『朱儒』，杜預《注》：『短小曰朱儒』，朱愚者，智術短小之謂。」南榮趎年老，大概身材智術短小。則「朱」與「趎」有短小之義甚明。又據朱駿聲說：「『朱』假借為『錭』，《莊子．庚桑楚篇》『人謂我朱愚』。」（《說文通訓定聲》）按「朱」與「錭」古同聲母，相通，錭與鈍互訓，則「朱埳」乃「鈍埳」，也是指非深陡的坑。⓫植木　豎立的樹木。

【語譯】白公勝謀思作亂，退朝而站立著，（不覺）倒拿馬鞭，誤把鞭尖向上，刺穿面頰，血流到地上，自己還不知道。鄭國人聞知此事就說：「面頰受傷可忘，（其他的謀慮）為何不能忘呢？」心裏有所牽掛，走路時腳就要被淺坑絆倒，頭就要被樹木撞到，而自己卻不知道呀！

（三六）

❶昔齊人有欲金❷者，清旦衣冠而之市，適鬻金者之所，

因攫其金而去。吏捕得之，問曰：「人皆在焉，子攫人之金何？」對曰：「取金之時，不見人，徒見金。」

【注釋】❶本章又見於《呂氏春秋．去宥篇》、《淮南子．氾論》、劉晝《新論．利害篇》，後兩書所記略有不同。❷金　若非下文有「鬻金者」，則此「金」應指銅錢。為遷就下文，且泛解為「金子」，先秦西漢黃金太稀貴，沒有公開買賣，買賣者可能是赤金的銅，甚至極可能是銅器，《史記．貨殖列傳》說通邑大都的買賣是「銅器千鈞（一鈞三十斤）」。《淮南子》與《新論》都有較合理的說法。《淮南子》的「金」可解為銅錢。《新論》則不稱「金」而稱「美錦」。本章如要把「金」解為銅錢，則「鬻金者」之「金」字為衍文。

【語譯】從前齊國有人想要得到金子，清晨就穿衣戴冠的到市場，到了賣金子的地方，就奪取金子走了。官吏逮捕到他，問他：「有人在場，你為什麼奪取人家的金子呢？」對答：「奪取金子的時候，沒有看到人，只看到金子呀！」

附錄一　劉向〈列子新書敘錄〉

（一）目　錄

（二）敘　錄

右新書定箸八篇，護左都水使者光祿大夫臣向言：所校中書《列子》五篇，臣向謹與長社尉臣參校讎：太常書三篇，太史書四篇，臣向書六篇，臣參書二篇，內、外書凡二十篇，以校除復重十二篇，定箸八篇。中書多，外書少。章亂布在諸篇中。或字誤：以「盡」為「進」，以「賢」為「形」，如此者眾。及在新書有棧，校讎從中書，已定，皆以殺青，書可繕寫。列子者，鄭人也，與鄭繆公同時，蓋有道者也。其學本於黃帝、老子，號曰「道家」。道家者，秉要執本，清虛無為，及其治身接物，務崇不競，合於六經。而〈穆王〉、〈湯問〉二篇，迂誕恢詭，非君子之言也。至於〈力命篇〉，一推分命；楊子之篇，唯貴放逸，二義乖背，不似一家之書。然各有所明，亦有可觀者。孝景皇帝時，貴黃、老術，此書頗行於世。及後遺落，散在民間，未有傳者。且多寓言，與莊周相類，故太史公司馬遷不為列傳。謹第錄。臣向昧死上。護左都水使者光祿大夫臣向所校《列子》書錄。永始三年八月壬寅上。

附錄二 張湛〈列子序〉

湛聞之先父曰：「吾先君與劉正輿、傅穎根，皆王氏之甥也，並少游外家。舅始周，始周從兄正宗、輔嗣皆好集文籍，先并得仲宣家書，幾將萬卷。傅氏亦世為學門。三君總角，競錄奇書。及長，遭永嘉之亂，與穎根同避難南行，車重各稱力，竝有所載，而寇虜彌盛，前途尚遠。張謂傅曰：『今將不能盡全所載，且共料簡世所希有者，各各保錄，令無遺棄。』穎根於是唯賚其祖玄、父咸子集。先君所錄書中有《列子》八篇，及至江南，僅有存者。《列子》唯餘〈楊朱〉、〈說符〉、〈目錄〉三卷。比亂，正輿為揚州刺史，先來過江，復在其家得四卷。尋從輔嗣女壻趙季子家得六卷。參校有無，始得全備。」

其書大略明群有以至虛為宗，萬品以終滅為驗，神惠以凝寂常全，想念以著物自喪，生覺與化夢等情，巨細不限一域；窮達無假智力，治身貴於肆任，順性則所之皆適，水火可蹈，忘懷則無幽不照，此其旨也。然所明往往與佛經相參，大歸同於《老》、《莊》。屬辭引類特與《莊子》相似。《莊子》、《愼到》、《韓非》、《尸子》、《淮南子》、玄宗，旨歸多稱其言，遂注之云爾。

重要參考書目

一 列子

《列子新書敘錄》 劉向
《列子注》 張湛（簡稱張《注》）（鐵琴銅劍樓北宋本）
（世德堂刊本）
《列子張注校正》 盧文弨（《群書拾補》）
《列子張注補正》 胡懷琛
《列子解》 盧重玄（簡稱盧《解》）
《列子釋文》 殷敬順（簡稱《釋文》）
《列子口義》 林希逸
《列子通義》 朱得之
《列子叢錄》 洪頤煊（《讀書叢錄》）

《列子平議》　俞　樾《諸子平議》
《列子札迻》　孫詒讓（簡稱《札迻》）
《列子校書》　于　鬯
《讀列子札記》　陶鴻慶《讀諸子札記》
《列子偽書考》　馬敘倫（《國故》一號至三號）
《列子冤詞》　武內義雄（《先秦經籍考》）
《列子楊朱篇偽書新證》　陳　旦（《國學叢刊》二卷一期）
《偽造列子者之一證》　陳文波（《清華學報》一卷一期）
《列子校釋》　王重民
《列子非晉人偽作》　岑仲勉（《東方雜誌》四四卷一號）
《列子校釋》　陶　光
《列子補正》　王叔岷
《列子集釋》　楊伯峻（簡稱《集釋》）
《列子文選》　張默生
《列子章句新編》　嚴靈峰《道家四子新編》
《列子新證》　于省吾《諸子新證》
《列子辨偽》　朱守亮（《師大國文研究所集刊》一六號）

《列子章句新編解惑》 嚴靈峰《無求備齋學術論集》
《列子知見書目》 嚴靈峰《老列莊三子知見書目》

二 其他

《尚書》 （南昌府學注疏本）
《詩經》 （南昌府學注疏本）
《周易》 （南昌府學注疏本）
《論語正義》 劉寶楠
《左傳》 （南昌府學注疏本）
《莊子》
《莊子集釋》 郭慶藩（王孝魚整理）
《莊子平議》 俞樾《諸子平議》
《莊子義證》 馬敘倫
《莊子補正》 劉文典
《莊子校釋》 王叔岷
《莊子讀本》 黃錦鋐
《老子注》 王弼

帛書《老子》

《墨子閒詁》　孫詒讓

《墨辯發微》　譚戒甫

《管子集斠》　許維遹、聞家驊

《戰國策札記》　黃丕烈

《晏子春秋集釋》　吳則虞

《公孫龍子集解》　陳　柱

《荀子集解》　王先謙

《文子纘義》　杜道堅

《韓非子集釋》　陳奇猷

《鄧析子校正》　王愷鑾

《尸子》（四部備要本）

《韓詩外傳》

《山海經箋疏》　郝懿行

《穆天子傳注》　郭　璞（四部備要本）

《穆天子傳講疏》　顧　實

《呂氏春秋集釋》　許維遹

《周禮正義》 孫詒讓
《大戴記解詁》 王聘珍
《禮記》 （南昌府學注疏本）
《逸周書集訓校釋》 朱右曾
《楚辭補注》 洪興祖
《淮南子集釋》 劉文典
《史記會注考證》 瀧川龜太郎
《說苑》 劉向（四部備要本）
《新序》 劉向（陳用光校本）
《新論》 桓譚（嚴可均輯本）
《論衡》 王充（黃暉校釋本）
《漢書》 班固（王先謙補注本）
《漢書藝文志講疏》 顧實
《後漢書》 范曄（王先謙集解本）
《三國志》 陳壽（盧弼集解本）
《晉書》 房喬（吳士鑑、劉承幹斠注本）
《孔子家語疏證》 陳士珂

《孔叢子注》 宋 咸
《高士傳》 皇甫謐（四部備要本）
《博物志》 張 華（四部備要本）
《世說新語》 劉義慶（楊勇校箋本）
《昭明文選》（六臣注本）
《群書治要》 魏 徵
《意林》 馬 總（武英殿聚珍本）
《柳柳州文集》 柳宗元
《太平御覽》（四部叢刊本）
《夢溪筆談》 沈 括（胡道靜校注本）
《子略》 高似孫
《考古質疑》 葉大慶
《黃氏日鈔》 黃 震
《雲麓漫鈔》 趙彥衛
《四部正譌》 胡應麟
《諸子辨》 宋 濂
《本草綱目》 李時珍

《四庫全書總目提要》 紀昀
《古今偽書考》 姚際恆
《十駕齋養新錄》 錢大昕
《定盦文集》 龔自珍
《癸巳存稿》 俞正燮
《有不為齋隨筆》 光聰諧
《植物名圖實考》（及長編） 吳其濬
《東塾讀書記》 陳澧
《古書真偽及其時代》 梁啟超
《周秦諸子考》 劉汝霖
《國故新探》 唐鉞
《漢魏兩晉南北朝佛教史》 湯用彤
《中國上古史導論》 楊寬（《古史辨》第七冊）
《中外史地考證》 岑仲勉
《中國古代神話》 袁珂
《中國科學與文明》 李約瑟
《爾雅義疏》 郝懿行

《說文解字注》 段玉裁（經韻樓本）
《集韻》（四部備要本）
《廣韻》（澤存堂刊本）
《經傳釋詞》 王引之
《說文通訓定聲》 朱駿聲
《古書虛字集釋》 裴學海
（以上部分資料見嚴靈峰所編《列子集成》及楊伯峻《列子集釋》附錄）

古籍今注新譯叢書

【哲學類】

新譯四書讀本　謝冰瑩等編譯
新譯學庸讀本　王澤應注譯
新譯論語新編解義　胡楚生編著
新譯孝經讀本　賴炎元等注譯
新譯易經讀本　郭建勳注譯
新譯乾坤經傳通釋　黃慶萱著
新譯易經繫辭傳解義　吳　怡著
新譯禮記讀本　姜義華注譯
新譯儀禮讀本　顧寶田等注譯
新譯孔子家語　羊春秋注譯
新譯老子讀本　余培林注譯
新譯帛書老子　趙　鋒注譯
新譯老子解義　吳　怡著
新譯莊子讀本　黃錦鋐注譯
新譯莊子讀本　張松輝注譯
新譯莊子本義　水渭松注譯
新譯莊子內篇解義　吳　怡著
新譯列子讀本　莊萬壽注譯
新譯管子讀本　湯孝純注譯
新譯墨子讀本　李生龍注譯
新譯公孫龍子　丁成泉注譯
新譯晏子春秋　陶梅生注譯
新譯鄧析子　徐忠良注譯
新譯荀子讀本　王忠林注譯
新譯尹文子　徐忠良注譯
新譯尸子讀本　水渭松注譯
新譯鶡冠子　趙鵬團注譯
新譯鬼谷子　王德華等注譯
新譯韓非子　傅武光等注譯
新譯呂氏春秋　朱永嘉等注譯
新譯韓詩外傳　孫立堯注譯
新譯淮南子　熊禮匯注譯
新譯春秋繁露　朱永嘉等注譯
新譯新書讀本　饒東原注譯
新譯新語讀本　王　毅注譯
新譯潛夫論　彭丙成注譯
新譯論衡讀本　蔡鎮楚注譯
新譯申鑒讀本　林家驪等注譯
新譯人物志　吳家駒注譯
新譯張載文選　張金泉注譯
新譯近思錄　張京華注譯
新譯傳習錄　李生龍注譯
新譯呻吟語摘　鄧子勉注譯
新譯明夷待訪錄　李廣柏注譯

【文學類】

新譯詩經讀本　滕志賢注譯
新譯楚辭讀本　林家驪注譯
新譯楚辭讀本　傅錫壬注譯
新譯文心雕龍　羅立乾注譯
新譯六朝文絜　蔣遠橋注譯
新譯世說新語　劉正浩等注譯
新譯昭明文選　周啟成等注譯
新譯古文觀止　謝冰瑩等注譯
新譯古文辭類纂　黃　鈞等注譯
新譯樂府詩選　溫洪隆注譯
新譯古詩源　馮保善注譯
新譯千家詩　邱燮友等注譯
新譯詩品讀本　成　林等注譯
新譯花間集　朱恒夫注譯
新譯南唐詞　劉慶雲注譯
新譯唐詩三百首　邱燮友注譯
新譯宋詩三百首　陶文鵬注譯
新譯宋詞三百首　汪　中注譯
新譯宋詞三百首　劉慶雲注譯
新譯元曲三百首　賴橋本等注譯
新譯明詩三百首　趙伯陶注譯
新譯清詩三百首　王英志注譯
新譯清詞三百首　陳水雲等注譯
新譯唐人絕句選　卞孝萱等注譯
新譯唐才子傳　戴揚本注譯
新譯拾遺記　石　磊注譯
新譯搜神記　黃　鈞注譯
新譯唐傳奇選　束　忱等注譯
新譯宋傳奇小說選　束　忱注譯
新譯明傳奇小說選　陳美林等注譯
新譯容齋隨筆選　朱永嘉等注譯
新譯明散文選　周明初注譯
新譯人間詞話　馬自毅注譯

新譯白香詞譜　劉慶雲注譯
新譯幽夢影　馮保善注譯
新譯菜根譚　吳家駒注譯
新譯小窗幽記　馬美信注譯
新譯圍爐夜話　馬美信注譯
新譯郁離子　吳家駒注譯
新譯賈長沙集　林家驪注譯
新譯歷代寓言選　黃瑞雲注譯
新譯揚子雲集　葉幼明注譯
新譯曹子建集　曹海東注譯
新譯建安七子詩文集　韓格平注譯
新譯阮籍詩文集　林家驪注譯
新譯嵇中散集　崔富章注譯
新譯陸機詩文集　王德華注譯
新譯陶淵明集　溫洪隆注譯
新譯江淹集　羅立乾等注譯
新譯庾信詩文選　歸　青注譯
新譯初唐四傑詩集　李福標注譯
新譯駱賓王文集　黃清泉注譯
新譯王維詩文集　陳鐵民注譯
新譯孟浩然詩集　楊　軍注譯
新譯李白詩全集　郁賢皓注譯
新譯李白文集　郁賢皓注譯
新譯杜甫詩選　張忠綱等注譯
新譯杜詩菁華　林繼中注譯
新譯高適岑參詩選　孫欽善等注譯
新譯昌黎先生文集　周啟成等注譯
新譯劉禹錫詩文選　閻　琦注譯

新譯柳宗元文選　卞孝萱等注譯
新譯白居易詩文選　陶　敏等注譯
新譯元稹詩文選　郭自虎注譯
新譯李賀詩集　彭國忠注譯
新譯杜牧詩文集　張松輝注譯
新譯李商隱詩選　朱恒夫等注譯
新譯范文正公選集　王興華等注譯
新譯蘇洵文選　羅立剛注譯
新譯蘇軾文選　滕志賢注譯
新譯蘇軾詞選　鄧子勉注譯
新譯蘇轍文選　朱　剛注譯
新譯曾鞏文選　高克勤注譯
新譯王安石文選　沈松勤注譯
新譯唐宋八大家文選　鄧子勉注譯
新譯柳永詞集　侯孝瓊注譯
新譯李清照集　姜漢椿等注譯
新譯陸游詩文選　韓立平注譯
新譯辛棄疾詞選　聶安福注譯
新譯歸有光文選　鄔國平注譯
新譯唐順之詩文選　馬美信注譯
新譯徐渭詩文選　周　群等注譯
新譯薑齋文集　平慧善注譯
新譯顧亭林文集　劉九洲注譯
新譯方苞文選　鄔國平等注譯
新譯袁枚詩文選　王英志注譯
新譯李慈銘詩文選　潘靜如注譯
新譯聊齋誌異全集　袁世碩等注譯
新譯聊齋誌異選　任篤行等注譯

新譯閱微草堂筆記　嚴文儒注譯
新譯浮生六記　馬美信注譯
新譯弘一大師詩詞全編　徐正綸編著

【歷史類】

新譯史記　韓兆琦注譯
新譯漢書　吳榮曾等注譯
新譯後漢書　魏連科等注譯
新譯三國志　吳樹平等注譯
新譯資治通鑑　張大可等注譯
新譯史記—名篇精選　韓兆琦注譯
新譯尚書讀本　吳　璵注譯
新譯尚書讀本　郭建勳注譯
新譯周禮讀本　賀友齡注譯
新譯逸周書　牛鴻恩注譯
新譯左傳讀本　郁賢皓等注譯
新譯公羊傳　雪　克注譯
新譯穀梁傳　顧寶田注譯
新譯春秋穀梁傳　周　何注譯
新譯戰國策　溫洪隆注譯
新譯國語讀本　易中天注譯
新譯說苑讀本　左松超注譯
新譯說苑讀本　羅少卿注譯
新譯新序讀本　葉幼明注譯
新譯吳越春秋　黃仁生注譯
新譯西京雜記　曹海東注譯
新譯列女傳　黃清泉注譯
新譯越絕書　劉建國注譯

新譯燕丹子　曹海東注譯
新譯東萊博議　李振興等注譯
新譯唐六典　朱永嘉等注譯
新譯唐摭言　姜漢椿注譯

宗教類

新譯金剛經　徐興無注譯
新譯高僧傳　朱恒夫等注譯
新譯碧巖集　吳　平注譯
新譯百喻經　顧寶田注譯
新譯楞嚴經　賴永海等注譯
新譯梵網經　王建光注譯
新譯法句經　劉學軍注譯
新譯六祖壇經　李中華注譯
新譯禪林寶訓　李中華注譯
新譯維摩詰經　陳引馳等注譯
新譯經律異相　顏洽茂注譯
新譯阿彌陀經　蘇樹華注譯
新譯無量壽經　邱高興注譯
新譯無量壽經　蘇樹華注譯
新譯妙法蓮華經　張松輝注譯
新譯景德傳燈錄　顧宏義注譯
新譯大乘起信論　韓廷傑注譯
新譯釋禪波羅蜜　蘇樹華注譯
新譯八識規矩頌　倪梁康注譯
新譯永嘉大師證道歌　蔣九愚注譯
新譯華嚴經入法界品　楊維中注譯
新譯地藏菩薩本願經　李承貴注譯
新譯悟真篇　劉國樑等注譯
新譯无能子　張松輝注譯
新譯坐忘論　張松輝注譯
新譯列仙傳　張金嶺注譯
新譯抱朴子　李中華注譯
新譯神仙傳　周啟成注譯
新譯性命圭旨　傅鳳英注譯
新譯老子想爾注　顧寶田等注譯
新譯周易參同契　劉國樑注譯
新譯道門觀心經　王　卡注譯
新譯養性延命錄　曾召南注譯
新譯樂育堂語錄　戈國龍注譯
新譯沖虛至德真經　張松輝注譯
新譯長春真人西遊記　顧寶田等注譯
新譯黃庭經・陰符經　劉連朋等注譯

軍事類

新譯司馬法　王雲路注譯
新譯尉繚子　張金泉注譯
新譯三略讀本　傅　傑注譯
新譯六韜讀本　鄔錫非注譯
新譯吳子讀本　王雲路注譯
新譯孫子讀本　吳仁傑注譯
新譯李衛公問對　鄔錫非注譯

教育類

新譯爾雅讀本　陳建初等注譯
新譯顏氏家訓　李振興等注譯
新譯聰訓齋語　馮保善注譯
新譯曾文正公家書　湯孝純注譯
新譯三字經　黃沛榮注譯
新譯百家姓　馬自毅等注譯
新譯幼學瓊林　馬自毅注譯
新譯增廣賢文・千字文　馬自毅注譯
新譯格言聯璧　馬自毅注譯

政事類

新譯商君書　貝遠辰注譯
新譯鹽鐵論　盧烈紅注譯
新譯貞觀政要　許道勳注譯

地志類

新譯山海經　楊錫彭注譯
新譯水經注　陳橋驛等注譯
新譯佛國記　楊維中注譯
新譯大唐西域記　陳　飛等注譯
新譯洛陽伽藍記　劉九洲注譯
新譯徐霞客遊記　黃　珅注譯
新譯東京夢華錄　嚴文儒注譯